普通高等教育"十一五"国家级规划教材

逻辑学基础教程

（第四版）

南开大学哲学院逻辑学教研室　编著

南开大学出版社

天　津

图书在版编目(CIP)数据

逻辑学基础教程 / 南开大学哲学院逻辑学教研室编
著. —4 版. —天津：南开大学出版社,2021.5(2024.3 重印)
ISBN 978-7-310-06107-5

Ⅰ.①逻… Ⅱ.①南… Ⅲ.①逻辑学－高等学校－教
材 Ⅳ.①B81

中国版本图书馆 CIP 数据核字(2021)第 065757 号

逻辑学基础教程(第四版)
LUOJIXUE JICHU JIAOCHENG (DI-SI BAN)

南开大学出版社出版发行
出版人:刘文华
地址:天津市南开区卫津路 94 号　　邮政编码:300071
营销部电话:(022)23508339　营销部传真:(022)23508542
https://nkup.nankai.edu.cn

天津创先河普业印刷有限公司印刷　全国各地新华书店经销
2021 年 5 月第 4 版　　2024 年 3 月第 5 次印刷
230×170 毫米　16 开本　23.5 印张　405 千字
定价:69.00 元

如遇图书印装质量问题,请与本社营销部联系调换,电话:(022)23508339

前 言

　　《逻辑学基础教程》一书，是为高等院校逻辑学课程和人才素质教育基础课程的教学而编写的通用教材，由我国著名逻辑学家、中国逻辑学会前副会长崔清田教授倡议并指导编写，南开大学哲学院逻辑学教研室集体编著。该书第一、二、三版由南开大学出版社在 2003、2008 和 2014 年先后出版，迄今为止共印刷了近 20 次。本书被教育部先后指定为全国普通高等教育"十五""十一五"国家级规划教材，2015 年获评中国大学出版社图书教材优秀奖。

　　本书第四版是在第三版基础上进一步修编而成的。本次修订对全书知识原理的表述、例题和习题的选择更新，以及书后所附习题答案等都做了较多的修改；并结合各章内容增加了适合 MBA、MPA 及公务员、教师资格等综合考试的习题比重，以进一步适应逻辑教学和读者自学的需要。此外，本次再版还随书附送了《逻辑学基础教程》教学 PPT 软件，并采用开放使用的模式，以便教师根据教学需要自行编改。

　　参加本书第四版修订编写工作的人员及其分工如下。第一章绪论：崔清田、任晓明；第二、四章：田立刚；第三章：翟锦程；第五、八、九章：张晓芒；第六、七章：任晓明；第十、十一、十三章：李娜；第十二章：王左立。

　　本书在编写、修订过程中，参考了国内外近年来出版的一些普通逻辑、现代逻辑等方面的著作和教材，除重要引文已在书中注明外，余者恕未一一列出。对于这些著作和教材的作者，在此表示诚挚的谢意。

　　本书的编写、修订和出版还得到了南开大学和南开大学出版社的大力支持，曾先后获得南开大学文化素质教育核心课程教材建设重点项目、南开大学示范精品课程教材建设重点项目的资助，南开大学出版社责任编辑刘兵悉心审读书稿并提出许多修改建议，对此我们表示衷心感谢。

　　本书在逻辑学科学内容的体系编排和原理表述等方面，从专业的角度做了一些新的探索和尝试，我们热诚欢迎学界同仁和使用本书的教师、学生及读者对书中的疏漏和不当之处给予指正，以帮助我们做好本书日后的修订工作。

编者

2021 年 5 月

目　录

下编：现代逻辑

第一章　绪论

第一节　逻辑学的对象

逻辑学的研究对象是什么？不同的逻辑学家有不同的看法。要回答这一问题，就需要回答逻辑学到底研究什么或者逻辑学的定义是什么的问题。

一、逻辑学研究什么

逻辑学的定义很多，历史上许多逻辑学家都提出过自己对逻辑学的定义。在不同逻辑学家提出的定义中，对逻辑学研究对象的表述有的宽泛一些，认为逻辑学就是研究推理和论证的；有的狭窄一些，认为逻辑学的对象是研究必然性推理或者有效的推理的。但是，无论不同学者如何定义逻辑，我们都可以找到这样一个共同点，即认为逻辑学是关于推理和论证的科学。具体地说，逻辑学是关于推理、论证及其规律、方法的学问。

既然逻辑学是关于推理和论证的科学，那么，我们接下来就要讨论什么是推理、什么是论证以及什么是逻辑规律和逻辑方法。

二、推理和论证

推理是由一系列判断或命题组成的思维形式或过程，其中一个判断或命题由于其他的判断或命题而被断定。提供断定理由的判断或命题称为推理的前提；被理由所支持而得以断定的判断或命题称为推理的结论。我们来看下面两个例子：

例① 细菌是微生物，

　　　酵母菌是细菌，

　　　所以，酵母菌是微生物。

例② 硫酸含氧，

　　　硝酸含氧，

　　　磷酸含氧，

　　　硫酸、硝酸、磷酸都是酸，

　　　所以，酸都是含氧的。

　　在以上两个例子中，"酵母菌是微生物""酸都是含氧的"这两个判断或命题由于其他判断或命题而被断定，因而是这一推理的结论；"细菌是微生物""酵母菌是细菌""硫酸含氧""硝酸含氧""磷酸含氧""硫酸、硝酸、磷酸都是酸"这几个判断或命题为断定结论提供了理由，因而是这一推理的前提。

　　根据推理的前提与结论之间的逻辑联系的不同，推理可分为演绎推理和归纳推理。演绎推理是必然性推理，它的结论能够从前提中必然地推出，只要其前提为真，它的结论就必然为真。例①就是一个演绎推理。归纳推理是或然性推理，它的前提只对结论提供一定程度的支持，其前提为真，它的结论不必然为真。例②就是一个归纳推理。

　　论证是根据某些理由以支持或反驳某种观点的思维过程或语言形式，通常由论题、论点、论据和论证方式构成。论点是论证过程中要加以证明的观点。论题是论辩双方所讨论的对象或观点，例如，"是否应该以法律的形式禁止安乐死"。论据是论证用来支持或反驳某个论点的理由，他们可以是公认的一般性原理，也可以是一个事实性断言。论证一般由推理组成：一个简单的论证就是一个推理，其论据相当于推理的前提，论点相当于推理的结论，论证方式相当于推理形式。一个复杂的论证往往由一系列推理组成。正因为如此，人们常常把推理和论证看成一回事。不过，推理和论证仍然有区别：推理并不一定要求前提真，假判断或假命题之间完全可以进行逻辑上有效的推理，例如"如果所有的金子都不是闪光的，那么，所有闪光的东西都不是金子"。但是论证却要求论据必须真实，用假判断做论据是不能证明任何东西的。（陈波：《逻辑学导论》，中国人民大学出版社2003年版，第7—8页）

　　逻辑学不仅要研究推理和论证，而且要研究作为推理组成部分的判断，研究判断的逻辑特征、判断为真的逻辑条件以及由不同判断可以构成何种推理。逻辑学还要研究作为判断组成部分的概念，研究概念的种类、概念间的关系等。此外，逻辑学在研究推理和论证的同时还要讨论上述推理的规则，以便在推理和论证过程中正确地进行推导。

三、逻辑规律

在长期的科学实践和日常生活实践中，人们发现，推理、论证过程中有自身的规则或准则，这些规则或准则对如何正确地推理、论证提出了要求。符合要求，遵守规则，推理才有可能正确；不符合要求，不遵守规则，推理、论证就有可能出错。

例① 物质形态是可以消失的，

　　　桌子是物质形态，

　　　所以，桌子是可以消失的。

例② 物质是不可消失的，

　　　桌子是物质，

　　　所以，桌子是不可消失的。

显然，例①是正确的。因为例①中的每个概念在推理过程中始终前后如一，没有变化。例②是错误的。因为例②有的概念（"物质"）前后不一，有了变化。在"物质是不可消失的"这句话中，"物质"是标志客观头仕的哲学范畴；在"桌子是物质"这句话中，"物质"实际指的是物质的具体形态。推理过程中这种正确和错误的情况，人们在实际生活中会大量反复地接触到。逻辑学家总结了这种情况，获得了这样的认识：在正确地进行推理、论证时，除了要正确运用各种逻辑方法外，还必须遵循一些推理、论证的准则或规则。在构造逻辑推理和论证时，也需要有一些逻辑规则。逻辑规律就是人们在运用概念、判断去进行推理、论证时必须遵循的一些准则或规则。逻辑规律可以分为具体的逻辑规律和基本的逻辑规律两类。具体的逻辑规律是在某一特定范围内起作用的逻辑规律，例如，内涵与外延间反变关系的规律、德·摩根定律等。基本的逻辑规律是在所有的推理、论证过程中普遍起作用的逻辑规律，例如，逻辑学的基本逻辑规律有四：同一律、矛盾律（也称不矛盾律）、排中律、充足理由律。这四条规律保证推理、论证具有确定性、一贯性、明确性和论证性。同时，这些规律又是具体推理规则的依据。所以，它们被称为逻辑基本规律。

四、逻辑方法

逻辑学除了研究推理、论证及其规律之外，还要研究这样一些逻辑方法：一是明确概念的方法，例如定义、划分、限制与概括等，这些方法有助于概念的明确和判断的准确，从而为正确推理创造条件；二是收集和整理经验材料的方法，例如观察、实验、分析、综合、统计中的抽样、求平均数方法等，它们可以为推理准备材料，为正确地进行推理铺平道路；三是指简单枚举归纳法、科学归纳法、类比法、求因果五法等归纳方法，一般说来，这些归纳方法也属于归纳推理的范围，它们也可以分别称作枚举归纳推理、科学归纳推理、类比推理、排除归纳推理等。

按照逻辑学界的通行观点，假说虽然在科学发现和科学发展过程中起着重要作用，但假说本身并不是逻辑学研究的对象。不过，假说演绎法是逻辑学的研究对象，因为在假说演绎法中包含有不具有演绎有效性但又有一定支持程度的或然性推理。鉴于这种情况，本书不讨论假说而讨论假说演绎法。

总而言之，逻辑学是研究推理和论证的科学，具体地说，逻辑学是研究推理、论证及其规律以及一些逻辑方法的科学。

第二节　逻辑学的性质和作用

一、逻辑学的性质

逻辑学的研究对象决定了逻辑学这门科学的性质。如前所述，逻辑是研究推理、论证及其规律、方法的学问，它是为人们提供正确推理的规则和方法的。只有熟练地掌握这些方法和规则，才能有效地提高我们的正确推理的能力。既然逻辑学是人们表述思想和进行正确推理和论证的手段，那么它就必然具有工具的性质。

逻辑学的工具性质有以下三点表现：

第一，"任何科学都是应用逻辑"（《列宁全集》第38卷，人民出版社1959年版，第216页）。科学是对真理的探索和认识，而探索和认识离不开论证或推理。我们只有遵照逻辑基本规律，运用逻辑方法进行论证或推理，才能认识真理，发现真理，发展真理。所以，逻辑学为我们提供了探索和认识的工具，是进行科学研究和建立科学理论体系的手段之一。此外，在人们的日常思维和交往中，往往用推理和论证来交流思想。所以，逻辑学为我们提供了有效交际和表达思想的工具。

第二，逻辑学为人们表达和论证思想、探求新的知识，提供了必要的逻辑手段和方法。应该说，逻辑学本身并不能直接给人们提供各种具体的科学知识，但它却在人们所有的推理和论证过程中，为人们进行正确推理、表达和论证思想、探求新的知识，提供了必要的逻辑手段和方法。这种必要的逻辑手段和方法体现为逻辑学的规范性功能。它是从具体的论证内容中抽象出来的，贯穿于一切具体论证中的形式的结构。例如：

古希腊哲学家苏格拉底曾经说过："未经思考的人生是不值得过的。"现在思考了，值不值得过？

古希腊哲学家柏拉图学园挂有一块牌子："不懂几何者不得入内"。现在来了几个懂几何的人，让不让进？

中国古代圣贤孔子曾经说过："名不正则言不顺，言不顺则事不成，事不成则礼乐不兴，礼乐不兴则刑罚不中，刑罚不中则百姓无所措手足。"现在名正了，是否百姓就"有所措手足"？

上述的论证或推理，尽管具体内容不一样，但它们都具有一个固定的具有相对独立性的形式结构：

只有 p 才 q

或：

如果个……则个……

这就使我们有可能学习并掌握这种论证的逻辑特征，即它在何种情况下具有何种真假值或不确定值。从而通过推理或论证得出正确的结论来。

正是因为逻辑学能够从具体内容中抽取形式结构，从而进行有效的论证或推理，所以才为人们学习逻辑学、规范自己的思维提供了可能。

第三，逻辑学强调技能和技巧的训练。技能是指运用工具的能力，技巧是指能够对工具的熟练掌握。作为一门工具性科学，重要的是运用，工具再好，只是把它束之高阁，也是没有用的。

正是考虑到逻辑学的工具性以及它的可应用性，本书在介绍传统逻辑和现代逻辑的基本知识之后，还提供了大量的思考题和练习题，其中特别针对各类研究生考试及公务员考试对逻辑推理能力的要求，补充了多项选择类题型。另外，书中还讨论了逻辑学在交际沟通过程中的语用问题，这就体现了我们对逻辑学性质的看法：逻辑学不仅是正确推理与论证的工具，而且是有效交际和沟通的理论。

二、传统逻辑与现代逻辑

现代逻辑是在传统逻辑的基础上发展起来的，但它与传统逻辑有明显区别：

第一，侧重点不完全相同。现代逻辑以演绎推理为主要研究对象，传统逻辑则主要以推理、论证以及逻辑规律、逻辑方法为主要研究对象。因此，传统逻辑所包括的归纳推理、类比推理、假说演绎法等，目前尚未在现代逻辑中得到充分研究；而现代逻辑对公理系统的充分研究则是传统逻辑所不具备的。

第二，研究方法不同。现代逻辑使用的是人工语言（符号）和数学方法；传统逻辑虽然也使用一些符号，但主要使用自然语言。

第三，所属的学科不完全相同。现代逻辑既属于数学学科，又属于逻辑学科，确切地说是一种基于数学的逻辑；而传统逻辑是关于日常推理的逻辑，是一种日常语言的逻辑学。

与现代逻辑和传统逻辑的关系相关的另一问题是：如何认识和评价传统逻辑？

按照著名逻辑史学家涅尔夫妇的看法，逻辑的发展有两条不同的"思想路线"。其一，是以西方 17 世纪出版的逻辑教材《波尔·罗亚尔逻辑》为代表的一条思想路线。这种逻辑不像现代逻辑那样，侧重于人工语言（符号）的研究而具有符号逻辑学的特征；而是侧重于认识过程中的思维活动，从而具有"思维逻辑学"的特征。在涅尔夫妇看来，《波尔·罗亚尔逻辑》的思想"广泛地为人们所接受，并继续在以后二百年被大多数哲学家用来指导逻辑研究"（威廉·涅尔和玛莎·涅尔：《逻辑学的发展》，商务印书馆 1985 年版，第 412 页）。这本逻辑学教材，成了近代无数逻辑学著作的原型。其二，是德国哲学家、数学家莱布尼茨（1646—1716）所开创的路线。这条路线的基本观点在于：用特制的表意符号去表示概念；进而通过采用公理演绎方法和使用具有确定意义范围的变元，使推理成为代数演算。现代逻辑沿着这条路线发展至今，已成为拥有众多分支的学科，它不仅在数学方面，而且在哲学、语言学及其他科学方面均有发展，已经成为现代科学技术领域的重要工具和不可或缺的手段。与上述情形不同的是，由《波尔·罗亚尔逻辑学》所代表的另一条路线，也就是传统逻辑，几乎没有什么发展。于是，人们提出了这样的问题：应该怎样来认识和评价传统逻辑，它是否还有存在价值，是不是应该用现代逻辑来取代它。

近年来，国内外不少学者基于实践的需要和启迪，认为现代逻辑与传统逻辑各有其特殊的意义，不能互相取代。他们既充分肯定现代逻辑的优越性，也指出了它的限度；同样，他们在指出传统逻辑不足的同时，也肯定了它特有的不可为现代逻辑所取代的应用价值。

例如，日本的山下正男在《〈波尔·罗亚尔逻辑〉在西方逻辑学史上的意义》一文中指出："它（指现代逻辑——引者）对并未完全数学化、符号化的日常语言活动不一定有用。在这个意义上，对比较接近日常语言的近代逻辑学（即传统逻辑——引者）的意义不能不作重新的估价。"（［日］末木刚博等：《现代逻辑学问题》，中国人民大学出版社 1983 年版，第 186 页）

又如，美国的约翰生（Johnson）和布莱尔（Blair）在《过去五年的非形式逻辑》（载《美国哲学季刊》第 22 卷，1985 年第 3 期）一文中引述了一些很值得思考的材料："……学生们要学（教师们要教）被理查兹（Rechurtz）称为'生活的逻辑'的愿望。这一愿望恰与某些人的想法相吻合，他们认为有比学习命题逻辑和量词理论更好的方法来帮助学生们处理他们遇到的关于政治和社会问题的论证。"

弗诺齐阿罗（Finochiaro）赞同这样的观点："用形式逻辑对历史的自然语言的论证进行评价，其充分性是不能令人满意的。"他相信："逻辑学应该是经验的，应该研究实际的论证。"

已译成中文出版的供美国大学使用的逻辑教材——《大学生逻辑学》，也表明了与上述观点相似的看法。作者在前言中说："在它力图把作为一门心智学科的逻辑的研究与现实世界的迫切需要相互联系起来这方面，支配着全书的全部过程。我还寻求建立语言与思维的相互关系，更一般地说是逻辑与生活之间的相互关系。"（载《美国哲学季刊》第 22 卷，1985 年第 3 期）

在"致学生"中作者还谈道："还有一点，学习逻辑不只是一个专门技术问题，也是一个认识问题。鉴于今天许多逻辑著作只着重于它的符号方面，好像此外没有更要紧的东西这一事实，这个问题需要加以强调。存在着一种贬低逻辑在人类普通用途上（在批判性思考、解决问题和揭露谬误中）的价值倾向。这种对逻辑作为一门特殊的人文学科的意义缺乏敏感，已经弄得年轻人对它起了反感。"（载《美国哲学季刊》第 22 卷，1985 年第 3 期）

以上所引材料虽然背景不同，但表述的基本思想是相同的。这些思想是：人们在现实生活中非常需要接近日常语言和实际思维活动的逻辑内容的逻辑学；现代逻辑不能完全满足这种需要。就此而言，现代逻辑是有限度的。对传统逻辑应予以重新评价，不应贬低甚至完全否定其价值，而应肯定其意义和作用。

上述《大学生逻辑学》的目录表明，它的基本内容是传统逻辑，也简要介绍现代逻辑的知识。本书的编排与其类似，既有传统逻辑的内容，又有现代逻辑的介绍，还有逻辑在日常语言中的应用等方面的内容。考虑到传统逻辑在日常语言和实践思维的论说中有不可替代的作用，本书把传统逻辑和现代逻辑分别论述，以便更好地扬长避短，发挥各自的作用。

三、逻辑学的作用

关于逻辑学的对象、性质以及传统逻辑与现代逻辑的关系问题，我们做了以上的介绍。下面我们谈谈逻辑学的作用，说明为什么要学习逻辑学。

逻辑学的根本作用是帮助我们提高逻辑思维能力，具体地说就是帮助我们提高正确推理和有效交际的能力。

1. 逻辑学有助于我们提高逻辑思维能力

所谓逻辑思维能力就是要能识别正确的推理、论证与错误的推理、论证从而正确地进行推理、论证的能力。这种能力是人们通过多种途径逐步取得的。因此，虽然一切正常的人都有逻辑思维能力，但是由于所处条件各异，不同人的逻辑思维能力的水平也就有所不同。这种水平的高低，对我们的工作和学习有直接的影响。为了推进学习和改进工作，就需要提高我们的逻辑思维能力。

提高逻辑思维能力的方法有许多，学习逻辑是其中之一。我们虽然能够在学习和实践活动中进行推理或论证，从而具有一定的逻辑思维能力，但是这种能力是自发的。因为，"逻辑的形式是大家所熟知的，可是……'知道了的东西还不因此就是认识了的东西'"（《列宁全集》第 38 卷，人民出版社 1959 年版，第 86 页）。而逻辑学有助于我们变"知道的东西"为"认识了的东西"。也就是说，学习逻辑学可以使我们的逻辑思维活动由自发变为自觉。不仅能够进行推理和论证，而且懂得什么是正确的推理，什么是错误的推理；为什么正确，为什么错误。这对提高逻辑思维能力自然是有帮助的。

2. 逻辑学有助于我们获取新知识

逻辑学的作用不仅在于提高我们的思维能力，而且有助于知识创新。我们知道，逻辑思维能使我们获得有关事物的本质和内部联系的认识，而逻辑思维之所以能使我们获得对事物的更为深刻的认识，条件之一就是遵守逻辑规律，正确运用推理。医学史上叩诊法的发现就是例证之一。奥地利医生奥恩布路盖（1722—1809）在一次解剖尸体时，发现尸体胸腔内充满积液，深悔自己没能在患者生前发现并做对症治疗。当时他忽然回忆起父亲在经营酒业时，常用手敲击酒桶以确定其中存酒的多少。受此启发，他想到能否用叩击听音的方法去诊断患者胸腔内部的疾病呢？于是他深入研究了胸部疾病与叩击音变化的关系，终于在 1761 年写成《用叩诊人体胸廓发现胸腔内部疾病的新方法》，第一次对叩诊法做了系统的介绍。为什么奥氏能发明叩诊法？这靠两个条件：一是已有的真知（敲击酒桶可凭声音确知存酒多少及胸腔的内部构造等）；二是运用了正确的推理（类比推理）。

上述案例表明，逻辑可以帮助我们在已有知识的基础上通过正确推理而提出假说并检验假说，从而一次又一次获得科学发现。正如恩格斯所说："甚至形式逻辑也首先是探寻新结果的方法，由已知进到未知的方法。"这就充分肯定了逻辑在知识创新中的重要作用。

3. 逻辑学有助于我们有效地交际和表达思想

正确推理和有效交际是密切联系的。有效交际要应用正确推理，正确推理最终也要表现在有效交际之中。正确推理的理论和有效交际的理论也有类似的关系。我们知道，自然语言是交际活动中的主要工具。从亚里士多德的《工具论》到我们今天所说的传统逻辑，都有一个贯穿始终的传统，那就是逻辑、语法和修辞总是相结合的，语形、语义和语用总是相联系的。逻辑学的知识可以帮助我们做到概念明确、判断恰当、推理合乎逻辑，从而使我们在交际或交流思想的过程中切实做到思路清楚、前后一贯、论证有说服力，也就是具有想清楚、说清楚、写清楚的能力；能够准确严密地表达思想、论证思想，使之符合准确表达的三个条件：合逻辑，合语法，有说服力。因此，逻辑学尤其是基于自然语言的逻辑学对于提高人们正确推理和有效交际的能力有特别重要的作用。

4. 逻辑学有助于我们识别、反驳错误的认识和诡辩

"诡辩"一词出自希腊语，其最初含义是掌握技巧并且有智慧之意，后来逐渐深化为旨在欺骗而做的虚假论证或议论。对于那些诡辩者来说，他们是有意利用虚假论证来蒙骗对方。著名的诡辩有中国古代公孙龙"谓鸡足一，数足二，二而一故三"的"鸡三足"诡辩；还有古希腊欧布利德"你没有丢掉的东西你仍然拥有，你没有丢掉角，那么你有角"的"有角者"诡辩。他们表面上似乎都在讲逻辑，实际上是利用违反逻辑的虚假论证来捉弄对方。

在现实生活中，到处都有错误的认识，以及靠诡辩"假装聪明而实非聪明，而且是用表面上的聪明而非真正的智慧去赚钱的人"（亚里士多德：《工具论》，广东人民出版社 1984 年版，165a，15—20）。黑格尔更是直截了当地认为："诡辩这个词通常意味着以任意的方式，凭借虚假的根据，或者将一个真的道理否定了，弄得动摇了；或者将一个虚假的道理弄得非常动听，好像真的一样。"（黑格尔：《哲学史讲演录》第 2 卷，商务印书馆 1978 年版，第7 页）

而系统学习逻辑并通过逻辑思维训练，可以帮助我们识别、反驳错误的

认识或诡辩。

例如，有个搞财会工作的人，为了掩饰自己所犯的经济问题，说："常在河边走，哪能不湿鞋。"对此，我们就既可以指出"常在河边走"与"湿鞋"之间并无必然的逻辑联系，又可以举出一个在"常在河边走"但没有"湿鞋"的例证，从而从逻辑上进行反驳。

又如，报载某局长用车撞了拦车讨要欠薪的民工。后来这位局长振振有辞地说："我受党教育多年，不可能故意开车撞人。"为了反驳这种说法，我们可以将他的话整理为一个三段论：

所有受党教育多年的人不可能故意开车撞人，

我受党教育多年，

所以，我不可能故意开车撞人。

从而判定他的这个辩解所故意省略的大前提，是不真实的。

批驳诡辩是逻辑学的使命。《墨经·小取篇》说："夫辩者，将以明是非之分，审治乱之纪，明同异之处，察名实之理，处利害，决嫌疑。"这就明确地指出，论辩的目的就是明辨是非，驳斥诡辩。亚里士多德的《辩谬篇》有许多驳斥诡辩的论述。例如，他说："诡辩派的伎俩在于显示智慧，而实际上显示的并不是真正的智慧。"事实上，逻辑才能使人显示真正的智慧。那些诡辩手段，如偷换概念、歪曲引证、庸俗类比、错误概括等，都是不合逻辑的。一旦使用逻辑工具，就能显示其违反逻辑之处。诡辩论者只能欺骗缺乏逻辑素养的人。

应当指出的是，逻辑学仅仅是帮助我们驳斥诡辩的必要工具，而不是唯一的手段。依据实践从政治上、理论上揭露诡辩论者的本质，才是从根本上对诡辩的反驳。从逻辑上对诡辩的揭露，为这一根本反驳提供了前提。

5. 有助于我们开展机智的斗争和进行逻辑思维的较量

在现实社会生活中，有许多机智的斗争。智斗实际上就是逻辑思维的较量。

有个真实的故事。有个美国人买了一盒极为稀少并且很昂贵的雪茄，还为这盒雪茄投保了火险。结果他在一个月内就把这盒雪茄抽完了，保险费一分也没有交，却提出要保险公司赔偿的要求。在申诉中，这个人说雪茄是在"一连串的小火"中受损。保险公司当然不愿意赔偿，理由是：这个人是以正常的方式抽完雪茄的。结果这个人将保险公司告到法庭。法官在判决中表示，他同意保险公司的说法，认为这场诉讼非常荒谬，但是原告手上确实有保险公司同意承保的保单，证明保险公司保证赔偿任何火险，并且保单中并没有限定性地指出什么样的"火"不在保险范围内。因此，保险公司必须赔偿。与其忍受漫长昂贵的上诉过程，保险公司决定接受这项判决，赔偿了原告 1.5万美元。当这个人将支票兑现之后，保险公司马上报警将这个人逮捕，罪名是涉嫌 24 起"纵火案"。有他先前的申诉和证词，这个人立即以"蓄意烧毁已经投保之财产"的罪名被定罪，要入狱服刑 24 个月，并罚美金 2.4 万元。保险公司的反诉运用了归谬法，即从对方的荒谬中推出更加荒谬的结论来。

由此可见，在现实社会生活中，许多机智的斗争实际上就是逻辑思维的较量。逻辑学有助于我们开展这种斗智和较量。

6. 有助于培养自觉的逻辑精神和逻辑意识

我们知道，不少人没有学过逻辑也会使用逻辑，但这种"逻辑"只是日常生活中积累起来的"逻辑感觉"。要想把这种"熟知的东西"变为"认识的东西"，从而使自己在现实的社会生活中更加"逻辑"，唯有通过系统地学习逻辑，系统地做一些逻辑思维训练题。

只有这样，我们才能将"自发的逻辑感觉"培养成为"自觉的逻辑意识"，并通过"自为的逻辑训练"，将逻辑感觉、逻辑意识升华为一种"自由的逻辑精神"，使之成为一种时刻用逻辑思考的"习惯"，这就是逻辑思维素质。它对于我们希望清楚地论证什么或反驳什么是时刻有用的、永伴一生的。

总之，"逻辑"是思维的逻辑、语言的逻辑，同时又是生活的逻辑、实用的逻辑。学好逻辑，可以帮助我们科学地学习认知，准确地论证表达，有效地交流沟通。因此，我们应该学好逻辑学，用好逻辑学。

第三节　逻辑学的发展及其文化背景

逻辑学是人类文明发展到一定阶段的产物。在古代文明较发达的中国和希腊乃至印度，出现了不同的逻辑传统，它们被合称为世界古代逻辑的"三大源流"。不同逻辑传统的形式与相应的历史文化背景有关。这绝不是偶然的现象。那么，为什么在中国、印度、希腊会同时产生各有特色的逻辑呢？在这里我们主要讨论古希腊和古中国逻辑学的发展及其文化背景的问题。

一、古希腊和古代中国的灿烂文化与不同的逻辑传统

古希腊的文化得到了空前的发展，最早的文化成就在文学艺术方面。以形象思维为主的文艺作品，也夹杂着抽象思维。随后，各种科学相继萌生和

发展，其中抽象思维所占的分量便大为增加。在动物学、植物学、物理学、医学、语法、修辞学等学科尤其是以几何学为代表的数学的研究、分析中都要自觉地使用大量的概念、判断、推理以及比较、分析、抽象、概括、定义、分类等思维方法。哲学研究的发展也对逻辑学产生了重要的影响。在古希腊最早出现的是自然哲学，后来进一步探讨人类认识的根源、性质、范围、限度和工具。其中，对于追求真理、辨明真伪所用的是思维形式和规律以及方法的研究，就是逻辑学的雏形。此外，古希腊史上出现的"百家争鸣"的文化繁荣局面，对逻辑学的发展产生了一定的影响。正是在这样的背景下，亚里士多德在继承前人研究成果的基础上，写成了《工具论》等著作。他结合对自然语言的分析，构造出三段论推理系统，确立了西方逻辑的基础，并使逻辑学成为一门独立的学科。正是由于亚里士多德在逻辑学说史上的划时代贡献，他被称为"逻辑之父"。

具有逻辑必然性的三段论的形式与规则的系统建构，是亚里士多德逻辑的重要特色。这种特色是古希腊文化基本精神的要求和显现，也是古希腊文化尤其是数学发展的结果。古希腊文化的基本精神之一是爱智慧、尚思辨，也就是追求知识、探索真理。这种探索对于作为认识方法的逻辑学的发展提出了要求。这就是：不能随便预设任何结论性前提，任何对于存在是什么的结论都必须诉诸方法的合理性。亚里士多德的逻辑适应了这一要求，它以建立获得科学知识的方法为直接目的，他的三段论推理正是这样的认识方法，用这种方法人们可以由真前提必然地获得科学的知识。因此，亚里士多德把逻辑看作一种工具，而不是把它归于哲学。

逻辑史家认为，三段论是公理方法在逻辑上的第一次应用。这种应用离开了数学的发展是难以想象的。实际上，古希腊人对数学的最大贡献，就是坚持以数学结果必须根据明白规定的公理，用演绎法推出。因此，数学史家克莱因说："希腊人在搞出正确的数学推理规律时就已奠定了逻辑的基础，但要等到亚里士多德这样的学者才能把这些规律典范化和系统化，使之形成一门独立科学。"（[美]克莱因：《古今数学思想》第一册，上海科技出版社1979年版，第62页）

我国古代文化到了春秋战国时期得到了突出的发展，这也是历史上著名的百家争鸣时期。当时的思想界十分活跃，学术论辩之风盛行。各派思想家在论辩中十分注重论辩方法的探讨，其中包含有丰富的逻辑思想，形成了中国古代的逻辑传统。中国古代逻辑的成就，主要集中于后期墨家及荀子的著作中。他们讨论了相当于概念、判断以及推理、论证的问题，提出了自己的以名辩和类推为特色的学说。

但是，应当指出的是，中国古代并没有发展出类似亚里士多德三段论那样严密的推理体系。虽然战国后期的《墨经》曾有过关于"推类之难"的讨论，《荀子》也有"推类而不悖"的说法，但并没有从中发展出系统的推理理论，这主要是因为"推类"之说缺乏对推论形式的抽象和对推论规则的系统说明。

中国古代逻辑的这种特色也是受到中国古代文化制约的结果。中国古代文化不像古希腊文化那样，以探索世界本质、获取科学知识为基本追求，而是把对政治和伦理的关注摆在了首要位置。政治、伦理主要涉及的是价值判断，而不是事实认知，因之，它对主体需求的依赖较之对严密有效方法的依赖更大，对直觉顿悟和综合思考较之分析和论证更加重视。这就使得逻辑在中国古代始终未能独立出来，获得充分的发展。

此外，中国数学的主流是朝着代数学方向发展的。在中国古代没有发展过理论几何学，即没有发展过与数量无关，而纯粹依靠公理和公设作为讨论的基础来进行证明的几何学。中国古代数学的这种状况，也使得借鉴公理化方法以发展中国古代演绎逻辑受到了不利的影响。

二、近代自然科学的兴起与近代逻辑的产生

近代自然科学尤其是物理学得到了前所未有的发展，物理学等自然科学的发展要求人们对自然界进行经验的探究，崇尚系统实验研究方法。逻辑学在这一时期脱离了本来曾与它有过紧密联系的数学。原因是这一时期的数学发展走上了一条新的道路，数学家所关注的是属于代数和分析这样的一些内容。而代数与分析却不是用公理的形式构造的，而是从算术发展而来的。此外，文艺复兴时期以后的人文主义者对中世纪逻辑的反对也是一个原因，他们认为中世纪文化（包括中世纪逻辑）与重新发现的古代文化比较起来，形式上是枯燥的，内容上是僵死的。正是在这种文化背景下产生了作为实验科学方法论的归纳逻辑。

英国哲学家弗兰西斯·培根继续了文艺复兴时期人文主义者对经院逻辑的严厉批评，系统地探讨了实验科学方法，奠定了归纳逻辑的基础。他对归纳逻辑的主要贡献体现在《新工具》这一著作中。在该书中，他提出了整理、分析、比较的"三表法"，即"本质或具有表""差异表""程度表"（或"比较表"），认为按照这些方法并通过"排斥"，可以找到事物之间的因果联系。培根的归纳法把逻辑引入了一个新的发展阶段。继培根之后，笛卡尔、

赫舍尔、惠威尔等分别探讨了科学归纳方法。而后，由穆勒（又译弥尔，1806—1873）集归纳逻辑之大成，将归纳方法系统化，提出了著名的"求因果五法"。穆勒丰富和发展了培根等人的归纳逻辑思想，首次明确地把归纳引入逻辑体系，使之与演绎逻辑并列成为传统逻辑体系的重要组成部分。

大约在同一时期，演绎逻辑也出现了划时代的突破。德国哲学家、数学家莱布尼茨提出了用数学方法处理逻辑推理的宏伟设想。他的改革逻辑学并建立严密的逻辑演算体系的计划，虽然没有由他本人来实现，但他的逻辑学说对现代逻辑后来的发展产生了很大影响。

三、现代科学文化与现代逻辑

莱布尼茨提出的"通用语言"与"通用数学"很自然地为以后的计算机语言和现代逻辑指明了道路。19 世纪数学上的进展，给数学带来了较大的变化。19 世纪初期给数学研究划定的框框在一切方面都突破了，数学迅速发育成上百个分支。新领域的开辟以及旧领域的扩大表现在：代数学得到全新的发展，几何学也再次活跃起来，并由于非欧几何的引入，以及射影几何的复兴而发生了根本性变化；数论发展成解析数论；分析学则由于复变函数论的引进以及常微分方程和偏微分方程的发展，而得到了长足的进步。

除了题材方面的成就之外，严密的证明在 19 世纪被重新引进了。数学的逻辑基础的建立，尤其是实数和几何的公理化给了数学一个清晰的、独立的、自足的基础。而数学的严密化是通过数学各个分支的公理化来完成的。到了 20 世纪初，公理化方法不仅使许多旧的和新的数学分支的逻辑基础得以建立，而且揭示出每个分支以哪些假定为基础，并使得有可能比较和弄清楚各分支之间的联系。看起来，严密地建立数学的目标似乎已经达到了。

此外，一些数学家认识到数学是可以机械化的。耶方斯就是认识到这一点的人。他在 1869 年成功地构造了一部逻辑机器，第二年呈给皇家学会。在这部机器上，表示各种不同元素（类或命题）的可能组合的记号可用按电钮的方法使之出现和消失。1885 年，皮尔士的学生马昆德（Marquand）设计了与耶方斯机器类似的电子机器。随着计算机的构建和机器语言的建立，现代逻辑以崭新的面貌呈现于世人面前。

在逻辑史上，首先把莱布尼茨的设想付诸实现的，是英国数学家乔治·布尔（1815—1864）。布尔的逻辑代数极大地扩展了传统逻辑的范围，使传统逻辑的三段论只不过成为类代数演算的一部分。在布尔之后，美国的皮尔士（1839—1914）在德·摩根研究的基础上建立了第一个关系逻辑的形式演算系统。其后，德国数学家弗雷格（1848—1925）第一次在比较严格、比较完全的意义上构建了一个逻辑演算系统，论证了数学的逻辑基础，首开在逻辑体系中建立公理演算系统的先河。对现代逻辑的奠基和形成有突出贡献的另一位逻辑学家是皮亚诺（1858—1932）。他创设了一套表意符号语言，区别了命题演算和类演算。他的研究成果对罗素有极大的影响和启迪。

从 1900 年开始，怀特海和罗素在布尔、弗雷格、皮尔士、皮亚诺等人工作的基础上，提出了较为严密、完全的命题演算和谓词演算系统，标志着现代逻辑逐渐成熟。20 世纪 30 年代，现代逻辑取得了三项划时代的重大成果。第一项成果是哥德尔 1931 年提出的不完全性定理；第二项成果是塔尔斯基于 1933 年建立的逻辑语义学；第三项成果是英国数学家图灵在 1937 年建立的"图灵机理论"。这三项成果建立在现代科学文化发展的基础之上，同时也对现代科学文化的发展产生了深远的影响。

四、西方逻辑在中国

西学东渐过程中，中国引进逻辑学著作。李之藻与传教士合作，翻译了西方逻辑著作《名理探》。这是西方逻辑的首次传入。但由于当时的历史条件，该书在我国文化史上几乎没有什么影响。从 1840 年鸦片战争开始，西方列强迫使中国卷入现代化的历史潮流。1894 年，甲午战争的惨败使一些先进的知识分子认识到，仅仅仿效西方的技术技巧和社会制度是不行的，更为重要的是切实把握西学的根本，并用来武装国人头脑，才能救亡图存。这就是严复所谓的"开民智"。在他们看来，开民智固然要学习西方的科学技术、政治经济与教育，但要害在"改易思理"，也就是要改变人们的传统思维方式。在这个时期，西方逻辑伴随着西方科学的输入而输入，适应了当时先进的中国知识分子变革中国传统思维方式的需求，同时也为他们批评中国传统思维方式的弊端提供了武器。于是，严复此时翻译的《穆勒名学》及《名学浅说》得以广泛传播。

西方逻辑的传入，对中国传统思维方式乃至文化的影响是相当大的。严复在《原强》修订稿中曾谈到，牛顿、瓦特、法拉第等人对科学技术的贡献固然很大，但是如果没有培根归纳逻辑"摧陷廓清之功"，那么，西方科学"二百年学运昌明"则是不可能的。因而在学习西方科学技术的同时，进而学习和掌握西方科学"二百年学运昌明"的"思理"，即思维方式，才是最根本的。所以，向国人灌输西方逻辑，是教民之"要术"，也是开发民智的关键所在。

在严复之后，中国许多著名的政治家、思想家和学者，包括孙中山、王国维、胡适、金岳霖、章士钊、毛泽东等，都对西方逻辑做过推介，或者用它作为工具构造自己的理论体系。"五四"之后，经过中国新文化运动洗礼的中国学术，由于吸收了西方逻辑的成果和方法而呈现出新的面貌，真正意义上的学术文章从此开始，注重推理和论证，运用定义与划分的方法，成了中国现代学术著述的一个重要特征和标志。（程仲棠：《逻辑要与中国现代文化接轨》，《社会科学战线》1996 年第 4 期，第 20—22 页）

由此可见，西方逻辑的引入，对中国社会特别是中国文化的发展产生了重要的影响。西方逻辑输入后，在一定程度上引起了中国传统思维方式的变革，并使这种变革进入哲学、史学、教育等诸多学科或领域，从而对中国文化乃至中国社会由传统向现代的转型起到了一定的作用。

考察逻辑发展与文化的关系可以给我们以下启示：

第一，任何一种逻辑，无论东方逻辑还是西方逻辑，传统逻辑还是现代逻辑，都有一个为什么产生和为什么这样产生和发展的深层次文化背景。正如杜米特留所说的那样，现代逻辑研究的是相互联系的部分组成的系统。它就像一部机械地产生公式的机器。显然，在机械论和计算机器占支配地位的时代，这种逻辑机器的建构，自然会得到长足的发展。但是，在古希腊时代，是不可能提出这种逻辑的。在逻辑发展的今天，现代逻辑得到发展是很自然的，也是有用的。由此可见，只有依托每一种逻辑体系所孕育、赖以发展并受到其制约的文化背景，我们才能对不同逻辑传统的特点以及它们之间的关系给出理由充足的解释。逻辑学的研究离不开历史背景的分析和文化的诠释。

第二，每一种文化传统的特点决定了建立于其上的每一种逻辑传统或逻辑形态的特点。在杜米特留看来，古代中国人的思维使用了一种深刻的归纳法，印度人提出自己的逻辑系统，古希腊哲学家亚里士多德的《工具论》则为逻辑学竖立了一座不朽的丰碑。逻辑的各种各样的模式都是有效的，它们都是相互补充的。这些不同逻辑形态的互补性，让我们对逻辑学以及逻辑史有一个全面的了解。因此，我们认为，每一种逻辑学传统和逻辑学形态都有其优点和长处，同时又有其限度和适用范围。这就是我们回顾历史得出的结论。

复习思考题

1. 逻辑学的研究对象是什么？
2. 什么是推理？什么是论证？
3. 逻辑学的性质是什么？

4. 逻辑学的作用是什么？
5. 什么是传统逻辑？什么是现代逻辑？
6. 逻辑学产生和发展的三大源流是什么？
7. 为什么说不同文化背景下产生的不同逻辑传统各有其长处和短处？

上编：普通逻辑

第二章　概念

第一节　概念的概述

人类逻辑思维的主要形式有概念、判断和推理。其中，概念是思维活动中最小的、最基本的构成单位，是做出判断和进行推理与论证的基础。人们在认识事物、思考问题和交际沟通的过程中，都需要准确把握事物或对象的质的规定性与量的确定性，中国古代逻辑中强调"以名举实""名定实辨"，这些都基于对概念的认识和使用。因此，逻辑学对推理和论证研究的起点始于概念。

一、什么是概念

概念是反映对象本质属性的思维形式。

概念反映的对象，包括自然界、人类社会和人类思维中的任何事物及其属性。世界上的事物纷纭复杂、千差万别。人们要认识事物，首先要借助思维的抽象功能求同别异，把相同的思维对象归于同类，把不同的思维对象纳入异类，于是形成了众多不同的概念。例如，"国家""工人""河流""森林""商品""导电""红色""推理""论证"等，它们都是概念。

概念对象的属性，是指事物的性质和事物之间的关系。事物都具有各种各样的性质，如性能、形状、颜色、美丑、优劣等性质。同时，任何事物又都与其他事物有着一定的关系，如前后、上下、大于、小于、师生、同乡、同学、热爱等关系。概括地说，事物的性质和事物之间的关系都是事物的属性。

在事物的属性中，有本质属性和非本质属性的区别。本质属性是决定一类事物之所以成为该类事物并使其与其他类事物相区别的属性。例如，由"炽热的气体组成并自身发光的天体"是恒星的本质属性，"用于交换的劳动产品"

是商品的本质属性。非本质属性则是指对事物类的归属和区分不具有决定意义的属性。例如，恒星的大小、发光强度、产生年代和商品的形貌、用途、价格等，对于恒星和商品这两类事物来说，就都是非本质属性。

概念作为人类理性认识的基本形式，与感觉、知觉、表象等感性认识的形式不同。感觉、知觉、表象等反映的是事物的表面现象和直观属性，不能形成对事物本质属性的反映和对事物之间类同类异的认识。概念则舍去了事物的非本质属性，抽象概括地反映事物的本质属性。

人类的认识是不断发展、不断深化的，对事物本质属性的把握是在认识发展和深化的过程中完成的，因此，概念对对象本质属性的反映也经历了一个由粗浅到深刻的过程。如"人"这个概念，在古代曾被概括为"无毛而会直立行走的动物"。随着认识的发展，人们发现这种对人的本质的认识并不准确，因为其不能将人和其他动物完全区分开来。后来，逐步形成了今天的"人是能制造和使用生产工具的、具有思维能力和语言能力的动物"，才有了比较准确与深刻的概念。

概念在其形成过程中，使用了分析、综合、比较、抽象、概括等多种逻辑方法。其中，逻辑抽象的方法是概念形成中使用的基本方法。所谓抽象，也就是从对象的所有属性中撇开非本质的属性，而抽取出其本质的属性的方法。即在一类事物中，忽略每一具体事物的个别性和特殊性，掌握该类事物所共同具有的本质的和普遍的属性。如前述的人、商品、恒星等概念，都是经过这样的抽象而形成的。

逻辑学并不研究日常思维和语言交流中所使用的概念的实际思想内容，以及每一具体概念的形成过程，而主要是从逻辑形式和逻辑特征方面对已经形成并相对稳定的概念加以分析研究，包括概念的种类、概念间的关系、明确概念的逻辑方法及其规则等，以帮助人们明确地使用概念，正确地进行思维。

二、概念的内涵与外延

对于日常思维和语言交流中使用的所有概念而言，虽然它们各自包含的具体思想内容和指称范围有所不同，但是从逻辑学角度看它们却有着共同的特征，即每一概念都反映特定对象的本质属性和对象范围，这就是概念的内涵和外延。

概念的内涵和外延是概念的两个基本逻辑特征。

概念的内涵就是反映在概念中的对象的本质属性，又称概念的含义。内涵是概念的质的规定性，它表明概念所反映的对象"是什么"。每一正确反映了客观现实的概念都有其确定的内涵。例如，"笔"这个概念的内涵是"写字绘画的用具"，"电脑"这个概念的内涵是"由电子元器件组成并受运行程序控制的用于数学计算和信息处理的机器"，等等。

在日常语言中，通常用"……是……""……就是……""所谓……是指……""……即……"等句型来揭示和表述概念的内涵。例如：

例① 法律是体现统治阶级意志，由国家制定并颁布的强制性的行为规范。

例② 所谓小说，是指通过人物塑造和情节描述表现现实生活的文学体裁。

以上例①、例②就都是揭示概念内涵的。

概念的内涵一般由一种或多种思维要素构成，具有一定逻辑联系的概念其内涵有多少之分。例如"学生""大学生"和"南开大学学生"这三个概念，"学生"的内涵只是"在学校中学习并接受教育的人"；"大学生"的内涵除具有"学生"内涵中的规定性外，又增加了"大学"和"高等教育"的属性，即"在大学里学习并接受高等教育的人"；而"南开大学学生"则在"大学生"的内涵中进一步增加了"南开大学"这一特定的属性。因此，在这三个概念中，"学生"概念的内涵最少，"南开大学学生"概念的内涵最多。

概念的外延是指具有概念所反映的本质属性的全部对象，又称概念的对象范围。外延是概念的量的规定性，它表明概念所反映的对象"有哪些"。例如，"商品"概念的外延，包括一切由人类生产出来并用于交换的劳动产品，农村集市上的蔬菜、水果是商品，城市超市里的彩电、冰箱也是商品。"人"的概念的外延则包括古今中外所有的人，人类社会中曾经或者正在生活着的每一个具体的个人，都在"人"概念的外延之中。

在日常语言中，常用"……包括……""……有……""……可分为……"等引导词表明概念的外延。例如：

例③ 笔，包括钢笔、圆珠笔、铅笔、毛笔、蜡笔等。

例④ 教师可分为小学教师、中学教师和大学教师等。

以上例③、例④都是用来说明概念外延的。

根据概念所反映对象的数量范围，概念的外延有大小之别。有的概念只反映一个具体的人或事物，例如"秦始皇""司马迁""黄河""泰山"等，它们属于逻辑上外延最小的概念。而有的概念则反映所有的事物或事物的最普遍的属性，例如"物质""运动""本质"等，它们属于逻辑上外延最大的概念，又称作"范畴"。在具有一定逻辑联系的概念之间，可以比较外延的大小，如"石油工人"的外延小于"工人"的外延；"科学"的外延大于"自然科学"的外延。

外延，不仅是概念的基本逻辑特征之一，而且是逻辑科学体系中的一个关键性概念。对概念外延和外延之间关系的断定，关系到由概念所组成的判断的真假和推理是否正确有效，推理由前提到结论所表现的在概念外延间过渡的方向性是划分推理不同类型的逻辑依据之一。因此，学习和掌握有关概念外延的知识，对学好逻辑至关重要。

关于概念的内涵和外延，还有以下问题需要明确：

首先，概念的内涵和外延不等于客观对象固有的本质属性和对象的实际范围。概念及其内涵和外延都属于人类认识的主观范畴，是事物的本质属性和事物的数量范围在人类思维中的反映，这种反映存在着是否正确的问题。作为概念反映对象的事物和事物的类属关系则是客观存在的，它们不以人的意志和认识的正确与否而有所改变。因此，反映在概念中的对象的本质属性和对象的范围，即概念的内涵与外延，并不等于对象本身客观存在的本质属性和对象的实际范围。

其次，概念的内涵和外延既具有确定性，又具有变化性。所谓概念的确定性是指，概念作为人类思想成果的结晶，在人类认识发展的一定阶段上，或在特定的思维过程中，具有确定的含义和适用对象，不得随意改变和混淆。概念的变化性是指，概念的内涵和外延会随着人们对客观对象认识的深化而变化，如"太阳系的行星"概念的外延，开始人们曾认为有六大行星，后来有九大行星之说，现今又确定为八大行星。另外，从不同角度认识同一对象所形成的概念的内涵与外延会有所不同，如"水"概念的内涵，从物理学角度看，它的本质属性是无色、无味、透明的液体；而从化学角度看，它的本质属性是氧元素和氢元素组成的化合物。

最后，概念的内涵与外延大多具有实有的对象和真实的内容，但是也有一些概念是人脑虚拟的产物。一般来说，人们在日常思维中使用的概念大多是真实的，它们有客观存在的反映对象，如"日""月""山""河"等，我们称之为真实概念。但也有一些概念是人脑对客观事物的歪曲反映或凭主观想象而制造出来的，如"鬼""神""孙悟空""猪八戒"之类的概念，这些概念并没有客观存在的反映对象，它们的内涵与外延也是虚拟的，我们称其为虚拟概念。本书对概念及其相关知识的介绍，主要限于真实概念的范围。

三、概念和语词

人类的思维活动必须借助语言才能进行。表达概念的语言形式是语词，概念与语词密切联系。任何概念都是通过语词来表达的，而任何有意义的语词所表达的含义都是概念，因此说，语词是概念的语言形式，概念是语词的思想内容。表达概念的语词可以是单音词，也可以是双音词或词组，如"马""牛""羊""电视""资本""美丽的花园""世界上最高的建筑"等等。

但是，概念和语词又有区别，这主要表现在：

首先，概念是一种思想形式，它属于思维科学的研究对象；语词则是一种语言形式，它属于语言科学研究的对象。概念与客观对象的关系是反映关系，它要表明对象的本质属性和数量范围；语词与客观对象的关系是指称关系，它只起表示、标识对象的符号作用。另外，不同语种中的不同语词可以表达相同的概念，如"母亲"这个概念，汉语中用"妈妈"来表示，而英语中则用"mother"来表示。

其次，语词并不都是表达概念的。一般来说，汉语中的实词（包括名词、动词、形容词、副词等）都有确定的思想含义，因而都是表达概念的；汉语中的虚词（如感叹词、助词、介词等）通常没有具体的思想含义，所以它们一般并不表达概念。虚词中的连词，如"并且""或者""如果……那么……"等，在逻辑上可作为判断联结词使用，属于逻辑学中的重要概念。

最后，概念和表达概念的语词并不是一一对应的关系。这主要表现为两种情况：一方面，同一概念可以用不同的语词（同义词）来表达，如"医生""大夫""郎中"等语词表达的是同一个概念；"餐厅""饭馆""食堂"等语词表达的也是同一个概念。另一方面，同一语词（多义词）在不同语境下可以表达不同概念，如语词"白头翁"可以表示一种鸟，也可以表示一种植物，有时还可用来表示白发的老先生；"后门"这个词可表示房子后面的门，也可表示违法或违规的人际关系。

由于概念和语词存在着上述的不同，因此我们在使用语词表达概念时，必须了解和掌握概念与语词之间的联系与区别：既要通过使用不同语词表达同一概念来丰富表达的内容，又要注意语词的歧义，避免词不达意和思想含混，做到概念明确，用词恰当。

第二节　概念的种类

逻辑学对概念的分类与各门具体科学对概念的分类不同。具体科学一般是根据概念的不同科学内容来划分概念种类的，如根据学科内容的不同将概念分为经济学概念、历史学概念、生物学概念、数学概念等等。逻辑学则是以概念在内涵和外延方面的逻辑特征为根据来对概念进行分类的。

一、普遍概念与单独概念

根据概念所反映的对象数量的多少，概念可分为单独概念和普遍概念。这是以概念外延方面的逻辑特征为依据对概念所做的分类。

（一）单独概念

单独概念是反映某一个别对象的概念，它的外延是独一无二的具体事物。例如，"中国""北京""鲁迅""五四运动""2020 年 1 月 1 日"等，就都是单独概念，它们所反映的对象都是独一无二的个别的事物。

单独概念一般用语词中的专有名词或限定摹状词来表达。专有名词又简称专名，它包括人名、地名、历史事件名等，都是表达单独概念的。限定摹状词指描述、模拟某一特定事物的词组，如"世界上最长的河流""奥运会上跑得最快的人""中国古代名著《西游记》的作者"等，也都表达单独概念。此外，普遍名词的前面加上指示代词的限定也可表达单独概念，如"那位老人""这支钢笔"等等。

（二）普遍概念

普遍概念是反映两个或两个以上的个别对象所组成的一类对象的概念，它的外延是一类事物中的所有个别事物。例如"大学生""教师""国家""城市""恒星""汽车"等，就都是普遍概念，它们所反映的对象都是由两个以上的对象构成的一类事物。

普遍概念一般用语词中的普遍名词、动词、形容词等来表达。普遍名词是表达普遍概念的主要形式，普遍名词又称类名，它通常用来指称两个以上的事物所构成的类，如"金属""恒星""教师""科学家"等都表达普遍概念。动词和形容词通常可用于描述限定许多人和事物的动作、特征，如"奔跑""跨越""谦虚""红色"等，它们指称和限定的对象可以是多个，所以也表达普遍概念。

　　普遍概念反映的类和类中每一具体对象是"类"和"分子"的关系，在类和分子之间还有若干层次的子类或小类，如类概念"人"和具体对象的概念"张三"之间，可能会有"亚洲人""中国人""上海人"等子类或小类。

　　普遍概念的内涵是从一类事物的每一分子和子类中抽象出来的共性。因此，反映为概念内涵的一类事物的本质属性，必为该类中的每一分子和每个子类都具有。如超市和市场中出售的每类商品和每件物品，都具有商品的本质属性。

二、集合概念与非集合概念

　　根据概念所反映的对象是否为集合体，概念可分为集合概念和非集合概念。

（一）集合概念

　　集合概念是以集合体为反映对象的概念。所谓集合体是指由许多元素或个体组成的整体，其逻辑特征是整体所具有的本质属性并不为其中的每一元素或个体所具有。例如，"班""排""连"等作为军队编制的各级整体，是由一个个官兵所组成的，但每一位官兵并不具有班、排、连整体的属性。又如，"政党"是由一个个党员集合而成的整体，但每一个党员并不具有"政党"整体的属性。再如，"丛书""森林""中国工人阶级""鲁迅全集""西双版纳森林"等也都可以作为集合概念。

　　表达集合概念的语词可以是普遍名词，如上述的"丛书""森林""政党"等，也可以是专有名词，如上述的"中国工人阶级""鲁迅全集""西双版纳森林"等。用普遍名词表达集合概念时，只有在普遍名词指称的对象为集合体时才能成立。否则，当把普遍名词指称的对象视为一类事物时，它所表达的就不是集合概念。例如"政党"相对于其中的党员是集合概念，而相对于世界上的一个个政党就不是集合概念。

（二）非集合概念

　　非集合概念是反映非集合体的概念。非集合概念是相对于集合概念而言的，凡不反映集合体整体的概念都属于非集合概念。换句话说，除集合概念之外的所有概念都是非集合概念。例如"党员""书""树""工人""士兵"等就都是非集合概念。

　　区分集合概念和非集合概念时需要注意以下两点：

　　首先，集合概念反映的"集合体"与其中"个体"的关系不同于普遍概念中的"类"与"分子"的关系，集合体的名称不能用于指称其中的个体，而类的名称可以用于指称其中的分子。例如，我们不能用"人类"去指称某个人，说他是一个人类；但可以用"人"去指称某个人，说他是一个人。在此情况下，"人类"是集合概念，"人"是非集合概念。

其次，一个语词是否表达集合概念还需要根据该语词被使用的具体语境来区别。如在语句"鲁迅的书不是一天能读完的"之中，"鲁迅的书"表达的是集合概念；而在语句"《祝福》是鲁迅的书"之中，"鲁迅的书"表达的则是非集合概念。结合语境区分集合概念和非集合概念对于准确地使用概念非常必要，它可以避免推理和论证中的混淆概念的逻辑错误。

三、肯定概念与否定概念

根据概念所反映的对象是否具有某种属性，概念可分为肯定概念和否定概念。

（一）肯定概念

肯定概念又称正概念，是反映对象具有某种属性的概念。肯定概念既可以是反映客观事物本身的概念，也可以是反映事物所具有的属性的概念。如"理工类大学""正义战争""成年人""蓝色""健康"等，都属于正概念。肯定概念的内涵表明概念的对象"是什么"，或对象"具有的某种属性"。语词中的名词、动词、形容词等，以及由它们所组成的表示事物及其属性的词组一般都直接表达肯定概念。

（二）否定概念

否定概念又称负概念，是反映对象不具有某种属性的概念。如"非理工类大学""非正义战争""未成年人""非蓝色""不健康"等就都是否定概念。否定概念的内涵揭示了对象"不是什么"或"不具有的属性"。否定概念是相对肯定概念而言的，其语词表达形式通常为表示肯定概念的名词、动词、形容词或词组的前面加上否定词所构成。但并不是所有含"无""不""非"等否定成分的语词都表达否定概念，如"无锡""不丹""非洲"等就不是否定概念。

在理解和使用肯定概念与否定概念时应当注意：

否定概念总是相对于特定的认识范围和议论范围而言的，这种范围在逻辑学中称为论域。一般来说，一个否定概念与其相对的肯定概念的外延之和，就是否定概念论域的外延。如"未成年人"与"成年人"两概念的外延之和是"人"，"人"的概念的外延就是"未成年人"的论域。

此外，逻辑上所讲的肯定概念和否定概念只是说明对象具有或不具有某种属性，并不涉及对对象内容的褒贬评价。例如"先进"和"落后"都属于肯定概念，而"不先进""不落后"则都是否定概念。

四、实体概念与属性概念

根据概念所反映的是对象本身，还是对象所具有的属性，概念可分为实体概念和属性概念。

（一）实体概念

实体概念又称具体概念，是以事物或现象本身为反映对象的概念。例如"导体""汽车""天安门广场""三好学生"等都是实体概念。表达实体概念的语词通常是指称事物和现象本身的普遍名词、专有名词和摹状词等，如"岛屿""台湾""中国最大的岛屿"等。

（二）属性概念

属性概念又称抽象概念，是以事物或现象具有的属性为反映对象的概念。如"导电性""发光的""雄伟""优秀"等都是属性概念。属性概念一般用形容词、副词等具有抽象意义的语词来表达。此外，事物的属性还包括事物间的关系，因此，关系概念也属于属性概念。例如"大于""战胜""喜欢"等。

一个语词，特别是一些由形容词和名词结合而成的词组，究竟是表达实体概念，还是表达属性概念，要根据划分实体概念和属性概念的逻辑标准来确定。如"导电性物体""智慧的中国人"等语词表示的是实体，所以它们表达的是实体概念；而"物体的导电性""中国人的智慧"等语词表示的是属性，所以它们表达的是属性概念。

以上对概念所做的分类，包括将概念分成单独概念和普遍概念、集合概念和非集合概念、肯定概念和否定概念、实体概念和属性概念，每次划分都是依据概念内涵或外延方面的逻辑特征把所有概念一分为二的结果，即所有概念在上述分类中都是非此即彼的。因此，一个概念在各次分类中会被归入不同的种类，如"大学生"是普遍概念、非集合概念、肯定概念和实体概念，"西双版纳森林"则是单独概念、集合概念、肯定概念和实体概念。

第三节　概念间的关系

客观事物是普遍联系的，事物间的联系具体表现为各种各样的关系，这些关系反映到概念中来，就形成了概念之间的关系。逻辑学不研究概念之间在思想内容方面的具体关系，如"父"与"子"之间的"父子关系"、"5"对于"3"的"大于关系"等等诸如此类的概念间的具体关系，逻辑学无法也不可能逐一地加以研究说明。逻辑学只从判断和推理中概念使用的角度，研究概念外延之间所具有的种类相同或相异的各种关系。

首先，我们根据概念外延之间是否至少有部分重合，把概念间的关系区分为相容关系和不相容关系。然后，对相容关系中的同一关系、包含关系、交叉关系，不相容关系中的矛盾关系、反对关系等做进一步地说明。

概念的外延有大小之分，概念外延的大小及其相互关系可以借助圆圈图形来表示，这种方法在逻辑学上叫作"欧拉图解"。

一、概念间的相容关系

概念外延间的相容关系是指，两概念的外延至少有部分重合的关系。根据概念外延重合部分的数量范围不同，相容关系可进一步分为同一关系、包含关系和交叉关系。

（一）同一关系

概念间的同一关系是指，两概念的外延完全重合的关系。即 A、B 两概念的外延，当且仅当所有的 A 都是 B，并且所有的 B 都是 A，则 A 和 B 为同一关系。同一关系的两个概念其外延范围完全相同，所以又称全同关系。例如，"中国的首都"和"北京"、"《红楼梦》的作者"和"曹雪芹"、"等边三角形"和"等角三角形"等，其中每组两个概念之间的关系都是同一关系。

两个概念间的同一关系可用图形表示为：

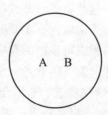

具有同一关系的两个概念，外延完全重合，但内涵必须有所不同，如"中国的首都"反映的是中国的政治文化中心，而"北京"则是一座世界著名城市的名称。否则，如果两个概念外延完全重合，并且内涵也完全相同，那么它们就不是同一关系的概念，而只是用不同语词表达了同一个概念，如"医生"和"大夫"就属于这种情况。

（二）包含关系

概念间的包含关系是指，一概念的外延完全包含在另一概念的外延之中，并且仅成为另一概念外延的一部分的关系。即 A、B 两概念的外延，当且仅当所有的 A 都是 B，并且有的 B 不是 A，则 A 和 B 为包含关系。例如，"工人"和"石油工人"、"词典"和"英文词典"、"历史"和"中国古代史"等，其中每组两个概念之间的关系都属于包含关系。

包含关系可用图形表示为右图的形式。

直观地说，两概念间的包含关系就是一个外延较小的概念存在于一个外延较大的概念之中。包含关系又称属种关系，其中外延较大的概念为属概念，外延较小的概念是种概念。

具有包含关系的两个概念，根据它们相互间地位的不同，可进一步区分为真包含关系和真包含于关系。

1. 真包含关系

概念间的真包含关系是指，在包含关系下，外延较人的概念刈于外延较小的概念的关系，即属概念对于种概念的关系。例如，"工人"对于"石油工人"、"词典"对于"英文词典"都属于真包含关系。在前述包含关系的欧拉图解中，A 概念对于 B 概念而言就是真包含关系，我们可以说，A 真包含 B。

2. 真包含于关系

概念间的真包含于关系是指，在包含关系下，外延较小的概念对于外延较大的概念的关系，即种概念对于属概念的关系。例如，"石油工人"对于"工人"、"英文词典"对于"词典"都属于真包含于关系。在前面的包含关系欧拉图解中，B 概念对于 A 概念而言就是真包含于关系，我们可以说，B 真包含于 A。

概念间的真包含关系和真包含于关系，只是包含关系的两种不同表现形式，或者说是人们对包含关系中两概念间的相互地位不同所形成的对两种相对关系的进一步的认识。因此，不能把真包含关系和真包含于关系视为独立于包含关系之外的两种不同的关系。

对于包含关系，即外延较大的属概念和外延较小的种概念之间的属种关系，有一些重要的逻辑特性需要注意。

首先，属种关系具有相对性。属概念和种概念是相互依存的，没有种也就无所谓属，属概念总是相对于种概念而言的，反之亦然。作为对客观事物类属系列联系的反映，人们在观念中可形成属种概念递相包含的关系链，如

"文学作品""小说""中国小说""中国古典小说""《水浒传》"等一系列概念，它们之间由前到后就是递相包含的。其中的某一个概念是属概念，还是种概念，需要根据与之相对的另一个概念来确定。如"中国小说"对于"中国古典小说"而言是属概念，而它对于"小说"而言就是种概念。

其次，概念间属种关系是一种类与分子、或类与子类的关系，它不同于人们观念上的整体和部分的关系，特别是不同于概念对象在空间、地域等方面的包含或隶属关系。如一所大学与其包含的院、系之间是整体和部分的关系，但反映它们的概念却不是属种关系的概念。在地域上，"中国"包含"广东省"，但二者的概念之间不存在属种关系，因为"中国"作为概念是一个单独概念，而逻辑上的单独概念不可能包含有子类和分子。

最后，由于属概念和种概念在反映事物类属关系方面不是同级的概念，因此一般不能并列使用。上述属种递相包含关系中，每相邻的两个属种概念之间，属概念总是包含着若干个种概念，这些种概念之间可以并列使用，但它们不能与其属概念并列使用。如我们可以说"足球运动、排球运动和篮球运动"，也可以说"球类运动和体操运动"，但不能说"球类运动和排球运动"，因为二者是属种概念，一般不能并列表达。

（三）交叉关系

概念间的交叉关系是指，两概念的外延有并且只有部分重合的关系。即A、B两概念的外延，当且仅当有些A是B，有些A不是B，并且有些B是A，有些B不是A，则A和B为交叉关系。如"军人"和"大学生"、"教授"和"科学家"、"农产品"和"商品"等，其中每组两个之间的关系都属于交叉关系。

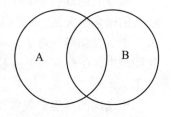

概念间的交叉关系可以用图形表示为右图。

二、概念间的不相容关系

概念外延间的不相容关系是指，两概念的外延没有任何部分重合的关系。即A、B两概念的外延，当且仅当所有的A都不是B，并且所有的B都不是A，则A和B为不相容关系。具有不相容关系的两个概念，它们的外延完全不同，所以又称全异关系。例如，"桌子"和"粉笔"、"中年人"和"儿童"、"木制品"和"铝制品"等，其中每组两个概念之间的关系都属于不相容关系。

右图所示的 A、B 两概念即为不相容关系。

结合实际思维的需要,逻辑学对于概念间不相容关系的研究,主要限于同一个属概念中的两个并列的种概念间的

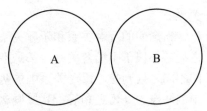

不相容关系。根据这样两个种概念的外延之和是否等于其属概念的全部外延,不相容关系可进一步分为矛盾关系和反对关系。

(一)矛盾关系

概念间的矛盾关系是指,两个概念的外延完全不同,并且它们的外延之和等于其属概念的全部外延,则这两个概念之间就是矛盾关系。例如,"红色"和"非红色"这两个概念是矛盾关系,因为它们的外延之和等于其属概念"颜色"的全部外延。"机动车"和"非机动车"也是矛盾关系,它们的外延之和等于其属概念"车辆"的全部外延。

右图所示的 A、B 两概念即为矛盾关系:

矛盾关系的概念一般是由一对肯定概念和否定概念形成,这是因为一对肯定概念和否定概念的外延之和,等于它们的属概念的全部外延,即否定概念相对应的论域。但也有个别的例外情况,如"导体"和"非导体"就不属于矛盾关系,由于还存在着"半导体",因此它们外延之和并不等于属概念"物体"的全部外延。

此外,逻辑学所讲的概念间的矛盾关系不同于人们日常所说的"矛盾"。日常思维中的所谓矛盾,是按哲学的矛盾普遍性观点,把所有事物间的联系都视为矛盾关系。如"猫"和"老鼠"通常被认为是一对矛盾,但它们作为概念在逻辑上并不属于矛盾关系的概念。

(二)反对关系

概念间的反对关系是指,两个概念的外延完全不同,并且它们的外延之和小于其属概念的全部外延,则这两个概念之间就是反对关系。

例如,"红色"和"白色"是反对关系,因为它们的外延之和小于其属概念"颜色"的全部外延。"自行车"和"汽车"也是反对关系,它们的外延之和小于其属概念"车辆"的全部外延。右图所示的 A、B 两概念即为反对关系。

具有反对关系的概念,通常是同一属概念中的并列且全异的两个种概念,如"学生"这个属概念中的"大学生"和"小学生"是反对关系,"小说"这个属概念中的"长篇小说"和"短篇小说"也是反对

关系。

概念间的反对关系和矛盾关系，既有共同点，又有不同点。它们的共同之处是都属于不相容关系，都是指外延完全不同的两个概念间的关系。它们的不同之处则是，反对关系中的两概念外延之和小于其属概念，而矛盾关系中的两概念外延之和等于其属概念。

第四节　概念的限制与概括

概念的限制与概括是明确概念外延的两种逻辑方法。对概念进行限制与概括，是以属种关系的概念内涵与外延的反变关系为基础的。

一、概念内涵与外延间的反变关系

在本章第一节中我们曾分析了概念的内涵有多少之分，外延有大小之别。在具有属种关系的概念之间，内涵的多少与外延的大小存在着反变关系，即：一个概念的内涵越多，则它的外延越小；一个概念的内涵越少，则它的外延越大。反过来说，一个概念的外延越小，则它的内涵越多；一个概念的外延越大，则它的内涵越少。换句话说，内涵变多是外延变小的充分必要条件，内涵变少是外延变大的充分必要条件。反之，外延变化对内涵也是如此。

例如在"医生"和"外科医生"这两个属种概念之间，就存在着上述反变关系。"医生"的内涵比"外科医生"的内涵少，则它就比"外科医生"的外延大；而"外科医生"的内涵比"医生"的内涵多，则它就比"医生"的外延小。

反变关系同样存在于属种递相包含关系的概念系列中，如在"物——生物——动物——脊椎动物——哺乳动物——人"等这一系列概念中，由前到后，内涵越来越多，外延则越来越小；由后至前，内涵越来越少，外延则越来越大。

概念内涵与外延的反变关系，只存在于属种关系（即包含关系）的概念的内涵与外延之间，概念间的其他关系（包括同一关系、交叉关系、全异关系等）则不具有上述内涵和外延的反变关系。

二、概念的限制

概念的限制是利用反变关系通过对属概念增加内涵而过渡到其种概念，

以明确概念外延的逻辑方法。例如，对"历史"这个属概念，增加"中国"的内涵，就过渡到其种概念"中国历史"。再如，对"电话机"这个属概念，增加"来电显示"的内涵，就过渡到其种概念"来电显示电话机"。

概念的限制过程可用公式表示为：

种概念的限制过程

属概念+内涵→种概念

公式中的"内涵"表示新增加的内涵，"→"表示过渡到。

根据实际思维过程中明确概念的需要，概念的限制可以是一次性的，即由属概念通过一次增加内涵而过渡到其种概念。也可以是连续多次的，即通过两次或两次以上的增加内涵，逐级地过渡到外延更小的种概念。如对"书"增加"历史"的属性而过渡到"历史书"；再增加"古代"的属性，就过渡到"古代历史书"；再增加"世界"的属性，就过渡到"世界古代历史书"。概念限制的极限是单独概念，因为单独概念在属种关系的系列中是外延最小的概念，所以，对单独概念一般就不能再作限制了。

概念的限制通常表现为对表达概念的语词增加修饰、限定词。但也有例外的情况，如"中国著名文学家"限制为"茅盾"，就不是通过增加修饰、限定词进行的。另外，有些语词前面增加修饰、限定词并不一定是限制，如"天安门"与"雄伟的天安门"两概念之间的变化就不属于概念的限制。这就是说，考察是否为概念限制的依据，并不是看是否增加了修饰、限定词，而主要是看前后两个概念是否具有从属概念过渡到种概念的关系。

三、概念的概括

概念的概括是利用反变关系通过对种概念减少内涵而过渡到其属概念，以明确概念外延的逻辑方法。例如，对"正义战争"这个种概念，减少"正义"的内涵，就过渡到其属概念"战争"。再如，对"劳动模范"这个种概念，减少"劳动"的内涵，就过渡到其种概念"模范"。

概念的概括过程可用公式表示为：

种概念－内涵→属概念

公式中的"内涵"为减少的内涵，"→"表示过渡到。

根据实际思维过程中明确概念的需要，概念的概括可以是一次性的，即由种概念通过一次减少内涵而过渡到其属概念。也可以是连续多次的，即通过两次或两次以上的减少内涵，逐级地过渡到外延更大的属概念，如对"内容最全的古代文学词典"减少"内容最全"的内涵，就过渡到"古代文学词典"；再减少"古代"的内涵而过渡到"文学词典"；再减少"文学"的属性，就过渡到"词典"。概念限制的极限是范畴，范畴在概念的属种关系系列中是外延最大的类概念，因此，对范畴一般就不能再做概括了。

概念的概括通常表现为对表达概念的语词减少修饰、限定词。但也有例外的情况，如"知识分子"概括为"劳动者"，就不是通过减少修饰、限定词进行的。另外，有些语词前面减少了修饰限定词并不一定是限制，如"凶猛的老虎"去掉"凶猛的"而变为"老虎"，就不属于概念的限制。这就是说，考察是否为概念概括的依据，并不是看是否减少了修饰、限定词，而主要是看前后两个概念是否为从种概念过渡到属概念的关系。

概念的限制与概括，是日常思维中明确概念外延范围的两种逻辑方法。其中，限制使概念的外延缩小，表明概念对象在一类事物中的特殊属性，使思想范围更具体；概括使概念的外延扩大，表明概念对象具有其所在的一类事物的一般属性，使思维对象在更普遍的范围得到说明。

概念的限制与概括都必须在属种关系的概念间进行，否则，就会犯"限制不当"或"概括不当"的逻辑错误。

例① 所有国家干部，特别是共产党员应当奉公守法。

例② 在校学习的学生，属于青少年一代，他们是祖国的未来。

例①把"国家干部"限制为"共产党员"属限制不当。因为"国家干部"和"共产党员"是交叉关系的概念，不是由属概念到种概念的限制。例②把"在校学习的学生"概括为"青少年一代"属概括不当，因为"在校学习的学生"不一定都是青少年，所以此例不是正确的概括。

第五节　概念的定义与划分

一、概念的定义

（一）什么是定义

定义是用简明的语句揭示概念对象的本质属性以明确概念内涵的逻辑方法。例如：

例① 半导体就是具有单向导电性的物体。

例② 龙卷风是短暂的小范围的猛烈旋风。

以上例①是概念"半导体"的定义，它用简明的语言揭示了半导体这种物体的本质属性，明确了"半导体"概念的内涵，并使之与导体和非导体等其他物体相区别。例②是给概念"龙卷风"所下的定义，它通过揭示这种风的本质属性，明确了"龙卷风"这个概念的内涵，并把龙卷风和其他的风做了本质的区别。

概念的定义一般由被定义项、定义项、定义联项三部分组成。

被定义项是定义中被揭示内涵的概念，如上述例①中的"半导体"、例②中的"龙卷风"就是被定义项。

定义项是定义中用来揭示被定义项内涵的概念，如例①中的"具有单向导电性的物体"、例②中的"短暂的小范围的猛烈旋风"都是定义项。

定义联项是联接被定义项和定义项的概念，即例①、例②中的"就是"和"是"，日常语言中的"所谓……即……""……是指……"等也可用来表示定义联项。

定义的逻辑结构可一般地表示为：

$$DS 就是 DP$$

其中，"DS"表示被定义项，"DP"表示定义项。

（一）下定义的方法

给概念下定义的基本方法是"属加种差"的方法。

利用"属加种差"的方法下定义，第一步要先确定与被定义项较邻近的"属"，即与被定义项邻近的属概念，如上述例①、例②中的"物体""旋风"就是定义中的"属"。第二步要明确"种差"，即指出被定义项与其所在属中的其他种概念之间的本质差别，如上述例①、例②中的"具有单向导电性""短暂的小范围的猛烈的"，就分别是概念"半导体""龙卷风"各与其并列的种概念间的"种差"。

属加种差的定义方法可用公式表示为：

$$被定义项＝种差+邻近的属概念$$

定义中确定"邻近的属概念"，是为了明确被定义项的内涵而选定一个比被定义项更大的外延范围，这个范围要根据下定义的目的和实际需要来确定。如给"龙卷风"下定义是为了把龙卷风和其他旋风相区别，所以选择"旋风"作为邻近的属概念。如果选择"风"或"自然现象"做邻近的属概念，就偏离了定义的目的和需要，使说明的范围过窄或过宽。

属加种差的定义，根据揭示种差的内容和方式的不同可进一步分为以下几种。

1. 性质定义

性质定义是以概念对象的性质作为种差的定义。例如：

例① 法人是依法成立并以自己名义行使权利和负担义务的社会组织。

例② 智力是指人认识客观事物并运用知识解决实际问题的能力。

2. 发生定义

发生定义是以概念对象的发生或形成过程作为种差的定义。例如：

例① 圆是一个动点围绕一个定点做等距运动所形成的封闭曲线。

例② 元音是声带颤动且气流在口腔中不受阻碍而发出的声音。

3. 关系定义

关系定义是以概念对象与其他事物的关系作为种差的定义。例如：

例① 偶数就是能被 2 整除的数。

例② 卫星是围绕行星运行的天体。

4. 功用定义

功用定义是以概念对象的功能或效用作为种差的定义。例如：

例① 笔是写字和绘画的用具。

例② 高压锅是以密闭形式获得高压高温来加工食物的炊具。

以上例子所使用的四种定义方法，实际上都属于属加种差的定义，只是选作种差的内容各有所不同。利用属加种差给概念下定义，是日常思维和科学研究中应用最多的定义方法。但这种方法也有一定的局限，它不适用于外延最大的属概念，如哲学范畴；也不适用于单独概念。为范畴或单独概念下定义一般采取性质或特征描述的方法。属加种差的定义在逻辑上也被称作真实定义。

（三）语词定义

语词定义是通过规定或解释语词的含义而揭示语词意义的方法。严格地说，语词定义并不是为概念下定义，它不同于揭示概念内涵的属加种差定义，而只是一种说明词义的类似定义的方法。

语词定义可分为两种：说明的语词定义、规定的语词定义。

1. 说明的语词定义

说明的语词定义，是对已有确定意义的语词加以解释说明的方法。例如：

例① 英特纳雄耐尔是英文的音译，意思是共产主义社会。

例② 小生是戏剧生角的一种，指饰演青年男子的角色。

例①、例②中的"英特纳雄耐尔""小生"都是有确定意义的语词，当我们向不知其意者做解释时，就使用了说明的语词定义。

2. 规定的语词定义

规定的语词定义，是对新词或特定语境下使用的某个语词规定其意义的方法。例如：

例①"三好"指身体好，学习好，品德好。

例②"四化"就是四个现代化，即工业、农业、科技和国防的现代化。

例①和例②中的"三好"和"四化"用在不同的场合可能会有不同的意义，当我们在特定语境下用它们来表达特定意义时，就要使用规定的语词定义。

（四）定义的规则

为保证正确地使用定义方法，下定义必须遵守以下规则：

1. 定义项的外延和被定义项的外延必须是同一关系

这条规则要求定义项的外延不能大于或小于被定义项的外延，即只有二者外延具有同一关系，才能构成正确的定义。如定义"人是能制造和使用生产工具的动物"，其定义项"制造和使用生产工具的动物"的外延和被定义项"人"的外延就是全同的。

违反这条规则，定义项外延大于被定义项外延，就会犯"定义过宽"的错误；定义项外延小于被定义项外延，就会犯"定义过窄"的错误。例如：

例① 人是能直立行走的动物。

例② 人是精通逻辑学的动物。

上述两例作为定义都是错误的。其中，例①的定义项"能直立行走的动物"的外延，显然大于被定义项"人"的外延，它会把不属于人的动物也归入人的范围，犯了"定义过宽"的错误。例②中的定义项"精通逻辑学的动物"的外延，要小于被定义项"人"的外延，因为"精通逻辑学"只是一部分人的属性，它犯了"定义过窄"的错误。

2. 定义项不得直接或间接包含被定义项

下定义的目的是用定义项去说明被定义项，如果定义项中直接或间接地包含了被定义项，就会造成定义项反过来需要用被定义项来说明的情况，因而不能达到通过下定义明确概念内涵的目的。

违反这条规则，定义项直接包含了被定义项，就会犯"同语反复"的错误；定义项间接地包含了被定义项，就会犯"循环定义"的错误。例如：

例① 生产工具就是生产中使用的工具。

例② 大国就是比小国大的国家。

例①中的定义项直接包含了被定义项"生产""工具"，等于说"生产工具就是生产工具"，犯了"同语反复"的逻辑错误。例②的定义项"比小国大的国家"间接地包含了被定义项"大国"的含义，因为若问什么是小国？反过来要说"小国就是比大国小的国家"，这样就造成了"循环定义"的错误。

3. 定义项中不能使用比喻或含糊的语词

比喻是一种修辞方法，它用一事物去说明另一事物，虽然对概念能起到一定的解释作用，但并不能揭示概念的内涵。含糊的语词其本身含义就不清楚，用它无法说明被定义概念的对象到底是什么。因此，比喻和含糊的语词都不能用来作定义项。

违反这条规则，就会犯"以比喻代定义"或"定义不清"的错误。例如：

例① 记忆是意识的蜡版，它留下岁月的印痕。

例② 生命就是内在关系对外在关系的不断适应。

以上例①犯了"以比喻代定义"的错误，例②犯了"定义不清"的错误。

4. 定义一般应采用肯定的形式

这条规则的具体要求是：第一，定义项中一般不应使用否定概念；第二，定义联项不使用否定形式。因为否定概念只表明与被定义概念矛盾的属性，并不能明确概念所反映的本质属性。定义联项取否定形式，只能说明概念反映的对象不是什么，而不能说明概念反映的对象是什么。

违反这条规则，就会犯"定义否定"的错误。例如：

例① 清醒就是非昏迷的状态。

例② 城镇居民不是在农村居住的居民。

例①的定义项使用了"非昏迷"这个否定概念，未能揭示出被定义项"清醒"所反映的本质属性。例②使用了否定语句，不能明确被定义项"城镇居民"所反映的对象是什么。所以，这两句话作为定义，都犯了"定义否定"的错误。

给概念下定义在日常思维中，特别是在科学研究和学术交流中经常使用的明确概念内涵的逻辑方法。使用下定义的方法，对于确定和巩固人们已经取得的认识成果，在对话交际中使用意义明确的概念沟通交流思想，在知识传授中使受教育者获得清晰准确的科学概念，都是非常必要的。

二、概念的划分

（一）什么是划分

概念的划分是把一个属概念，按照一定的标准分成若干个种概念以明确概念外延的逻辑方法。例如：

例① 三角形可分为锐角三角形、直角三角形和钝角三角形。

例② 社会分为原始社会、奴隶社会、封建社会、资本主义社会、社会主义社会和共产主义社会。

例①是对属概念"三角形"所做的划分，依据三角形是否有一个角等于或大于 90 度，把三角形分为三种类型。例②是对属概念"社会"所做的划分，它以社会的生产方式不同为根据，把人类社会分成六种社会形态。

概念的划分一般由划分的母项、划分的子项和划分的根据三部分组成。

划分的母项是被划分的概念，如上两例中的"三角形"和"社会"。

划分的子项是从母项中划分出来的种概念，如上两例中的"锐角三角形""直角三角形""钝角三角形"和"原始社会""奴隶社会""封建社会"等等。

划分的根据是把母项分成若干个子项所依据的标准，如上述例①的划分根据为"是否有一个角等于或大于 90 度"，例②的划分根据是"社会的生产方式不同"。

划分的根据在表述划分时可以省略，但作为划分必备的思想要素，它对于一个完整的划分是不可或缺的，特别是在需要强调划分根据时必须明确被指出。如前述例①的完整形式为"三角形，根据其是否有一个角等于或大于 90 度，可分为锐角三角形、直角三角形和钝角三角形"。

划分不同于分解。分解是把一个表示对象整体的概念，分成表示该对象部分的概念，其中表示对象部分的概念不具有表示对象整体概念的内涵。如"自行车可分为车架、车轮、车把、车座等"就是一个分解，其中"车轮""车座"等显然不具有"自行车"的内涵，因为我们不能说"车轮是自行车"。但划分则不同，划分中的每一子项都具有母项的内涵，如划分"自行车可分为 20 型自行车、24 型自行车、26 型自行车、28 型自行车"，我们说其中任一子项是自行车都是可以成立的。

（二）划分的方法

概念划分的方法主要有：一次划分、连续划分，以及特殊的二分法。

一次划分是根据划分标准仅把母项分成若干个子项就划分完毕的方法。如前面我们对"三角形""社会"和"自行车"的划分，都属于一次划分。一次划分中只包含母项和子项两个属种层次。

连续划分是在一次划分的基础上，把一次划分中的子项再作为母项而继续进行的划分。如把"教材"分成"自然科学教材、社会科学教材"；再把"自然科学教材"进一步分为"数学教材、物理学教材、化学教材、生物学教材等"；"化学教材"还可进一步分成"有机化学教材、无机化学教材等"。这个划分过程就是连续划分。

二分法是有别于一次划分和连续划分的一种特殊的划分方法，它是根据某种属性的有无，把母项分成两个具有矛盾关系的子项的方法。二分法的特点是，子项是一对具有矛盾关系的肯定概念和否定概念。例如：

例① 学生可分为大学生和非大学生。

例② 考试成绩分为及格和不及格两种。

以上例①、例②中对"学生"和"考试成绩"两个概念所作的划分，使用的就是二分法。

（三）划分的规则

对概念的划分，必须遵守以下规则：

1. 划分中各子项的外延之和必须等于母项的外延

对概念的划分，是把一个属概念作为母项，分成若干个同级的种概念作为子项。实际上就是将一个外延比较大的类概念，分成若干个子类或小类的概念。为保证划分的母项和子项在外延关系上相应相称，各子项的外延之和应等于母项的外延。前面所列举的划分都是在遵守本规则的前提下进行的。

违反这条规则的要求，划分中各子项的外延之和大于母项的外延，就会犯"多出子项"（又称"划分过宽"）的错误；划分中各子项的外延之和小于母项的外延，就会犯"划分不全"（又称"划分过窄"）的错误。例如：

例① 文学作品可分为小说、诗歌、散文、戏剧、音乐、舞蹈、绘画。

例② 学生可分为研究生、大学生、小学生。

例①作为划分，把不属于"文学作品"外延之内的"音乐""舞蹈""绘画"也列为子项，使得子项的外延之和大于母项的外延，犯了"多出子项"的错误。例②作为划分，则遗漏了属于"学生"外延之内的子项"中学生"，使各子项外延之和小于母项的外延，犯了"划分不全"的错误。

有时，一个属概念的外延包含了众多的种概念，而根据实际思维的需要又不必把作为子项的种概念一一列出时，为满足本规则的要求，可在表述划分的语句最后加上助词"等""等等"，用来代表未列出的子项。如"颜色可分为红色、绿色、蓝色、黄色、白色、黑色等等"。

2. 每次划分必须根据同一标准进行

划分的根据是把属概念分成若干个同级并列的种概念时依据的思想标准，每次划分按同一标准进行，才能保证划分后子项间的关系清楚明确。否则，一次划分根据两个，甚至两个以上的标准进行，就会使划分表达的思想混乱不清。

违反这条规则的要求，会犯"混淆根据"（或称"划分标准不一"）的错误。例如：

例① 邮件可分为国内邮件、国际邮件、平寄件、快寄件、汇款件。

例② 参加抗洪的人员有党员、团员、工人、农民、医生、妇女。

例①对"邮件"的划分，依据了两个以上的标准，即投递地域（国际邮件和国内邮件）、发件方式（平寄件和快寄件）、邮件功用（汇款件）等。例②对"参加抗洪的人员"的划分也有两个以上的标准，包括政治身份（党员和团员）、职业身份（工人、农民、医生）和性别身份（妇女）。这两例都犯了"划分标准不一"的错误。

3. 每次划分中的各子项外延应为全异关系

划分后的各子项外延应是不相容的并列关系，外延之间不能有任何交叉重合。否则，如果子项为相容关系，就可能会使子项中的一些更小的类概念同属于多个子项，造成划分后概念外延的不明确。

违反这条规则，就会犯"子项相容"的错误。例如：

例① 专科学校可分为高等专科学校、中等专科学校、师范专科学校。

例② 本次马拉松比赛分为专业组、业余组、老年组、青年组。

例①中了项"师范专科学校"与"高等专科学校"和"中等专科学校"外延是相容交叉的；例②中"青年组"和"专业组""业余组"也是相容交叉的；这样，当存在一所"高等师范专科学校"，或一位"青年业余运动员"时，他们就不能明确地归入划分的某一子项，造成划分的混乱。这两个例子都犯了"子项相容"的错误。

以上有关概念划分的各条规则之间，以及违反上述规则所犯的逻辑错误之间，都有一定的联系。如遵守了规则 2，即划分标准同一，才能使子项各不相容，这就同时满足了规则 3 的要求。而违反了规则 3，犯"子项相容"的错误，可能同时就违反了规则 1，犯"多出子项"的错误。需要注意的是，一个正确的划分，必须遵守上述的每一条规则；而违反其中任何一条规则，就会造成划分的错误。

划分是明确概念外延的重要逻辑方法，通过正确的划分，可以使人们加深对事物类属联系的认识，使知识系统化。划分还可以帮助我们对众多复杂的事物作出分门别类的整理，通过明确属概念的外延，对其中的每个、每类对象都能明确地认识和把握。

概念的划分还有一些特殊的形式，如根据概念所反映对象的本质属性所做的划分，通常又称"分类"；划分后并不列出所有子项的方法，即"列举"；等等。由于它们都具有划分的逻辑特征，原则上都属于划分，所以本书中不另做特别的分析介绍。

复习思考题

1. 什么是概念？概念和语词有何联系与区别？

2. 什么是概念的内涵和外延？什么是内涵与外延的反变关系？

3. 逻辑学把概念区分为哪些种类？集合概念和非集合概念有何区别？

4. 概念的外延之间有哪几种关系？如何用图形表示这些关系？

5. 什么是概念的限制与概括？限制与概括的方法和要求是什么？

6. 定义与划分是如何明确概念的？它们各有哪些规则？

练习题

一、下列各题中括号内的文字，是从内涵方面还是从外延方面说明标有横线的概念的？

1. 文学是指（用语言塑造形象，以反映社会生活，表达作者思想情感的艺术），它包括（诗歌、散文、小说、戏剧文学等）。

2. 法人是（具有民事权利和民事行为能力，依法独立享有民事权利和承担民事义务的组织），它分为（国有型法人、集体型法人、私营型法人和混合型法人四种）。

3. 地震包括（火山地震、构造地震、陷落地震等几种类型），它们都是（由于地球内部的某种活动而引起的地壳震动）。

4. 加速器是（用人工方法产生高速运动粒子的装置），包括（静电加速器、回旋加速器、直线加速器、同步加速器等）。

5. 思维形式有（概念、判断、推理等）。

二、指出下列各题中标有横线的概念的种类（是单独概念还是普遍概念？是肯定概念还是否定概念？是实体概念还是属性概念？）

1. 我班同学都是学英语的。

2. 有些在边疆服役的军人是医生。

3. 南开大学是著名的高等学校。

4. 闪光的东西并不都是金子。

5. 超市中卖的旅游鞋有的很漂亮。

6. 有的不合法行为是犯罪行为。

三、下列语句中标有横线的概念是用为集合概念，还是非集合概念？

1. 群众是真正的英雄，而我们自己往往是幼稚可笑的。

2. 鲁迅的书不是一天可读完的，《祝福》是鲁迅的书。

3. <u>中国人</u>死都不怕，还怕困难吗？

4. <u>中国女排队员</u>又获得了世界冠军。

5. 只有<u>人民群众</u>才是历史的创造者。

6. <u>我国的高等院校</u>分布在全国各省市。

四、用欧拉图表示下列各题中的概念间的关系。

1. 教师、科学家、书法家

2. 中国、天津市、南开大学

3. 物理书、外文书、外文词典

4. 足球爱好者、戏剧爱好者、京剧爱好者

5. 车、自行车、汽车、摩托车

6. 电器、电灯、太阳能热水器

五、对下列概念各做一次限制和概括。

1. 重工业

2. 中国历史

3. 高等院校

4. 石油工人

5. 乒乓球运动

6. 杨树

六、下列语句作为定义是否正确？如不正确请说明理由。

1. 劳动者是从事劳动的人。

2. 刑法就是国家的法律。

3. 资本主义国家不是以公有制为经济基础的国家。

4. 共同犯罪是指非一个人犯罪。

5. 眼睛是心灵的窗户。

6. 原因就是导致结果的事件。

7. 逻辑学是研究概念及其划分的科学。

8. 反应是活体内在感应与外在感应的交互作用。

七、下列语句作为划分是否正确？如不正确请说明理由。

1. 手机可分为翻盖手机、平板手机、上网手机、3G 手机。

2. 一年可分为春、夏、秋、冬四季。

3. 城市居民包括工人、干部、学生、老年人等。

4. 小说按篇幅可分成长篇小说、短篇小说。

5. 生物可分为动物和非动物。

6. 参加影展的有故事片、科教片、武打片、新闻片。

7. 房间可分成房门、窗户、房顶、墙壁、地面。

8. 教材可分为文科教材和理科教材，理科教材又可分为数学教材、物理教材和化学教材等。

八、概念综合练习选择题。

1. 经常上网会对学生的学习成绩造成严重的负面影响。惠仁中学的一项对高三学生的调查显示，该校高中毕业班成绩处于后 50 名的学生中，经常去网吧或在家中上网的比例竟高达 81%，许多老师和家长据此断言，要在高考中考出好成绩，就必须要求学生远离网络。

以下哪项如果是真实的，将会对上述观点给予最强的削弱？

A. 许多初中生也热衷于上网，据 2012 年统计这一比例接近 90%。

B. 如果学校和家长不坚持约束学生，他们上网的次数还会增加。

C. 调查同时表明，该校高中毕业班学生不经常上网的比例少于 20%。

D. 某机构的一项社会调查显示，青少年约有五分之四的人经常上网。

2. 根据学习在机动形成和发展中所起的作用，人的动机可分为原始动机和习得动机两种。原始动机是与生俱来的动机，它们是以人的本能需要为基础的，习得动机是指后天获得的各种动机，即经过学习产生和发展起来的各种动机。

根据以上陈述，以上哪项最可能属于原始动机？

A. 尊敬老人，孝敬父母。

B. 不入虎穴，焉得虎子？

C. 宁可食无肉，不可居无竹。

D. 窈窕淑女，君子好逑。

3. 学生上完体育课后回到教室，有 15 人喝了饮水机里的纯净水，其中 5 人很快产生了腹泻。饮水机里的纯净水马上被送去检验，检验的结果不能肯定其中有造成腹泻的有害物质。因此，喝了饮水机里的纯净水不是造成腹泻的原因。

如果上述检验结果是正确的，则以下哪项对上述论证的评价最为恰当？

A. 题干的论证是成立的。

B. 题干的论证有漏洞，因为它没有考虑到另一个事实：那些没有喝饮水机里的纯净水的人没有腹泻。

C. 题干的论证有漏洞，因为它把缺少证据证明某种情况存在，当作有充分证据证明某种情况不存在。

D. 题干的论证有漏洞，因为它没有利用一个有力的论据：为什么有更多人喝了饮水机里的纯净水没有腹泻。

4. 统计表明，美国亚利桑那州死于肺病的人的比例大于其他的州死于肺病的人的比例，因此，亚利桑那州的气候更容易引起肺病。

以下哪项包含的意思最能反驳上述论证？

A. 气候只是引起肺病的一个因素。

B. 亚利桑那州的气候对肺病有利，有肺病的人纷纷来到此州。

C. 美国人通常不会一生住在一个地方。

D. 亚利桑那州的气候不是一成不变的。

5. 一项对新华大学环境科学系 2018 届毕业生的调查的结果看来有些问题，当被调查毕业生被问及其在校时学习成绩的名次时，统计资料表明：有超过 60%的回答者说他们的成绩位居班级的前 20%。如果我们排除回答者说假话的可能性，那么下面哪一项能够对上述现象给出更合适一些的解释？

A. 未回答者中也并不是所有的人的成绩名次都在班级的前 20%以外。

B. 虽然回答者没有错报成绩，但不排除个别人对于学习成绩的排名有不同的理解。

C. 新华大学对学生学习成绩的名次排列方式与其他大多数学校不同。

D. 成绩较差的毕业生在被访问时一般没有回答这个有关学习成绩名次的问题。

6. 人们大都认为，科学家的思维都是凭借严格的逻辑推理，而不是凭借类比、直觉、顿悟等形象思维手段。但研究表明，诺贝尔奖获得者比一般科学家更多地利用这些形象思维手段，因此，形象思维手段有助于取得重大的科学突破。

以上结论是建立在以下哪项假设基础之上的？

A. 有条理的、逐步的推理对于一般科学研究是必不可少的。

B. 诺贝尔奖获得者有能力凭借类比、直觉、顿悟来进行创造性思维。

C. 诺贝尔奖获得者取得了重大的科学突破。

D. 诺贝尔奖获得者比一般科学家更为聪明和勤奋。

7. 经过 H 省的传染病防疫检验部门的检测，在该省境内接受检疫的长尾猴中，有 1%感染上了狂犬病。但是在检疫过程中，只有那些与人及其宠物有过接触的长尾猴才接受检疫。防疫检验部门的专家们因此推测，该省长尾猴中感染有狂犬病的比例将大大小于 1%。

以下哪项如果为真，将最有力地支持专家的推测？

A. 在 H 省境内，与人及其宠物有接触的长尾猴，只占长尾猴总数的 1%。

B. 在与 H 省毗连的 M 省境内，至今没有关于长尾猴感染狂犬病的疫情报告。

C. 与和人的接触相比，健康的长尾猴更愿意与人的宠物接触。

D. 与健康的长尾猴相比，感染有狂犬病的长尾猴更愿意与人及其宠物接触。

8—9 题基于以下题干：

所有参加马拉松比赛的运动员，都要进行兴奋剂检查；所有参加兴奋剂检查的人，同时获得了人身意外保险；有些参加马拉松比赛的运动员兼做商业广告；有些业余的电影演员也做商业广告；所有业余的电影演员都未获得人身意外保险。

8. 如果上述断定都是真的，则除了以下哪项，其余的断定也必定是真的？

A. 所有参加马拉松比赛的运动员都获得了人身意外保险。

B. 没有一个业余电影演员参加过兴奋剂检查。

C. 有些参加马拉松比赛的运动员是业余电影演员。

D. 有些做商业广告的人没有进行兴奋剂检查。

9. 以下哪个人的身份，不可能符合上述题干所做的断定？

A. 一个参加了兴奋剂检查的人，但并非是业余的电影演员。

B. 一个获得了人身意外保险的人，但没参加过兴奋剂检查。

C. 一个参加过兴奋剂检查的人，但并非是参加马拉松比赛的运动员。

D. 一个参加了兴奋剂检查的人，但并非不是业余的电影演员。

10. 出席学术讨论会的某小组里有三个摄影爱好者，四个亚洲人，两个日本人，五个商人。以上叙述涉及了所有晚会参加者，其中日本人不经商。

如果上述陈述属实，那么参加该组的人数最可能是：

A. 最多 14 人，最少 5 人。

B. 最多 12 人，最少 7 人。

C. 最多 14 人，最少 7 人。

D. 最多 12 人，最少 5 人。

11. 所有持有兴业商厦购物优惠卡的顾客，同时持有华盛商厦的购物优惠卡。今年春节，兴业商厦和华盛商厦同时给持有本商厦购物优惠卡顾客的一半人赠送了价值 200 元的购物奖券。结果，上述同时持有两个商厦的购物优惠卡的顾客中，没有一位同时收到了两份这样的购物奖券。

如果上述断定是真的，则以下哪项断定也一定为真？

Ⅰ．所有持有华盛商厦或兴业商厦购物优惠卡的顾客，都收到了这样的购物奖券。

Ⅱ．今年春节，同时持有两个商厦的购物优惠卡的顾客至少 1/2 收到了购物奖券。

Ⅲ．在持有华盛商厦的购物优惠卡的顾客中，至多有 1/2 收到兴业商厦的购物奖券。

A．只有Ⅰ。

B．只有Ⅱ和Ⅲ。

C．只有Ⅰ和Ⅲ。

D．Ⅰ、Ⅱ和Ⅲ。

12．古希腊哲人说，未经反省的人生是没有价值的。

下面哪个选项与这句格言的意思最不接近？

A．只有经过反省，人生才有价值。

B．糊涂一世，快活一生。

C．要想人生有价值，就要不时地对人生进行反省。

D．人应该活得明白一点。

13．如果都市地区被认为包括郊区，那么美国都市地区有最大的人口比例的州是加州。如今，美国西部地区已经高度都市化，但加州即使在那个地区也是异常的：91%的人口居住在都市地区。然而，从地理学角度而言，加州又是乡村的：有96%的土地在都市地区之外。

假如上面的陈述正确，下列哪一项一定也正确？

A．没有比加州的乡村人口比例更小的州。

B．近年加州都市地区人口增长率超过加州乡村人口增长率。

C．加州的人口密度是美国所有州中最高的。

D．在加州96%的人口居住在9%的土地上。

14．植物必须先开花，才能产生种子。有两种龙蒿—俄罗斯龙蒿和法国龙蒿，它们看起来非常相似，俄罗斯龙蒿开花而法国龙蒿不开花，但是俄罗斯龙蒿的叶子却没有那种使法国龙蒿成为理想的调味品的独特香味。

以上论述蕴涵了下面哪句话的意思？

A．作为观赏植物，俄罗斯龙蒿比法国龙蒿更令人喜爱。

B．俄罗斯龙蒿的花可能没有香味。

C．由龙蒿种子长出的植物不是法国龙蒿。

D. 除了俄罗斯龙蒿和法国龙篙外，没有其他种类的龙蒿。

15. 按照某种人性的一般观点，社会生活中的人，不管其地位有多高，受教育时间有多长，他的行为总是随环境而变化的。人性中既有善的一面，也有恶的一面，每个人实际上都有自利性情结或倾向，所以，他们被称为"理性经济人"。

下面哪一个选项不是题干所隐含的意思或能得出的结论？

A. 人在为社会提供某种角色或服务时，不可能不考虑自身的经济利益。

B. 一旦拥有了公共权力，某些人极有可能用权力搞权钱交易。

C. 应该设计一些制度性因素，对政府官员的自利行为加以约束。

D. 对政府官员和公务人员的管理，主要应该依靠提高他们的自律意识。

16. 有一家权威民意调查机构，在世界范围内对"9·11"恐怖袭击事件发生原因进行调查。结果发现：40%的人认为是由美国不公正的外交政策造成的，55%的人认为是由于伊斯兰文明与西方文明的冲突，23%的人认为是出自恐怖分子的邪恶本性，19%的人没有表示意见。

以下哪项最能合理地解释上述看来包含矛盾的陈述？

A. 调查样本的抽取不是随机的，因而不具有代表性。

B. 有的被调查者后来改变了自己的观点。

C. 不少被调查者认为，"9·11"事件的原因不是单一的，而是复合的。

D. 调查结果的计算出现技术性差错。

17. 一家实木地板销售商在其合同文本中郑重承诺："本店所销售的地板绝对是木头做的；负责免费安装，但安装所需材料费除外；免费保修一年、但非本公司过错所造成的损失除外。如有欺诈，本公司愿负法律责任，并付100倍以上赔偿金。本公司保留对此合同条款的一切解释权。"

下面哪一个选项是对该公司及其合同的正确评价？

A. 该公司肯定很诚实，因为它承诺：若发现欺诈，愿付100倍以上赔偿金。

B. 该公司的合同实际上对它的行为没有任何约束力。

C. 该公司所卖地板肯定都是货真价实的实木地板。

D. 从顾客角度看，该公司的合同条款是可以接受的。

18. 新学期开始后，泉城大学组织了各院系师生为贫困学生捐款活动，下面各项数据都是根据这次活动中综合统计所得到的。在此项综合统计作出后，各个院系又收到了部分师生新交来的捐款。

以下哪项结论,最不可能被部分师生新交来捐款的新的统计事实所推翻？

A. 信息学院至少有 215 名师生捐款，捐了多于 5000 元。

B. 历史系至少有 30 名师生捐款，捐了不多于 1000 元。

C. 外语学院至多有 60 名师生捐款，捐了不少于 1600 元。

D. 生物学院有 181 名师生捐款，捐了 4300 多元。

19. 在一次试验中，一位博士生和一个机器人各自独立地通过电脑回答一组问题，一群科学家再去鉴别电脑屏幕上的哪些回答是由博士生做出的，哪些回答是由机器人做出的，而鉴别结果的差错率竟然高达 78%。有一些人认为，试验中所提出的那组问题肯定是不充分的，既然它们不能使一群科学家分辨出那位博士生和那个机器人。

这些人的怀疑最可能基于下面哪一项未陈述的前提？

A. 在博士生和机器人之间本来存在着明显的差异。

B. 那位博士生被挑选因为他是一位围棋高手。

C. 那个机器人是 IBM 公司的最新一代产品。

D. 有的机器人能够与国际象棋高手博弈。

20. 过去，我们在道德宣传上有很多不切实际的高调，以至于不少人口头说一套、背后做一套，发生人格分裂现象。通过对此种现象的思考，有学者提出，我们只应该要求普通人遵守"底线伦理"。

根据你的理解，以下哪一选项作为"底线伦理"的定义最合适？

A. 底线伦理就是不偷盗、不杀人、不贪污腐败的伦理。

B. 底线伦理并不是要求社会上每个人都无私奉献的伦理。

C. 如果把人的道德比作一座大厦，底线伦理就是该大厦的基础部分。

D. 底线伦理是社会每个人都应遵守的一些最起码、最基本的行为规范和准则。

第三章　判断与演绎推理（一）

第一节　概　述

一、判断及其种类

（一）什么是判断

判断是对事物或对象有所断定的思维形式。

任何事物或对象都具有一定的性质，并与其他事物或对象具有某种关系。事物或对象的性质与关系即为属性。所谓断定，就是指明对象具有或不具有某种属性。指明对象具有某种属性，是肯定；指明对象不具有某种属性，是否定。肯定与否定都是对于对象的断定。例如：

例① 无形资产是有价值的。

例② 行星不是自身发光的天体。

例③ 7小于9。

例①指明"无形资产"具有"有价值的"的属性；例②指出"行星"没有"自身发光"的属性；例③指明"7"对于"9"来说，具有"小于"的关系。不管其形式是肯定还是否定，它们都是断定。因此，例①、例②和例③都是判断。

任何判断都具有以下两个基本特征：

第一，有所断定。无论判断多么复杂或多么简单，它总是要肯定对象具有某种属性，或者否定对象具有某种属性。如果无所断定，既不肯定也不否定对象具有某种属性，那就不是判断。例如：

例① 逻辑学是科学。

例② 困难不是不可战胜的。

例③ X>Y。

例④　什么是知识？

例①肯定了"逻辑学"具有"科学"的属性，是判断。例②否定了"困难"具有"不可战胜"的属性，是判断。例③肯定了 X 和 Y 具有"大于"关系，也是判断。只有例④无所断定，它对"知识"这个对象既没有肯定什么，也没有否定什么，因而不是判断。

第二，有真假之别。每一个判断本身都存在着是否与事实相符合的问题。符合实际情况的判断为真；反之，则为假。例如："茅盾是伟大的文学家"，陈述的是一个事实，该判断为真；"静止是绝对的"，这一断定和事实不符，该判断为假。

形式逻辑作为形式科学不研究判断所含具体内容的真假，而是从思维形式结构的角度研究判断有哪些种类；不同类型的判断有什么逻辑特性，即在什么情况下为真，又在什么情况下为假；不同种类判断之间的真假关系；等等。其为人们在实际思维活动中恰当地做出各种判断，合乎逻辑地进行推理提供必要的知识。

（二）判断和语句

语句是与判断相对应的语言形式。判断和语句有着密不可分的联系。

作为思维形式之一的判断，通过语句来表达。只有语句才能体现判断的存在，离开语句的判断是不存在的。具体的判断是语句所表达的思想内容，语句则是表达判断的语言形式。

判断与语句的区别又是十分明显的，具体表现在以下几个方面。

第一，判断与语句分别属于逻辑学和语言学的研究对象。

判断是一种思维形式，它的运用必须遵守逻辑学的基本规律，属于逻辑学的研究范围，而语句则是由词或词组构成的，能够表达完整意思的语言单位，它的运用必须遵守语法规则，属于语言学的研究范围。

第二，并非一切语句都表达判断。

陈述句和反诘句表达判断。疑问句、祈使句、感叹句等，一般不表达判断。例如：

例①　高等学校是培养人才和科学研究的基地。

例②　难道孔子不是一位伟大的思想家吗？

例③　什么是科学？

例④　请看指示牌。

例⑤　啊！蓝天。

例①是陈述句，它肯定了"高等学校"具有"培养人才和科学研究的基地"的属性，这个语句表达了判断。例②是反诘句，借助问句的形式肯定了孔子是"一位伟大的思想家"，也表达判断。例③是一个疑问句，它只提出了一个问题，无所断定，因此，该语句并不表达判断。例④是祈使句，只是表示一种祈请；例⑤是感叹句，仅仅抒发了某种情感。它们并无所断定，所以，这两个语句都不表达判断。

第三，判断与语句并非一一对应关系。

同一判断可以用不同的语句来表达。例如：

例①　证券业是人员流动最为频繁的行业。

例②　难道证券业不是人员流动最为频繁的行业吗？

例①和例②是两个不同的语句，任它们所表达的判断都是相同的。

在不同的语境中，同一个语句可以表达不同的判断。例如："他可是老先生了"。这句话在不同的语言环境中，可以表达不同的判断。如果谈论的是年龄的长幼，这句话表达的是"他是位年长的先生"。如果谈论的是从事某种工作时间的长短，这句话表达的则是"他是位工作多年的先生"。

了解判断与语句的关系不但有助于我们选用适当的语言形式去表达判断，也可以使我们注意分析语句以识别和掌握判断。

（三）判断的种类

形式逻辑根据判断中是否含有模态词，首先将判断分为模态判断与非模态判断。

对于非模态判断，又根据是否包含其他判断而区分为简单判断与复合判断。

简单判断可依据断定的是对象的性质还是对象间的关系，而分为性质判断与关系判断。

复合判断可依据所含逻辑联项的不同而区分为联言判断、选言判断、假言判断、负判断，此外还有多重复合判断。

对于模态判断，可按断定的是事物的必然性还是可能性，而区分必然判断和可能判断。

本书对判断的分类如下：

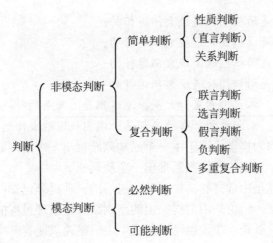

（四）判断的作用

判断是思维过程的重要环节。

在思维活动中，就概念与判断来说，概念是组成判断的要素，判断则是概念的继续和展开，是对概念的说明。

对于推理来说，判断是组成推理的成分。所谓推理，就是由已知判断推出判断的过程。因此，推理的前提和由前提推出的结论，都是判断。推理是判断组成的。

判断是联结概念和推理这两种思维形式的重要环节，在运用判断时要判断恰当。形式逻辑角度的判断恰当是指，作为思维形式之一的判断在形式结构上要符合思维规律的要求，并根据不同类型判断的逻辑特性和逻辑关系去运用不同类型的判断。

二、推理及其种类

（一）什么是推理

推理是由一个或几个已知的判断推出一个新判断的思维形式。

推理是思维活动过程中一种基本的思维形式。例如：

例① 这次展示会推出的都是新产品。

　　　所以，不是新产品没有参加这次展示会。

例② 凡金属都是导电的，

　　　铜是金属，

　　　所以，铜是导电的。

例③ 金星是沿椭圆轨道绕太阳运行的；

木星是沿椭圆轨道绕太阳运行的；

水星是沿椭圆轨道绕太阳运行的；

火星是沿椭圆轨道绕太阳运行的；

地球是沿椭圆轨道绕太阳运行的；

金星、木星、水星、火星、地球都是太阳系的行星。

所以，太阳系的所有行星都是沿椭圆轨道绕太阳运行的。

以上三例均为推理。例①由一个已知判断推出一个新判断，例②和例③则由两个或两个以上的已知判断推出一个新判断。

任何推理都是由前提和结论两部分组成的。前提是已知的判断，是推理的出发点和根据；结论是由前提推出的新判断，是推理过程的结果。在一个推理中，前提可以是一个，也可以是几个，但结论只能有一个。由于结论是由前提推出来的新判断，因而它与前提之间必然具有一种推断关系。前提与结论之间具有逻辑联系，这是推理的基本特征。推理是具有逻辑联系的判断组合，没有逻辑联系的判断不能构成推理。例如：

例①　牛是动物，

所以，克隆牛是克隆动物。

例②　小汽车都更新换代了，

所以，笔记本电脑都更新换代了。

例③　21 世纪将是生命科学的世纪，

虚拟世界越来越真实了，

所以，航天旅行不再是梦想和神话。

在以上三例中，例①中的两个判断"牛是动物"和"克隆牛是克隆动物"之间具有推断关系，可以组成推理。例②中的两个判断"小汽车都更新换代了"和"笔记本电脑都更新换代了"之间不具有推理关系，不能组成推理。同样，例③中的三个判断之间不具有由此推彼的逻辑联系，也不能组成推理。

推理和概念、判断一样，离不开语言。推理的语言形式是复句或句群。在现代汉语中，一般用"因为……，所以……""由于……，因此……""既然……，就……"，以及"……由此可见……"等关联词语来表达前提与结论之间的推断关系。因此，有这类关联词联结的句群往往都表述某种推理。

在自然语言中，表达推理的语言形式是多样的和灵活的，不仅表达前提与结论之间推断关系的联结词常被省略，而且结论和部分前提也可能被省略。

推理在思维活动过程中具有重要作用。

首先，推理是人们根据已知知识推导未知领域，扩充知识的重要方法。

人们的许多知识是依据已有的认识，借助推理而得到的。推理是人们间接地获取新知识的重要方法。

其次，推理是鉴别知识的重要方法。信息爆炸、知识爆炸无疑是社会进步的表现，但随之而来的是信息垃圾和知识垃圾的滋生。根据一定的知识标准，人们借助推理则可以鉴别何为有用知识，何为无用知识。

最后，推理是人们表达论证的重要手段。在一般思维活动中，我们往往要通过一定的方式来说明某一思想或观念的真实性或虚假性，这就是论证。

论证中的论题，相当于推理的结论；论证中的论据，相当于推理的前提。论证是借助推理来实现的，没有推理，论证就无法进行。

总之，推理在人们获得知识、鉴别知识和论证思想过程中具有重要作用，是形式逻辑的重要组成部分。

（二）推理的逻辑性

推理要有逻辑性，即推理形式必须是正确有效的，这是形式逻辑对推理的基本要求。如果由前提推出结论的过程遵守了形式逻辑的规律和规则，推理就是合了逻辑的、有逻辑性的、有效的。如果由前提推出结论的过程违背了形式逻辑的规律和规则，推理就是不合乎逻辑的，没有逻辑性的、无效的。可见，推理合乎逻辑或推理有逻辑性，是指由前提推出结论的过程符合逻辑规律和规则。例如：

所有新兴科学都是有前途的科学，

认知科学是一门新兴科学，

所以，认知科学是有前途的科学。

这个推理的两个前提通过"新兴科学"这一概念相互联系，并由之必然地推出结论。这个推理过程合乎逻辑规律和规则，是有逻辑性的。

推理合乎逻辑是指由前提推出结论的过程要合乎规则，并不是结论必定真实。例如：

富有活力的事物是新生事物，

中国书画艺术是富有活力的事物，

所以，中国书画是新生事物。

这个推理合乎推理规则，但结论不真实。推理要获得必然而真实的结论应具备两个条件：一是前提真实，二是推理有逻辑性。

就形式逻辑而言，它对推理的研究仅限于推理的逻辑性，即由前提推出结论的过程怎样才是合乎逻辑的。为此，形式逻辑提供了逻辑规律和推理的规则，这些规律和规则制约着前提和结论之间的推断关系。遵守这些规律和规则，就能保证前提和结论之间具有逻辑联系。

（三）推理的种类

根据形式逻辑的分类标准，推理的分类有以下几种。

1. 根据推理是否包含模态判断，把推理分为模态推理和非模态推理两大类。其中：

模态推理是以模态判断为前提，并依其逻辑特性进行推演的推理。

非模态推理是以各种非模态判断为前提，并依其各自的逻辑特性进行推演的推理。我们前面所举的例子都是非模态推理。

2. 根据推理思维进程主要方向的不同，把非模态推理分为演绎推理、归纳推理、类比推理三类。其中：

演绎推理主要是由一般性前提推出特殊性或个别性结论的推理，它的前提蕴涵结论，是一种前提与结论之间具有必然性联系的推理。

归纳推理主要是由特殊或个别性前提推出一般性结论的推理，除完全归纳推理外，它的前提不蕴涵结论，是一种前提与结论之间具有或然性联系的推理。

类比推理主要是由特殊性或个别性前提推出特殊性或个别性结论的推理，它的前提不蕴涵结论，也是一种前提与结论之间具有或然性联系的推理。

3. 根据前提是简单判断还是复合判断，把演绎推理分为简单判断推理和复合判断推理。其中：简单判断推理包括性质判断推理和关系判断推理；复合判断推理包括联言推理、选言推理、假言推理、假言选言推理、假言联言推理、假言联锁推理等。同时，还根据是否在前提中考察了一类对象中的全部对象，把归纳推理分为完全归纳推理、不完全归纳推理和概率推理。其中，不完全归纳推理包括简单枚举归纳推理和科学归纳推理两种。

4. 根据推理前提所含判断的数目是一个还是两个或两个以上，推理可分为直接推理和间接推理。

直接推理是以一个判断作前提的推理。

间接推理是以两个或两个以上判断作前提的推理。

在演绎推理中，除性质判断直接推理和关系判断直接推理外，其他种类的推理大多属于间接推理。

推理的种类，可见下图：

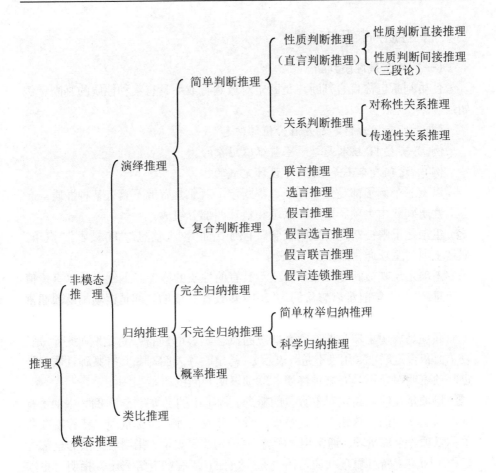

第二节　性质判断与直接推理

　　本节和第三节将介绍简单判断及其推理。

　　简单判断是最小的判断单位，它只能分解为若干个词项或概念。例如，"文字是符号"，这个判断中没有更小的判断单位，只能分解为两个概念，它属于简单判断。相反，"文字是符号，数据也是符号"，这个判断中包含了两个简单判断，它属于复合判断。根据断定的是对象的性质，还是对象间的关系，简单判断可分为性质判断与关系判断两种。简单判断推理包括性质判断推理和关系判断推理。我们先介绍性质判断。

一、性质判断及其种类

（一）什么是性质判断

性质判断也称直言判断，是断定对象具有或不具有某种性质的判断。例如：

例① 所有网上信息都是有价值的信息。

例② 有些 IT 技术是二十年前难以想象的。

例③ 这辆汽车不是 2019 年设计完成的。

以上三个例子都是性质判断，都断定了对象具有或不具有某种性质。

性质判断由主项、谓项、联项和量项四部分组成。

主项是反映被断定对象的概念。上例中的"网上信息""IT 技术""汽车"都是主项。主项通常用"S"来表示。

谓项是反映被断定对象具有或不具有的性质的概念。上例中的"有价值的信息""二十年前难以想象的""2019 年设计完成的"都是谓项。谓项通常用"P"来表示。

联项是表明主项与谓项联系情况的概念。联项分两种：肯定联项（用"是"表示）和否定联项（用"不是"表示）。肯定联项表明对象具有某种性质，否定联项表明对象不具有某种性质。联项表明判断的质。

量项是反映被断定对象数量的概念。例①中的"所有的"，例②中的"有些"与例③中的"这辆"都是量项。量项分为三种：全称量项、特称量项和单称量项。全称量项（通常用"所有""一切"等表示）指明对主项的全部外延作了断定。特称量项（通常用"有""有的""有些"等表示）指明对主项的部分外延作了断定。单称量项（通常用"这个""那个"等表示）指明所断定的主项是某一个别对象。量项表明判断的量。

（二）性质判断的种类

1. 根据性质判断的质的不同，性质判断分为肯定判断和否定判断两种。

肯定判断是断定对象具有某种性质的判断。例如：

例① 重庆是我国四大直辖市之一。

例② 2020 年是我们难以忘怀的一年。

否定判断是断定对象不具有某种性质的判断。例如：

例① 亚里士多德不是《新工具》的作者。

例② 所有的图书都不是英文的。

2. 根据性质判断的量的不同，可以把性质判断分为全称判断、特称判断和单称判断三种。

全称判断是断定一类对象的全体是否具有某种性质的判断。例如：

例① 公务员都要经过严格的考试和培训。

例② 一切正确思想都不是从天上掉下来的。

以上例证的是全称判断。全称判断的量项可以省略，如例①。

特称判断是断定一类对象中部分对象是否具有某种性质的判断。例如：

例① 有人懂德语。

例② 有些网站不是经营性的。

以上例证均是特称判断。特称判断的主项前面带有特称量项。

特称量项"有""有些"与我们日常语言中的"有""有些"的含义不完全相同。日常语言中说"有些是"，往往意味着"有些不是"，如说"我班有些同学通过了英语六级考试"，它隐含着"我班有些同学没通过六级考试"的意思。但逻辑特称量项断定"有些是"仅仅表示对"有些"的肯定，它不含有"另一些不是"的意思。所以，特称量项"有""有些"的含义是"至少有一个"，可以"有一个"，也可以"有多个"，甚至在"全体都是"的情况下也可以只断定"有些是"。可见，特称量项的含义仅表示在一类对象中"存在"。

单称判断是断定某一个别对象是否具有某种性质的判断。例如：

例① 长江是我国最长的河流。

例② 茅盾不是《骆驼祥子》的作者。

以上例证均是单称判断。当一个单称判断的主项是单独概念时，不必用单称量项去表示被断定对象的数量；当一个单称判断的主项是普遍概念时，则须用单称量项去表示被断定的对象。如：

例① 亚洲是世界上最大的洲。

例② 这条短信是最有趣的。

3. 根据判断质和量的结合，可以把性质判断划分为以下六种判断。

全称肯定判断是断定一类对象全体具有某种性质的判断。例如：

　　　凡金属都是导电的。

其结构式为：

$$所有 S 是 P。$$

全称否定判断是断定一类对象全体不具有某种性质的判断。例如：

　　　所有的广告都不是彩色印刷。

其结构式为：

$$所有 S 不是 P。$$

特称肯定判断是断定一类对象中有对象具有某种性质的判断。例如：

　　有些药品是进口的。

其结构式为：

有 S 是 P。

特称否定判断是断定一类对象中有对象不具有某种性质的判断。例如：

　　有些计算机不是配置最好的。

其结构式为：

有 S 不是 P。

单称肯定判断是断定某一个别对象具有某种性质的判断。例如：

　　石家庄是河北省的省会。

其结构式为：

这个 S 是 P。

单称否定判断是断定某一个别对象不具有某种性质的判断。例如：

　　广州不是直辖市。

其结构式为：

这个 S 不是 P。

在上述六种性质判断的形式中，由于单称判断是对主项全部外延的断定，这一点与全称判断相似。所以，从逻辑性质上说，单称判断又可以被看作全称判断。这样，上述六种判断就被简化为以下四种判断。

名称	简称	结构式	简写
全称肯定判断	A	所有 S 是 P	SAP
全称否定判断	E	所有 S 不是 P	SEP
特称肯定判断	I	有 S 是 P	SIP
特称否定判断	O	有 S 不是 P	SOP

（三）性质判断（A、E、I、O）主、谓项的周延性

所谓性质判断中主、谓项的周延性，指的是性质判断中主、谓项外延被断定的数量情况。在一个性质判断中，如果其主项或谓项被断定了全部外延，它就是周延的。如果其主项或谓项没有被断定全部外延，它就是不周延的。

主、谓项的周延性，是就判断的形式结构而言的，不考虑某些具体判断的实际情况。下面分别说明 A、E、I、O 四种判断主、谓项的周延性情况。

1. 全称判断的主项周延

"所有 S 是 P"中的量项"所有"指明主项"S"被断定了全部外延，因

此"S"是周延的。

同理，"所有 S 不是 P"中的主项"S"也是周延的。

2. 特称判断的主项不周延

"有 S 是 P"中的量项"有"没有指明主项"S"被断定了全部外延，所以"S"是不周延的。

同理，"有 S 不是 P"的主项"S"也是不周延的。

3. 否定判断的谓项周延

"所有 S 不是 P"断定了所有 S 不是任何一个 P，即断定了 P 的全部外延与 S 的全部外延互相排斥，所以 P 是周延的。

"有 S 不是 P"断定了有些 S 不是所有的 P，即断定了 P 的全部外延与 S 的部分外延相排斥，所以 P 也是周延的。

4. 肯定判断的谓项不周延

"所有 S 是 P"只断定了所有 S 是 P，并没有同时断定所有 P 是 S，即没有断定 P 的全部外延，所以谓项 P 是不周延的。

"有 S 是 P"只断定了有 S 是 P，并没有断定有 S 是所有 P，所以，谓项 P 是不周延的。

A、E、I、O 四种判断主、谓项的周延情况可见下表。

判断种类	主项	谓项
A	周延	不周延
E	周延	周延
I	不周延	不周延
O	不周延	周延

从上表可看出，全称判断主项周延，特称判断主项不周延；否定判断谓项周延，肯定判断谓项不周延。

准确理解性质判断主、谓项的周延性，对把握性质判断及其推理和规则是十分重要的。

（四）性质判断（A、E、I、O）之间的真假关系

性质判断（A、E、I、O）之间的真假关系，是指具有相同主、谓项的 A、E、I、O 四种判断之间的真假制约关系。例如：

例① 所有的时装都是有最新设计的创意。

例② 所有的时装都不是有最新设计的创意。

例③ 有些时装是有最新设计的创意。

例④ 有些时装不是有最新设计的创意。

A、E、I、O 四种判断之间的真假关系，是以 A、E、I、O 四种判断各自的真假情况为根据的。因此，我们需要先说明这四种判断各自的真假情况，然后再来分析它们之间的真假关系。

1. A、E、I、O 的真假情况

性质判断是对于对象具有或不具有某种性质的断定。对象具有或不具有某种性质，在性质判断中反映为主、谓项两个概念间具有或不具有某种关系。因此，A、E、I、O 的真假，取决于各自所含的主谓项之间的关系。

性质判断的主、谓项的外延之间的关系，有下列五种情况：

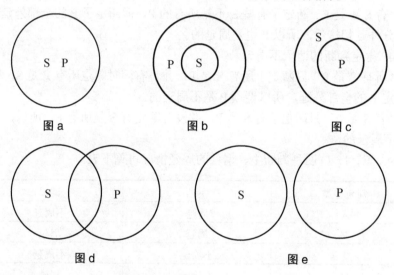

图 a   图 b   图 c

图 d   图 e

图 a 表示：主项 S 与谓项 P 同一；

图 b 表示：主项 S 真包含于谓项 P；

图 c 表示：主项 S 真包含谓项 P；

图 d 表示：主项 S 和谓项 P 交叉；

图 e 表示：主项 S 与谓项 P 全异。

下面，我们将分别介绍主项 S 和谓项 P 为何种关系时，A、E、I、O 为真或为假。

（1）全称肯定判断（A）

当"S"与"P"的关系为图 a 或图 b 的情形时，A 真。

当"S"与"P"的关系或为图 c，或为图 d，或为图 e 的情形时，A 假。

例如：

例① 彩色电子书是全新的阅读器。

例② 沿海城市都是水资源短缺的城市。

例①中"S"与"P"的关系为图 b 的情形，判断为真。例②中"S"与"P"的关系为图 c 的情形，判断为假。

（2）全称否定判断（E）

当"S"与"P"的关系为图 e 的情形时，为真。

当"S"现"P"的关系或为图 a，或为图 b 或为图 c，或为图 d 的情形时，为假。例如：

例① 所有的新公司都不是传统意义上的企业。

例② 房地产业不是目前最吸引人的行业。

例①，其中"S"与"P"的关系为图 e 的情形，为真。例②，其中"S"与"P"的关系为图②的情形，为假。

（3）特称肯定判断（I）

当"S"与"P"的关系或为图 a，或为图 b，或为图 c，或为图 d 的情形时，为真。

当"S"与"P"的关系为图 e 的情形时，为假。例如：

例① 有的学生是来自中部地区。

例② 有的明星是低调的。

例①，其中"S"与"P"的关系为图 c 的情形，为真。例②，其中"S"与"P"的关系为图 e 的情形，为假。

（4）特称否定判断（O）

当"S"与"P"的关系或为图 c，或为图 d，或为图 e 的情形时，为真。

当"S"与"P"的关系或为图 a，或为图 b 的情形时，为假。例如：

例① 有些学生不是学法语的。

例② 有些高新技术产品没有通过认证。

例①，其中"S"与"P"的关系为图 c 的情形，为真。例②，其中"S"与"P"的关系为图 b 的情形，为假。

上述 A、E、I、O 的真假情况，可列表如下：

判断 的真假　　S 与 P 　　　　　的关系 判断种类	S P	P S	S P	S P	S P
A	真	真	假	假	假
E	假	假	假	假	真
I	真	真	真	真	假
O	假	假	真	真	真

2. A、E、I、O 之间的真假关系与逻辑方阵

A、E、I、O 之间的真假关系，是指主、谓项相同的四种判断之间的真假制约关系，也叫判断间的对当关系。

这种真假关系有四种：

反对关系（A、E 之间的真假关系）；

下反对关系（I、O 之间的真假的关系）；

矛盾关系（A、O 之间的真假关系与 E、I 之间的真假关系）；

从属关系（A、I 之间的真假关系与 E、O 之间的真假关系）。

下图所示为表示 A、E、I、O 之间四种真假关系的"逻辑方阵"。在西方逻辑史上，"逻辑方阵"最早由古罗马逻辑学家阿普里乌斯（125—180）提出，最后由中世纪逻辑学家鲍依修斯（约 480—525）所完善。

下面，我们分别介绍这四种真假关系的具体情形。

（1）反对关系：A 与 E 之间的真假关系

反对关系的内容：一个判断真，另一判断必假；一个判断假，另一判断

真假不定，即判断 A 和 E 不同真，可同假。例如：

例① 所有信息都是可表达的。（A）

所有信息不是可表达的。（E）

例② 人类知识不是有限的。（E）

人类知识是有限的。（A）

例③ 所有的知识系统都是开放的。（A）

所有的知识系统不是开放的。（E）

例④ 所有显示器都是宽屏的。（A）

所有显示器都不是宽屏的。（E）

例①，A 真，E 必假。例②，E 真，A 必假。可见，A、E 不可同真。例③，A 假，E 真。例④，A 假，E 也假。可见，A、E 可同假。

（2）下反对关系：I 与 O 之间的真假关系

下反对关系的内容：一个判断假，另一个判断必真；一个判断真，另一个判断真假不定。即判断 I 和 O 不同假，可同真。例如：

例① 有些植物是长生不老的。（I）

有些植物不是长生不老的。（O）

例② 有些动物不是运动的。（O）

有些动物是运动的。（I）

例③ 有些语言是可译的。（I）

有些语言不是可译的。（O）

例④ 有些现象是可认知的。（I）

有些现象不是可认知的。（O）

例①，I 假，O 必真。例②，O 假，I 必真。这是讲，不同假。例③，I 真，O 真。例④，I 真，O 假。

（3）矛盾关系：A 与 O 之间的真假关系和 E 与 I 之间的真假关系

矛盾关系的内容：一个判断真，另一个判断必假；一个判断假，另一个判断必真。即，判断 A 与 O、E 与 I，不同真，不同假。例如：

例① 所有的建材都是进口的。（A）

所有的建材不是进口的。（O）

例② 所有的软件都不是免费的。（E）

有些软件是免费的。（I）

例①，A 真，O 必假；例②，E 假，I 必真。

（4）从属关系：A 与 I 之间的真假关系和 E 与 O 之间的真假关系

从属关系的内容：全称判断真，特称判断必真；全称判断假，特称判断真假不定；特称判断假，全称判断必假；特称判断真，全称判断真假不定。现就 A、I 关系举例如下。

A 真，I 必真：

例① 所有大学校长都参加了这次"校长论坛"。（A）

　　　有些大学校长参加了这次"校长论坛"。（I）

A 假，I 真假不定：

例② 所有 IT 企业都是新技术的引领者 。（A）

　　　有些 IT 企业是新技术的引领者。（I）

I 真，A 真假不定：

例③ 有些学生领取了电子卡。（I）

　　　所有学生都领取了电子卡。（A）

I 假，A 必假：

例④ 有学生按期毕业了。（I）

　　　所有学生都按期毕业了。（A）

综上所述，A、E、I、O 之间的真假关系可用下表来表示。

对应 已知真	A	E	I	O	对应 已知假
A	真	假	真	假	O
E	假	真	假	真	I
I	不定	假	真	不定	E
O	假	不定	不定	真	A

了解性质判断（A、E、I、O）之间的真假关系，不仅可以使我们进一步认识性质判断本身的逻辑性质，而且有助于我们运用性质判断正确地进行推理和论证。

二、性质判断直接推理

（一）什么是性质判断直接推理

性质判断直接推理又叫直言判断直接推理。它是由一个性质判断（直言判断）推出一个新的性质判断（直言判断）的推理。

性质判断直接推理有三种：依据对当关系进行的直接推理，依据判断变形进行的直接推理，附性法推理。

（二）依据对当关系进行的直接推理

对当关系直接推理是依据由相同主、谓项组成的 A、E、I、O 四种判断间的真假制约关系进行的推理。正确的对当关系直接推理，是根据对当关系中一个判断的真或假必然地推出另一个判断真或假的推理。这种推理有以下几种类型。

1. 依据反对关系进行的直接推理

依据反对关系进行的直接推理只能从一判断真，必然推知另一判断假；不能从一判断假，必然推知另一判断真或假。所以，这类直接推理有两种形式：

A 真推 E 假　　　SAP→并非 SEP

E 真推 A 假　　　SEP→并非 SAP

2. 依据下反对关系进行的直接推理

依据下反对关系进行的直接推理只能从一判断假，必然推知另一判断真；不能从一判断真，必然推知另一判断真或假。所以，这类直接推理有两种形式：

I 假推 O 真　　　并非 SIP→SOP

O 假推 I 真　　　并非 SOP→SIP

3. 依据矛盾关系进行的直接推理

依据矛盾关系进行的直接推理能从一判断真，必然推知另一判断假；也能从一判断假，必然推知另一判断真。所以，这类直接推理有八种形式：

A 真推 O 假　　　SAP→并非 SOP

A 假推 O 真　　　并非 SAP→SOP

O 真推 A 假　　　SOP→并非 SAP

O 假推 A 真　　　并非 SOP→SAP

E 真推 I 假　　　SEP→并非 SIP

E 假推 I 真　　　并非 SEP→SIP

I 真推 E 假　　　SIP→并非 SEP

I 假推 E 真　　　并非 SIP→SEP

上列八种推理形式表明，矛盾判断可以互推。

4. 依据从属关系进行的直接推理

从属关系是 A 与 I 之间、E 与 O 之间的真假关系。其内容是：全称判断真则特称判断必真；全称判断假则特称判断真假不定。反之，特称判断假则全称判断必假；特称判断真则全称判断真假不定。可见，具有从属关系的两个判断只有全称判断真时，特称判断必真；特称判断假时，全称判断必假。因而，依据从属关系进行的直接推理能从全称判断真，推知特称判断真；从特称判断假，推知全称判断假；不能从全称判断假，必然推知特称判断真或假，也不能从特称判断真，必然推知全称判断真或假。所以，这类直接推理有四种形式：

A 真推 I 真　　　SAP→SIP

I 假推 A 假　　　并非 SIP→并非 SAP

E 真推 O 真　　　SEP→SOP

O 假推 E 假　　　并非 SOP→并非 SEP

（三）依据判断变形进行的直接推理

依据判断变形进行的直接推理是一种通过改变性质判断联项的性质或主、谓项的位置而进行的直接推理。

换质法和换位法是依据判断变形进行直接推理的两种基本形式。

1. 换质法

换质法是通过改变前提中联项的质，而推出一个新判断的直接推理。

换质法的规则是：第一，改变前提判断联项的质（肯定判断变为否定判断，否定判断变为肯定判断）；第二，结论的谓项是前提中谓项的矛盾概念。

以 A、E、I、O 为前提进行的换质法直接推理的结构式如下：

前提　结论

SAP→SE¬P

SEP→SA¬P

SIP→SO¬P

SOP→SI¬P

2. 换位法

换位法是通过改变前提中主、谓项的位置（互换），而推出一个新判断的直接推理。

换位法的规则是：第一，前提中的主、谓项变为结论中的谓、主项；第二，结论中联项的质与前提中联项的质相同；第三，在前提中不周延的项在结论中也不得周延。

直言判断中的 A、E、I 三种判断可以进行换位推理。

以 A、E、I 判断为前提进行的换位法直接推理的结构式如下：

前提　结论

SAP→PIS

SEP→PES

SIP→PIS

以 O 判断为前提不能进行换位法直接推理。因 SOP 中的主项"S"是不周延的，若换位为 POS，"S"成了否定判断的谓项，是周延的，违反换位法规则三"前提中不周延的项在结论中也不得周延"。所以，O 判断不能换位。

依据判断变形进行的直接推理不仅仅限于换质法和换位法，把换质法和换位法结合起来，依据判断变形进行的直接推理还有换质位法、换位质法、戾换法三种。

3. 换质位法

换质位法是通过对前提进行换质推理，再对换质所得结论进行换位推理而推出一个新判断的直接推理。

换质位法是换质法与换位法的结合，应分别遵守换质法与换位法的规则，即在换质过程中应遵守换质法的规则，在换位过程中应遵守换位法的规则。

直言判断中的 A、E、O 三种判断为前提进行换质位直接推理的结构式如下：

SAP→SE¬P→¬PES

SEP→SA¬P→¬PIS

SOP→SI¬P→¬PIS

以 I 判断为前提不能进行换质位直接推理。

4. 换位质法

换位质法是通过对前提进行换位推理，再对换位所得结论进行换质推理而推出一个新判断的直接推理。

换位质法与换质位法一样，应在换位、换质过程中分别遵守换位法与换质法的规则。

直言判断中的 A、E、I 三种判断可以进行换位质直接推理。

以 A、E、I 三种判断为前提进行换位质直接推理的结构式如下：

SAP→PIS→PO¬S

SEP→PES→PA¬S

SIP→PIS→PO¬S

以 O 判断为前提不能进行换位质直接推理。

5. 戾换法

戾换法是通过对前提连续交互进行换质、换位推理，推出一个主项与前提的主项为矛盾概念的新判断的直接推理。

戾换法在进行换质、换位的过程中分别遵守换质法与换位法的规则。直言判断中的 A、E 两种判断可以进行戾换直接推理。以 A、E 两种判断为前提进行戾换直接推理的结构式如下：

$$SAP \rightarrow SE\neg P \rightarrow \neg PES \rightarrow \neg PA\neg S \rightarrow \neg SI\neg P \rightarrow \neg SOP$$

$$SEP \rightarrow PES \rightarrow PA\neg S \rightarrow \neg SIP \rightarrow \neg SO\neg P$$

SAP 戾换，必须先换质后换位；SEP 戾换，必须首先换位后换质，否则均达不到戾换目的。

以 I 判断和 O 判断为前提不能进行戾换直接推理。因为它们无论先换质还是先换位均不能达到戾换目的。

（四）附性法推理

附性法推理是通过在前提的主、谓项上附加同一个概念，从而推出一个新判断的直接推理。例如：

例① 知识是素质的标志之一，

所以，现代知识是现代素质的标志之一。

例② 象是动物，

所以，非洲象是非洲动物。

附性法推理的结构式为：

$$\frac{S-P}{所以，QS-QP}$$

其中，前提"S-P"断定 S 类包含（不包含）于 P 类中。结论中的"Q"表示一个性质，"QS"表示具有 Q 性质的 S 类事物，"QP"表示具有 Q 性质的 P 类事物。结论断定具有 Q 性质的 S 类事物都包含（不包含）在具有 Q 性质的 P 类事物中。

附性法推理的规则是：前提中主、谓项之间的关系与结论中主、谓项之间的关系必须相同。

违反上述规则的附性法推理是错误的推理。例如：

蚂蚁是动物，

所以，大蚂蚁是大动物。

在上述例子中，前提中的主项与谓项之间是属种关系，而结论中的主项与谓项的外延全异，两者之间是不相容关系。因此，上述推理是错误的。

第三节　关系判断及其推理

一、什么是关系判断

关系判断是断定对象间关系的判断。例如：

例① X＝Y

例② a>b；b>c。

例③ 有些儿童喜欢大动物。

这些判断都断定了对象间具有某种关系，是关系判断。

关系判断由关系、关系项、量项三部分组成。

关系，是关系判断中反映对象间关系的概念。如例①中的"＝"、例②中的">"、例③中的"喜欢"等。关系用"R"来表示。

关系项，是关系判断中反映具有某种关系的对象的概念。关系项可以是单独概念。如例①中的"X""Y"，也可以是普遍概念，如例③中的"儿童""动物"。关系项用 a、b、c……来表示。

量项，是表示关系项数量的概念。如例③中"有些"即为量项。

本部分主要讨论关系项为单独概念的关系判断。

如果以 a、b 表示单独概念，二项关系判断的结构式为：

aRb　或　R（a，b）　　　（a 与 b 有 R 关系）

并非 aRb 或并非 R（a，b）（a 与 b 没有 R 关系）

二、关系与关系判断的种类

根据关系项数量的不同，关系被划分为不同的种类，即 R 有不同的种类，与之相对应的关系判断，即 aRb 也有不同种类。我们这里主要介绍两类关系及其判断。

（一）对称性关系及其判断

对称性关系是指存在于两个关系项之间的关系。它所刻画的是当 aRb 真时，bRa 如何。表示对称性关系的判断亦被称为对称性关系判断。

对称性关系主要包括对称关系、非对称关系、反对称关系。

（1）对称关系：当 aRb 为真时，bRa 必真，R 表示对称关系。如：a＝b。"等于"是对称关系。"a=b"为真时，"b=a"也必真。

（2）非对称关系：当 aRb 为真时，bRa 真假不定，R 表示非对称关系。如：王华喜欢李梅。

"喜欢"是非对称关系。"王华喜欢李梅"真，"李梅喜欢王华"则真假不定。

（3）反对称关系：当 aRb 为真时，bRa 必假，R 表示反对称关系。如：A 大于 B。

"大于"是反对称关系。"A 大于 B"为真，则"B 大于 A"必假。

（二）传递性关系

传递性关系是指存在于三个或三个以上关系项之间的关系。它所刻画的是 aRb 真且 bRc 真，aRc 如何。表示传递性关系的判断亦被称为传递性关系判断。

传递性关系包括传递关系、非传递关系、反传递关系。

（1）传递关系：当 aRb 真，bRc 真，则 aRc 必真。R 表示传递关系。如：a=b；b=c。

"="在此为传递关系。当"a=b；b=c"为真时，"a=c"也必真。

（2）非传递关系：aRb 真，bRc 真，则 aRc 真假不定。R 表示是非传递关系。如：甲队战胜了乙队，乙队战胜了丙队。

"战胜"在此为非传递关系。"甲队战胜乙队，乙队战胜丙队"为真，"甲队战胜丙队"则真假不定。

（3）反传递关系：aRb 真，bRc 真，则 aRc 必假（即并非 aRc）。R 表示反传递关系。如：a 是 b 的 4 倍，b 是 c 的 4 倍。

"4 倍"是反传递关系。"a 是 b 的 4 倍，b 是 c 的 4 倍"为真，"a 是 c 的 4 倍"必假。

三、关系推理

（一）什么是关系推理

关系推理是以关系判断作为前提和结论，并根据各种类型关系的逻辑特性而进行的推理。根据关系判断的类型，关系推理主要分为对称性关系推理和传递性关系推理。

（二）对称性关系推理

对称性关系推理是根据对称性关系的逻辑特性而进行的推理，主要包括对称关系推理和反对称关系推理。

1. 对称关系推理

其结构式为：

$$\frac{aRb}{\text{所以，}bRa}$$

例如：

$$\frac{a=b}{\text{所以，}b=a}$$

2. 反对称关系推理

其结构式为：

$$\frac{aRb}{\text{所以，}b \neg Ra}$$

例如：

$$\frac{a \text{ 大于 } b}{\text{所以，}b \text{ 不大于 } a}$$

（二）传递性关系推理

传递性关系推理是根据传递性关系的逻辑特性而进行的推理，主要包括传递关系推理和反传递关系推理。

1. 传递关系推理

其结构式为：

$$\frac{\begin{array}{l}aRb\\bRc\end{array}}{\text{所以，}aRc}$$

例如：

$$\frac{\begin{array}{l}a=b\\b=c\end{array}}{\text{所以，}a=c}$$

2. 反传递关系推理

其结构式为：

$$\frac{\begin{array}{l}aRb\\bRc\end{array}}{\text{所以，}a \neg Rc}$$

例如：

$$a 是 b 的 4 倍，$$
$$b 是 c 的 4 倍，$$

所以，a 不是 c 是 4 倍。

第四节　三段论

一、什么是三段论

三段论是由两个包含着一个共同项的性质判断出发，推出一个新性质判断的推理。因为它包含三个性质判断（直言判断），又称直言三段论。例如：

所有的大学都要参与国际竞争，

哈佛大学是大学，

所以，哈佛大学要参与国际竞争。

这个推理就是以两个包含着一个共同项的性质判断为前提，推出一个新的性质判断的三段论。

任何一个三段论都包含着三个项：大项、小项和中项。

"小项"，即结论中的主项，如上述推理中的"哈佛大学"。小项用"S"表示。

"中项"，即在两前提中都出现，而在结论中不出现的项，如上述推理中的"大学"。中项用"M"表示。

"大项"，即结论中的谓项，如上述推理中的"要参与国际竞争"。大项用"P"表示。

任何一个三段论都包含着三个性质判断。其中，两个作为推断依据的、包含着一个共同项的判断是前提。包含着大项的前提是"大前提"，如上述推理中的"所有的大学都要参与国际竞争"。包含着小项的前提是"小前提"，如上述推理中的"哈佛大学是大学"。由两个前提推出的新判断是结论，如上述推理中的"哈佛大学要参与国际竞争"。上面这个推理可以表示为：

所有的 M 都是 P，

S 是 M，

所以，S 是 P。

二、三段论的公理

三段论公理是三段论推理的依据。

三段论公理的具体内容是：对一类事物的全部有所断定（肯定或否定），那么对该类中任一事物也必定有所断定（肯定或否定）。三段论公理可用图形表示如下：

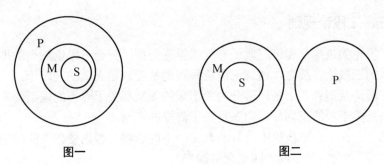

图一　　　　　　　　　　　　　图二

图一表明，M类包含于P类之中，即所有的M都是P，因而M类中的一部分（S），也必然包含于P类之中，即所有的S是P。

图二表明，M类与P类相排斥，即所有的M不是P，因而，M类中的一部分（S），必然也与P类相排斥，即所有的S不是P。

三段论公理典型地体现为下列三段论的结构式：

例①　所有M是P，

　　　所有S是M，

　　　所以，所有S是P。

例②　所有M不是P，

　　　所有S是M，

　　　所以，所有S不是P。

例如：

例①　凡珍稀动物都受《野生动物保护法》的保护，

　　　大熊猫是珍稀动物，

　　　所以，大熊猫受《野生动物保护法》的保护。

此例大前提指出，"凡珍稀动物都受《野生动物保护法》的保护"，小前提指出"大熊猫是珍稀动物"的一种，依据三段论公理，对一类事物的全部有所断定，必然对其中的一部分也有所断定。因而，推出了"大熊猫受《野生动物保护法》的保护"的结论。

例② 所有参赛选手都不是职业队的队员，

　　　李勇是职业队的选手，

　　　所以，李勇不是参赛选手。

此例大前提指出"所有参赛选手都不是职业队的队员"，小前提指出"李勇是职业队的选手"的一种，同样以三段论公理为据，推出了"李勇不是参赛选手"的结论。

三、三段论规则

三段论的规则是保证三段论有效的推理规则。符合三段论规则的推理，是有效的三段论；反之，违背三段论规则的推理，是无效的三段论。

三段论规则共有七条，可分为关于项的规则和关于前提的规则两部分。前三条是关于项的规则，后四条是关于前提的规则。

第一，在一个三段论中，只能有三个不同的项。否则要犯"四项错误"（亦称"四名词错误"或"四概念错误"）。

在三段论中，中项是确定大、小项关系的中介。如果一个三段论只有两个项，那就不具备使大、小项通过中项发生联系的条件。如果一个三段论有四个项，也会因两个前提中无共同的中项，使大、小项失去联系。大、小项不能发生联系，自然不能得出结论。例如：

例① 所有的公民都要遵守国家法律，

　　　我们是南方地区的居民，

　　　所以，？

这两个判断有四个项，由于缺少共同的中项而彼此没有联系。以这样两个彼此无明确联系的判断作前提，不能推出结论。

例② 中国人是不畏艰险的，

　　　我是中国人，

　　　所以，我是不畏艰险的。

这个三段论中的"中国人"，在大前提中是集合概念，在小前提中的非集合概念，同样犯了"四项错误"，不能推出结论（例中结论错误）。

第二，中项在两前提中至少周延一次。否则要犯"中项不周延的错误"。

在三段论中，中项联结大、小项的中介，如果中项一次也不周延，就导致大项和小项都只和中项的一部分外延发生关系，使中项不能起到联结大、小项的作用。大项和小项不能通过中项发生联系，三段论推理就不能由前提必然地推出结论。例如：

例①　熊猫是动物，

　　　东北虎是动物，

　　　所以，东北虎是熊猫。

上例中的中项"动物"在两个前提中都是肯定判断的谓项，不周延。因此，"熊猫"与"东北虎"不能借助中项"动物"必然地联系到一起，推不出结论（例中结论错误），这个推理犯了"中项不周延的错误"。

第三，在前提中不周延的项，在结论中不得周延。否则就要犯"大项不当周延（大项扩大）的错误"或"小项不当周延（小项扩大）的错误"。

由于结论是从前提推出来的，若前提只涉及大、小项的一部分外延，结论也就只能涉及这一部分外延，否则推理的结论不具有必然性。例如：

例①　所有参加世界物理学家大会的人员都要参加外语培训，

　　　我不参加世界物理学家大会，

　　　所以，我不参加外语培训。

例①中的大项"参加外语培训"在前提中是肯定判断的谓项，不周延，而在结论中是否定判断的谓项，周延了。由于犯了"大项不当周延的错误"，这一推理的前提与结论之间没有必然联系。

例②　杂志是可以传递信息的，

　　　杂志是纸质出版物，

　　　所以，纸质出版物都是传递信息的。

例②中的小项"纸质出版物"在前提中不周延，在结论中周延了。由于犯了"小项不当周延的错误"，这一推理的前提与结论之间没有必然联系。

第四，两否定前提不能得结论。

否定判断的主项与谓项是互相排斥的。如果三段论的两个前提都是否定判断，那么大项和小项必然都与中项相排斥。这样，中项就起不到联结大、小项的中介作用，也不能确定大、小项之间的关系。因此，两个否定前提不能推出结论。例如：

符号不是文字，

符号不是声波，

所以，？

例中的两个前提的主项都与其谓项相排斥，中项"符号"起不到联结"文字"和"声波"的作用，也就不能确定这两个概念之间的关系。所以，由两个否定前提不能得出结论。

第五，前提中有一否定，结论必否定。

三段论推理的两个前提如果一个为否定，另一个必肯定，因为两个否定前提不能得结论。两个前提中，如果一个肯定，一个否定，那么中项在否定判断中必然与大项或小项相排斥，而在肯定判断中与小项或大项相联系，这就必然造成大项和小项相排斥。因此结论必然是否定的。例如：

例① 所有的大学都要经过教学水平评估，

　　　　这所学校没有经过教学水平评估，

　　　　所以，这所学校不是大学。

例①中大前提肯定，小前提否定。中项"经过教学水平评估"在大前提中与大项"所有的大学"相联系，在小前提中与小项"这所学校"相排斥，所以，必然推出大项与小项相排斥的否定结论，"这所学校不是大学"。

第六，两特称前提不能得结论。

如果两个前提都是特称的，其组合形式有三种：II；OO；IO。

以两个前提都是特称肯定判断为例，即 II 的组合形式，则两前提中没有一个项是周延的。因此，无论前提中哪个项作中基都必然违反"中项在两前提中至少周延一次"的规则，而不能必然推出结论。例如：

有的职员是男生，

有的职员是女人，

所以，？

例中两前提均为特称肯定判断，其中项"职员"都不周延，不能推出结论。

第七，前提中有一特称，结论必特称。

由于两个特称前提不能得结论，可知当前提中有一个是特称时，另一个必全称。这样，可能的组合形式有三种：AI、EO、AO 或 EI。其中，EO 的组合形式由于违反"两否定前提不能得结论"的规则，予以排除。

以两前提为 AI 的组合形式为例。根据"中项在两前提中至少周延一次"的规则，这个唯一周延的项必为中项，否则要犯"中项不周延的错误"。这样只能用前提中不周延的项作小项，结论必特称，因"在前提中不周延的项，在结论中不得周延"。否则就会犯"小项不当周延的错误"。例如：

所有的神话都有文字记载，

有些时代久远的传说是神话，

所以，时代久远的传说有文字记载。

该推理按照规则应对结论主项即小项的外延加以限制，正确结论是"有些时代久远的传说有文字记载"。可见，AI 组合形式推出的正确结论都应是特称肯定判断。

四、三段论的格和式

1. 三段论的格

三段论的格，是由于中项在前提中的位置不同所构成的不同的三段论形式。

三段论有四个格，每个格都有自己的结构式以及由三段论规则引申出的特殊规则，各格的意义也有所不同。下边我们分别对各格作出说明。

第一格：中项（M）为大前提的主项，小前提的谓项。

其结构式为：

$$M——P$$
$$S——M$$
$$S——P$$

例如：

例① 语言是交流的重要工具，

　　汉语是语言，

　　所以，汉语是交流的重要工具。

三段论第一格的规则是：

（1）小前提必肯定；

（2）大前提必全称。

规则证明如下（其他三格的证明略）：

① 如果小前提是否定的，根据三段论规则五"前提中有一否定，结论必否定"，结论否定，则大项必周延。若结论中大项周延，则大前提必否定，其依据是三段论规则三"前提中不周延的项，在结论中也不得周延"。这就会形成两个否定前提，已知三段论规则四"两否定前提不能得结论"，所以，小前提必须肯定。

② 如果大前提不是全称的，则主项不周延。大前提的主项为中项，已知三段论规则二规定"中项在两前提中至少周延一次"，那么，另一中项（即小前提的谓项）必须周延。若小前提的谓项周延，则小前提必为否定判断，因为只有否定判断的谓项周延。三段论规则五规定"前提中有一否定，结论必否定"。结论否定，则大项必周延。但是，大前提是肯定判断，大项在前提中不周延，若在结论中周延了，就会犯"大项不当周延的错误"。因此，大前提必须全称。

第一格三段论非常典型地表明了演绎推理从一般到特殊的思维进程，体现了三段论公理。所以，第一格被称为典型格或完善格（其他格称为不完善的格），使用比较广泛，它常被用于根据一般原则认识和说明特殊问题，或用于把特殊问题归于一般原则之下。第一格的这种作用在司法审判中非常突出。第一格又称为审判格。

第二格：中项（M）为大前提和小前提的谓项。

其结构式为：

$$P——M$$
$$\frac{S——M}{S——P}$$

例如：

例① 所有桥牌协会的会员都没有参加此次比赛，

小王参加了此次比赛，

所以，小王不是桥牌协会的会员。

三段论第二格的规则是：

（1）必有一前提为否定；

（2）大前提必全称。

第二格的用途主要在于指出事物之间的区别和反驳肯定判断。这是因为第二格前提中有一个是否定的，其结论必然否定，所以能够用来反驳与之相矛盾或反对的肯定判断，也可以用来指出事物之间的区别，说明一个事物不属于某一类，第二格也被称为区别格。

第三格：中项（M）为大前提和小前提的主项。

其结构为：

$$M——P$$
$$\frac{M——S}{S——P}$$

例如：

例① 杂志是纸质出版物，

杂志是传达信息的载体，

所以，有些传达信息的载体是纸质出版物。

三段论第三格的规则是：

（1）小前提必肯定；

（2）结论必特称。

第三格的用途在于反驳全称判断。由于第三格的结论是特称的，所以，当人们需要反驳全称判断时，常使用第三格，以指出与全称判断相矛盾的特殊情况。第三格也被称为反驳格。

第四格：中项（M）为大前提的谓项，小前提的主项。

其结构式为：

$$P——M$$
$$M——S$$
$$S——P$$

例如：

例① 职务发明是受限制的，

受限制的不包括个人发明，

所以，个人发明不是职务发明。

三段论第四格的规则是：

（1）前提中有一否定，则大前提必全称；

（2）若大前提肯定，则小前提必全称；

（3）若小前提肯定，则结论必特称。

第四格在人们认识事物、表达思想的活动中虽有一定作用，但其实践意义不大，不常使用。

2. 三段论的式

三段论的式是由于组成三段论的三个判断的质和量的不同，而形成的不同的三段论形式。

两个前提、一个结论都是全称肯定判断，即 A 判断，所以就叫 AAA 式。

大前提和结论是全称否定判断，即 E 判断，而小前提是全称肯定判断，即 A 判断，所以就叫 EAE 式。

组成三段论的每一个判断，根据质和量的不同都可能是 A、E、I、O 四种判断。这样，把不同质、量的前提和结论加以排列，有 4×4×4 = 64 个不同的式。这些式中有的正确，有的不正确（如：EEE 式）。以三段论规则加以衡量，可以得出 11 个正确式，即：AAA、AAI、AEE、AEO、AII、AOO、EAE、EAO、EIO、IAI、OAO。

再把这些式按三段论各格规则的具体要求分配到各格中去，就得到各个格的正确式。例如：AAA 式的大前提全称，小前提肯定，结论是全称肯定判断，符合第一格规则，可分配到第一格；AII 式的大前提全称，小前提肯定，结论是特称肯定判断，符合第一格和第三格的规则，可分配到第一格和第三格去。这样分配的结果，可得到下列 24 个正确式：

第一格	第二格	第三格	第四格
AAA	AEE	AAI	AAI
AII	EAE	AII	AEE
EAE	EIO	EAO	EAO
EIO	AOO	EIO	EIO
[AAI]	[AEO]	IAI	IAI
[EAO]	[EAO]	OAO	[AEO]

表中带方括号的五个式叫弱式。所谓弱式是本来能得出全称结论的，却只得出了一个特称结论的式。弱式并不是错误的推理，但它没有展示出应当推出的全部东西，所以是不完全的推理。

如果把 5 个弱式去掉，三段论有 19 个正确的式。

五、省略三段论

（一）什么是省略三段论

省略三段论是在表达中把不言自明的部分略去的三段论。

三段论是由三个判断组成的。它在逻辑结构上必须包括大前提、小前提和结论三个组成部分，不可随意缺少其中的任何一部分。但是，一个三段论在特定的语言环境中被表述时，可以略去不言自明的部分。省略三段论有省略大前提、省略小前提和省略结论三种形式。

第一，省略大前提。例如：

例① 我们是科技工作者，我们要成为创新的领跑者。

其中省略了大前提"科技工作者要成为创新的领跑者"。

第二，省略小前提。例如：

例② 所有应聘者要参加心理测试，你要参加心理测试。

其中省略了小前提"你是应聘者"。

第三，省略结论。例如：

例③ 任何新的课题都需要我们积极破解，网络安全问题是新的课题。

其中省略了结论"网络安全问题需要我们积极破解"。

省略三段论由于把不言自明的部分省略了，所以，语言形式显得简明扼要，在思维实践中被广泛应用着。但是，省略了部分前提或结论的三段论推理，容易掩盖推理过程的错误，因而，我们应掌握恢复完整三段论的方法，补足省略三段论以检查其推理是否正确。

（二）省略三段论的补足

省略三段论的补足，就是把三段论中被省略的部分补出，以使三段论的省略形式恢复为完整形式。

省略三段论的补足有两种情况：

第一，补足前提。其补足方法是：先找出结论并明确小项（S）和大项（P）；然后确定省略是包含小项（S）的小前提，还是包含大项（P）的大前提；再根据三段论规则对省略部分加以补足。例如：

例① 数据挖掘不是哲学，因为，哲学是具有思辨性的。

"数据挖掘不是哲学"是结论。这里，"数据挖掘"是小项（S），"具有思辨性"是大项（P），包含大项的前提"哲学是具有思辨性的"是大前提。所以，被省略的是小前提"数据挖掘不具有思辨性"。现依三段论规则，将其补足为完整形式如下：

哲学是具有思辨性的，

数据挖掘不具有思辨性，

所以，数据挖掘不是哲学。

根据中项"具有思辨性的"位置，可知这是一个第二格三段论，推理符合规则，是形式正确的三段论。

第二，补足结论。其补足方法是：先在前提所含的三个项中找出中项（在结论中不出现的项为中项）；再根据三段论规则由前提中其余两个项组成结论。例如：

例① 符合条件者均被录取，小张没有被录取。

"符合条件者均被录取"指出的是一般情况，应为大前提；"小张没有被录取"是把特殊归于一般情况之下，应为小前提。其中，"被录取"在前提中出现两次，是中项（M）；所余两个项是"符合条件者"和"小张"，可组成"小张不是符合条件者"这一结论。现依三段论规则，将其补足为完整形式如下：

符合条件者均被录取，

小张没有被录取，

所以，小张不是符合条件者。

根据中项位置，可知，这是一个第二格三段论，推理符合规则，是形式正确的三段论。

六、复合三段论、连锁三段论、带证式三段论

（一）复合三段论

复合三段论是由几个三段论联系在一起构成的推理，其中前一个三段论的结论为后一个三段论的前提。

复合三段论有两种形式：前进的复合三段论和后退的复合三段论。

（1）前进的复合三段论。其特点是，前一个三段论的结论为后一个三段论的大前提。例如：

一切科学技术的发展都有利于小康社会的建设，

信息科学的发展是科学技术的发展，

所以，信息科学的发展有利于小康社会的建设，

光信息科学的发展是信息科学的发展，

所以，光信息科学的发展有利于小康社会的建设，

光子信息科学的发展是光信息科学的发展，

所以，光子信息科学的发展有利于小康社会的建设。

其结构式如下：

$$M1\text{——}P$$
$$M2\text{——}M1$$
$$所以，M2\text{——}P$$
$$M3\text{——}M2$$
$$所以，M3\text{——}P$$
$$S\text{——}M3$$
$$所以，S\text{——}P$$

例中包含三个三段论。其中，第一个三段论的结论"信息科学的发展有利于小康社会的建设"是第二个三段论的大前提；第二个三段论的结论"光信息科学的发展有利于小康社会的建设"是第三个三段论的大前提。

（2）后退的复合三段论。其特点是，前一个三段论的结论为后一个三段论的小前提。例如：

光子信息科学的发展是光信息科学的发展，

光信息科学的发展是信息科学的发展，

所以，光子信息科学的发展是信息科学的发展，

信息科学的发展是科学技术的发展，

所以，光子信息科学的发展是科学技术的发展，

一切科学技术的发展都有利于小康社会的建设，

所以，光子信息科学的发展有利于小康社会的建设。

其结构如下：

$$S——M3$$
$$M3——M2$$
$$所以，S——M2$$
$$M2——M1$$
$$所以，S——M1$$
$$M1——P$$
$$所以，S——P$$

例中包含三个三段论，其中，第一个三段论的结论"光子信息科学的发展是信息科学的发展"为第二个三段论的小前提；第二个三段论的结论"光子信息科学的发展是科学技术的发展"为第三个三段论的小前提。

例中前进的复合三段论与后退的复合三段论的结构式表明：组成上述复合三段论的各个三段论均为第一格。因而，推理过程必须步步遵守第一格三段论规则，否则任何一个环节违反规则都会影响整个推理的正确性。当然，组成复合三段论的并不仅限于第一格三段论，它可以是第二格的，也可以是第三格的，但无论由哪一格的三段论组成均须严格遵守三段论推理的有关规则，否则就不能必然推出正确的结论。

复合三段论表明了人们思维的连贯性，它层层深入，循序渐进，使人们的认识逐步深化。其缺点是文字表述过于繁琐。日常生活中，人们一般用它的简略形式。

（二）连锁三段论

连锁三段论是复合三段论的简略形式。在这种推理中，除保留最后一个结论外，其余三段论的结论全部略去。

由于复合三段论有两种形式，因此，作为复合三段论简略形式的连锁三段论，也有前进的连锁三段论和后退的连锁三段论两种形式。

（1）前提的连锁三段论。它是前进的复合三段论的简略形式。例如：

一切科学技术的发展都有利于小康社会的建设，

信息科学的发展是科学技术的发展，

光信息科学的发展是信息科学的发展，

光子信息科学的发展是光信息科学的发展，

所以，光子信息科学的发展有利于小康社会的建设。

其结构式如：

$$M1——P$$
$$M2——M1$$
$$M3——M2$$
$$\underline{S——M3}$$
$$所以，S——P$$

（2）后退的连锁三段论。它是后退的复合三段论的简略形式。例如：

光子信息科学的发展是光信息科学的发展，

光信息科学的发展是信息科学的发展，

信息科学的发展是科学技术的发展，

一切科学技术的发展都有利于小康社会的建设，

所以，光子信息科学的发展有利于小康社会的建设。

其结构式如下：

$$S——M3$$
$$M3——M2$$
$$M2——M1$$
$$\underline{M1——P}$$
$$所以，S——P$$

连锁三段论较复合三段论更简明有力，因而它在实践中应用比较广泛。

（三）带证式三段论

带证式三段论是至少有一个前提附有证明的论据的三段论。

带证式三段论有两种，单带证式和复带证式。

（1）单带证式。单带证式是一个前提附有证明的论据的三段论。例如：

科学是不断发展着的，因为科学是人类实践的结晶，

逻辑学是科学，

所以，逻辑学是不断发展着的。

其结构式为：

$$所有 M 是 P，因为 p$$
$$\underline{所有 S 是 M}$$
$$所以，所有 S 是 P$$

结构式中"p"表示证明的论据，是一个判断。这个单带证式的大前提是一个省略三段论的结论。补足这个三段论被省略的部分"人类进步的结晶是不断发展着的"，其完整形式是：

人类进步的结晶是不断发展着的，

逻辑学是人类进步的结晶，

所以，逻辑学是不断发展着的。

（2）复带证式。复带证式是两个前提都附有证明的论据的三段论。例如：

文化是不断更新的，因为文化是人类精神进步的集中表现；

现代艺术是文化，因为它是现代人类精神进步的集中表现；

所以，现代艺术是不断更新的。

其结构式为：

$$所有 M 是 P，因为 P_1$$
$$所有 S 是 M，因为 P_2$$
$$所以，所有 S 是 P$$

这个复带证式的两个前提分别是两个省略三段论的结论。第一个省略三段论的完整形式是：

所有人类精神进步的集中表现都是不断更新的，

文化是人类精神进步的集中表现，

所以，文化是不断更新的。

第二个省略三段论的完整形式是：

现代人类精神进步的集中表现是文化，

现代艺术是现代人类精神进步的集中表现，

所以，现代艺术是文化。

第五节　模态判断及其推理

本节主要介绍传统逻辑中的模态判断及其推理的相关知识。

一、模态判断及其种类

（一）什么是模态判断

模态判断是断定事物情况的可能性或必然性判断，在模态判断中包含有"可能""必然"这类模态词。例如：

例① 明天可能要下雨。

例② 人工智能科学必然要快速发展。

例③ 他可能不会说法语。

例④　不懂英语必然不能介入国际交流。

以上判断都表示模态判断。例①断定"可能"如何；例②断定"必然"如何；例③断定"可能"不如何；例④断定"必然"不如何。这四个判断都包含有模态词"可能""必然"。

从一般意义来讲，不含模态词的判断属于非模态判断，称之为实然判断。在实然判断中并不出现"实然"这个词，相当于一般的性质判断。

在自然语言中，模态词可以位于模态判断的不同位置，可以在联结项之前或主项之前，也可以在谓项之后。这主要是根据所表达的内容和表达习惯来定。如例①"明天可能要下雨"可以被表达为："可能明天要下雨"或者"明天要下雨，这是可能的"。

（二）模态判断的种类

根据判断包含的模态词的不同，通常把模态判断分为可能判断和必然判断；又根据判断具有断定的性质，即有所肯定和有所否定，模态判断可以分为以下四种类型：

1. 可能肯定判断

可能肯定判断是断定事物情况可能存在的判断。例如：

例①　计算机模拟人的思维活动是可能的。

例②　这个证据可能有瑕疵。

可能肯定判断的结构式是：S可能是P，或S是P是可能的。

其形式表达是：$\Diamond P$。其中，"$\Diamond$"表示模态词"可能"，"P"表示判断，读作"可能P"。

2. 可能否定判断

可能否定判断是断定事物情况可能不存在的判断。例如：

例①　认知科学的发展可能没有达到预期的程度。

例②　这个讨论可能不会有结果。

可能否定判断的结构式是：S可能不是P，或S不是P是可能的。

其形式表达是：$\Diamond \neg P$。其中，"$\Diamond$"表示模态词"可能"，"$\neg P$"表示判断，读作"可能非P"。

3. 必然肯定判断

必然肯定判断是断定事物情况必然存在的判断。例如：

例①　经济发展方式的转变必然推动教育发展方式的转变。

例②　客观规律不以人的意志为转移是必然的。

必然肯定判断的结构式是：S必然是P，或S是P是必然的。

其形式表达是：□P。其中，"□"表示模态词"必然"，"P"表示判断，读作"必然 P"。

4. 必然否定判断

必然否定判断是断定事物情况必然不存在的判断。例如：

例① 脱离经济社会发展趋势必然不会有什么新的突破。

例② 没有耕耘必然没有收获。

必然肯定判断的结构式是：S 必然不是 P，或 S 不是 P 是必然的。

其形式表达是：□¬P。其中，"□"表示模态词"必然"，"¬P"表示判断，读作"必然非 P"。

二、模态判断之间的对当关系

模态判断之间的对当关系是指具有相同素材的模态判断之间的真假关系是相互制约的。下列判断是一组相同素材的模态判断：

例① 计算机必然会自动推理。　　　　（□P）

例② 计算机必然不会自动推理。　　　（□¬P）

例③ 计算机可能会自动推理。　　　　（◇P）

例④ 计算机可能不会自动推理。　　　（◇¬P）

这四个模态判断的真假关系与性质判断 A、E、I、O 之间的真假关系相似。我们用下面的模态逻辑方阵图来表示模态判断之间的真假关系。

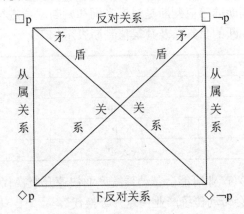

反对关系：存在于□P 和□¬P 之间的真假关系。

反对关系的内容：一个判断真，另一判断必假；一个判断假，另一判断真假不定。即判断□P 和□¬P 不同真，可同假。

下反对关系：存在于◇P 和◇¬P 之间的真假关系。

下反对关系的内容：一个判断假，另一个判断必真；一人判断真，另一个判断真假不定。即判断 $\Diamond P$ 和 $\Diamond\neg P$ 不同假，可同真。

矛盾关系：存在于 $\Box P$ 和 $\Diamond\neg P$、$\Box\neg P$ 和 $\Diamond P$ 之间的真假关系。

矛盾关系的内容：一个判断真，另一个判断必假；一个判断假，另一个判断必真。即判断 $\Box P$ 和 $\Diamond\neg P$、$\Box\neg P$ 和 $\Diamond P$，不同真，不同假。

从属关系：存在于 $\Box P$ 和 $\Diamond P$、$\Box\neg P$ 和 $\Diamond\neg P$ 之间的真假关系。

从属关系的内容：必然判断真，可能判断必真；必然判断假，可能判断真假不定；可能判断假，必然判断必假；可能判断真，必然判断真假不定。

三、模态判断的负判断及其等值判断

模态判断的负判断是对一个模态判断进行否定后得到的一个新判断。例如：

例① 新兴产业可能会带动传统产业快速升级换代。

例② 并非新兴产业可能会带动传统产业快速升级换代。

"新兴产业可能会带动传统产业快速升级换代"是一个模态判断，我们称为模态判断的原判断，"并非新兴产业可能会带动传统产业快速升级换代"是对原判断进行否定以后得到的新判断，是模态判断的负判断。模态判断的负判断的形式表示如下：

$$\Box P \text{ 为原判断，} \neg\Box P \text{ 为负判断。}$$

模态判断负判断的等值判断是对模态词和判断联项进行否定后得到的新判断。四种模态判断的负判断及其等值判断表示如下：

原判断	负判断	等值判断
$\Box P$	$\neg\Box P$	$\Diamond\neg P$
$\Box\neg P$	$\neg\Box\neg P$	$\Diamond P$
$\Diamond P$	$\neg\Diamond P$	$\Box\neg P$
$\Diamond\neg P$	$\neg\Diamond\neg P$	$\Box P$

例② "并非新兴产业可能会带动传统产业快速升级换代"的等值判断为："新兴产业不可能会带动传统产业快速升级换代"。

四、模态推理

模态推理是以模态判断为前提或结论的推理。本书介绍根据逻辑方阵的模态推理、根据模态真假关系的模态推理和模态三段论。

（一）根据逻辑方阵的模态推理

模态逻辑方阵刻画了"必然 P""必然非 P""可能 P""可能非 P"之间的真假关系。我们可以根据这种真假关系进行模态推理。

1. 根据矛盾关系的推理

矛盾关系是指，判断□P 和◇¬P、□¬P 和◇P，不同真，不同假。据此，根据矛盾关系进行模态推理。例如：

例① 网络语言的出现必然产生新的语词，

所以，网络语言的出现不可能不产生新的语词。

这个推理的形式是：

$$□P→¬◇¬P$$

2. 根据反对关系的推理

反对关系是指，判断□P 和□¬P 不同真，可同假。据此，根据反对关系进行模态推理。例如：

例① 晴天必然不下雨，

所以，并非晴天必然下雨。

这个推理的形式是：

$$□¬P→¬□P$$

3. 根据下反对关系的推理

下反对关系是指，判断◇P 和◇¬P 不同假，可同真。据此，根据下反对关系进行模态推理。例如：

例① 并非他们可能懂法语，

所以，他们可能不懂法语。

这个推理的形式是：

$$¬◇P→◇¬P$$

4. 根据从属关系的推理

例① 绿色能源产业必然是未来产业的发展趋势，

所以，绿色能源产业可能是未来产业的发展趋势。

这个推理的形式是：

$$□P→◇P$$

（二）根据模态真假关系的模态推理

根据模态真假关系的模态推理是指根据"实然"和"必然""可能"之间的真假关系进行的推理。一般用"p"和"非 p"分别表示实然肯定判断和实然否定判断。

P 和必然 p、可能 p，非 p 和必然非 p、可能非 p，有以下四种关系：

（1）如果必然 p 真，则 p 真。（□p→p）

例① 从前提必然能推出结论，

所以，从前提能推出结论。

（2）如果 p 真，则可能 p 真。（p→◇p）

例① 他顺利地通过了考试，

所以，他可能顺利地通过了考试。

（3）如果必然非 p 真，则非 p 真。（□¬p→¬p）

例① 一切事物必然不是不可知的，

所以，一切事物不是不可知的。

（4）如果非 p 真，则可能非 p 真。（¬p→◇¬p）

例① 这个案例不典型，

所以，这个案例可能不典型。

（三）模态三段论

模态三段论是前提至少有一个是模态判断的三段论。

例① 本企业所有产品都必然经过严格检验，

AA 奶粉是本企业的产品，

所以，AA 奶粉经过了严格检验。

模态三段论除了要遵守三段论的一般规则外，还要注意：

第一，结论从弱原则。按照从必然、实然、或然的顺序，结论的模态不能强于前提中较弱的模态。例如，如果前提中有一个可能判断，结论则只能是可能判断。

第二，如果两个前提都是必然判断，则结论可以是必然判断。

这里，只介绍几种基本的模态三段论：

1. 必然模态三段论

这是由两个必然模态判断为前提组成的三段论，其结论是必然模态判断。以 AAA 式为例，其推理形式是：

所有的 M 必然是 P，

所有的 S 必然是 M，

所以，所有的 S 必然是 P。

例① 所有运动的物体都必然有特定的运行轨迹，

那个在海面漂流的东西必然是运动的物体，

所以，那个在海面漂流的东西必然有特定的运动轨迹。

2. 必然和可能结合的模态三段论

这是由一个必然模态判断和一个可能模态判断为前提组成的三段论，其结论是可能模态判断。其推理形式是：

$$M \text{ 必然是 } P,$$
$$\underline{S \text{ 可能是 } M,}$$
$$\text{所以，} S \text{ 可能是 } P。$$

例① 凡满十八周岁的人都是成人，

　　　张铭可能已年满十八岁，

　　　　所以，张铭可能是成人。

3. 必然和实然结合的模态三段论

这是由一个必然模态判断和一个实然判断为前提组成的三段论，其推理形式有两种：

一是：

$$\text{所有 } M \text{ 必然是 } P,$$
$$\underline{\text{所有 } S \text{ 是 } M,}$$
$$\text{所以，所有 } S \text{ 必然是 } P。$$

例① 所有违法行为必然受到法律的制裁，

　　　醉酒驾车是违法行为，

　　　　所以，醉酒驾车必然受到法律的制裁。

二是：

$$\text{所有 } M \text{ 是 } P,$$
$$\underline{\text{所有 } S \text{ 必然是 } M,}$$
$$\text{所以，所有 } S \text{ 必然是 } P。$$

例② 凡取得成绩都是付出艰辛的努力，

　　　李兴必然是取得了成绩，

　　　　所以，李兴付出了艰辛的努力。

这里需要注意的是：例①中大前提是必然模态判断，小前提是性质判断，结论则是必然模态判断；例②中大前提是性质判断，小前提是必然模态判断，结论则是性质判断。

4. 可能和实然结合的模态三段论

这是由一个可能模态判断和一个实然判断所构成的三段论，其结论是可能模态判断。其推理形式为：

所有的 M 可能是 P，

所有的 S 是 M，

所以，所有的 S 可能是 P。

例① 凡到过现场的人都可能是犯罪嫌疑人，

某某是到过现场的人，

所以，某某可能是犯罪嫌疑人。

复习思考题

1. 什么是判断？判断的逻辑特征是什么？判断有哪些种类？

2. 什么是性质判断？性质判断有哪些种类？什么是性质判断间的对当关系？

3. 什么是关系判断？关系判断有哪些种类？

4. 什么是性质判断直接推理？它包括哪几种？

5. 什么是关系推理？关系推理的主要类型有哪些？

6. 什么是三段论？什么是三段论的公理？三段论的规则有哪些？

7. 什么是省略三段论？如何将省略三段论补充完整并检验其是否正确？

练习题

一、指出下列语句是否表达判断，并说明为什么？

1. 21 世纪是海洋的世纪。

2. 请出示驾驶证。

3. 谁还没有提交报告？

4. 这些古物不是 2005 年出土的。

二、指出下列性质判断的类型及主谓项的周延情况。

1. 占总数 5%的职工已经服务了 10 年。

2. 有些图书不是孤本。

3. 他没有取得律师资格证。

4. 事物不是静止不动的。

5. 99%的学生已经顺利就业了。

6.《狂人日记》是鲁迅的著作。

三、已知下列判断为真，请写出与其主谓项相同的其他三种判断，并根据对当关系指出其真假情况。

1. 盗版软件是非法的。

2. 有些产业是朝阳产业。

3. 所有的图书都不是法文的。

4. 有些作者还没有签署合约。

四、指出下列判断的关系及其逻辑性质。

1. 我们都喜欢那位著名的科学家。

2. 经过 90 分钟的角逐，双方最终以 2∶2 握手言和。

3. 我和小李好得像一个人，小李和小张好得像一个人。

4. 长江在黄河的南面。

五、对下列判断进行换质推理，并写出推理的结构式。

1. 所有的计算机都安装了杀毒软件。

2. 有些地区还没有出现险情。

3. 没有一张表格是填写完全正确的。

4. 有些应聘者通过了面试。

六、下列判断能否进行换位推理，若能进行换位，写出推理的结构式；若不能，请说明理由。

1. 有些音乐作品不是经典音乐。

2. 所有的公式都经过了验证。

3. 有些模特是受过严格专业训练的。

4. 所有新版图书还没有登记分类。

七、对下列判断进行换质位推理，并写出推理的结构式；若不能，请说明理由。

1. 有些形式正确的推理是无效的推理。

2. 有些表情不是可言传的。

3. 所有的单据都是经过核对的。

4. 所有的试卷还没有解密。

八、指出下列三段论的大项、中项、小项、大前提、小前提和结论，并说明是第几格。

1. 所有的设备都要进行检验，所有的设备都是精密仪器，所以，有些精密仪器是要进行检验的。

2. 所有体育活动都有利于健康，攀岩是体育活动，所以，攀岩有利于健康。

3. 手机是通信工具，掌中宝不是通信工具，所以，掌中宝不是手机。

4. 有些负整数是可以被 2 整除的，可以被 2 整除的数都是偶数，所以，有些偶数是负整数。

九、分析下列三段论是否正确，如不正确，请说明理由。

1. 所有的书稿都要经过编辑，这件作品不是书稿，所以，这件作品不需必经过编辑。

2. 所有的有效推理的推理都是形式正确的推理，这个推理是形式正确的推理，所以，这是一个有效推理。

3. 占学生总数 9%的优秀学生干部都已经报到了，他是优秀学生干部，所以，他也报到了。

4. 有些植物是茉莉花，有些植物是海藻，所以，有些海藻是茉莉花。

十、补足下列省略三段论，并分析其是否正确。

1. 我不用学外语，我又不是翻译。

2. 所有的党员都要做好表率，你要做好表率。

3. 良好的习惯有利于提高效率，有计划是良好的习惯。

4. 违背规律是要受到惩罚的，所以，破坏生态平衡是要受到惩罚的。

十一、简单判断推理综合练习选择题。

1. 朝阳小区的有些居民做了病毒检测。

如果上述断定为真，则以下哪项必然为假？

A. 朝阳小区的所有居民都做了病毒检测。

B. 朝阳小区所有居民都没做病毒检测。

C. 朝阳小区有些居民没做病毒检测。

D. 龙兴小区里有居民做了病毒检测。

2. 在最近英语六级考试中，一班所有同学没有通过。

如果上述断定为假，则以下哪项不可能为假？

A. 一班所有同学通过了英语六级考试。

B. 一班有些同学没通过英语六级考试。

C. 一班有些同学通过了英语六级考试。

D. 一班的李明通过了英语六级考试。

3. 桌子上有四个杯子，每个杯子上写着一句话。第一个杯子："没有的杯子中没有水果糖"；第二个杯子："本杯中有苹果"；第三个杯子："本杯中没有巧克力"；第四个杯子："有些杯子中没有水果糖"。

如果杯子上只有一句是真话，那么以下哪项一定为真？

A. 所有的杯子中都有水果糖。

B. 所有的杯子中都没有水果糖。

C. 第二个杯子中有苹果。

D. 第三个杯子中有巧克力。

4. 甲、乙、丙和丁是同班同学。甲说："我班同学都是志愿者。"乙说："丁不是志愿者。"丙说："我班有人不是志愿者。"丁说："乙也不是志愿者。"

已知上面四人只有一个人说了假话，则以下哪项断定是真的？

A. 说假话的是甲，乙不是志愿者。

B. 说假话的是乙，丙不是志愿者。

C. 说假话的是丙，丁不是志愿者。

D. 说假话的是丁，乙是志愿者。

5. 某珠宝店失窃，甲、乙、丙、丁四人涉嫌被拘留。四人口供如下：

甲：案犯是丙。

乙：丁是罪犯。

丙：如果我作案，那么丁是主犯。

丁：作案的不是我。

经查，四人口供中只有一个是假的。

根据以上陈述，可推断以下哪项是真的？

A. 说假话的是甲，作案的是乙。

B. 说假话的是丁，作案的是丙和丁。

C. 说假话的是乙，作案的是丙。

D. 说假话的是丙，作案的是甲。

6. 没有人爱每一个人；牛郎爱织女；织女爱每一个爱牛郎的人。

如果以上陈述都是真的，则下列哪项不可能为真？

Ⅰ. 每一个人都爱牛郎。

Ⅱ. 每一个人都爱一些人。

Ⅲ. 织女不爱牛郎。

A. 仅Ⅰ。

B. 仅Ⅲ。

C. 仅Ⅰ、Ⅱ。

D. Ⅰ、Ⅱ和Ⅲ。

7. 在某次税务检查后，四个工商管理人员有如下结论：

甲：所有个体户都没纳税。

乙：服装个体户陈老板没纳税。

丙：个体户不都没纳税。

丁：有的个体户没纳税。

如果四人中只有一人断定属实，则以下哪项是真的？

A. 甲的断定属实，陈老板没纳税。

B. 丙的断定属实，但陈老板没纳税。

C. 丙的断定属实，陈老板纳税了。

D. 丁的断定属实，陈老板没纳税。

8. 关于某公司会使用电脑网络人员的情况有如下断定：

（1）该公司没有人不会使用电脑网络。

（2）该公司的赵云会使用电脑网络。

（3）该公司有的人会使用电脑网络。

（4）该公司有的人不会使用电脑网络。

经调查核实，上述断定中有两个是正确的。以下哪个结论可以据此必然推出？

A. 该公司的赵云会使用电脑网络。

B. 该公司所有人都会使用电脑网络。

C. 该公司所有人不会使用电脑网络。

D. 该公司有些人不会使用电脑网络。

9. 某学校在为失学儿童义捐活动中，收到两笔未署真名的捐款，经多方查找，可以断定是周、吴、郑、王中的某两位捐的。经询问，周说"不是我捐的"；吴说"是王捐的"；郑说"是吴捐的"；王说"我肯定没捐"。经过详细调查证实四个人中有两个人说的是真话。

根据上述情况，请判断下列哪项可能为真？

A. 是吴和王捐的。

B. 是周和郑捐的。

C. 是郑和王捐的。

D. 是郑和吴捐的。

10. 甲和乙任何一人都比丙、丁高。

如果上述断定为真，再加上以下哪项，则可得出"戊比丁高"的结论？

A. 戊比甲矮。

B. 乙比甲高。

C. 乙比甲矮。

D. 戊比乙高。

11. 有四个外表看起来没有分别的小球，它们的重量可能有所不同。取一个天平，将甲、乙归为一组，丙、丁归为另一组，分别放在天平两边，天平是基本平衡的。将乙、丁对调一下，甲、丁一边明显要比乙、丙一边重得多。可奇怪的是，我们在天平一边放上甲、丙，而另一边刚放上乙，还没有来得及放上丁时，天平就压向了乙一边。

根据以上陈述，这四个小球由重到轻的排列顺序是怎样的？

A. 丁、乙、丙、甲。

B. 丁、乙、甲、丙。

C. 乙、丙、丁、甲。

D. 乙、甲、丁、丙。

12. 与逻辑导论比起来，陈磊更喜欢外国文学；事实上他在所有的大学课程中，最喜欢经济学；而和逻辑导论比起来，他更不喜欢体育。

除了以下哪项外，其余各项都能从上述信息推出？

A. 比起逻辑导论，陈磊更喜欢历史。

B. 比起体育，陈磊更喜欢外国文学。

C. 比起数学分析，陈磊更喜欢经济学。

D. 比起外国文学，陈磊更喜欢经济学。

13. 老张、老王、老李、老赵四人的职业分别是司机、教授、医生、工人。老张比教授个子高，老李比老王个子矮，工人比司机个子高，医生比教授个子矮。工人不是老赵就是老李。

根据以上条件，可推知的结果是：

A. 四个人的职业都可以确定。

B. 四个人的职业都不能确定。

C. 四个人的职业只能确定三个。

D. 四个人的职业只能确定两个。

14. 所有的聪明人都是近视眼，看来我很聪明，因为我近视得很厉害。

以下哪项与上述推理的逻辑结构一致？

A. 我是个笨人，因为所有的聪明人都是近视眼，而我的视力那么好。

B. 所有的猪都有四条腿，但这种动物有八条腿，所以它不是猪。

C. 所有的鸡都是尖嘴，这种总在树上待着的鸟是尖嘴，因此它是鸡。

D. 所有的天才都高度近视，我一定是高度近视，因为我是天才。

15. 某些理发师留胡子。因此，某些留胡子的人穿白衣服。

下述哪项如果为真，足以佐证上述论断的正确性？

A. 某些理发师不喜欢穿白衣服。

B. 某些穿白衣服的理发师不留胡子。

C. 所有穿白衣服的人都是理发师。

D. 所有理发师都穿白衣服。

16. 在中国北部有这样两个村落，赵村所有的人都是白天祭祀祖先，李庄所有的人都是晚上才祭祀祖先，我们确信没有既在白天也在晚上祭祀祖先的人。我们也知道李明是晚上祭祀祖先的人。

依据以上信息，能断定以下哪项是对李明身份的正确判断？

A. 李明是赵村的人。

B. 李明不是赵村的人。

C. 李明是李庄的人。

D. 李明不是李庄的人。

17. 所有物质实体都是可以再分的，而任何可以再分的东西都是不完美的。因此，灵魂并非物质实体。

以下哪项是使上文结论成立必须假设的？

A. 所有可以再分的东西都是物质实体。

B. 没有任何不完美的东西不可再分。

C. 灵魂是完美的。

D. 灵魂不是完美的。

18. 一位外地游客问当地气象部门的负责人："很多人都说最近几天要刮台风，是真的吗？"气象部门负责人说："根据我们的观察，最近不必然刮台风。"游客说："那是不是最近肯定不会刮台风了？"该负责人说游客说得不对。

以下哪句话与气象部门负责人的意思最为接近？

A. 最近可能不刮台风。

B. 最近必然不刮台风。

C. 最近可能刮台风。

D. 最近不可能刮台风。

19. 美国前总统林肯说过："最高明的骗子，可能在某个时刻欺骗所有的人，也可能在所有时刻欺骗某些人，但不可能在所有时刻欺骗所有的人。"

如果林肯的上述断定是真的，那么以下断定也都是真的，除了：

A. 林肯可能在某个时刻受骗。

B. 林肯可能在任何时候都不受骗。

C. 不存在某一时刻有人可能不受骗。

D. 不存在某个时刻所有的人必然不受骗。

20. 并非任何战争都必然导致自然灾害，但不可能有不阻碍战争的自然灾害。

以下哪项如果为真与上述断定的含义最为接近？

A. 有的战争可能不导致自然灾害，但任何自然灾害都可能阻碍战争。

B. 有的战争可能不导致自然灾害，但任何自然灾害都必然阻碍战争。

C. 有的战争可能不导致自然灾害，但有的自然灾害必然会阻碍战争。

D. 任何战争都不会导致自然灾害，但任何自然灾害都必然阻碍战争。

第四章 判断与演绎推理（二）

在上一章中，我们介绍了简单判断及其推理。本章讲解复合判断和基于复合判断的演绎推理。所谓复合判断是指，由逻辑联结词联结若干个判断所组成的判断。例如：

例① 李先生是教师，并且是科学家。

例② 或者发电子邮件，或者打电话。

例③ 如果气温降到零度以下，那么水会结冰。

以上三例都属于复合判断。复合判断通常由支判断和逻辑联结词组成。

支判断是包含在复合判断中的判断，如例①中的"李先生是教师"和"李先生是科学家"就是该复合判断的两个支判断。在复合判断形式中，支判断一般用小写字母 p，q，r，s；或由它们加下标 p_1，q_1，r_1，s_1 等变项符号来表示。复合判断中的支判断，既可以是简单判断，也可以是复合判断。

逻辑联结词，简称"联结词"，是联结支判断并表明支判断间逻辑关系的概念。如上述例子中的"并且""或者""如果……那么……"等都是逻辑联结词。联结词代表着复合判断的逻辑性质，它也是区分复合判断不同类型的逻辑依据。在现代逻辑中，联结词用特定的符号表示，如"并且"可表示为"∧"、"或者"可表示为"∨"、"如果……那么……"可表示为"→"等。在普通逻辑中，为使所表达的公式简明，也借用了现代逻辑联接词的表示方法。

根据复合判断所使用的联结词的不同，复合判断可分为联言判断、选言判断、假言判断、负判断等基本形式。由这些基本的复合判断作为组成部分，再通过联结词的联结，可组成形式更为复杂的多重复合判断。

复合判断的真值，即复合判断的真假，取决于其中支判断的真假及其真假组合。换句话说，支判断的真假和真假组合情况决定着复合判断的真假。为了直观表明支判断真值对复合判断真值的这种制约关系，我们将借用现代逻辑中的真值表方法。

从各种复合判断的逻辑性质出发，可做出各种有效的演绎推理，主要包括联言推理、选言推理、假言推理、负判断推理和多重复合判断推理等形式。

第一节　联言判断及其推理

一、联言判断及其结构

（一）什么是联言判断

联言判断是断定几种事物情况同时存在的复合判断。

例① 鲁迅是伟大的文学家，并且是伟大的思想家。

例② 伦理学是社会科学，而生物学属于自然科学。

以上例①既断定了"鲁迅是伟大的文学家"，同时又断定了"鲁迅是伟大的思想家"；例②既断定了"伦理学是社会科学"，同时又断定了"生物学属于自然科学"。这两个判断都属于联言判断。

联言判断定义中的"几种事物情况"，既可指同一断定对象的几种情况，如例①；也可指不同断定对象的几种情况，如例②。

（二）联言判断的结构

联言判断由联言支和联言联结词组成。

联言支即联言判断中包含的支判断。一个联言判断至少要由两个或两个以上的联言支所组成。本节主要讨论由两个联言支构成的联言判断及其推理。

联言联结词是表示联言支所断定的事物情况之间具有同时并存关系的逻辑标志，它通常用"并且"来表示。日常语言中的"既……又……""不仅……而且……""虽然……但是……""……而且……"等关联词，也具有"并且"的逻辑含义，都可以用来表示联言判断。

联言判断的逻辑结构式为：

$$p \text{ 并且 } q$$

在现代逻辑中，联结词"并且"用符号"$\wedge$"表示，"$\wedge$"表明支命题间的"合取"关系，称作合取联结词。所以，联言判断的结构式又可写为：

$$p \wedge q$$

联言判断可以从多方面、多角度说明事物的情况，因此，它在日常思维中有着广泛的应用。使用联言判断时应注意以下省略表达的情况：

例① 谦虚使人进步，骄傲使人落后。

例② 小王是军人，而且是班长。

例③　李白和杜甫都是诗人。

上述例①中省略了联结词"并且"；例②的两个联言支具有相同的主项"小王"，因此，第二个联言支省略了主项；例③中的联言支具有相同的谓项，可将不同的主项并列而说明他们都具有谓项"诗人"的属性，其完整形式为："李白是诗人，并且杜甫是诗人"。可见，日常语言中有诸多联言判断的表达形式。

二、联言判断的真值

联言判断是断定几种事物情况同时存在的判断，因此，如果并且只有每一个联言支断定的事物情况都存在时，联言判断才是真的。也就是说，当且仅当联言判断的所有联言支均取值为真时，则联言判断为真。反之，当有一个联言支为假，或者所有联言支为假时，联言判断就是假的。

例如："昨天下雨并且刮风"这个联言判断，在两个联言支所断定的昨天"下雨"和"刮风"的情况确实存在，即断定均为真时，该联言判断才取值为真；而在其他情况下，如"下雨但没刮风""没下雨但刮风"和"没下雨且没刮风"等情况下，该联言判断都是假的。

联言判断的真假情况，可用现代逻辑使用的真值表表示如下：

p	q	$p \wedge q$
真	真	真
真	假	假
假	真	假
假	假	假

表中左边两列，列出了联言支 p 和 q 的全部四种真假组合情况。右边一列为，由每一种 p 和 q 的不同真假组合所确定的联言判断"p 并且 q"的真假取值。据真值表可知：当且仅当"p 真、q 真"时，联言判断"p 并且 q"为真；在其他三种 p 和 q 的真假组合下，联言判断"p 并且 q"均取值为假。

三、联言推理

（一）联言推理的定义和规则

联言推理是以联言判断做前提或结论的推理。

根据前述联言判断的逻辑性质和真值，联言推理有以下规则：

（1）由肯定每一个联言支，可推出肯定联言判断。

（2）由肯定联言判断，可推出肯定其中的任一联言支。

（3）由否定一个联言支，可推出否定包含该联言支的任意联言判断。

（二）联言推理的有效式

1. 组合式

联言推理的组合式是根据联言推理规则（1），即由前提肯定每一个联言支，推出结论肯定联言判断的联言推理。

例① 中国是人口最多的国家；

中国是发展中国家；

所以，中国是人口最多的国家并且是发展中国家。

组合式的一般逻辑形式为：

p；

q；

所以，p 并且 q。

该形式可用符号公式表示为：

p；q→（p∧q）　　（其中，"→"表示"推出"）

2. 分解式

联言推理的分解式是根据联言推理规则（2），即由前提肯定联言判断，推出结论肯定其中任一联言支的联言推理。

例① 计算机不仅要有硬件组合，而且要有软件支持；

所以，计算机要有软件支持。

组合式的一般逻辑形式为：

p 并且 q；

所以，p（或：所以，q）。

该形式可用符号公式表示为：

（p∧q）→p　　　或者：　　（p∧q）→q

3. 否定否定式

联言推理的否定否定式是根据联言推理规则（3），即由前提否定一个联言支，结论可推出否定包含该联言支的任意联言判断。

例① 并非小王是运动员，

所以，并非小王和小李都是运动员。

由联言判断的真值表可知，当联言支"小王是运动员"（p）为假时，无论另一联言支"小李是运动员"（q）是真是假，联言判断"小王和小李都是运动员"（p∧q）必然为假。联言推理的否定否定式就是据此得到的有效推理。

否定否定式的一般逻辑形式为：

并非 p,

──────────────

所以，并非（p 并且 q）。

该形式可用符号公式表示为：

¬p→¬（p∧q） 或者： ¬q→¬（p∧q）

其中，符号"¬"是逻辑否定符号，读作"并非"，它对紧随其后的命题变项或命题形式构成否定。

第二节 选言判断及其推理

一、选言判断及其种类

（一）什么是选言判断

选言判断是断定事物若干可能情况中至少有一种情况存在，或者只有一种情况存在的复合判断。

例① 一部作品优秀，或者是思想内容深刻，或者是艺术形式精湛。

例② 所谓飞碟，要么是地球人施放的飞行器，要么是外星人的飞船，要么是自然的大气现象。

以上例①断定了"一部作品优秀"可能的两种情况"或者是思想内容深刻""或者是艺术形式精湛"中，至少有一种情况存在。例②则断定了"飞碟"现象的三种可能的解释"地球人施放的飞行器""外星人的飞船"和"自然的大气现象"中，有并且只有一种情况存在。上述两判断都是选言判断。

选言判断由选言支和选言联结词组成。选言支是选言判断中包含的支判断，一个选言判断至少要由两个或两个以上的选言支组成。选言联结词是表示对选言支反映的若干种事物情况选择性断定的逻辑标志，通常用"或者""要么"来表示。

（二）选言判断的种类

根据选言判断使用的联结词的不同，或者根据选言支断定的事物情况是否可以同时存在,选言判断可分为相容选言判断和不相容选言判断两种类型。

在选言判断中，选言联结词是逻辑常项，不同的选言联结词可作为区分相容选言判断和不相容选言判断的逻辑标志。通常，联结词"或者"一般用于表示相容选言判断，如前述的例①；联结词"要么"一般用于表示不相容选言判断，如前述的例②。

由于日常语言在表达选言判断时，有时也用联结词"或者"表达不相容选言判断，如前述的例②可表述为："所谓飞碟，或者是地球人施放的飞行器，或者是外星人的飞船，或者是自然的大气现象"。因此，我们还可以根据选言支断定的事物情况是否可以同时存在，来区分相容选言判断和不相容选言判断。

二、相容选言判断及其推理

（一）相容选言判断及其结构

相容选言判断是断定事物若干可能情况中至少有一种情况存在，并且可以同时存在的选言判断。所谓"相容"主要指选言支断定的事物情况可以同时并存，或者说选言支可以同时为真。

例① 液体沸腾的原因或者因为温度升高，或者因为压力减小。

例② 降低成本的方法或者是节省开支，或者是提高效率。

以上例①断定"液体沸腾"的可能的原因中，"温度升高"和"压力减小"二者至少有一种情况存在，并且可以同时存在；例②断定了"降低成本"的可能方法有"节省开支"和"提高效率"，二者至少有一种情况存在，并且可以同时并存。它们都属于相容选言判断。

相容选言判断由相容选言联结词"或者"联结两个以上的选言支组成。日常语言中的"……或……""可能……可能……""也许……也许……"等关联词，也具有"或者"的逻辑含义，都可以用作表示相容选言判断。

相容选言判断的逻辑结构式为：

$$或者 p 或者 q$$

其中，联结词"或者"可用符号"$\vee$"（读作"相容析取"）表示。所以，相容选言判断的结构式又可写作：

$$p \vee q$$

（二）相容选言判断的真值

相容选言判断断定事物若干可能情况中，至少有一种情况存在，并且可以同时存在。因此，当选言支中至少有一个取值为真（含选言支同时为真）时，相容选言判断就是真的；反之，当所有选言支都取值为假时，相容选言判断就是假的。

例如："小赵是大学生，或者是运动员"这个相容选言判断，在两个选言支断定的李某"是大学生"和"是运动员"中至少有一种情况存在，或者说至少有一个选言支为真时，包括"是大学生，而不是运动员""不是大学生，而是运动员"和"既是大学生，又是运动员"等情况，该相容选言判断都是真的；而在两个选言支均取值为假，即在小赵"既不是大学生，也不是运动员"的情况下，该相容选言判断为假。

相容选言判断的真假情况，可用真值表表示如下：

p	q	p∨q
真	真	真
真	假	真
假	真	真
假	假	假

由表中可知：选言支 p 和 q 有一个为真或者同时为真，相容选言判断"p或者 q"为真；选言支 p 和 q 均为假，相容选言判断"p 或者 q"取值为假。

（三）相容选言推理

1. 相容选言推理的定义和规则

相容选言推理是以相容选言判断为前提，并依据相容选言判断的逻辑性质进行的推理。

根据前述相容选言判断的逻辑性质，相容选言推理有以下规则：

（1）由否定一个选言支，可推出肯定另一个选言支。

（2）由肯定一个选言支，可推出肯定包含该选言支的任意选言判断。

（3）由肯定一个选言支，不能推出否定另一个选言支。

2. 相容选言推理的有效式

（1）否定肯定式

相容选言推理的否定肯定式是根据相容选言推理的规则（1），即由前提否定一个选言支，推出结论肯定另一个选言支的选言推理。

例① 日光灯不亮，或因线路故障，或因日光灯损坏；

经查，不是线路故障；

所以，是因为日光灯损坏。

否定肯定式的一般逻辑形式为：

p 或者 q;　　　　　　　　　　　　p 或者 q;

并非 p;　　　　或：　　　　并非 q;

所以，q。　　　　　　　　　　所以，p。

该形式可用符号公式表示为：

$(p \lor q) \land \neg p \to q$　　　或：　　　$(p \lor q) \land \neg q \to p$

其中，推理的两个前提"（p∨q）"和"¬p"，在逻辑上为合取关系，因此用符号"∧"来联结（以下复合判断推理公式同）。

（2）肯定肯定式

相容选言推理的肯定肯定式是根据相容选言推理的规则（2），即由前提肯定一个选言支，推出结论肯定包含该选言支的任意选言判断。

例① 小赵是大学生，
————————————————————————
　　　所以，小赵是大学生，或者是运动员。

在该推理中，前提断定"小赵是大学生"为真，结论就断定相容选言判断"小赵是大学生，或者是运动员"为真。这是根据相容选言判断至少有一个选言支为真，选言判断为真的性质，当已知一个判断为真时，通过析取附加其他判断（无论附加判断的真假）所构成的选言判断都为真。所以，由前提肯定一个选言支（p）为真，结论就可以肯定包含该选言支的任意选言判断（p 或者 q 或者……）为真。

肯定肯定式的一般逻辑形式为：

$$\frac{p;}{\text{所以，p 或者 q。}}$$

用符号公式可表示为：

$$p \rightarrow p \vee q$$

根据相容选言推理规则（3）：由肯定一个选言支，不能推出否定另一个选言支，相容选言推理的肯定否定式为无效式。

例① 日光灯不亮，或因线路故障，或因日光灯损坏；
　　　经查，是线路故障；
————————————————————————
　　　所以，不是因为日光灯损坏。

上述例①所做的推理在前提为真的情况下，结论不必然为真，即有可能为假。所以，其推理形式无效。据此可知：凡具有"（p∨q）∧p→¬q"形式的相容选言推理属形式无效的相容选言推理。

三、不相容选言判断及其推理

（一）不相容选言判断及其结构

不相容选言判断是断定事物若干可能情况中，有并且只有一种情况存在的选言判断。所谓"不相容"主要指选言支断定的事物情况不可以同时并存，或者说选言支不可以同时为真。

例① 在困难面前，要么战胜困难，要么被困难所吓倒。

例② 这首古诗，要么是唐代的，要么是宋代的，二者必居其一。

以上两个判断都属于不相容选言判断。其选言支"战胜困难"和"被困难所吓倒"、"是唐代的"和"是宋代的"中，有一个并且只能有一个是真实的。也就是说，选言支断定的事物若干可能情况中，必须有一种存在，但不能同时存在。

不相容选言判断由不相容选言联结词"要么"联结两个以上的选言支组成。日常语言中的"不是……就是……""或者……或者……二者必居其一""……或……二者不可兼得"等关联词，都具有"要么"的逻辑含义，常用来表达不相容选言判断。

不相容选言判断的逻辑结构式为：

$$要么 p 要么 q$$

其中，联结词"要么"可用符号"$\veebar$"（读作"不相容析取"）表示。所以，不相容选言判断的结构式又可写为：

$$p \veebar q$$

（二）不相容选言判断的真值

不相容选言判断断定事物若干可能情况中，有并且只有一种情况存在。因此，当选言支中有并且只有一个选言支取值为真时，不相容选言判断就是真的；否则，当选言支同时取值为真或同时取值为假时，不相容选言判断就是假的。

例如："某外国专家说的，要么是德语，要么是法语"这个不相容选言判断，当两个选言支所断定的"是德语"和"是法语"中，有且只有一个选言支为真时，即在"是德语，但不是法语"或"是法语，但不是德语"的情况下，该选言判断为真；而在两个选言支同时取值为真或同时取值为假时，即在"是德语，又是法语"或"不是德语，也不是法语"的情况下，该选言判断为假。

不相容选言判断的真假情况，可用真值表表示如下：

p	q	$p \veebar q$
真	真	假
真	假	真
假	真	真
假	假	假

据表可知：在选言支 p 和 q 有且只有一个为真时，不相容选言判断"p 要么 q"为真；当选言支 p 和 q 均为真或均为假时，不相容选言判断"p 要么

q"为假。

（三）不相容选言推理

1. 不相容选言推理的定义和规则

不相容选言推理是以不相容选言判断为前提，并根据不相容选言判断的逻辑性质进行的推理。

根据不相容选言判断的逻辑性质，不相容选言推理有以下规则：

（1）由肯定一个选言支，可推出否定另一个选言支。

（2）由否定一个选言支，可推出肯定另一个选言支。

2. 不相容选言推理的有效式

（1）肯定否定式

不相容选言推理的肯定否定式是根据上述规则（1），即由前提肯定一个选言支，推出结论否定另一个选言支的选言推理。

例① 桌子上的球，要么是足球，要么是排球；

　　　它是足球；
　　　────────────────
　　　所以，它不是排球。

肯定否定式的一般逻辑形式为：

$$p \text{ 要么 } q;$$
$$p; \qquad\qquad\quad \text{或：} \qquad q;$$
$$\text{所以，非 } q \text{。} \qquad\qquad \text{所以，非 } p \text{。}$$

该形式可用符号公式表示为：

$$(p \underline{\vee} q) \wedge p \rightarrow \neg q \qquad \text{或：} \quad (p \underline{\vee} q) \wedge q \rightarrow \neg p$$

（2）否定肯定式

不相容选言推理的肯定否定式是根据规则（2），即由前提否定一个选言支，推出结论肯定另一个选言支的选言推理。

例① 桌子上的球，要么是足球，要么是排球；

　　　它不是足球；
　　　────────────────
　　　所以，它是排球。

肯定否定式的一般逻辑形式为：

$$p \text{ 要么 } q;$$
$$\text{非 } p; \qquad\qquad \text{或：} \qquad \text{非 } q;$$
$$\text{所以，} q \text{。} \qquad\qquad\quad \text{所以，} p \text{。}$$

该形式可用符号公式表示为：

$$(p \underline{\vee} q) \wedge \neg p \rightarrow q \qquad \text{或：} \quad (p \underline{\vee} q) \wedge \neg q \rightarrow p$$

第三节　假言判断及其推理

一、假言判断及其种类

（一）什么是假言判断

假言判断是断定一种事物情况存在与否是另一种事物情况存在与否的条件的复合判断。例如：

例① 如果气温降到摄氏零度以下，那么水就会结冰。

例② 只有年满 18 岁的公民，才具有选举权。

例③ 当且仅当一个三角形是等边三角形，则它是等角三角形。

以上三个例子分别断定了事物情况"气温降到摄氏零度以下""年满 18 岁的公民"和"一个三角形是等边三角形"的存在（或不存在），是事物情况"水就会结冰""具有选举权"和"等角三角形"存在（或不存在）的条件，它们都属于假言判断。

假言判断由假言支和假言联结词组成。假言支即假言判断中包含的支判断，一个假言判断通常由两个假言支组成，其中作为条件的判断，称为前件，用符号"p"表示；作为结果的判断，称为后件，用符号"q"表示。假言联结词是联结前件和后件，并表明假言判断所断定的两种事物情况之间条件关系的逻辑标志，逻辑学把"如果……那么……""只有……才……"和"当且仅当……则……"作为三种典型的假言联结词。

（二）假言判断的种类

按照假言判断使用的联结词的不同，假言判断可分为充分条件假言判断、必要条件假言判断和充分必要条件假言判断。

在假言判断形式中，假言联结词是逻辑常项，也是区分不同类型假言判断的逻辑依据。其中，"如果……那么……"一般用来表示充分条件假言判断，"只有……才……"一般用来表示必要条件假言判断，"当且仅当……则……"一般用来表示充分必要条件假言判断。

二、充分条件假言判断及其推理

（一）充分条件假言判断及其结构

充分条件假言判断是断定前件存在则后件一定存在的假言判断。

例① 如果患了阑尾炎，那么就会肚子疼。

例② 如果物体摩擦，那么物体就会生热。

以上例①和例②就是两个充分条件假言判断。其中，例①断定了"患了阑尾炎"是"肚子疼"的充分条件；例②断定了"物体摩擦"是"物体生热"的充分条件。如果我们在例①、例②中，把"如果"引导的前件代之以变项符号"p"，把"那么"引导的后件代之以变项符号"q"，则充分条件假言判断的前后件之间的关系可分析为：

有 p，必有 q；无 p，q 不定；有 q，p 不定；无 q，必无 p。

前件"p"与后件"q"的这种逻辑关系，也就是逻辑学中所谓"充分条件"的含义。其中"有 p 必有 q"，也就是说前件存在，后件一定存在，是逻辑"充分条件"的基本含义。

在日常语言中，"只要……就……""若……则……""假如……就……""……则……"等关联词构成的句型，通常也表示充分条件假言判断。我们选用"如果……那么……"作为充分条件假言判断的典型联结词。

充分条件假言判断的逻辑结构式为：

如果 p，那么 q

其中，联结词"如果……那么……"可用符号"→"（读作"蕴涵"）表示。所以，充分条件假言判断的结构式又可写作：

$$p \to q$$

（二）充分条件假言判断的真值

根据充分条件假言判断的逻辑性质及其前后件之间的逻辑关系，可知，一个充分条件假言判断当且仅当其前件为真并且后件为假时，则它是假的。因为其前后件之间的关系不符合"充分条件"，即"前件存在的情况下后件一定存在"的逻辑性质。反之，在前件与后件的其他真假组合下，包括前件真且后件真、前件假且后件真、前件假且后件假等情况，充分条件假言判断都是真的。

例如："如果患了阑尾炎，那么就会肚子疼"这一充分条件假言判断，当其前件为真而后件为假时，即在"患了阑尾炎并且肚子不疼"的情况下，该判断取值为假。而在其前后件为其他真假组合时，包括"患了阑尾炎并且肚子疼""没患阑尾炎并且肚子疼"和"没患阑尾炎并且肚子不疼"等情况下，该判断都是真的。

充分条件假言判断的真假情况，可用真值表表示如下：

p	q	p→q
真	真	真
真	假	假
假	真	真
假	假	真

据表中显示，当前后件取值为 p 真、q 假时，充分条件假言判断"如果 p 那么 q"为假；在前后件为其他真假组合下，充分条件假言判断"如果 p 那么 q"均取值为真。

另外，在"如果 p，那么 q"取值为真时，正好对应前件 p 为假或者后件 q 为真的三种情况。也就是说，断定一个充分条件假言判断为真，就等于断定其前件为假或者后件为真。这种关系可用等值式表示为：

"如果 p，那么 q"等值于"非 p 或者 q"

用符号公式可表示为：

$$(p{\rightarrow}q){\leftrightarrow}({\neg}p{\lor}q)$$

其中，符号"↔"读作"等值于"，它表示该符号两边的公式逻辑值相等，即它们的真假取值相同。在逻辑上具有等值关系的两个判断，可以相互推出，并可以相互代换。

（三）充分条件假言推理

1. 充分条件假言推理定义和规则

充分条件假言推理是以充分条件假言判断为前提，并依据充分条件假言判断的逻辑性质进行的推理。

根据前述充分条件假言判断的前后件之间的关系，充分条件假言推理有以下规则：

（1）由肯定前件，可以推出肯定后件。

（2）由否定后件，可以推出否定前件。

（3）由否定前件，不能推出否定后件。

（4）由肯定后件，不能推出肯定前件。

2. 充分条件假言推理的有效式

（1）肯定前件式

充分条件假言推理的肯定前件式是根据上述规则（1），即由前提肯定假言判断的前件，推出结论肯定假言判断的后件的假言推理。

例如：如果一个数可以被 8 整除，那么它就可以被 2 整除。

16 可以被 8 整除，

所以，16 可以被 2 整除。

肯定前件式的逻辑形式为：

如果 p，那么 q；

p；

所以，q。

该形式可用符号公式表示为：

$$(p \rightarrow q) \wedge p \rightarrow q$$

（2）否定后件式

充分条件假言推理的否定后件式是根据上述规则（2），即由前提否定假言判断的后件，推出结论否定假言判断的前件的假言推理。

例如：如果电视画面清晰，那么闭路电视信号传输正常；

闭路电视信号传输出现故障；

所以，电视画面不清晰。

否定后件式的逻辑形式为：

如果 p，那么 q；

非 q；

所以，非 p。

该形式可用符号公式表示为：

$$(p \rightarrow q) \wedge \neg q \rightarrow \neg p$$

根据充分条件假言推理规则（3）（4），充分条件假言推理的否定前件式和肯定后件式属无效式。

例如：如果一个数可以被 8 整除，那么它就可以被 2 整除。

4 不可以被 8 整除，

所以，4 不可以被 2 整除。

该推理是一个否定前件式的充分条件假言推理，其前提为真而结论为假，所以，其推理形式无效。

例如：如果电视画面清晰，那么闭路电视信号传输正常；

闭路电视信号传输正常；

所以，电视画面一定清晰。

该推理是一个肯定后件式的充分条件假言推理，其前提为真而结论不必然为真，所以，其推理形式无效。

由上可知，凡具有"（p→q）∧¬p→¬q"（否定前件式）和"（p→q）∧q→p"（肯定后件式）形式的充分条件假言推理都属于形式无效的推理。

三、必要条件假言判断及其推理

（一）必要条件假言判断及其结构

必要条件假言判断是断定前件不存在则后件一定不存在的假言判断。

例① 只有参加了英语考试，才有英语成绩。

例② 只有车速达 60 公里以上，才能在高速公路上行驶。

以上例①和例②就是两个必要条件假言判断。其中，例①断定了"参加了英语考试"是"有英语成绩"的必要条件；例②断定了"车速达 60 公里以上"是"在高速公路上行驶"的必要条件。如果我们在例①、例②中，把"只有"引导的前件代之以变项符号"p"，把"才"引导的后件代之以变项符号"q"，则必要条件假言判断的前后件之间的关系可分析为：

有 p，q 不定；无 p，必无 q；有 q，必有 p；无 q，p 不定。

前件"p"与后件"q"的这种逻辑关系，也就是逻辑学中所谓"必要条件"的含义。其中"无 p，必无 q"，也就是说前件不存在，后件一定不存在，是逻辑"必要条件"的基本含义。

在日常语言中，"……才……""除非……不……""必须……才……""没有……就没有……"等关联词构成的句型，通常也表达必要条件假言判断。我们选用"只有……才……"作为必要条件假言判断的典型联结词。

必要条件假言判断的逻辑结构式为：

$$只有 p，才 q$$

其中，联结词"只有……才……"可用符号"←"（意为"反蕴涵"）表示。所以，必要条件假言判断的结构式又可写作：

$$p ← q$$

（二）必要条件假言判断的真值

根据必要条件假言判断的逻辑性质及其前后件之间的逻辑关系，可知，一个必要条件假言判断当且仅当其前件为假并且后件为真时，则它是假的，因为其前后件之间的关系不符合"必要条件"逻辑性质，即"前件不存在的情况下后件一定不存在"。反之，在前件与后件的其他真假组合下，包括前件真且后件真、前件真且后件假、前件假且后件假等情况，必要条件假言判断都是真的。

例如："只有努力学习，才能取得好成绩"这一必要条件假言判断，当其前件为假而后件为真时，即在"不努力学习并且取得好成绩"的情况下，该判断取值为假。而在其前后件为其他真假组合时，包括"努力学习并且取得好成绩""努力学习但没取得好成绩"和"没努力学习也没取得好成绩"等情况下，该判断都是真的。

必要条件假言判断的真假情况，可用真值表表示如下：

p	q	p←q
真	真	真
真	假	真
假	真	假
假	假	真

据表中显示，当前后件取值为 p 假、q 真时，必要条件假言判断"只有 p 才 q"为假；在前后件为其他真假组合下，必要条件假言判断"只有 p 才 q"均取值为真。

必要条件假言判断和充分条件假言判断之间存在一定转换关系，即如果前件是后件的充分条件，则后件就是前件的必要条件；反之亦然。例如：

"如果要成为专业围棋选手，那么必须经过系统的训练和比赛。"

可转换表述为：

"只有经过系统的训练和比赛，才能成为专业围棋选手。"

需要注意的是，在充分条件和必要条件的转换过程中，转换前和转换后的判断必须为逻辑等值关系。上述转换关系可用公式表示：

$$(p \rightarrow q) \leftarrow \rightarrow (q \leftarrow p)$$
$$(p \leftarrow q) \leftarrow \rightarrow (q \rightarrow p)$$

此外，还有：

$$(p \rightarrow q) \leftarrow \rightarrow (\neg p \leftarrow \neg q)$$
$$(p \leftarrow q) \leftarrow \rightarrow (\neg p \rightarrow \neg q)$$

这四个等值式可称作充分条件和必要条件的转换规则，或直观地叫作蕴涵符号转向规则。它要求，充分条件假言判断和必要条件假言判断间的转换可通过前后件易位并且蕴涵符号转向、对前后件同时加以否定并且蕴涵符号转向这两种形式来进行，由此得到的两个假言判断具有等值关系。

（三）必要条件假言推理

1. 必要条件假言推理的定义和规则

必要条件假言推理是以必要条件假言判断为前提，并依据必要条件假言判断的逻辑性质进行的推理。

根据前述必要条件假言判断的前后件之间的关系，必要条件假言推理有以下规则：

（1）由否定前件，可以推出否定后件。

（2）由肯定后件，可以推出肯定前件。

（3）由肯定前件，不能推出肯定后件。

（4）由否定后件，不能推出否定前件。

2. 必要条件假言推理的有效式

（1）否定前件式

必要条件假言推理的否定前件式是根据上述规则（1），即由前提否定假言判断的前件，推出结论否定假言判断后件的假言推理。

例① 只有水分充足，庄稼才能长得好；

今年庄稼缺水；
_____

所以，今年庄稼没长好。

肯定前件式的逻辑形式为：

只有 p，才 q；

非 p；
_____

所以，非 q。

该形式可用符号公式表示为：

$$（p \leftarrow q） \wedge \neg p \rightarrow \neg q$$

（2）肯定后件式：

必要条件假言推理的肯定后件式是根据上述规则（2），即由前提肯定假言判断的后件，推出结论肯定假言判断的前件的假言推理。

例① 只有保护好环境，经济才能持续发展；

经济能够持续发展；
_____

所以，环境保护得好。

肯定后件式的逻辑形式为：

只有 p，才 q；

q；
_____

所以，p。

该形式可用符号公式表示为：

$$（p \leftarrow q） \wedge q \rightarrow p$$

根据必要条件假言推理规则（3）（4），必要条件假言推理的肯定前件式和否定后件式属无效式。

例① 只有坚持锻炼，才能保持身体健康；

　　老王一直坚持锻炼；

　　所以，他身体很好。

这是一个肯定前件式的必要条件假言推理，其前提为真而结论不必然为真，所以，其推理形式无效。

例① 只有阳光充足，庄稼才能长得好；

　　大王乡的庄稼没长好；

　　所以，一定是他们那里阳光不充足。

这是一个否定后件式的必要条件假言推理，其前提为真而结论真假不定，所以，其推理形式也是无效的。

由上可知，凡具有“$(p \leftarrow q) \wedge p \rightarrow q$”（肯定前件式）和“$(p \leftarrow q) \wedge \neg q \rightarrow \neg p$”（肯定后件式）形式的必要条件假言推理都是形式无效的推理。

四、充分必要条件假言判断及其推理

（一）充分必要条件假言判断及其结构

充分必要条件假言判断是断定前件存在则后件一定存在；前件不存在则后件一定不存在的假言判断。

例① 当且仅当一个三角形是等边三角形，则它是等角三角形。

例② 当且仅当一颗星是恒星，则它是发光的星。

以上例①、例②就是两个充分必要条件假言判断。其中，例①断定了“等边三角形”是“等角三角形”的充分必要条件；例②断定了“一颗星是恒星”是“发光的星”的充分必要条件。如果我们在例①、例②中，把联结词引导的前后件分别代之以变项符号“p”“q”，则充分必要条件假言判断的前后件之间的关系可分析为：

有 p，必有 q；无 p，必无 q；有 q，必有 p；无 q，必无 p。

前件“p”与后件“q”的这种逻辑关系，也就是逻辑学中所谓“充分必要条件”的含义。其中“有 p 必有 q”，“无 p，必无 q”，也就是说前件存在，后件一定存在；前件不存在，后件一定不存在，是逻辑“充分必要条件”的基本含义。

在日常语言中，充分必要条件假言判断可以用“只要并且只有……就……”“如果并且只有……则……”“假如……就……，并且只有……才……”等关联词来表示。我们选用“当且仅当……则……”作为充分必要

条件假言判断的典型联结词。

充分必要条件假言判断的逻辑结构式为：

当且仅当 p，则 q

其中，联结词"当且仅当……则……"可用符号"←→"表示。所以，充分条件假言判断的结构式又可写作：

p←→q

（二）充分必要条件假言判断的真值

根据充分必要条件假言判断的逻辑性质及其前后件之间的逻辑关系，可知，一个充分必要条件假言判断当且仅当其前件为真并且后件为假，或者其前件为假而后件为真时，它就是假的；反之，在前件与后件的逻辑值相等，即前件与后件同真，或者前件与后件同假时，充分必要条件假言判断都是真的。

例如："当且仅当一颗星是恒星，则它是发光的星"这一充分必要条件假言判断，当其前件为真而后件为假，或者前件为假而后件为真时，即在"是恒星且不发光"和"不是恒星且发光"的情况下，该判断取值为假。而在其前后件取值相同时，包括"是恒星且发光"和"不是恒星且不发光"等情况下，该判断都是真的。

充分必要条件假言判断的真假情况，可用真值表表示如下：

p	q	p←→q
真	真	真
真	假	假
假	真	假
假	假	真

据表中显示，当前后件取值为 p 真、q 假，或者 p 假、q 真时，充分必要条件假言判断"当且仅当 P，则 q"为假；在前后件同真或同假时，充分必要条件假言判断均取值为真。

（三）充分必要条件假言推理

1. 充分必要条件假言推理的定义和规则

充分必要条件假言推理是以充分必要条件假言判断为前提，并依据充分必要条件假言判断的逻辑性质进行的推理。

根据前述充分必要条件假言判断的前后件之间的关系，充分必要条件假言推理有以下规则：

（1）由肯定前件，可以推出肯定后件。

（2）由否定前件，可以推出否定后件。

（3）由肯定后件，可以推出肯定前件。

（4）由否定后件，可以推出否定前件。

2. 充分必要条件假言推理的有效式

（1）肯定前件式

充分必要条件假言推理的肯定前件式是根据上述规则（1），即由前提肯定假言判断前件，推出结论肯定假言判断后件的推理。

肯定前件式的逻辑形式为：

当且仅当 p，则 q；

p；

所以，q。

该形式可用符号公式表示为：

$$(p \leftrightarrow q) \land p \rightarrow q$$

（2）否定前件式

充分必要条件假言推理的否定前件式是根据上述规则（2），即由前提否定假言判断的前件，推出结论否定假言判断后件的推理。

否定前件式的逻辑形式为：

当且仅当 p，则 q；

非 p；

所以，非 q。

该形式可用符号公式表示为：

$$(p \leftrightarrow q) \land \neg p \rightarrow \neg q$$

（3）肯定后件式

充分必要条件假言推理的肯定后件式是根据上述规则（3），即由前提肯定假言判断后件，推出结论肯定假言判断前件的推理。

肯定后件式的逻辑形式为：

当且仅当 p，则 q；

q；

所以，p。

该形式可用符号公式表示为：

$$(p \leftrightarrow q) \land q \rightarrow p$$

（4）否定后件式

充分必要条件假言推理的否定前件式是根据上述规则（4），即由前提否定假言判断的前件，推出结论否定假言判断后件的推理。

否定后件式的逻辑形式为：

当且仅当 p，则 q；

非 q；
_____

所以，非 p。

该形式可用符号公式表示为：

$(p \leftrightarrow q) \wedge \neg q \rightarrow \neg p$

将上述充分必要条件假言推理有效式中的变项代入具体的思想内容，就可以得到日常思维中的一个推理实例。例如，对充分必要假言推理的否定后件式中的变项作代入，可得到下述推理：

例① 当且仅当一颗星是恒星，则它是发光的星；

月亮不是发光的星；
_____

所以，月亮不是恒星。

第四节　负判断及其推理

一、什么是负判断

（一）负判断及其结构

负判断是否定某个判断的判断。

例① 并非一切违法行为都是犯罪行为。

例② 并非只有上大学，才能成才。

以上两例都是负判断。例①中的"一切违法行为都是犯罪行为"是一个A判断，前置否定词"并非"就构成了A判断的负判断。例②中的"只有上大学，才能成才"是一个必要条件假言判断，前置否定词"并非"就构成了必要条件假言判断的负判断。负判断是一种复合判断，它不同于直言判断中的否定判断。

负判断由支判断和否定联结词组成。负判断中的支判断即被负判断所否定的那个判断，又可称"原判断"。如前例①和②中的A判断和必要条件假言判断就是负判断的支判断。通常用"p"一般地代表负判断的支判断（在实际使用的负判断表达式中，p应代之以被否定判断的结构式）。负判断的联结词为"并非"，它是负判断对支判断否定的逻辑标志，通常用符号"¬"表示。负判断的结构式为：

$$并非p$$

或写作：

$$¬p$$

在日常语言中，除"并非"外，"并不是""不是说""不对"等语词也可用在负判断中表示否定。

（二）负判断的真值

由于负判断是对其支判断的否定判断，因此，在逻辑值上，负判断的真假与其支判断（即被否定判断）的真假总是矛盾关系。即支判断为真，负判断为假；支判断为假，负判断为真。用真值表可表示为：

p	¬p
真	假
假	真

二、负判断及其等值判断

根据直言判断对当关系中的矛盾关系，我们知道，每一种直言判断均有与之相矛盾的判断。如：A的矛盾判断是O、I的矛盾判断是E等。推而广之，对于任何复合判断而言，也都存在与之具有矛盾关系的判断。例如："小王是天津人，或者是北京人"的矛盾判断为"小王既不是天津人，也不是北京人"。

既然一个判断与其负判断在真值关系上为矛盾关系，而每一判断又都存在与之相矛盾的判断，通过代换可知，一个判断的负判断和该判断的矛盾判断为逻辑等值关系。如：A判断的负判断为¬A，而A的矛盾判断为O，所以，¬A和O具有等值关系，即¬A←→O。

以下我们分别介绍直言判断的负判断及其等值判断和复合判断的负判断及其等值判断。

（一）直言判断的负判断及其等值判断

直言判断的负判断即否定一个直言判断的判断，它的等值判断是与被其否定的直言判断具有矛盾关系的判断。六种直言判断的负判断与其等值判断间的等值关系可用公式表示如下：

（1）全称肯定判断的负判断及其等值判断：

"并非所有 S 是 P"等值于"有些 S 不是 P"

或表示为：¬SAP←→SOP，可简写作：¬A←→O

（2）全称否定判断的负判断及其等值判断：

"并非所有 S 不是 P"等值于"有些 S 是 P"

或表示为：¬SEP←→SIP，可简写作：¬E←→I

（3）特称肯定判断的负判断及其等值判断：

"并非有些 S 是 P"等值于"所有 S 不是 P"

或表示为：¬SIP←→SEP，可简写作：¬I←→E

（4）特称否定判断的负判断及其等值判断：

"并非有些 S 不是 P"等值于"所有 S 是 P"

或表示为：¬SOP←→SAP，可简写作：¬O←→A

（5）单称肯定判断的负判断及其等值判断：

"并非某 S 是 P"等值于"某 S 不是 P"

（6）单称否定判断的负判断及其等值判断：

"并非某 S 不是 P"等值于"某 S 是 P"

下面几例就是上述部分公式的应用：

例①"并非有些物体是绝对静止不动的"（¬SIP），它等值于"所有物体都不是绝对静止不动的"（SEP）。

例②"并非所有非金属物质都是不导电的"（¬SAP），它等值于"有些非金属物质不是不导电的"（SOP）。

例③"并非李白是医生"（并非某 S 是 P），它等值于"李白不是医生"（某 S 不是 P）。

（二）复合判断的负判断及其等值判断

复合判断的负判断即否定一个复合判断的判断，它的等值判断是与被其否定的复合判断具有矛盾关系的判断。前面已介绍过的七种复合判断，它们的负判断及其等值判断间的等值关系可用公式表示如下：

（1）联言判断的负判断及其等值判断：

"并非（p 并且 q）"等值于"非 p 或者非 q"

或表示为：¬（p∧q）←→（¬p∨¬q）

（2）相容选言判断的负判断及其等值判断：

"并非（p 或者 q）"等值于"非 p 并且非 q"

或表示为：¬（p∨q）←→（¬p∧¬q）

（3）不相容选言判断的负判断及其等值判断：

"并非（要么 p，要么 q）"等值于"（p 并且 q）或者（非 p 并且非 q）"

或表示为：$\neg(p \veebar q) \leftrightarrow (p \wedge q) \vee (\neg p \wedge \neg q)$

（4）充分条件假言判断的负判断及其等值判断：

"并非如果 p，那么 q"等值于"p 并且非 q"

或表示为：$\neg(p \rightarrow q) \leftrightarrow (p \wedge \neg q)$

（5）必要条件假言判断的负判断及其等值判断：

"并非只有 p，才 q"等值于"非 p 并且 q"

或表示为：$\neg(p \leftarrow q) \leftrightarrow (\neg p \wedge q)$

（6）充分必要条件假言判断及其负判断：

"并非当且仅当 p，则 q"等值于"（p 并且非 q）或者（非 p 并且 q）"

或表示为：$\neg(p \leftrightarrow q) \leftrightarrow (\neg p \wedge q) \vee (p \wedge \neg q)$

（7）负判断的负判断及其等值判断：

"并非（并非 p）"等值于"p"

或表示为：$\neg(\neg p) \leftrightarrow p$

以下为部分复合判断负判断及其等值判断公式的应用：

例①"并非小陈是军人并且是医生"（$\neg(p \wedge q)$），它等值于"小陈不是军人或者不是医生"（$\neg p \vee \neg q$）。

例②"并非如果某人进入过犯罪现场，那么某人就是罪犯"（$\neg(p \rightarrow q)$），它等值于"某人进入过犯罪现场，但他并不是罪犯"（$p \wedge \neg q$）。

上述等值式中的（1）和（2），即否定一个联言判断等值于一个否定其各联言支所构成的相容选言判断，否定一个相容选言判断等值于一个否定其各选言支所构成的联言判断，是由 19 世纪英国逻辑学家德·摩根首先予以准确表述的。所以，逻辑学上又称这两个等值式为"德·摩根律"。

等值式 7，即"$\neg(\neg p) \leftrightarrow p$"，对一个判断的双重否定等值于对其肯定，逻辑学上称为"双重否定律"。

三、负判断推理

（一）直言判断负判断的等值推理

根据直言判断负判断与其等值判断间的等值关系，可进行直言判断负判断的等值推理。

例①　并非所有空中飞行物都是人造的；

所以，有些空中飞行物不是人造的。

这是一个以 A 判断的负判断为前提，推出与其等值的 O 判断作结论的推理。用公式可表示为：

$$并非 SAP$$
$$所以，SOP$$

或表示为：

$$\neg SAP \rightarrow SOP$$

例② 并非有的金属是不导电的；

　　所以，所有金属都不是不导电的。

这是一个以 I 判断的负判断为前提，推出其等值判断 E 作结论的推理。用公式可表示为：

$$并非有些 S 是 P；$$
$$所以，所有 S 不是 P。$$

或表示为：　　$\neg SIP \rightarrow SEP$

（二）复合判断负判断的等值推理

根据复合判断的负判断与其等值判断间的等值关系，可进行复合判断负判断的等值推理。例如：

例① 客人今天既不吃川菜，也不吃粤菜；

　　所以，并非客人今天或者吃川菜，或者吃粤菜。

例② 并非只有李明考不上大学，王强才考上大学。

　　所以，李明考上大学并且王强也考上大学。

以上例①是以选言判断负判断的等值判断（即"非 p 并且非 q"）为前提，推出该选言判断负判断（即"并非（p 或者 q）"）作结论的推理。用公式可表示为：

$$非 p 并且非 q；$$
$$所以，并非（或者 p，或者 q）。$$

或表示为：

$$\neg p \wedge \neg q \rightarrow \neg (p \vee q)$$

例②是以必要条件假言判断的负判断作前提，推出与其等值的联言判断作结论的推理。用公式可表示为：

$$并非只有 p，才 q；$$
$$所以，非 p 并且 q。$$

或表示为：

$$\neg (p \leftarrow q) \rightarrow \neg p \wedge q$$

例③ 并非三角形等边而不等角，或者不等边而等角；
　　　　所以，当且仅当一个三角形等边，则它等角。

例③的推理式为：

　　　　并非（（p 并且非 q）或者（非 p 并且 q））；
　　　　所以，当且仅当 p，则 q。

或表示为：

$$\neg((p \land \neg q) \lor (\neg p \land q)) \rightarrow (p \longleftrightarrow q)$$

一般来说，在负判断与其等值判断的等值式中，将负判断前的否定符号移到等值式的另一边所得到的公式，仍然是等值式。

例④　$\neg SAP \longleftrightarrow SOP$

将例④中等值符号左边的否定符号右移可得到等值式：

$$SAP \longleftrightarrow \neg SOP$$

上面的例③就是根据充分必要条件假言判断的负判断与其等值判断的等值式，即：

$$\neg(p \longleftrightarrow q) \longleftrightarrow (p \land \neg q) \lor (\neg p \land q)$$

经过上述变形而进行的有效推理。

第五节　其他常用的复合判断推理

一、假言连锁推理

（一）什么是假言连锁推理

假言连锁推理是以两个以上的假言判断为前提，根据假言判断联结词表示关系的逻辑性质和假言推理的规则进行的推理。

假言判断中的逻辑联结词"如果……那么……"（→）、"只有……才……"（←）和"当且仅当……则……"（←→），从表示前件和后件的逻辑关系的性质角度看，都属于传递关系。例如充分条件关系，从"如果 p……那么 q……；如果 q……那么 r……"，可得到"如果 p……那么 r……"。必要条件关系和充分必要条件关系也是如此。

基于假言判断联结词的传递关系性质，又根据假言推理的规则，以两个或两个以上的假言判断为前提，可进行假言连锁推理。这里只介绍假言连锁推理的基本形式。

（二）假言连锁推理的基本形式

1. 充分条件假言连锁推理的肯定前件式

充分条件假言连锁推理的肯定前件式，是以两个或两个以上的充分条件假言判断为前提，由肯定第一个充分条件假言判断的前件，而肯定最后一个充分条件假言判断后件的推理。

例① 要取得好成绩，就必须努力学习；

要努力学习，就要有充足的学习时间；

要有充足的学习时间，就不能过多地娱乐消遣；

所以，要取得好成绩，就不能过多地娱乐消遣。

上例就是一个肯定前件式的充分条件假言连锁推理。其形式结构为：

如果 p，那么 q；

如果 q，那么 r；

如果 r，那么 s；

如果 p，那么 s。

用符号公式可表示为：

$$((p{\rightarrow}q)\land(q{\rightarrow}r)\land(r{\rightarrow}s)){\rightarrow}(p{\rightarrow}s)$$

2. 充分条件假言连锁推理的否定后件式

充分条件假言连锁推理的否定后件式，是以两个或两个以上的充分条件假言判断为前提，由否定最后一个充分条件假言判断的后件，而否定第一个充分条件假言判断前件的推理。

例① 要尽快使国家富强，就要保持经济增长；

要保持经济增长，就要坚持竞争机制；

要坚持竞争机制，就要打破分配上的平均主义；

所以，不打破分配上的平均主义，就不能尽快使国家富强。

上例就是一个否定后件式的充分条件假言连锁推理。其形式结构为：

如果 p，那么 q；

如果 q，那么 r；

如果 r，那么 s；

所以，如果非 s，那么非 p。

可用符号公式表示为：

$$((p{\rightarrow}q)\land(q{\rightarrow}r)\land(r{\rightarrow}s)){\rightarrow}(\neg s{\rightarrow}\neg p)$$

3. 必要条件假言连锁推理的否定前件式

必要条件假言连锁推理的否定前件式，是以两个或两个以上的必要条件假言判断为前提，由否定第一个必要条件假言判断的前件，而否定最后一个必要条件假言判断前件的推理。

例① 只有报名，才有资格参加预赛；

　　只有通过预赛，才能参加复赛；

　　只有通过复赛，才能进入决赛；

　　所以，如果小王没有报名，那么他不可能进入决赛。

上例就是一个否定前件式的必要条件假言推理。其结构式为：

只有 p，才 q；

只有 q，才 r；

只有 r，才 s；

所以，如果非 p，那么非 s。

用符号公式可表示为：

$$((p \leftarrow q) \wedge (q \leftarrow r) \wedge (r \leftarrow s)) \rightarrow (\neg p \rightarrow \neg s)$$

4. 必要条件假言连锁推理的肯定后件式

必要条件假言连锁推理的肯定后件式，是以两个或两个以上的必要条件假言判断为前提，由肯定最后一个必要条件假言判断的后件，而肯定第一个必要条件假言判断前件的推理。

例④ 只有有效治理污染，才能保护环境；

　　只有保护环境，才能维持生态平衡；

　　只有维持生态平衡，社会才能持续发展；

　　所以，如果社会能够持续发展，那就说明有效治理了污染。

其结构式为：

只有 p，才 q；

只有 q，才 r；

只有 r，才 s；

如果 s，那么 p。

用符号公式可表示为：

$$((p \leftarrow q) \wedge (q \leftarrow r) \wedge (r \leftarrow s)) \rightarrow (s \rightarrow p)$$

二、假言选言推理

（一）什么是假言选言推理

假言选言推理是以充分条件假言判断和选言判断为前提，并根据充分条件假言判断和选言判断的逻辑性质进行的推理。

例① 如果武松打老虎，老虎要吃掉他；

　　　如果武松不打老虎，老虎也要吃掉他；

　　　武松或者打或者不打老虎；
　　　　　　　　　　　　　　　　　　　　　　　

　　　总之，老虎都要吃掉他。

例①就是一个假言选言推理。假言选言推理的特点是，由选言前提肯定两个假言前提的前件，结论就肯定两个假言前提的后件；或者由选言前提否定两个假言前提的后件，结论就否定两个假言前提的前件。无论怎样，假言选言推理的结论都会使推论者或论辩的对方感到左右为难、进退维谷，因而它又称作"二难推理"。

假言选言推理根据其选言前提肯定假言前提的前件还是否定其后件，可分为构成式和破坏式；又根据其结论是简单判断还是选言判断可分为简单式和复杂式。上述两方面的不同组合可构成假言选言推理的四种主要形式。

（二）假言选言推理的主要形式

1. 简单构成式

假言选言推理的简单构成式，是选言前提肯定两个假言前提不同的前件，结论肯定假言前提共有的后件的推理。

例① 如果某人是故意犯罪，那么应追究他的法律责任；

　　　如果某人是过失犯罪，那么也应追究他的法律责任；

　　　某人犯罪或是故意的，或是过失的；
　　　　　　　　　　　　　　　　　　　　　　　

　　　所以，都应追究他的法律责任。

其结构式为：

　　　　　　如果 p 那么 q；

　　　　　　如果 r 那么 q；

　　　　　　p 或者 r；
　　　　　　　　　　　　　

　　　　　　所以，q。

用符号公式可表示为：

$$((p \rightarrow q) \land (r \rightarrow q)) \land (p \lor r) \rightarrow q$$

2. 简单破坏式

假言选言推理的简单破坏式，是选言前提否定两个假言前提相同的后件，结论否定假言前提共有的前件的推理。

例① 如果某人是罪犯，那么他有作案时间；

   如果某人是罪犯，那么他有作案能力；

   某人没有作案时间，或者没有作案能力；

   所以，某人不是罪犯。

其结构式为：

      如果 p 那么 q；

      如果 p 那么 r；

      非 q 或者非 r；

      所以，非 p。

用符号公式可表示为：

$$((p{\rightarrow}q){\wedge}(p{\rightarrow}r)){\wedge}(\neg q{\vee}\neg r){\rightarrow}\neg p$$

3. 复杂构成式

假言选言推理的复杂构成式，是选言前提肯定两个假言前提不同的前件，结论肯定两个假言前提不同的后件的推理。

例① 如果明知商品不合格而出售，那就是欺骗消费者；

   如果不知商品不合格而出售，那就是对消费者不负责任；

   商家明知或不知商品不合格而出售；

   所以，商家或者是欺骗消费者，或者是对消费者不负责任。

其结构式为：

      如果 p 那么 q；

      如果 r 那么 s；

      p 或者 r；

      所以，q 或者 s。

用符号公式可表示为：

$$((p{\rightarrow}q){\wedge}(r{\rightarrow}s)){\wedge}(p{\vee}r){\rightarrow}(q{\vee}s)$$

4. 复杂破坏式

假言选言推理的复杂破坏式，是选言前提否定两个假言前提不同的后件，结论否定两个假言前提不同的前件的推理。

例① 如果某官员联系群众，那么他深入群众；

   如果某官员依靠群众，那么他相信群众；

   某官员或者不深入群众，或者不相信群众；

   所以，他或者不联系群众，或者不依靠群众。

其结构式为：

> 如果 p 那么 q；
>
> 如果 r 那么 s；
>
> 非 q 或者非 s；
> _____
>
> 所以，非 p 或者非 r。

用符号公式可表示为：

$$((p{\rightarrow}q)\wedge(r{\rightarrow}s))\wedge(\neg q\vee\neg s)\rightarrow(\neg p\vee\neg r)$$

三、反三段论

反三段论是以一个类似三段论结构的、前件以联言判断的充分条件假言判断为前提，通过否定假言判断的后件并肯定其前件中的一个联言支，而否定其前件中的另一个联言支的推理。

对于一个形式有效的三段论来说，当大前提为真，并且小前提也为真时，其结论一定为真。由此可以反推，如果其结论为假并且其前提之一为真，则另一前提一定是假的。即由：

> 大前提真∧小前提真→结论真

可得到：　　　　结论假∧大前提真→小前提假

或得到：　　　　结论假∧小前提真→大前提假

反三段论正是运用上述有效三段论形式变化的原理，以一个前件为联言判断的充分条件假言判断作前提而进行的推理。

例① 如果客观条件成熟，并且主观充分努力，那么工作就能做好；
　　　　_____
　　　所以，如果工作没做好并且客观条件成熟，则并非主观充分努力。

例①就是一个反三段论推理。由于反三段论是从假言判断的后件为假，反推前件合取之一为假，与三段论从前提到结论的推理方向相反，因此叫作反三段论。

反三段论的结构式为：

> 如果 p 并且 q，那么 r；
> _____
>
> 所以，如果非 r 并且 p，那么非 q。

或者：

> 如果 p 并且 q，那么 r；
> _____
>
> 所以，如果非 r 并且 q，那么非 p。

用符号公式可表示为：

$$((p\wedge q)\rightarrow r)\rightarrow((\neg r\wedge p)\rightarrow\neg q)$$

或者：

$$((p\wedge q)\rightarrow r)\rightarrow((\neg r\wedge q)\rightarrow\neg p)$$

反三段论在人们日常思维中经常被使用，一般用在多种条件合并构成某一事物情况的充分条件时，如果该事物情况未出现，那么就可以推断构成该事物情况充分条件的多个条件中至少有一个条件不具备。

第六节　真值表及其作用

一、真值表及其画法

真值表是以表格的直观形式表示与判定判断真值和推理有效性的一种逻辑方法。在二值逻辑中，判断的真值只限于判断取值为真、为假两种情况。推理有效性即推理形式的正确性，包括推理有效和无效两种情况。

前面在介绍联言判断、选言判断和假言判断的部分中，我们分别画出了各主要复合判断的真值表，它们都是较为简单的真值表。真值表的简单与复杂，主要取决于支判断和逻辑联结词的多少。

一般来说，支判断的多少决定着真值表需要画出的行数。如复合判断有两个支判断 p、q，为列出支判断真假的全部组合，真值表就需要画 $2^2+1=5$ 行（其中，"2^2" 即 p、q 真假组合的四种情况，"1" 是表头列出支判断和复合判断名目的首行），三个支判断则需要画 $2^3+1=9$ 行，四个支判断就需要画 $2^4+1=17$ 行，依次类推。

判断中联结词的多少决定着真值表需要画出的列数。除真值表最左边表明支判断取值组合的固定几列外，判断中每个联结词都有其对应的一列，这样从左至右可由简到繁地画出整个判断的取值判定过程。

下面以多重复合判断 "$(p\vee q)\rightarrow(p\wedge q)$" 为例，说明画出其真值表的具体步骤：

第一步：根据上述真值表行列确定方法，画出五行五列的表格；

第二步：在左侧两列中给出 p 和 q 真假组合的四种情况；

第三步：从左数第三列起，根据联结词代表的判断性质，依次给出 "p∧q""p∨q" 和 "$(p\vee q)\rightarrow(p\wedge q)$" 的取值。

p	q	p∨q	p∧q	(p∨q)→(p∧q)
真	真	真	真	真
真	假	真	假	假
假	真	真	假	假
假	假	假	假	真

以下为公式"$((p{\to}q){\to}r){\to}((p{\land}q){\to}r)$"的真值表：

p	q	r	p→q	p∧q	(p→q)→r	(p∧q)→r	((p→q)→r)→((p∧q)→r)
真	真	真	真	真	真	真	真
真	真	假	真	真	假	假	真
真	假	真	假	假	真	真	真
真	假	假	假	假	真	真	真
假	真	真	真	假	真	真	真
假	真	假	真	假	假	真	真
假	假	真	真	假	真	真	真
假	假	假	真	假	假	真	真

二、真值表的作用

（一）定义复合判断逻辑联结词

在复合判断中，每种联结词作为判断形式中的逻辑变项表示着判断的类型，如由"∧"（合取）联结支判断而成的联言判断，由"∨"（析取）联接支判断而成的相容选言判断等。根据每一种联结词的逻辑意义，或者说由联结词决定的复合判断的逻辑性质，我们可以画出各种复合判断的真值表。由于真值表是逻辑联结词意义和复合判断性质的反映，因此，通过对真值表中的取值情况的描述，又可以定义逻辑联结词的意义，或者说明复合判断的逻辑性质。为解释这一点，我们先将几种主要复合判断的真值列在一个真值表中：

p	q	p∧q	p∨q	p→q	p←q
真	真	真	真	真	真
真	假	假	真	假	真
假	真	假	真	真	假
假	假	假	假	真	真

表中各种复合判断的真假情况说明，每一种联结词及其联结支判断所组成的复合判断，各有其在真值方面的逻辑特性。据此，我们可以对上表中的联结词及其代表的复合判断作出如下定义：

联言判断（合取）就是当且仅当每一支判断为真，其取值为真的判断。

相容选言判断（析取）就是当且仅当至少一个支判断取值为真，其取值为真的判断。

充分条件假言判断（蕴涵）就是当且仅当前件真而后件假时，其取值为假的判断。

必要条件假言判断（反蕴涵）就是当且仅当前件假而后件真时，其取值为假的判断。

这样，我们就从真值的角度定义并区分了上表列出的各种联结词的逻辑意义，说明了它们所代表的不同复合判断的类型及其逻辑特性。

（二）判定判断之间的逻辑关系

真值表可对复合判断之间是否存在等值关系、矛盾关系等作出判定。

根据前述复合判断的有关知识可知，两个复合判断为等值关系，当且仅当在支判断的各种真假组合下，它们的真值总是一致的，即总是同真同假的。例如，联言判断的负判断与其等值的选言判断之间的关系：

$$\neg(p \wedge q) \longleftrightarrow (\neg p \vee \neg q)$$

可用真值表加以验证：

p	q	¬p	¬q	p∧q	¬（p∧q）	¬p∨¬q
真	真	假	假	真	假	假
真	假	假	真	假	真	真
假	真	真	假	假	真	真
假	假	真	真	假	真	真

由表中可看出，"¬（p∧q）"和"¬p∨¬q"在支判断 p、q 的各种真假组合下，总是同真同假的，所以，它们是等值判断。

两个复合判断为矛盾关系，当且仅当在支判断的各种真假组合下，它们的真值总是相反的，即总是一真一假的。例如，"p→q"和"p∧¬q"两判断为矛盾关系，可用真值表验证如下：

p	q	¬q	p→q	p∧¬q
真	真	假	真	假
真	假	真	假	真
假	真	假	真	假
假	假	真	真	假

由表中可看出，"p→q"和"p∧¬q"在支判断 p、q 的各种真假组合下，总是一真一假的，所以，它们是矛盾判断。

（三）判定推理形式是否为有效式

推理有效式是指符合逻辑基本规律和相关推理规则要求的推理形式，即我们在各种复合判断推理中所讲到的正确推理形式。反映在真值表中，无论其支判断取值为真还是为假，推理有效式的真值总是真的。所以，它在现代逻辑中又称为永真式。据此，我们可以利用真值表方法判定一推理形式是否为有效式。

例如，相容选言推理的否定肯定式是有效式，而其肯定否定式不是有效式，可以用真值表作如下判定：

表一

p	q	¬p	p∨q	(p∨q)∧¬p	(p∨q)∧¬p→q
真	真	假	真	假	真
真	假	假	真	假	真
假	真	真	真	真	真
假	假	真	假	假	真

表二

p	q	¬q	p∨q	(p∨q)∧p	(p∨q)∧p→¬q
真	真	假	真	真	假
真	假	真	真	真	真
假	真	假	真	假	真
假	假	真	假	假	真

以上表一说明，相容选言推理否定肯定式的真值恒真，它是有效式。表二则说明相容选言推理肯定否定式的真值不是恒真的，所以它不是有效式。

至于其他复合判断的推理，其有效性的证明，均可参照以上例子利用真值表作出验证。

复习思考题

1. 什么是复合判断？复合判断与简单判断有哪些区别？
2. 复合判断有哪些基本种类？各有什么逻辑特征？
3. 假言判断中的充分条件和必要条件存在怎样的转换关系？
4. 联言推理的有效式有哪些？为什么说它们是有效推理？
5. 相容选言推理和不相容选言推理的区别是什么？
6. 什么叫负判断？负判断及其等值判断的公式有哪些？
7. 如何画真值表？真值表在逻辑上有哪些作用？

练习题

一、下列判断是何种复合判断？并写出它们的结构式。

1. 在掌握好专业知识的同时，还必须学好逻辑。
2. 如果大连队不能取胜，那么第一就是北京队。
3. 只要改正了错误，就说明已经认识了错误。
4. 传统形式逻辑的创始人或者是柏拉图，或者是亚里士多德。
5. 除非有效地治理各种人为的污染，否则不能保护环境。
6. 如果并且只有 A 和 B 两公式逻辑值完全相同，它们才有等值关系。
7. 鲸鱼集体自杀的原因，或者是海水污染，或者是迷失方向。
8. 并非旅游团明天去纽约，或者去旧金山。
9. 只要事故不是机械故障，就一定是有人破坏，这种说法不对。
10. 如果学习努力并且方法得当，那么就一定能取得好成绩。

二、找出下列判断中哪些具有等值关系，并写出它们的等值式。

1. 如果甲公司不能中标，则乙公司一定中标。
2. 或者甲公司不能中标，或者乙公司不能中标。
3. 要么甲公司中标，要么乙公司中标，二者必居其一。
4. 除非乙公司中标，否则甲公司不能中标。
5. 并非当且仅当甲公司中标，则乙公司中标。
6. 或者乙公司中标，或者甲公司中标。
7. 并非甲公司中标并且乙公司中标。
8. 或者甲公司不中标，或者乙公司中标。

三、写出下列判断的等值判断和矛盾判断。

1. 如果某化合物具有很强的毒性，那么就要严格限制生产它。

2. 并非小王是特种兵，或者是专业运动员。

3. 大熊猫不仅是我国的国宝，而且属于濒临灭绝的动物。

4. 只有不喜欢吃川菜的人，才喜欢吃粤菜。

5. 旗杆上飘扬的是一面红旗，并且是五星红旗。

6. 要么战胜困难，要么被困难所战胜。

四、画出下列结构式的真值表。

1. $p \rightarrow (p \vee \neg q)$

2. $(p \wedge q) \rightarrow (p \vee \neg q) \wedge (q \vee \neg p)$

3. $(p \vee \neg p) \rightarrow (\neg q \wedge q)$

4. $(p \rightarrow q) \rightarrow (\neg p \vee q)$

5. $\neg (p \wedge q) \rightarrow (\neg p \wedge \neg q)$

6. $(p \wedge q \rightarrow r) \wedge (\neg r \wedge p \rightarrow \neg q)$

五、指出下列推理的种类，写出结构式，并分析是否正确。

1. 如果李楠去参加论辩比赛，她就不能来上课；李楠没来上课；所以，她准是去参加论辩比赛了。

2. 液体沸腾的原因，或是因为温度升高，或是因为压力下降；登山营地锅中的水沸腾是因为温度升高；所以，水开了不是因为压力下降。

3. 除非阳光充足，庄稼不能长得好；辛集乡的庄稼长得特别好；所以，阳光肯定很充足。

4. 只要子弹是从窗外射入，就会在窗对面的墙上留下弹痕；子弹不是从窗外射入的；因此，窗对面的墙上不会有弹痕。

5. 票房收益好的新影片，或者是由于艺术性高，或者不是由于艺术性高而有其他原因，上周新片排行榜第一的影片是由于艺术性高；可见，不是因为别的原因。

6. 如果手术成功，那么医生医术高明；如果医生医术高明，他一定是专家；这次手术没成功；所以，医生准不是什么专家。

7. 如果上帝能创造一块他举不起来的石头，上帝不是万能的；如果上帝不能创造一块他举不起来的石头，上帝也不是万能的；上帝或者能创造，或者不能创造一块自己举不起来的石头；总之，上帝不是万能的。

8. 只有海平面明显地加速上涨，才说明极地冰山融化将会给人类的生存带来威胁；海平面近 10 年来并未明显上涨；因此，极地冰山融化短期内不会给人类的生存带来威胁。

9. 和平而安宁地生存是绝大多数人的愿望，所以，大多数人都渴望和平或者反对恐怖主义和战争。

10. 如果机车运行前经过了严格检查，并且运行中司机依章驾驶，就不会发生行车事故，除非遇到意外情况；如果机车发生了行车事故并且司机依章驾驶，也没有意外情况；那么一定是因为机车运行前没有经过严格检查。

六、以下列各组判断作前提能否必然推出结论？如果能，可推出什么结论？

1. 只有经过严格考试和体检，才能成为飞行员；飞行学校的毕业生都经过了严格的考试和体检；所以：

2. 新出品的个人电脑都装有 DVD 光盘驱动器，我班同学家中的电脑都没有 DVD 光盘驱动器；因此：

3. 大学生乐于上互联网，或者是喜欢聊天，或者是迷恋游戏，或者是查找资料方便；小陈整天泡在网上既不聊天，也不查资料；所以：

4. 如果李刚去参加联欢会，则王亮、孙凯和黄平都会去；王亮没去参加联欢会；所以：

5. 并非午夜天上最亮的星星，或者是牛郎星，或者是织女星；所以：

6. 只要一个数能被 8 整除，它就能被 4 整除；只要一个数能被 4 整除，它就能被 2 整除；某数能被 2 整除；所以：

7. 当且仅当我们按照经济规律办事了，生产效率才能有极大的提高；生产效率尚未能极大地提高；所以：

8. 如果所有的鸟都会飞，并且鸵鸟是鸟，则鸵鸟会飞；鸵鸟是鸟，但鸵鸟不会飞；因此：

七、复合判断推理综合练习选择题。

1. "2018 年中国机器人大赛"中的机器人足球赛正在进行，有三位教授对决赛结果进行预测：

赵教授说：冠军不是清华大学队，也不是南开大学队。

钱教授说：冠军不是清华大学队，而是中国科技大学队。

孙教授说：冠军不是中国科技大学队，而是清华大学队。

比赛结果表明，他们中只有一人的两个判断都对。一人的判断一对一错，另外一人全错了。

根据以上情况可以推知，获得冠军的是

A. 清华大学队　　　　　　　B. 中国科技大学队

C. 南开大学队　　　　　　　D. 北京航空航天大学队

2. 关于某一刑事案件有以下四个断言：

（1）有证据表明陈虎没有作案；

（2）作案者或者是王光，或者是陈虎，或者是祝同；

（3）也有证据表明王光没有作案；

（4）有摄录画面显示：案发时祝同坐在远离案发现场的一场足球赛的观众席上。

下面哪一项是关于题干中四个断言的正确推断？

A. 从上述断言可以推出：只有一个人作案。

B. 上述断言中至少有一个是假的。

C. 从这些断言可以推出：表明王光没有作案的证据是假的。

D. 祝同肯定不在该足球赛的观众席上。

3. 甲："我最近经常看到他带着孩子散步。"

　　乙："这么说，他已经做父亲了。"

乙说法推理的逻辑前提是：

A. 所有已经做了父亲的人，一定经常带孩子散步。

B. 有些经常带孩子散步的人已经做了父亲。

C. 只有经常带着孩子散步的人，才是已做父亲的人。

D. 不是已做父亲的人，不可能经常带孩子散步。

4. 孔子说："己所不欲，勿施于人。"

下面哪一个选项不是上面这句话的逻辑推论？

A. 只有己所欲，才能施于人。

B. 若己所欲，则施于人。

C. 除非己所欲，否则不施于人。

D. 凡施于人的，都应该是己所欲的。

5. 父亲对儿子说："你只有努力学习，才能考上重点大学。"

如果这个父亲所言为真，则后来可能发生的情况是：

Ⅰ. 儿子努力了，没有考上重点大学。

Ⅱ. 儿子没努力，考上了重点大学。

Ⅲ. 儿子没努力，没有考上重点大学。

Ⅳ. 儿子努力了，考上了重点大学。

A. 仅Ⅱ、Ⅳ。　　　　　　　　B. 仅Ⅲ、Ⅳ。

C. 仅Ⅰ、Ⅲ、Ⅳ。　　　　　　D. 仅Ⅱ、Ⅲ、Ⅳ。

6. 我不在犯罪现场。如果我在，那么，我没有犯罪。如果我犯了罪，那么，一定是我神志不清。

以下哪项论证与上述推理最相似？

A. 我只吃鸡或鱼或鸭。如果我没吃鸡，那么，一定吃鱼或鸭。如果我没吃鸭，那么，一定吃鱼。

B. 我从不说谎，如果我说了谎，那么，一定是被迫的。如果我被迫说了谎，那么，责任不在我。

C. 我没借你的书。如果我借了，我不会把书弄破。如果我把书弄破了，那是我不小心。

D. 他不可能高兴。如果他高兴，那一定是装的。装着高兴比不高兴还难受。

7. 某实验室一共有 3 种类型的机器人，A 型能识别颜色，B 型能识别形状，C 型既不能识别颜色也不能识别形状。实验室用红球、蓝球、红方块和蓝方块对机器人 1 号和 2 号进行实验，命令它们拿起红球，但 1 号拿起了红方块，2 号拿起了蓝球。

根据上述实验，以下哪项是推理的正确结论？

A. 1 号和 2 号都一定是 C 型。

B. 1 号是 B 型且 2 号是 A 型。

C. 1 号是 A 型且 2 号是 B 型。

D. 1 号不是 B 型且 2 号不是 A 型。

8. 学校组织教师旅游，四个老教师老赵、老钱、老孙、老李和四个年轻教师小赵、小钱、小孙、小李一起参加。在旅馆里，他们八人住四个房间，须满足以下条件：

（1）每个房间住一老一少。

（2）同姓人不住同一个房间。

（3）如果老孙不和小李住一个房间，则老钱也不和小孙住一个房间。

（4）老李不和小赵住一个房间。

运用正确推理形式，判定以下哪种安排会造成不符合条件的结果？

A. 老孙和小李住一个房间。

B. 老赵和小钱住一个房间。

C. 老钱和小孙住一个房间。

D. 老孙和小钱住一个房间。

9. 某一城市有两大支柱产业，传统手工业和旅游业。发展传统手工业将不可避免地导致污染，从而破坏生态环境。但良好的生态环境又是发展旅游业的必要条件。

以下哪项能作为结论从上述断定中推出？

A. 该城市无法同时发展传统手工业和旅游业。

B. 该城市政府应大力加强对生态环境的保护。

C. 应该用其他产业代替传统手工业和旅游业。

D. 如果生态环境破坏了，传统手工业也不能发展。

10. 只要前提正确且推理逻辑结构有效，则结论必然正确。

根据以上判断，以下哪几种情况可能出现？

Ⅰ. 结论正确且前提正确，但逻辑推理结构是无效的。

Ⅱ. 推理逻辑结构有效且结论正确，但前提是错误的。

Ⅲ. 前提错误且逻辑推理结构无效，但结论正确。

Ⅳ. 前提错误且逻辑推理结构无效，结论也错误。

A. Ⅰ、Ⅱ、Ⅲ和Ⅳ。

B. 仅Ⅰ、Ⅱ和Ⅲ。

C. 仅Ⅰ、Ⅱ和Ⅳ。

D. 仅Ⅰ、Ⅲ和Ⅳ。

11. 老张、老王、老李、老赵四人的职业分别是司机、教授、医生、工人。老张比教授个子高，老李比老王个子矮，工人比司机个子高，医生比教授个子矮。工人不是老赵就是老李。

根据以上条件，运用正确推理可推知：

A. 四个人的职业都可以确定。

B. 四个人的职业都不能确定。

C. 四个人的职业只能确定两个。

D. 四个人的职业只能确定三个。

12. 我国已故著名逻辑学家金岳霖小时候听到"金钱如粪土""朋友值千金"这样两句话后，发现有逻辑问题，因为它们可推出"朋友如粪土"的荒唐结论。

既然"朋友如粪土"这个结论不成立，那么从逻辑上可以必然推出：

A."金钱如粪土"这一说法并不正确。

B. 如果朋友确实值千金，那么金钱并非如粪土。

C."朋友值千金"这一说法是正确的。

D．"金钱如粪土""朋友值千金"这两句话同真或同假。

13．某电路中有 S、T、W、X、Y、Z 六个开关，使用这些开关必须满足下面的条件：

（1）如果 W 接通，则 X 也要接通；

（2）只有断开 S，才能断开 T；

（3）T 和 X 不能同时接通，也不能同时断开；

（4）如果 Y 和 Z 同时接通，则 W 也必须接通。

如果现在同时接通 S 和 Z，则可推出以下哪项一定为真？

A．T 是接通状态并且 Y 是断开状态。

B．W 和 T 都是接通状态。

C．T 和 Y 都是断开状态。

D．X 是接通状态并且 Y 是断开状态。

14—15 题基于以下题干：

三个中国学生张林、赵强、李珊和三位外国留学生约翰、杰西、安娜暑假外出旅游。可供选择的旅游地有西安、杭州、大连和张家界。已经知道：

（1）每人只能去一个地方；

（2）凡是有中国学生去的地方，就必须有外国留学生去；

（3）凡是有外国留学生去的地方，也必须有中国学生去；

（4）约翰去西安或者杭州，赵强去张家界。

14．如果杰西去大连，则以下哪项一定为真？

A．安娜去张家界　　　　　　　B．张林去大连

C．李珊去西安　　　　　　　　D．约翰去杭州

15．如果题干断定为真，则去杭州的人中不可能同时包含哪两位？

A．张林和李珊　　　　　　　　B．李珊和安娜

C．杰西和安娜　　　　　　　　D．张林和杰西

16．如果货币的储蓄额和销售回笼额都没增长，那么货币的入股额一定增长。

以此为前提，若再增加一个前提，可以推出"货币的储蓄额事实上增长了"的结论。以下哪项能作为应该增加的前提？

A．货币的入股额事实上增长了。

B．货币的入股额事实上没增长。

C．货币的销售回笼额事实上没增长。

D．货币的销售回笼额和入股额事实上都没增长。

17. 只有陈永新考兴华大学的 MBA，他才打算以后做经济管理人员；如果他不考兴华大学的 MBA，也就不会到外资企业去应聘；假如他不打算以后做经济管理人员，那么就会到外资企业去应聘。

如果以上陈述都是真的，可以必然推出下面哪个确定的结论？

A. 无论陈永新考不考 MBA，他都会去外资企业应聘。

B. 陈永新考兴华大学的 MBA，或者他更愿意当记者。

C. 陈永新不会考兴华大学的 MBA，但他肯定要考硕士。

D. 陈永新打算做经济管理人员，但不一定去外资企业。

18. 如果秦川考试及格了，那么钱华、孙旭和沈晗肯定也都及格了。

如果上述断定是真的，可以推出以下哪项也是真的？

A. 如果秦川考试没有及格，那么钱、孙、沈三人中至少有一人没有及格。

B. 如果秦川考试没有及格，那么钱、孙、沈三人都没及格。

C. 如果钱、孙、沈考试都及格了，那么秦川的成绩也肯定及格了。

D. 如果孙旭的成绩没有及格，那么秦川和沈晗不会都考及格。

19—20 题基于以下题干：

晨曦公园拟在园内东南西北四个区域种植四种不同特色的树木，每个区域只种一种。选种的特色树种为：水松、银杏、乌柏和龙柏。布局和基本要求是：

（1）如果在东区或者南区种植银杏，那么在北区不能种植龙柏或乌柏。

（2）北区或东区要种植水松或银杏。

19. 根据以上种植要求，如果北区种植龙柏，以下哪项一定为真？

A. 西区种植水松

B. 南区种植乌柏

C. 南区种植水松

D. 西区种植乌柏

20. 根据以上种植要求，如果水松必须种植于西区或南区，以下哪项一定为真？

A. 南区种植水松

B. 西区种植水松

C. 东区种植银杏

D. 北区种植银杏

第五章　逻辑的基本规律

第一节　概述

一、什么是逻辑的基本规律

逻辑的基本规律是人们运用概念、作出判断、进行推理和论证时所必须遵守的最起码的思维准则，是思维形式的规律。它包括同一律、矛盾律、排中律、充足理由律。[①]

（1）任何客观事物总是发展变化的，但在一定的时间和空间内，客观事物又具有相对的质的稳定性，它是什么就是什么，不是什么就不是什么。这种客观事物在确定的时间、空间内的相对静止、相对稳定性，要求相应的认识必须要有确定性，这就为人们的正确认识事物提供了可能。因此，逻辑的基本规律就是客观事物的稳定性在人们头脑中的反映。

（2）由概念、判断构成的推理或论证有不同的种类，不同的推理或论证有不同的具体形式和规则。这些具体形式和规则均体现了逻辑的基本规律。因此，逻辑的基本规律是贯穿在各种推理、论证中的，从而也是学习、理解、掌握、运用各种不同推理、论证的"基本要领"。

二、逻辑基本规律的作用与意义

（一）保证思想认识在同一个思维过程中的确定性

客观事物在确定的时空条件下的质的稳定性，决定了思维认识也必须要有确定性。因此，逻辑基本规律的作用，就在于保证思想的确定性，其具体体现为，保证推理、论证的确定性、一贯性、明确性和论证性。

（1）在同一个推理、论证过程中，概念要确定，判断要确定。

---

① 逻辑基本规律中是否包括充足理由律，学术界对此仍有争议。

（2）在同一个推理、论证过程中，一个概念或判断不能既是什么，又不是什么。

（3）在同一个推理、论证过程中，一个概念或判断是什么或不是什么，必须是明确的。

（4）如果一个判断是真的，必须要有充足的理由。

（二）逻辑基本规律作用的条件性

逻辑基本规律是客观事物的质的稳定性在人们头脑中的反映，它不是事物自身的规律，而是有关推理、论证的规律，因此，它只是在同一时间、同一关系的条件下，围绕着具有确定性的同一对象进行推理、论证的过程中才起作用。

在人际沟通中，这个条件性主要是指同一个沟通语境。如果不是同一个沟通语境，或同一个沟通语境中已经表明了条件的变化，则逻辑的基本规律就不起作用了。

例如，辛弃疾的《丑奴儿·少年不识愁滋味》："少年不识愁滋味，爱上层楼，爱上层楼，为赋新词强说愁。而今识尽愁滋味，欲说还休，欲说还休，却道天凉好个秋。"

到底知道不知道"愁"？随着时间的转移，事物的变化，判断可以不一样，所谓的"愁"也就不一样了。上片的"愁"指的是"闲愁"，下片的"愁"指的是怀才不遇的"哀愁"。各自有自己的确定性。

（三）逻辑基本规律的意义

逻辑基本规律是客观事物在确定的时间、空间条件下的质的稳定性在人们头脑中的反映，它体现了规律本身的客观性、必然性，它是不以人们的意志为转移的，不管人们愿意不愿意，在人们进行思维的过程中，它总是起规范作用。而逻辑基本规律的逻辑要求是人们根据这些规律的内容为保证推理、论证的确定性、一贯性、明确性和论证性而提出的，人们可以遵守它，也可以违反它。遵守它，就可以保证推理、论证的确定性、一贯性、明确性和论证性；违反它，就要犯不同的逻辑错误。因此，普通逻辑总结了人类运用推理、进行论证的经验和教训，以保持推理、论证的确定性、一贯性、明确性和论证性为核心，制定了一系列的逻辑规律和规则，帮助实现推理、论证的确定性、一贯性、明确性和论证性，以使人们正确地思考和表达。

第二节　同一律

一、同一律的基本内容

在同一个推理、论证过程中，任何一个概念或判断都与其自身保持同一。同一律所要求的"同一"，是指在同一时间、同一关系下对具有确定性的同一对象而言，如果不符合这一条件，同一律就失去了它的规范作用。

二、同一律的逻辑表达式

A 是 A 或 A→A。

"A"表示的是任何一个概念或判断。所谓"A 是 A"是指：在同一个推理、论证过程中，一个概念或判断所反映的或所断定的内容是始终不变的，其性质是确定的。

从真假值来看，同一律公式中的前后两个"A"是等值的。它所表达的含义是，如果 A 这个概念或判断是真的，那么，A 这一概念或判断必定是真的；如果 A 这个概念或判断是假的，那么，A 这一概念或判断必定是假的。

三、同一律的逻辑要求

同一律的逻辑要求就是"确定性的要求"。它要求在同一个推理、论证过程中，每一个概念或判断必须保持自身的同一，即必须保持思维自身的确定性。这是逻辑基本规律从正面要求思维对象的确定性、概念的确定性、判断的确定性和推理过程的一贯性。

（1）体现在概念上，在同一个推理、论证过程中，任何一个概念都有其确定的内涵和外延。

例如，随着社会经济活动的日益频繁，一些经济交往中的词汇走进百姓的生活，"定金""订金"就是其中最常使用的一组词汇。但它们各自所表达的确切的含义有无不同？各自所规定的权利与义务是否一样？这是非常需要注意的。

从概念的确定性角度讲，"定金"与"订金"是两个表面相似但内涵完全不同的概念。"定金"是"当事人一方在合同订立之后、履行之前，在应给付数额内预先支付另一方一定数额金钱的担保形式"。作为法律规定的履行合同的一种担保形式，根据我国《担保法》规定，定金应以书面形式约定，从实际交付之日起生效。给付定金的一方履行约定的债务后，定金应当抵作价款或者收回，如不履行约定的债务的，无权要求返还定金；收受定金的一方不履行约定的债务的，应当双倍返还定金。而"订金"的内涵则单纯是"预付款"，它不受法律的制约，消费者交付订金后，有权要求返还，若商家违约，只需退还订金而无需作出赔偿。因此，它没有"定金"的功能，一旦违约，不能适用定金规则进行处理，只能按照预付款的规则进行处理。

又如，随着我国对外交往的不断扩大，不同语言之间的准确翻译就涉及如何正确理解一个概念的问题。2005 年 9 月，美国政府官员提出了一个中美关系的新概念："Stakeholder"。国内出现了多种翻译，如"股东""利害关系人""共同经营者"等。在美国，这是一个正面意义的词汇，有多重含义，其中一个意思是，双方共同投资经营一个企业，共同管理，对企业经营的好坏共同负责，共同承担风险，也共同获取利益。但这个概念用在中美关系中，就需要考虑克林顿政府时的"战略伙伴关系"、布什政府前期的"战略竞争者"。因此，有学者认为将这个概念翻译成"利益攸关者"，更能正确反映中美关系发展的正面意义。

（2）体现在判断上，任何一个判断都有其确定的断定内容，在同一推理、论证过程中，它肯定什么就肯定什么，否定什么就否定什么。

例如，随着计算机网络的普及，通过电子信箱互发邮件，已成为人们沟通的又一种快捷手段。但如何通过电子信箱有效沟通交际，也有一个如何表达明确的确定性问题。许多人就认为，发电子邮件时，主题栏随便写什么都可以，因此，常常是一些莫名其妙的词语，如"你好""无""看附件"等等。这实在是误解了主题栏的用意所在。这里所写，应该是一个判断句式的提示，明确告知收信者，发信者是"谁"，要"干什么"。这样才能在判断明确的前提下，继续下一步的沟通交际。如果只简单写上一些诸如上面的一些简短词语，别人无法确切地知道你"究竟是谁"。看发件者一栏，又常常是一串"猜不出来"的符号。本意是要沟通交际，但由于缺乏确定性的提示，在"怕病毒"的心理下，反而会阻碍了正常的沟通。

（3）应注意的问题——思维规律的基本内容和逻辑要求的关系。

思维规律的基本内容是指规律自身的客观内容，是人们在思维中的反映。思维规律的逻辑要求是人们根据这些规律的内容为保证思维的正确性而提出的。两者既有联系，又有区别。

思维规律的内容体现了规律本身的客观性、必然性，它是不以人们的意志为转移的，不管人们愿意不愿意，在人们进行思维的过程中，它总在起作用。而思维规律的要求，人们可以遵守它，也可以违反它。这就涉及违反思维规律的逻辑错误问题了。

四、违反同一律的逻辑错误

（一）混淆概念或偷换概念

（1）混淆概念是指在同一推理、论证过程中，由于认识不清，无意地把有某些联系或有某些表面相似之处的不同概念，当作相同的概念来使用；或者是把同一个概念在不同的含义下使用，从而做出了不恰当的判断。

例如，有人认为："规律是不以人们的主观意志为转移的客观存在，其真理性只能由社会实践来检验。"这个判断就混淆了"客观规律"和"科学规律"两个概念。"客观规律"指的是客观存在的必然性，而"科学规律"指的是人们对客观必然性的正确反映，它们分别属于存在和思维两个范畴，对于科学规律不能说是"客观存在"，对于客观规律不能说它的"真理性"。

（2）偷换概念是指在同一推理、论证过程中，把本来不同的概念混同起来，故意制造概念混乱。与混淆概念不同的是，混淆概念是无意的，偷换概念则是有意的。

例如，某人对本单位某领导经常用公款吃喝提出意见，认为这是腐败行为。但这位领导却辩解说："谁不吃喝？吃喝是腐败的话，大家都在腐败。"

这位领导的话，除了认识上的错误外，还有故意偷换"吃喝"概念的逻辑错误。在对用公款吃喝的批评中，"吃喝"表达的是"利用公共权力为自己谋取利益"这一概念，而这位领导辩解中的"吃喝"表达的是"人们生活中的正常饮食"这一概念。用后一概念取代前一概念，就是偷换概念。

又如，绰号为"国际大嘴巴"的李登辉，在他上台以后，就把"台湾光复日"改成了"终战日"。这个概念的偷换，目的就是要用"终战史观"框架抹杀历史的记忆，切断台湾与祖国大陆的历史连结。这种"文化台独"的伎俩，又被陈水扁等"台独"分子捡了起来，在 2005 年台湾光复 60 周年之际又大放"终战日"的厥词，声称"台湾没有光复节"，频频向日本右翼势力暗送秋波。

2006 年 2 月 27 日，陈水扁也玩弄文字游戏，宣布"终止""国统会"。尽管他没有使用起初一直气势汹汹的"废除"一词，但无论是在法律意义上，还是在逻辑学的概念意义上，"终止"和"废除"并没有本质的区别。尽管陈水扁仍然妄称这"并没有改变台海现状"，但都掩盖不了他以偷换概念的形式，包藏的"台独"的祸心。

（二）混淆论题或偷换论题

（1）混淆论题是指在同一推理、论证过程中，由于认识不清把有某些联系或有某些表面相似之处的不同判断，当作相同的判断，从而使本来应该得到证明的论题得不到证明。

例如，在一次辩论赛上，辩论的主题是"留学生回国是社会问题还是个人问题"。但在辩论赛的进行过程中，这个论题却被双方混淆为"社会问题是个中性词还是贬义词"了。尽管双方仍在引经据典地论证，但原来的论题却并没有得到有力的逻辑证明。

（2）偷换论题又叫作转移论题，它是指在同一推理、论证过程中，故意用一个完全不同的判断去替换原来的判断。也使本来应该得到证明的判断得不到证明。

例如，如今当人们对一些行政执法部门的人乱罚款现象提出质疑时，有些行政执法部门的人却说："罚款本身不是目的，严格执法是为了维护人民的合法权益。"这就将"罚款本身对不对"的问题，偷换为"如何维护人民的合法权益"的问题了。这就使原来需要说明的问题变成了另外一个本来没有讨论的问题了。

五、同一律的作用以及起作用的条件

（1）同一律的作用是保证在同一推理、论证过程中，概念、判断的自身同一，从而保证推理、论证的确定性。任何正确的言论，每一门科学体系，它的概念、判断都应当保持同一。否则，违反同一律的要求，任何言论或科学理论体系都难以成立。

（2）同一律只是推理、论证的规律，只是在思维领域内起作用，因此它不是支配外部客观世界的客观规律。它只是客观事物在确定的时间、空间下质的稳定性的一种反映。

（3）同一律并没有把外部事物看作永远同一、永远不变的。因此，同一律的作用是有条件的，它只要求在同一个推理、论证的过程中，在同一时间、同一关系下对同一对象而言，应该保持概念、判断的同一。如果脱离了这些条件，同一律就不起作用了。因此，同一律并不是绝对的、无条件的，而是相对的、有条件的。

第三节　矛盾律

一、矛盾律的基本内容

在同一个推理、论证过程中，互相否定的判断不可能都是真的，其中必有一个是假的。

客观事物在确定的时间、条件下，其确定的属性不可能同时存在又不存在，因此，作为思维反映的相互否定的判断也就不能同时成立。基于此，矛盾律是同一律的进一步展开和反面论证，仍然是对客观事物在一定时间、条件下质的确定性反映，只不过是反面的反映。例如，在逻辑方阵图中属于矛盾关系和上反对关系的一对判断，就不可能同时为真。

二、矛盾律的逻辑表达式

A 不是非 A 或 $\neg(A \wedge \neg A)$。

在这个公式中，"A"表示任何一个确定的判断，"非 A"则表示对"A"判断的否定。因此，这个公式表示在同一个推理、论证过程中，互相否定的判断不可能都是真的，其中必有一个是假的。

（1）从真假值来看，矛盾律公式中的（$A \wedge \neg A$）是矛盾关系，是永假的。那么，对它的否定 $\neg(A \wedge \neg A)$ 就是永真的了。

（2）从适用范围看，矛盾律公式中的"A"与"非 A"是矛盾关系。我们说相互否定的判断不能同真，主要指矛盾判断不能同真。因此，矛盾律公式适用于逻辑方阵中的矛盾关系和上反对关系。

三、矛盾律的逻辑要求

在同一个推理、论证过程中，任何一个判断都必须保持同一，不允许自相矛盾。

自相矛盾是每个人都有可能犯的错误。而矛盾律的意识与能力最鲜明地表现了一种批判性的思维能力。

例如，《今日说法》中有一个案例：证人说最后一个来的，没有看到案件的过程；过几天又说看见当事人与案件无关。正是由于他的证词自相矛盾，结果被查出是做了伪证。

四、违反矛盾律的逻辑错误

违反矛盾律的逻辑错误一般表现为自相矛盾。而"自相矛盾"可以表现为"自相矛盾的概念""自相矛盾的判断""自相矛盾的思想体系""自相矛盾的言行"。我们把这些通称为"自相矛盾"。

（一）"自相矛盾的概念判断"

一般表现为所使用的概念本身蕴涵着不可调和的矛盾。

例如，19 世纪的德国哲学家杜林曾做了一个关于概括世界的定数律："可以计算的无限序列"。如果是"可以计算的"，就不能是"无限序列"；如果是"无限序列"，就不能是"可以计算的"。因此，这个概念是一个自相矛盾的概念。所以恩格斯在《反杜林论》中批评说："杜林的囊括世界的定数律是一个形容语的矛盾，它本身就包含着矛盾，而且是荒唐的矛盾。"

（二）"自相矛盾的判断"

"自相矛盾的判断"指判断本身包含有不可调和的矛盾。

例如，某文章中有一句话："中国园林建筑始于汉唐时期。""汉""唐"两个朝代，中间相隔有近四百年，中国的园林建筑如果始于汉代，就不可能始于唐代；如果始于唐代，就与汉代毫无关系。始于汉代与始于唐代显然不能同时成立。这里显然是把"汉""唐"这两个相互反对的"概念"混同于同一概念了。我们可以说"汉唐盛世"，因为可以把这个判断分解为两个可以同时成立的判断；但如果说"某某始于汉唐"，一旦将这个判断分解为两个判断时，就可以发现这个判断本身包含有不可调和的矛盾了。

又如，在"9·11"事件发生后，布什政府一直宣称，他们在"9·11"以前接到的所有有关恐怖袭击的情报都指向美国的海外目标。当时的美国国家安全顾问赖斯在"9·11"独立调查中作证时也说，"9·11"事件前给总统的简报中大多是"过时信息"，并且表示她自己在"9·11"之前没有听到过任何关于拉登将使用飞机作为恐怖袭击工具的情报。而美国总统布什也宣称，他在"9·11"事件发生前一个多月收到的情报汇报中，没有恐怖分子将在美国本土发动恐怖袭击的具体情报。后迫于各方压力，白宫解密了"9·11"事件前一个多月（2001 年 8 月 6 日）交给布什的一份名为"本·拉登决心在美国境内发动袭击"的简报。这份文件表明，拉登早在 1997 年起就开始策划在美国境内发动恐怖袭击，有迹象表明"基地"组织可能在策划劫持飞机或者用其他方式发动袭击。

这份解密的简报与布什政府的解释有矛盾；与赖斯作证时的说法与身份

有矛盾；与布什的说法有矛盾。也正因为有这些矛盾，所以舆论认为，这份解密情报使布什政府的信誉受到了严重挑战。

（三）"自相矛盾的思想体系"

"自相矛盾的思想体系"指在一个思想体系中既肯定一种思想，同时又在否定这种思想。

例如，在20世纪70年代末的关于真理的大讨论中，有人论证说："虽然'实践是检验真理的唯一标准'没有错，但并非任何事情都能经过实践检验，因此，马克思主义也是检验真理的标准。"这种论证就是在肯定"实践是检验真理的唯一标准"的同时，又在否定这种"唯一标准"。

（四）"自相矛盾的言行"

"自相矛盾的言行"指一个人说的是一套，做的则与自己所说的矛盾。

例如，多年来，人权问题一直是美国干涉别国内政的"大棒"。但是，目前没有一个问题能够比美国的人权报告让全世界发出如此一致的谴责声音了，原因即在于，美国每年一份的《国别人权报告》，从来是对别国指指点点，对自己只字不提。所以，每当美国国务院抛出了《国别人权报告》，就会立即招来世界各国的强烈谴责。原因就在于美国搞人权双重标准。这个双重标准，在逻辑上就是言行不一的"自相矛盾"。难怪世界舆论认为，美国的"人权镜子"从来都是"照人不照己"，从而使之在人权问题上的信誉越来越丧失，其道德权威越来越"掉价"。正是由于这种不可调和的"自相矛盾"，才有人权问题专家指出："美国国务院明知这样的报告已毫无意义，却又不得不搞，他们已经越来越像是在例行公事。本来出这样的报告是想抬高自己，但这些年来的事实表明，这样做反倒给了别国嘲笑美国人权状况一个机会。"

又如，在先秦时代，诸子们在论辩中最擅长使用的类推归谬法，就是依据论辩对方的言行不一的自相矛盾来展开的。据《墨子·公输》载，公输盘说自己"吾义固不杀人"。于是墨子通过他帮助楚国攻打宋国的行为，指责他"义不杀少而杀众，不可谓知类"。

五、矛盾律的作用以及起作用的条件

（1）矛盾律的作用在于排除推理、论证过程中的逻辑矛盾，保证推理、论证的首尾一贯性。任何正确的思想、言论，任何科学理论，都应当具有一致性、不矛盾性。任何科学理论体系中，如果出现逻辑矛盾，就必须加以排除，否则，这种学说就不能成立。

从论辩的角度讲，矛盾律是反驳过程中发现并揭露对方矛盾，从而驳倒对方的有力武器。这在中国古代的论辩中尤其明显。

（2）在各种社会逻辑考试中，有种解题原则叫作"协调原则"。协调原则是在选择正确选项的过程中，与题干所述信息没有矛盾现象的，就是正确选项。否则，就不是正确选项。

（3）矛盾律只是推理、论证的规律，它只要求在同一时间、同一关系下对同一对象不能作出两个自相矛盾的断定。因此，矛盾律排除的只是推理、论证中的逻辑矛盾。如果不是同一个推理、论证过程，或者给不同的对象作出不同的判断，就不构成逻辑矛盾。因此，矛盾律也不是绝对的、无条件的，而是相对的、有条件的。

例如，"一切真理，其形式是主观的，而其内容是客观的"。这句话中实际上包含了两个针对不同对象所下的判断，一个是"真理的形式是主观的"，一个是"真理的内容是客观的"。所以，这两个判断之间并不存在逻辑矛盾。

在各种社会逻辑考试中，有种题型叫作"解释型"。解释型问题的特征是，题干所给出的论证是关于某些事实或现象的客观描述，而这个描述通常是一个似乎矛盾但实际上并不矛盾的现象，之所以感觉有矛盾，是因为在客观描述中，有一些被忽略的细节。而这些细节就是正确选项中所说明的条件的变化。因此，要求从备选项中寻找能够对其进行解释的一个选项。这就表现为解释型。

其解题思路是：题干中一般有一个似乎矛盾但实际上并不矛盾的描述，要求从备选项中寻找一个能够解释这种现象的选项，使之能够解释结论或现象；或者是解释差异或缓解矛盾。

在解这类题时，要关注题干所描述的矛盾现象，只是一种表面的矛盾现象。这个表面的矛盾现象可能或者是同一个事物的两个不同方面，或者所探讨的是两个不同的对象。之所以会感觉到矛盾，可能是还有某方面的细节没有考虑到。这时就要考虑矛盾律起作用的条件问题了。因此，在"解释矛盾"题型中，就是要求思考在矛盾现象后面的条件性是否一样。

六、矛盾律与同一律的关系

同一律是用肯定的形式从正面要求一个思想要有确定性，肯定就是肯定，否定就是否定；矛盾律则是以否定的形式从反面要求一个思想不能没有确定性，不能既肯定什么，又否定什么。因此，矛盾律是同一律的进一步展开和反证，是从反面体现了同一律关于保持思想确定性的要求。

第四节　排中律

一、排中律的基本内容

在同一个推理、论证过程中，两个互相否定的判断，不可能都是假的，其中必有一个是真的。

排中律是对客观事物区别性的反应。客观事物在确定的时间、条件下，是什么和不是什么，也总是确定的。人们对它究竟是什么和不是什么，必须要有所断定。否则，这个事物究竟是什么就将永远无法知道。

二、排中律的逻辑表达式

A 或者非 A 或 A∨¬A。

"A"与"非 A"是相互否定的两个判断，通过选言判断的形式来表述。"A 或者非 A"的逻辑特征，其重点不在于"A"与"非 A"的矛盾关系，而是表示"A"与"非 A"所提供选言判断的选言支已经穷尽。由于"A"与"非 A"已经穷尽了一切可能判断，两者之外不存在第三种可能，因此，排中律的根本逻辑特征就在于它排除了中间可能性。由于穷尽了一切可能判断的"A"与"非 A"不可能都是假的，因此，"A"与"非 A"两判断之间必有一真，不能同假。

（1）从真假值来看，穷尽了一切可能判断的"A"与"非 A"不可能都是假的。

（2）从适用范围看，排中律中的"A"与"非 A"是矛盾关系，因此，排中律适用于逻辑方阵中的矛盾关系。由于在否定的逻辑推演中，逻辑方阵中的下反对关系也不能同假，因此，排中律也适用于下反对关系。

例如，"我们这个班有的同学献过血"，"我们这个班有的同学没有献过血"。这两个下反对关系判断，按照排中律，不能同假，必有一真。

三、排中律的逻辑要求

在两个互相矛盾的判断中，必须肯定其中的一个为真，不允许对两者同时都加以否定，或对其中的任何一个判断采取既不肯定又不否定的第三种可能。对两个具有下反对关系的判断也是如此。

排中律要求人们在是非面前，对问题要作出明确的回答。即要有所断定。遵守排中律的要求，就是为了消除人们认识中的不确定性。因此，排中律从明确性的角度，进一步要求了推理、论证的确定性。

在现实生活中，经常会碰到一些语言模糊的现象。如在许多药品说明书上，就标有"慎服""酌减"的字样。怎么个"慎服"？"酌减"多少？缺乏一个明确的说明。这应该被看作是违背排中律的逻辑要求。2006 年 10 月，国家食品药品监督管理局新制定的《化学药品非处方药说明书规范细则》和《中成药非处方药说明书规范细则》就以法规的形式规定，化学药品非处方药说明书不能再使用"儿童酌减"或"老年人酌减"等表述方法，而是要在注意事项中标明"儿童用量（或老年人用量）应咨询医师或药师"。这就体现了排中律的逻辑要求。

四、违反排中律的逻辑错误

（一）非此非彼

非此非彼是对两个相互矛盾的判断同时予以否定。但由于矛盾判断已经排除了第三种可能，因此，对两个相互矛盾的判断同时予以否定的非此非彼也就丧失了判断的明确性。

例如，克隆人的问题是一个一度被炒得沸沸扬扬的话题，对此有人说："有人认为克隆人符合人类发展的需要,有人则认为克隆人不符合人类发展的需要。这两种观点都是错误的。"但"克隆人符合人类发展的需要"与"克隆人不符合人类发展的需要"是一对矛盾判断，对前者的任何反对意见，如"克隆人将违背人类社会的伦理要求"等观点，都包括在后者中，因此，对这两种相互矛盾的观点都持否定的态度，自己的观点究竟是什么，无所断定。

（二）模棱两可

模棱两可是对两个相互矛盾的判断含含糊糊地同时加以肯定或否定，但实际上并没有明确表明自己的态度或主张，因此，"模棱两可"实际上是"模棱两不可"，仍然是对事物的情况判断无所断定。

例如，2006 年 2 月，对于日本《产经新闻》所披露的一个叫原博文的日本人被日本外务省诱骗，偷窃中国机密，败露后将其抛弃，以及刑满回国后无人理睬的惊人内幕，记者采访了日本外务省对外事务新闻官。这位新闻官说，这是他自己的事，外务省不会对私人的事发表看法。当记者追问日本外务省是不是既不否认也不承认时，这位新闻官员回答说："是。因为此事涉及国家情报。按照国际惯例，各国对情报方面的事一般不对媒体发表看法……

我们什么都不说。因为不管有或者没有，没有必要证明是否属实。"但他又紧接着说："这种事是情报方面的问题，外务省一律不予答复。……如果外务省出面否认或者肯定就会对以后类似的事件造成影响。如果以后真有这样的事，外务省再出面说'无可奉告'就不好了。"这些外交辞令在装模作样之间，就是不肯作明确的回答。

在现实生活中，那种"为人只说三分话，不可全抛一片心"，在某种程度上就是"模棱两可"或"模棱两不可"。这种"模棱两可"在真假是非的问题面前含糊其词，态度暧昧，没有明确的回答，同样也会妨碍了思维的确定性。

五、排中律的作用以及起作用的条件

（1）排中律的作用是排除两个相互否定的思想的中间可能性，保证了推理、论证的明确性。

（2）排中律并不要求人们对任何存在矛盾观点的问题都作出明确表态，如对某些问题，人们还尚未深入了解，对是非界限还不清楚，这时不表态是允许的。这与在同一思维过程中对两个相互否定的思想不承认其中必有一真是不相同的。但是，只要表态，就应该有个明确的态度。同时，排中律也并不否认客观事物在发展过程中有中间的过渡状态。因此，排中律只在当问题只有两种可能——非此即彼、两者必有一真而不能同假时，它才起作用。

（3）排中律的作用只在于提出两个相互否定的思想必有一真，以供人们选择，但它并没有指明两个判断中哪一个是真的。判断的真要靠实践确定。

（4）对于复杂问语，排中律也不要求采取简单的"是"或"非"的回答。因为，复杂问语是隐含着一个对方没有承认或根本不接受的假设，对它的肯定回答与否定回答都将承认这个假设。

例如，在"文革"中，一些"走资派"在批斗会上就经常面临一个痛苦的问题："你还敢不敢再走资本主义道路了？"这句话就是复杂问语，它暗含着"曾经走过资本主义道路"的话题预设。

对复杂问语不做简单的肯定或否定回答并不违反排中律的逻辑要求。

六、逻辑矛盾和辩证矛盾

逻辑矛盾和辩证矛盾是两种完全不同性质的矛盾。逻辑矛盾是指思维中的自相矛盾，违反的是思维规律；而辩证矛盾是指事物的统一体中相互矛盾的两个方面，即事物的对立统一。辩证矛盾是事物在发展过程中其内部的对立的两个方面，既互相排斥、互相斗争，又在一定条件下相互依存、相互转化。因此，辩证矛盾是事物内部的既对立又统一的矛盾，它包括现实（客观事物）矛盾和正确反映现实矛盾的思维的辩证矛盾。辩证矛盾普遍存在于自然、社会和思维中，是受自然、社会以及思维的最普遍规律——对立统一规律制约的。

例如，"运动本身就是矛盾，甚至最简单的机械运动的位移之所以能够实现，也只是因为物体在同一瞬间既在一个地方又在另一个地方。这种矛盾的连续产生和同时解决正好就是运动"。这是对运动的矛盾性质的辩证认识。

又如，"夕阳返照桃花坞，柳絮飞来片片红"。这是对白色的"柳絮"为什么又是红色的的一种具体思维的辩证认识。

因此，对于具有完全不同性质的逻辑矛盾和辩证矛盾，不能混淆。清代学者方以智就曾说过："设教之言惟恐矛盾，而学天地者不妨矛盾。"

第五节　充足理由律

一、充足理由律的基本内容

在论证过程中，任何判断被确定为真时，必须要有充足理由作为根据。

二、充足理由律的逻辑要求

理由必须真实；理由与推断之间要有必然的联系；理由必须充足。

任何一个科学理论或真实论断的提出，都必须有真实的判断作为其理由，并且这些理由与结论之间有必然的、充足的逻辑联系。只有这样，一个论断的成立才可以说是经过严密逻辑证明的、具有说服力的。因此，充足理由律的逻辑要求在于保证推理、论证的有效性和论证性。

例如，某电脑商店承诺："所销售电脑在一个月内包换；一年内免费包修；三年内上门服务免收服务费。因使用不当造成的故障除外。"某人从该商店购买了一台电脑，三个月后软驱出现问题，要求该商店免费修理。他的情况属于"承诺"的服务项目，因此，这种要求理由真实，并且理由与要求履行"承诺"的推断之间也具有必然的、充足的联系，因此，这种要求是合理的。

在社会逻辑考试中，有一种从弱原则，就体现了充足理由律的逻辑要求。即选项中以只有一个是"可能"的模态判断，其他都是必然或实然判断，表明题干所给信息不足以得出一个必然的或实然的结论。这时，我们就应该按照从弱原则，只选择"可能"的选项。

三、违反充足理由律的逻辑错误

（一）虚假理由

虚假理由是指以虚假的判断或观点作为推理、论证的根据。在一个推理、论证中，前提或论据是推出结论或证明论题真实性的根据，如果前提或论据虚假，结论或论题的真实性就不会得到证明。

例如，在案件的侦察或审理中，证人、鉴定人、记录人或翻译人故意作出的虚假的证明、鉴定、记录或翻译，对于案件的侦察或审理来说，就是虚假理由，一般叫作伪证。

（二）理由与推断之间没有必然的联系

在一个推理、论证过程中，前提与结论或论据与论题之间如果没有必然的联系，就可能推不出结论或证明论题的真实性。

推不出的逻辑错误包括"论据与论题不相干""论据不足""以人为据""以相对为绝对""诉诸感情""诉诸无知"等。

（1）"论据与论题不相干"是指，理由尽管是真实的，但与结论之间没有必然联系。

例如，按前述例子中电脑商店的承诺，某人从该商店购买了一台电脑，不小心感染了电脑病毒，要求该商店赔偿损失。但感染电脑病毒并不是商店的原因，因此，这个人的情况与要求商店按承诺办事的结论之间没有必然的联系。电脑商店可以不满足他的要求。

（2）"论据不足"是指，论据对论证论题是必要的，但却是不充分的。

例如，按前述例子中电脑商店的承诺，某人从该商店购买了一台电脑，一个月后拆箱安装时，发现有电脑有故障，要求该商店更换。但这种要求超过了包换的期限，其要求包换的理由不充足，电脑商店只能为其提供免费修理。

（3）"以人为据"是指，仅仅以某人的言行为根据，对某一论点或者肯定或者否定，却并没有考虑他们的言行是否符合客观实际。

例如，据《今日说法》报道，某法官判定某人有罪，其根据是"群众的议论"。某人的是否有罪，需要事实来断定，"群众的议论"与这个人"有罪"之间没有关系。

"以人为据"的一种特殊表现是"诉诸权威"，是以权威人士的只言片语来肯定一个论题。

（4）"以相对为绝对"是指，把一定时间、条件和意义下相对正确的判断当作任何时间、条件和意义下都绝对正确的判断，并以此为根据来论证某一判断的真实性。

例如，只有在标准大气压的条件下，水才在 100℃ 沸腾。如果不顾及客观具体条件，把西藏地区的开水温度也说成是 100℃，就犯了"以相对为绝对"的"推不出"错误。

（5）"诉诸感情"是指，采用某些激动感情的手法，来代替对某个论点的证明或反驳。

例如，有个犯罪嫌疑人为自己辩护说："我有较高的文化层次，并且有一位美丽的妻子和一个可爱的女儿，我怎么可能铤而走险去犯罪呢？"这个辩护就是"诉诸感情"的谬误。

（6）"诉诸无知"是指，以自己的无知为根据，为某个论点论证。

例如，"我不懂法律，所以才犯了罪"。无知绝不是犯罪的论据，不懂法律，并不意味着法律对其无效。

复习思考题

1. 普通逻辑的基本规律有哪些？
2. 普通逻辑基本规律的意义和作用是什么？
3. 普通逻辑基本规律作用的条件性是什么？
4. 怎样认识概念的确定性、判断的确定性？

练习题

一、运用普通逻辑基本规律的知识，解答下列问题。

1. 某甲买了块新手表。与家中的挂钟对照，新手表一天慢 3 分钟。又将挂钟与电视中的标准时对照，挂钟一天快 3 分钟。因此，某甲认为刚买的新手表是准时的。

问：某甲的推断是否正确？

2. 有位失学儿童收到一笔助学捐款。经多方查证，断定是甲、乙、丙、丁四人中某一个人捐的款。经询问，甲说："不是我捐的。"乙说："是丁捐的。"丙说："是乙捐的。"丁说："我肯定没有捐。"最后经过确实，这四人中只有一个人说的话是真的。

问：四人中谁的话是真的，又是谁捐的款？

3. 晋平公问于祁黄羊曰："南阳无令，其谁可为之？"祁黄羊对曰："解狐可。"平公曰："解狐非子之仇邪？"对曰："君问可，非问臣之仇也。"平公曰："善。"遂用之。国人皆称善焉。(《吕氏春秋·去私》)

问：在这则对话中，平公的疑问正确吗？

4. 孟子谓齐宣王曰："王之臣有托于妻子于其友而之楚游者。比其反也，则冻馁其妻子，则如之何？"王曰："弃之。"曰："士师不能治士，则如之何？"王曰："已（罢免）之。"曰："四境之内不治，则如之何？"王顾左右而言他。(《孟子·梁惠王下》)

问：在这则论辩中，齐宣王的最后应答采取了什么方法，是否正确？

5. 某商店老板说："我卖的酒没有掺水。要是我的酒掺水，能这么好喝吗？"一位稽查人员说："他已经承认了他的酒掺了水。"

问：稽查人员的诡辩手法是什么？

6. 有位律师在法庭上给当事人辩护："我的当事人大学毕业，有较高的文化层次，并且有一位美丽的妻子和一个可爱的女儿，他怎么可能铤而走险去抢劫银行呢？"

问：这位律师犯有什么错误？

7. "人多力量大""众人拾柴火焰高"，这些名言证明了人口增长有利于社会发展。

问：怎样反驳上述推断？

8. 在一次商业谈判中，甲方总经理对乙方总经理说："根据以往贵公司履行合同的情况，有的产品不具备合同规定的要求，我公司蒙受了损失，希望以后不再出现类似的情况。"乙方总经理说："在履行合同中出现不符合要求的产品，按合同规定可以退回或要求赔偿，贵公司当时既不退回产品，又不要求赔偿，这究竟是怎么回事？"

问：乙方总经理问句的实质是什么？

二、运用普通逻辑基本规律的知识，分析下列论断违反了哪一条思维规律。

1. 变是绝对的，不变是相对的。我们只有树立正确的人生观，才可以保持不变。

2. 甲："你们这样通宵达旦、吵吵嚷嚷地打麻将，影响别人休息。"

乙："影响别人，又不影响你。"

3. 甲："你们家能不能深更半夜不打麻将？吵得人睡不着觉。"

乙："你们家孩子能不能深更半夜不哭？也吵得人睡不着觉。还有你们家厕所的水管流水声老大，你们家能不能把厕所关上？"

4. 甲："你在给别人提意见的时候，容易情绪激动，今后希望注意一点。"

乙："难道我连给别人提意见的权利也没有了？"

5. 清晨，天刚发亮，我们就披着万道霞光，开始军训了。

6. 明代哲学家王阳明曾提出"心外无物""心外无理"，一切都是"心"派生出来的。他曾说："我的灵明，便是天地鬼神的主宰。……离却我的灵明，便没有天地鬼神万物了。"他的学生问他："天地鬼神万物，千古见在，何没了我的灵明，便俱无了？"王阳明回答说："今看死的人，他这些精灵游散了，他的天地万物尚在何处？"（《传习录》下）

7.《华严一乘教义分齐章》中有这么一段话："问真如（佛教对事物本质的称呼）是有耶？答不也，随缘故。问真如是无耶？答不也，不变故。……又问有耶？答不也，不变故。问无耶？答不也，随缘故。……又问有耶？答不也，离妄念故。问无耶？答不也，圣智行处故。"

8. 明代有个杨慎，研究"天"有没有"极"（极限）。其研究的结果是："天有极乎？极之外何物也？天无极乎？凡有形必有极。"（《升庵集·辨天外之说》）

三、逻辑基本规律综合练习选择题。

1. 在对某生产事故原因的调查中，70%的人认为是设备故障，30%的人认为是违章操作，25%的人认为原因不清，需要深入调查。

以下哪项最能合理地解释上述看似矛盾的陈述？

A. 被调查的人有 125 个人。

B. 有的被调查的人改变了自己的观点。

C. 有的被调查者认为事故的发生既有设备故障的原因，也有违章操作的原因。

D. 很多认为原因不清的被调查者实际上有自己倾向性的判断，但不愿意透露。

2. 一段时间来，这个问题时时刻刻地缠绕着我，而在非常繁忙或心情非常好的时候，又暂时抛开了这个问题，顾不上去想它了。

问：以上陈述犯了哪项逻辑错误？

A. 循环论证　　　B. 偷换概念　　　C. 转移论题　　　D. 自相矛盾

3. 甲：你认为《夜宴》拍得好吗？

乙：我认为不算好。

甲：那就是说，你认为坏了？

乙：我并没有说坏。

甲：说不好就是坏。

下面哪个选项不可能是对甲、乙对话的正确评价？

A. 甲问话的用意是要求乙作出一个肯定的、明确的答复。

B. 乙的回答前后矛盾。

C. 甲没有把握乙的两次回答的真谛。

D. 在乙看来，《夜宴》拍得一般。

4. 张三说的话不会错，因为他是听他爸爸说的，而他爸爸是一个治学严谨、受人尊敬、造诣很深、世界著名的数学家。

以下哪项如果为真，将最能反驳上述结论？

A. 张三谈的不是数学问题。

B. 张三平时曾说过错话。

C. 张三的爸爸并不认为他自己的每句话都是对的。

D. 张三的爸爸已经老了。

5. 有些人坚信飞碟是存在的。理由是：谁能证明飞碟不存在呢？

下列选项中，哪项与上述论证方式相同？

A. 中世纪欧洲神学家论证上帝存在的理由是：你能证明上帝不存在吗？

B. 科学家不是天生聪明的。因为，爱因斯坦就不是天生聪明的。

C. 一个经院哲学家不相信人的神经在脑中汇合。理由是：亚里士多德著作中讲道，人的神经是从心脏中产生出来的。

D. 鬼是存在的。如果没有鬼，为什么古今中外有那么多人讲鬼故事？

6. 某班有 60 个学生，男女各占一半。其中有 40 个同学喜欢数学，有 50 个同学喜欢语文。这表明有可能会有：

A. 20 个男生喜欢数学但不喜欢语文。

B. 20 个喜欢语文的男生不喜欢数学。

C. 30 个喜欢语文的女生不喜欢数学。

D. 30 个喜欢数学的男生只有 10 个喜欢语文。

7. 一个身穿工商行政管理人员制服的人从集贸市场走出来。

根据以上陈述，可作出下列哪项判断？

A. 这个人一定是该市场的管理人员。

B. 这个人可能是其他市场的管理人员。

C. 这个人一定不是该市场的管理人员。

D. 这个人一定是来买东西的市场管理人员。

第六章　归纳推理

第一节　归纳推理概述

归纳推理是归纳逻辑的基本内容。从形态上看，归纳推理可以分为传统归纳推理和现代归纳推理，前者主要指简单枚举推理、科学归纳推理等，而后者主要指概率推理、统计推理等。传统归纳推理包括了完全归纳推理，但不包括类比推理，而现代归纳推理包括了类比推理，但不包括完全归纳推理。逻辑上所讲的归纳推理，实际上是对归纳方法所作的形式上的概括。历来对归纳推理和归纳方法的区分不是很严格。例如，枚举归纳法也可以称作枚举归纳推理，穆勒五法或求因果五法也可以称作排除归纳推理。

一、什么是归纳推理

在传统逻辑中，归纳推理仅仅是指其结论为全称命题的推理，也就是从个别性知识推出一般性知识的推理，这种归纳推理实际上是归纳概括。例如，英国逻辑学家穆勒（1806—1873）曾经把归纳定义为"发现和证明概括的运作"。但是在现代归纳逻辑中，归纳推理不仅指从个别性知识推出一般性知识的推理，它还包括从一般性知识推出个别性知识的推理，例如"所有迄今为止发现的绿宝石都是绿的，所以下一颗被发现的绿宝石将是绿色的"；也包括从一般性知识推出一般性知识的归纳推理等。

例① 陈胜、吴广领导的农民起义最后失败了，

　　　张角领导的农民起义最后失败了，

　　　黄巢领导的农民起义最后失败了，

　　　方腊领导的农民起义最后失败了，

　　　杨幺领导的农民起义最后失败了，

　　　李自成领导的农民起义最后失败了，

　　　　所有这些人领导的起义都是农民起义，

　　　　所以，所有的农民起义最后都失败了。

　例② 地球表面附近所有的自由落体都遵从伽利略定律。

　　　　所有行星都遵从开普勒定律

　　　　所以，所有的物体都遵从牛顿定律

　　例①是一个归纳推理。通过对若干次农民起义最后都陷于失败的个别性知识，推出"所有农民起义最后都失败了"的一般性知识。例②也是一个归纳推理，但它是从一般性知识推出一般性知识的归纳推理，在比较成熟的科学中，这种归纳推理的应用比较广泛。

　　从以上例子可以看出，归纳推理的结论的知识范围超出它的前提的知识范围，因而前提真，结论并不必然真。所以，归纳推理不属于必然性推理，而是一种或然性推理，或者说是一种放大性的推理。

二、归纳推理与演绎推理的关系

　　归纳推理与演绎推理既有区别又有联系。

　　（一）归纳推理与演绎推理的区别

　　（1）从结论所断定的知识范围看，演绎推理的结论蕴含在前提中，它虽然推出了新的判断，但没有超出前提所包含的知识范围。所以，它是一种非放大性推理；而归纳推理的结论所作的判断超出了前提所包含的知识范围，即便是像例②那样从一般性知识推出一般性知识的归纳推理也是如此。所以，归纳推理是一种放大性的推理。而这种推理的放大性就为新知识的发现和预见提供了可能性，这是归纳推理的一个重要特征。

　　（2）从前提与结论的联系程度看，演绎推理的前提与结论之间具有必然的联系，只要前提真实，形式正确，就必然推出真实结论；而归纳推理的前提与结论之间，除了完全归纳推理以外，一般来说，都只具有或然的联系。因此，我们可以说，演绎推理是必然性推理，归纳推理一般说来是或然性推理。二者是有区别的。

　　（二）归纳推理与演绎推理的联系

　　（1）演绎推理大前提的一般性知识，必须借助归纳推理，由个别性知识经过概括才能得到。

　例① 金是导电体，

　　　　银是导电体，

　　　　铜是导电体，

　　　　金、银、铜都是金属，

　　　　所以，一切金属都是导电体，

　　　　钨是金属，

　　　　所以，钨是导电体。

　　这是一个归纳推理和演绎推理相结合的结构，它说明演绎推理的大前提"一切金属都是导电体"这个一般性的认识是由归纳推理得到的。如果没有归纳推理，从根本上说，演绎推理的大前提是无法得到的。因此可以说没有归纳就没有演绎。

　　（2）归纳推理也离不开演绎推理。在归纳推理过程中，所获得的个别性前提需要一定的理论、原则做指导。而且，归纳推理所得到的结论，往往需要演绎推理加以论证。就拿上例来看，归纳推理的每个个别性前提又是怎样得到的呢？很难设想如果没有一般性的知识，人们就能得到"金是导电体""银是导电体"等个别性的知识，因为任何个别性认识都不可能孤立产生，总是借助一般性认识为前提才能得到。

　　例①　凡能通过电流的物体都是导电体，

　　　　　金是能通过电流的物体，

　　　　　所以，金是导电体。

　　由此可见，归纳推理的前提也要依赖演绎推理。

　　再从归纳推理的结论来看，显然，只根据金、银、铜这样三种具体的金属，就归纳出"一切金属都是导电体"这个结论，是不充分的。如果要提高结论的可靠程度，必须借助演绎推理进行补充和论证。如例中借助演绎推理，推论出"钨也是导电体"，对归纳推理做了补充和论证。这样的补充越多，就越能提高归纳推理结论的可靠性。因而也就对归纳推理的结论起了论证作用。由此可见，归纳推理从前提到结论都离不开演绎。在这个意义上说，没有演绎，也就没有归纳。

　　是否因为演绎推理是必然性推理，就认为演绎推理优于归纳推理？当然不。演绎推理的必然性是演绎推理的定义所规定的自身的特征。同样，也不能认为归纳推理推出了前提中不包含的新知识而认为归纳推理优于演绎推理。因为归纳推理的结论超出前提的范围也是归纳推理给自身规定的特性。因此，用演绎逻辑的标准来评判归纳逻辑，判断归纳推理的价值，或者用归纳逻辑的标准来衡量和要求演绎逻辑，评价其价值，都是无意义的。

第二节　完全归纳推理与不完全归纳推理

一、什么是完全归纳推理

传统的归纳推理主要分为完全归纳推理与不完全归纳推理。

什么是完全归纳推理？所谓完全归纳推理是根据一类事物中每一个对象具有（或不具有）某种属性，推出该类事物都具有（或不具有）某种属性的归纳推理。

例① 直角三角形的内角和是180°，

锐角三角形的内角和是180°，

钝角三角形的内角和是180°，

直角三角形、锐角三角形、钝角三角形是全部的三角形，

所以，一切三角形的内角和都是180°。

这是一个完全归纳推理，前提中对所有三角形这一类事物中的每一种类型都断定具有内角和是180°的属性，从而推出"一切三角形的内角和都是180°"的一般性认识作结论。

完全归纳推理的公式表示为：

$$S_1——P,$$

$$S_2——P,$$

$$S_3——P,$$

……

$$S_n——P,$$

$$S_1、S_2、S_3,…S_n 是 S 的全部,$$

所以，一切 S 都是 P。

公式 S_1、S_2、S_3、S_n 分别表示个别事物，P 表示事物的属性，S 表示 S_1、S_2、S_3、S_n 所属的一类事物。

完全归纳推理的特点是：

（1）前提中考察了一类事物的每一个对象，无一遗漏。

（2）前提与结论之间具有必然性联系，推出的结论是确实可靠的。

显然，完全归纳推理是归纳推理的极限形式，是必然性的推理。因此按照我们给出的演绎推理和归纳推理的定义，完全归纳推理不属于归纳推理，

应当属于演绎推理。

二、什么是不完全归纳推理

不完全归纳推理是根据一类事物中部分对象具有（或不具有）某种属性，推出该类事物都具有（或不具有）某种属性的归纳推理。

例① 黄鱼是在水中生活的，

　　　鲫鱼是在水中生活的，

　　　鲤鱼是在水中生活的，

　　　带鱼是在水中生活的，

　　　青鱼是在水中生活的，

　　　黄鱼、鲫鱼、鲤鱼、带鱼、青鱼都是鱼，

　　　所以，所有的鱼都是在水中生活的。

这是一个不完全归纳推理，前提列举出鱼类中的部分对象具有"在水中生活"的属性，推出"所有的鱼都是在水中生活的"一般性认识作结论。

不完全归纳推理分为枚举归纳推理和科学归纳推理两类

（一）枚举归纳推理

枚举归纳推理也称枚举归纳法，是不完全归纳推理的基本类型之一，它是根据一类事物中部分对象具有某种属性，并且没有遇到相反情况，从而推出该类事物都具有某种属性的归纳推理。枚举归纳法是人们在长期的实践基础上，逐渐概括形成的，属于最简单、最基本的逻辑推理，也是一种科学方法。

例① 燕子是卵生的，

　　　麻雀是卵生的，

　　　大雁是卵生的，

　　　老鹰是卵生的，

　　　燕子、麻雀、大雁、老鹰都是鸟，

　　　所以，所有的鸟都是卵生的。

这是一个枚举归纳推理，前提考察了鸟类中的部分对象有卵生的属性，同时没有遇到相反情况，推出"所有的鸟都是卵生的"一般结论。

枚举归纳推理用公式表示为：

　　　S_1——P，

　　　S_2——P，

　　　S_3——P，

......

S_n——P，

S_1、S_2、S_3，…S_n 是 S 中的部分，并且没有遇到相反的情况，

所以，一切 S 都是 P。

枚举归纳推理的主要特点是前提只考察了一类事物中部分对象的情况，在没有遇到相反情况下，就推出一般性结论。

它主要的根据是事物情况的多次重复，而不分析事物情况出现的原因，因此，这种推理结论的可靠性不大，前提与结论之间的联系是或然的。一旦发现相反情况，结论就被推翻。

例① 鸡的血是红色的，

鸭的血是红色的，

鱼的血是红色的，

鸟的血是红色的，

鸡、鸭、鱼、鸟都是动物，

所以，所有动物的血都是红色的。

这是一个枚举归纳推理，它仅仅根据动物中的一部分对象的血是红色的，就推出"所有动物的血都是红色的"。这个结论是错误的，因为蜘蛛、乌贼的血不是红色的，而蜘蛛、乌贼也都是动物。

又如《韩非子》一书中有一个《守株待兔》的寓言说，有一个人看见一只兔子撞到树上死了，他就每天守在树旁等待，以为兔子每天都会撞到树上。这种只根据一次情况就概括一般，更是不可靠的了。这种错误在逻辑上叫作"轻率概括"或"以偏概全"。

如何提高枚举归纳推理结论的可靠程度呢？

第一，列举的数量越多，考察的范围越广，枚举归纳推理结论的可靠程度就越高。

第二，注意寻找有没有相反的事例。由于枚举归纳推理的结论是否可靠，关键在于有没有发现反例，因此在尽可能地列举事例后，注意考察一下有无反例是极为必要的。如果有一个反例，就不能推出一般结论；如果没有发现反例，那么推出的一般结论，虽然具有或然性，但有一定的可靠性。

枚举归纳推理与完全归纳推理比较，虽然结论有或然性；但对数量较多的事物进行概括时，简单枚举归纳推理更为方便、快速，思维效率高。比如有一段"剥花生"的故事：

一位老师傅让两个徒弟各剥一筐花生，看看是不是所有的花生里面都有

粉衣包着。大徒弟抱着一筐花生一个个地剥起来；而小徒弟却不是一个个地剥，而是捡了几种不同样的花生，有一粒仁的、两粒仁的和三粒仁的，各剥了几个发现都有粉衣包着，于是这个小徒弟很快就报告老师傅说："所有花生里边都有粉衣包着。"而那个大徒弟还在一个个地剥着。

从逻辑上分析，这段故事中的两个徒弟，一个用的是完全归纳推理，一个用的是不完全归纳推理中的枚举归纳推理。前者结论的可靠程度比较高，但应用范围有限。后者仅仅列举了少量个别事物，但是应用起来更为方便，效率更高。这实际上是典型抽样法的逻辑概括。为了提高枚举归纳推理的可靠程度，人们已经研究出许多办法，例如把概率应用于归纳，可以有效地提高归纳推理的可靠性。

枚举归纳推理的应用范围是非常广泛的。人们对生活经验的概括一般都是用枚举归纳推理获得的。如"失败是成功之母""吃一堑长一智""春雨贵如油""瑞雪兆丰年"等都是对生活中重复了多少次的现象加以概括得到的认识。对这种生活经验的概括不能因其有偶然的反例予以否定，因为这些谚语、格言多数是生活经验的总结，目的是为人们提供实践经验，而不是获得严格的科学判断。

在科学研究中，枚举归纳推理是一种具有初始意义的归纳方法。许多科学家之所以有所发明创造，就是通过大量的观察，取得个别经验材料，然后进行初步概括而得到的。如果遇到反例，往往更能促进科学研究的进一步深入，因此归纳推理的作用，绝不因其结论具有或然性而减弱。相反，科学研究的过程往往就是一个从或然性认识通往必然性认识的途程，科学家贝弗里奇曾说："归纳过程虽然可靠程度不够，却较富于创造性。其富于创造性是由于归纳过程是得出新理论的一种方法。"（贝弗里奇：《科学研究的艺术》，科学出版社 1979 年版，第 89 页）

（二）科学归纳推理

科学归纳推理就是通过对某类事物部分被考察对象与其具有（或不具有）的某属性的因果联系的科学分析，推出该类事物全部对象都具有（或不具有）某属性的一般性结论的不完全归纳推理。这种推理是以对因果联系的分析为基础的，所以其结论要比以经验为主要依据的枚举归纳推理的结论可靠得多。

例① 金遇冷时体积缩小；

　　　银遇冷时体积缩小；

　　　铜遇冷时体积缩小；

　　　金、银、铜是金属类的部分对象，它们遇冷时体积缩小，是因为它遇冷时会引起分子凝聚力的增强，使分子间的空隙缩小。

所以，凡金属遇冷时都会体积缩小。

科学归纳推理的形式是：

S_1 是（或不是）P；

S_2 是（或不是）P；

······

S_n 是（或不是）P；

S_1、S_2，…S_n 是 S 类的部分对象，并且它们与 P 之间有因果关系。

所以，凡 S 是（或不是）P。

科学归纳推理不停留在事例的简单重复上，它还对被考察对象与其属性之间的因果联系进行科学分析，这是其结论较为可靠的原因之一。科学归纳推理的结论一般表现为反映客观对象必然性和规律性的全称命题，因此，它在科学认识中有可能使人们获得关于客观事物本质的认识，获得关于研究对象的规律性的知识。

科学归纳推理与枚举归纳推理虽然都属于不完全归纳推理，在前提中都只是考察了某类事物的部分对象，结论所断定的范围也都超出了前提所断定的范围，但是二者仍是有区别的。第一，推理的根据不同。简单枚举归纳推理的根据是某种情况在某类事物部分对象中不断重复，并且没有遇到反例情况；科学归纳推理不只停留在这种根据上，它还进一步分析了对象与属性之间的因果联系。第二，所考察对象的数量不同。枚举归纳推理需要考察尽量多的对象，并且考察的对象数量越多，其结论的可靠性越高；但考察对象的数量对科学归纳推理却不起重要作用，它主要是以认识对象与属性间的因果联系为依据的。第三，虽然它们的前提与结论之间的逻辑联系都是或然的，但科学归纳推理的结论比枚举归纳推理的结论的可靠程度要高。

科学归纳推理是在科学研究中广泛应用的一种归纳方法。例如，研究金属为什么都能导电，而玻璃等绝缘体为什么不能导电？如果用简单枚举归纳推理，只能列举个别事物具有导电或不导电的现象进行表面观察，不能揭示导电或不导电的原因。只知其然，不知其所以然。如果运用科学归纳推理，通过科学实验就可以分析出：金属导电的原因是因为金属中有自由电子存在，而自由电子与原子核之间的吸引力是很小的，原子核约束不住自由电子的活动，金属就是靠自由电子的运动而导电的。在玻璃等绝缘体中，原子核和核外电子间的吸引力比较大，这些电子都不能脱离原子核而自由运动，因此这些原子都是中性的，它们既不带正电，也不带负电。由于这类物体中没有自由电子，所以它们都不能导电。由于这类物体中没有自由电子，因此它们都不能导电。这就揭示出金属为什么都能导电，而玻璃等绝缘体为什么不能导电的原因。这样所得到的一般性认识是科学归纳的结论。

第三节　穆勒五法

　　探求因果联系的方法在古代就已萌芽，以后随着科学的发展，经过对前人经验的总结，由穆勒概括为五种求因果联系的方法，即求同法、求异法、求同求异并用法、共变法和剩余法，简称穆勒五法或求因果五法。穆勒五法是根据因果联系的一些特点，把那些不是被研究现象的原因的先行情况排除掉，而在其余的先行情况与被研究现象之间确立因果联系的方法。因此，穆勒五法也叫"排除归纳法"，或"排除归纳推理"。

　　因果联系是客观事物普遍存在的一种联系。无论在宏观世界还是在微观世界，都没有无缘无故产生的东西，一切事物都是由一定原因引起的，一切事物也都必然地会造成一定的结果。科学发现的重要特性是揭示事物之间内在的因果联系，因此穆勒五法是科学发现的重要方法。杰出科学家爱因斯坦曾感慨地说："西方科学的发展是以两个伟大的成就为基础，那就是：希腊哲学家发明形式逻辑体系（在欧几里得几何学中），以及通过系统的实验发现有可能找出因果联系（在文艺复兴时期）。"（爱因斯坦：《西方科学的基础和中国古代的发明》，见《爱因斯坦文集》第一卷，商务印书馆1976年版，第574页）这里所说的第二个伟大成就指的就是穆勒五法。

一、求同法（契合法）

　　求同法是说：如果在被研究现象出现的若干场合中，只有一种情况是相同的，那么这个唯一共同的情况就是该现象出现的原因（或结果）。

　　例如，1960年，英国有一个农场的10万只鸡、鸭，由于吃了发霉的花生而得癌症死去了。1963年，有人又用发霉的花生喂了大白鼠、鱼、雪貂，这些动物也得了癌症死去。这些动物的品种、生理特征、生活条件以及发生的时间都不相同，而都吃了发霉的花生这一点是相同的，由此初步做出分析：吃了发霉的花生是使这些动物致癌而死的原因。后经过对发霉花生进行化学分析，发现其中有致癌物质——黄曲霉素，从而得出了最后结论，即黄曲霉素是使这些动物致癌死亡的原因。

　　这就是一个应用求同法进行归纳推理的事例。在不同的场合中，即时间条件、动物的品种、生理特征、生活条件都不同，但却都发生了致癌而死的现象。原因是什么？从动物的食物中发现了发霉的花生，于是初步断定这个相同的因素与这些动物致癌而死的现象之间有因果联系，然后经过科学归纳，最后确定，发霉花生中含有的黄曲霉素是致癌的原因。

　　求同法的形式是：

场合	相关先行情况	被研究现象
Ⅰ	A、B、C	a
Ⅱ	A、D、E	a
Ⅲ	A、F、G	a
…	……	…

　　所以，A 是 a 的原因（或结果）

　　其中的 a 表示被研究对象，A 表示不同场合中的唯一共同情况，B、C、D、E、F、G 表示不同场合中的不同情况。

　　求同法要求在被研究现象出现的若干场合的相关先行情况中，除一种情况相同外，其他情况的差异越大，结论就越可靠。但是，在实际思维中，要寻找唯一共同的事例是很困难的，并且人们也不可能穷尽被研究现象出现的所有场合。

　　求同法的特点是：

　　（1）异中求同；

　　（2）结论不是必然推出的。

　　应用求同法应注意以下几点：

　　（1）比较的场合越多，结论的可靠程度越高。因此在科学研究中，往往要经过多次反复实验，才能得到较为可靠的结论。

　　（2）如果在相关因素中发现有若干相同的因素，则可初步确定这个共同因素群与发生现象之间有因果关系，然后再用其他方法作进一步分析。

　　（3）有时表面上的相同因素不是真正的原因，而是在相异的因素中隐藏着真正的原因。例如某人患了感冒，发生呼吸道感染和咽喉炎，服用了 APC 和土霉素，结果病好了，后来又患了同样的病，服用了 APC 和四环素，病又好了，于是某人认为病治好的原因一定是因为两次都服用的 APC。其实，病治好的真正原因是服用了土霉素和四环素。

二、求异法（差异法）

求异法是说：如果在被研究现象出现与不出现的两种场合的先行情况中，唯有一种情况不同，那么这个唯一不同情况就是被研究现象的原因（或结果）。

例如，加拿大洛文教授为了弄清候鸟迁徙之谜，曾将秋天捕捉的几只候鸟，在入冬后，将其中的几只候鸟置于白昼一天短于一天的自然环境里，另外的几只候鸟置于日光灯照射之下的类似于白昼一天天延长的人工环境里。到了12月间，将两种环境里的候鸟全部放飞，结果发现，日光灯照射的候鸟像春天的候鸟一样向北飞去，而未受日光灯照射的候鸟却留在原地。据此，洛文教授认为：候鸟迁徙的原因不是气温的升降，而是昼夜的长短。

求异法的形式是：

场合	相关先行情况	被研究现象
Ⅰ	A、B、C	a
Ⅱ	一、B、C	一

所以，A 是 a 的原因（或结果）。

其中，场合Ⅰ叫正场合，A 先行情况出现，被研究现象 a 也出现；场合Ⅱ叫负场合，先行情况中 A 不出现，被研究现象 a 也不出现。而 B、C 则是正负场合中的相同情况。

求异法的特点是：

（1）同中求异，即正负场合其他情况完全相同，只有一种不同情况；

（2）结论不是必然推出的。

应用求异法应注意以下几点：

（1）在正负场合中除了某一情况不同之外，如果还隐藏着其他不同情况，那么它可能是被研究现象的真正原因（或结果）。

例如，在对离体的青蛙心脏进行实验时，生理学家通常使用生理盐水作为灌注液。用这种方法可以使青蛙心脏继续保持约半小时的跳动。一次，生理学家林格在伦敦大学医院发现，做实验用的青蛙心脏竟连续跳动了好几个小时。这是为什么呢？他分析了这次实验与以前的实验，认为这次实验与以往实验的唯一不同是季节差别。于是将此写进了实验报告。可是后来他发现他的实验助手在前后实验中制作盐水溶液所用的水也不同：以前用的是蒸馏水，而这次实验用的是自来水。根据这个线索，又断定这是由于自来水中含有某些盐分，才使青蛙心脏跳动的时间增加了。

不难看出，林格当初把季节的变化作为离体青蛙心脏跳动时间延长的原因，实际是错误地运用了求异法。因为季节的变化不是唯一的不同情况，还有用来制作生理盐水的水的不同，这一不同情况才是离体青蛙心脏跳动时间延长的真正原因。

（2）要分析正、负场合中唯一不同的情况是被研究现象的全部原因还是部分原因。因为，如果被研究对象的原因是复合的，而且各部分原因的单独作用是不同的，那么，全部原因的一部分情况消失时，被研究现象也不会出现。

例如，植物光合作用的过程，其原因是复合的。植物吸收太阳光的能量、空气中的二氧化碳和水分制作碳水化合物。如果没有阳光的辐射供给能量，植物的光合作用就会中断。但是，阳光的辐射供给能量仅仅是引起光合作用的部分原因，并不是全部原因。

由此可见，我们只有探求被研究对象的全部原因，才能把握这种因果联系的整体。

求异法与求同法是两种探求因果联系的最基本的方法，应用很普遍。从作用来看，求异法比求同法又进了一步，它不只有正面场合，而且有反面场合相比较。在实验中，经常需要人为地增加或减少某一个因素，从差异中观察不同的结果，这正是对求异法的应用。

三、求同求异并用法（契合差异并用法）

求同求异并用法是说：如果在被研究现象出现的若干场合（正事例组）中只有一个共同情况，而在被研究现象不出现的若干场合（负事例组）中却不出现该共同情况，那么这一共同情况就是被研究现象出现的原因（或结果）。

例如，有人做了一种证明运动对人体的必要性的实验，把男女老少若干人分为两组，一组人在一间房屋里连续躺 20 天，另一组人在一间房屋里每天允许做四次运动，每次 10 分钟。结果前一组的人 20 天以后疲乏、便秘、食少，起来后头晕、心悸、走不动，甚至晕倒，而另一组却一如往常。

这个例子就是应用了求同求异并用法进行的实验。一组人的共同因素是每天不运动，出现的共同现象是疲乏、便秘、头晕等；而另一组人的共同因素是每天都有一定时间的运动，出现的现象是一如往常。这分别来看都是求同法，然后对这两组情况再求异：一组人因有每天运动的共同因素，20 天后都有一如往常的现象出现；而另一组人没有每天运动的共同因素，20 天后都出现疲乏、便秘、头晕等现象，因此，每天有一定的运动是一如往常的原因。据此证明运动对人体是必要的。

求同求异并用法的形式是：

场合	相关先行情况	被研究现象
正事例组Ⅰ	A、B、C	a
正事例组Ⅱ	A、D、E	a
正事例组Ⅲ	A、F、G	a
…	……	…
负事例组　Ⅰ′	—、M、N	—
负事例组　Ⅱ′	—、Q、P	—
负事例组　Ⅲ′	—、Q、S	—

所以，A 是 a 的原因（或结果）。

求同求异并用法不是先求同后求异，而是通过两次求同一次求异获得结论的。在正事例场合中，第一次用求同法可得出：某一相同情况存在，被研究现象也存在。在反例场合中，第二次运用求同法得出：某一相同情况不存在，被研究现象也不存在。最后，再用求异法把两次求同的结论进行比较，就能确定某一共同情况与被研究现象之间的因果联系。

求同求异并用法的特点：

（1）不是两个场合对照，而是正、负两组事例（每组事例至少有两个场合）对照；

（2）正、负两组事例之间，除了有 A 与无 A 的情况不同外，其他相关因素不完全相同；

（3）结论不是必然推出的。

应用求同求异并用法应注意以下几点：

（1）两组事例越多，结论的可靠性越大。

（2）对负事例组场合的选择要与正事例组场合相似，才能提高结论的可靠程度。如实验一种新药的疗效，用与人相近的高等动物做实验要比用低等动物做实验可靠得多。

运用求同求异并用法进行科学实验比单纯使用求同法或求异法的结果更为可靠，因为此法考察的事例较多，而且有对照。许多科学实验应用此法所获得的结论是个百分比，表明在一组事例的多大范围中具有因果关系。

例如，科学家经过对灯光的研究，发现灯光能影响人体的健康。两位美国医学研究人员，在一个军人疗养院里对一批中年人进行了观察，发现人体在灯光的长期照射下，吸收钙的功能减弱。他们让一些人在一间装有模拟太阳光的灯的屋子里每天待八小时，一个月内这些人中的 15%增强了吸收钙的能力；而另一些人，在同样的时间内，让他们在装有普通白炽灯和荧光灯的屋子里，结果，这些人中有 25% 的人失去了本来就在减弱的摄钙能力。

这个例子是一个应用求同求异并用法分析原因的事例。最后通过百分比说明在灯光长期照射下对人体健康有影响。

四、共变法

共变法是说：如果在先行情况中有一个现象随着被研究现象的变化而变化，那么这一现象就是被研究现象的原因（或结果）。

例如，1917 年，美国的生理学家雅克洛布等人发现，在其他条件不变的情况下，气温每降低 8℃，果蝇的寿命就可延长一倍。比如，果蝇在 25℃ 的环境条件下可以活 35～50 天，在 18℃ 的环境条件下可以活 100 天，在 10℃ 的环境条件下可以活 200 天。由此可以确定，果蝇的寿命与气温之间有因果联系。

共变法的形式是：

场合	相关先行情况	被研究现象
Ⅰ	A_1、B、C、D	a_1
Ⅱ	A_2、B、C、D	a_2
Ⅲ	A_3、B、C、D	a_3
…	……	…

所以，A 是 a 的原因（或结果）。

其中，A_1、A_2、A_3……表示唯一相关先行情况 A 的不同变化状态；a_1、a_2、a_3……表示被研究现象的不同变化状态；B、C、D 表示各不同场合相同的先行情况。

共变法的特点：

（1）共变法是以原因和结果在量上的相应变化为依据的；

（2）结论不是必然推出的。

共变法在一般观察和实验中经常使用，如关节炎患者感到疼痛是天气要变的预示。观察的结果表明：关节痛和气压变化确有关系，当气压急剧上升时，关节炎症状反映较多；而气压下降时这种症状就减少。这说明气压的变化与关节炎疼痛症状之间有因果关系。

运用共变法应注意以下几点：

（1）有时是同向共变，即共变量相互递加，二者成正比关系。如物理学中的吕萨克第一定律：一定量气体，压力不变，气体的绝对温度与体积成正比。

（2）有时是反向共变，即共变原因量递加，而结果量递减，二者成反比关系。如物理学中波义耳定律，一定质量的气体，在温度不变情况下，如果体积越大，那么压力就越小，而体积越小，则压力越大。

（3）有时共变超过一定限度，原共变关系就会消失，甚至发生反向共变。如农业上小麦密植可增产，但密植超过一定限度，不但不会增产，反而会减产。在科学研究中应当找到这种同向共变变为反向共变的临界点。

（4）有时共变关系中由于增加其他条件，发生反向共变。如物体加热时给以强大压力，物体不但不膨胀反而会收缩。不能认为加热是收缩的原因。

（5）有时共变是偶然的巧合，并非因果关系。如分析病因时，有时某种偶然因素（如精神刺激）会加重病情，但并不是真正原因。

（6）有的因时间先后出现的共变，未必是因果关系，如闪电后有雷鸣，似乎有共变关系，其实都是由于天空放电产生的现象，只不过光速比声速快而已。

（7）有的共变是单向的，不可逆的，如太阳上黑子的活动能引起地球上短波通信中断，气候异常，心血管病发病率提高；但地球上这些变化对太阳黑子却没有什么影响。

（8）有的共变是双向的，可逆的，如共振现象，物理学实验用音叉振动引起空气振动，同时，空气振动又加强了音叉振动。

（9）共变法是从现象变化的数量和程度上确定因果关系，所以应用共变法可以对事物间的关系进行度量，用数据表示出共变关系，因而有较大的可靠性。

五、剩余法

剩余法是说：如果已知某一复合现象是另一复合现象的原因，并且已知前一复合现象的某一部分是后一复合现象某一部分的原因，那么前一复合现象的剩余部分就是后一复合现象剩余部分的原因。

例如，1885 年，德国夫顿堡矿业学院的矿物学教授威斯巴克发现了一种新矿石。他首先请当时的著名化学家李希特对矿石做定性分析，发现其中含有银、硫和微量的矿等。后来他又请化学家文克勒做一次精确的定量分析，定量分析一方面证明李希特对矿物成分的分析是正确的，但另一方面又发现，把各种化验出来的已知成分按百分比加起来，始终只得到 93%，还有 7%的含量找不到下落。文克勒认为，既然已知成分之和只得 93%，那么剩余的 7%必定是由矿物中含有的某种未知元素所构成。于是，他对矿石进行分离和提纯，终于得到了新元素。

这是一个在科学发现中应用剩余法的案例。复合的原因是矿石中的矿物成分以及含有的某种未知元素的矿物成分，它引起的复合现象是对新矿石测得的已知矿物成分之和只得93%的现象。这是已知的因果部分，通过排除这已知的因果部分，从而确定其剩余部分之间具有因果关系。

剩余法的形式是：

复合现象 A、B、C、D 是被研究复合现象 a、b、c、d 的原因，

B 是 b 的原因，

C 是 c 的原因，

D 是 d 的原因，

所以，A 是 a 的原因。

剩余法的特点：

（1）原因与结果都是复合的，不需要若干场合作比较或对照；

（2）结论不是必然推出的。

剩余法是科学研究和科学发现过程中经常使用的方法。不过，对于剩余部分因果关系的研究，往往要经过相当长的时间，才能获得真正的结果。

运用剩余法应注意以下几点：

（1）必须明确认定复合原因和复合现象之间已知的因果部分，并且其已知原因不能是剩余部分现象的原因，否则，结论不能成立。

（2）复合现象剩余部分的原因，也可能是个复杂情况，不是单一因素。遇到这种情况，则需要进一步研究，直到解决全部剩余现象的原因为止。

以上五种探求因果联系的方法，在实际应用过程中，往往是互相结合或交叉使用其中的几种。

最后需要说明的是，这五种方法虽然是探求因果关系的基本方法，但是它的作用有限，仅仅靠这几种方法未必能获得真正的原因，五种探求因果联系的方法并不是万能的方法。

第四节　概率推理

我们知道，"概率"一词有许多不同的含义。那么，概率推理中的"概率"是什么含义呢？在讨论概率推理之前，我们先来看看概率的不同含义。

一、认识概率与归纳概率

"概率"一词在我们的语言中至少有两种不同的职能和含义，这两种概率分别叫作认识概率和归纳概率。

什么是认识概率呢？在日常生活中，在直观的意义上，当我们说，天津市有一个 2000 岁的人是不可能的时，我们就涉及了这样一种直观上容易接受的概率。我们把这种概率叫作认识概率。之所以叫"认识概率"，是因为在希腊语的词根中"episteme"意指知识，而一个命题的认识概率恰恰依赖于我们的相关知识储备。因此，一个命题的认识概率因人而异，因时而异，因为不同的人在同一时刻有不同的知识储备，同一个人在不同的时刻有不同的知识储备。对于同一个人来说，一个给定命题的认识概率随时间推移而变化。这个人的知识储备中一旦增添了新的知识，这个命题的认识概率就可以提高或者降低。

例① 王先生是伦敦的地毯商人；

　　　伦敦是英国城市；

　　　英国地毯商人中 90%是亚美尼亚人；

　　　王先生是亚美尼亚人。

从前提中反映的知识储备来看，"王先生是亚美尼亚人"这个命题的概率相当高。如果再增加以下新知识：虽然英国的地毯商人有 90%是亚美尼亚人，伦敦的地毯商人却只有 2%是亚美尼亚人，而 98%却是叙利亚人；那么，这个命题的认识概率就会大大降低。

假定推理者又有了新的知识：王先生是伦敦亚美尼亚俱乐部的成员，而99%的亚美尼亚俱乐部的成员都是亚美尼亚人。这就构成了一个新的推理：

例② 王先生是伦敦的地毯商人；

　　　伦敦是英国城市；

　　　伦敦的地毯商人 2%是亚美尼亚人；

　　　王先生是伦敦亚美尼亚俱乐部成员；

　　　亚美尼亚俱乐部的 99%都是亚美尼亚人；

　　　王先生是亚美尼亚人。

这样一来，这个命题的认识概率又变得很高了。

认识概率是应用于命题的概率，例如"中国足球队今年世界杯赛进入八强的概率将是 50%"，又如"上海申办世界博览会成功的概率是 80%"等，都是认识概率。除此之外，还有一种对于我们十分重要的概率，它不应用于命题，而是应用于推理。这就是归纳概率。归纳概率是对归纳推理前提与结论之间归纳强度加以测度和分等级的概率。一个推理的归纳概率由它的前提和结论之间的证据关系所决定。换言之，一个推理的归纳概率是假定该推理的前提真时结论也真的概率。因此，归纳概率是前提提供给结论的证据强度的测度。我们可以谈论一个推理的归纳概率，但不能谈论一个命题的归纳概率。尽管任何推理的前提和结论都是命题，但是谈论一个前提或一个结论的归纳概率是不正确的。因为归纳概率只能应用于推理或论证，而认识概率只能应用于命题，包括作为结论的命题和作为前提的命题。由于归纳概率的职能是对归纳推理的强度分等级，对前提中含有的知识储备给予结论所作的事实断定的支持程度做出评价，因此逻辑学家一般比较关注归纳概率。

"概率"这个词不仅有一些不同的职能和含义，而且也指一些不同的概念。假定某人去购买汽车保险。保险公司人员在考察某人的年龄、驾车经历时，心里想的是这样的命题（陈述、猜想、断言等）：

"明年某人将要出车祸"。

而保险公司人员想要知道的是：这个命题为真的概率是多少？换一个方式，保险公司人员也可以设想这样的事件：

"明年将要出现的车祸中，某人驾驶的车是否包括其中？"

而公司人员想要知道的是这个事件出现的概率是多少？显而易见，对同一问题，有两种不同的提问方式，一种涉及命题，一种涉及事件。

逻辑学家对推理或论证感兴趣，而推理或论证的前提和结论都是命题。所以，归纳逻辑教材通常讨论命题的概率。大多数统计学家和多数概率论教科书则讨论事件的概率。因此，有两种概率语言，一种是命题的，另一种是事件的。命题是或真或假的；而事件则是出现或不出现的。不过，我们用命题语言表达的东西多数可以翻译为事件语言；用事件语言表达的多数东西同样可以翻译成命题语言。为方便起见，本书主要采用命题语言表达概率。

二、概率推理的规则

现代归纳逻辑主要运用概率来分析归纳推理或论证。在归纳推理中，概率起着什么样的作用呢？换言之，给定事件或命题的初始概率，其他概率如何计算出来？接下来，我们将讨论概率在归纳推理中所起的作用。但是，在此之前我们首先讨论概率推理的规则。

概率与统计的教科书通常用 P（）表示概率，而在本书中概率被表示为：Pr（）

如果用小写字母"p""q"表示命题，用"¬""∧""∨"分别表示否定、合取、析取，那么"非 p"的概率和"p 或 q"的概率就分别表示为：

$$\text{pr}(\neg p);\ \text{pr}(p \vee q)$$

习惯上，我们用百分比或分数来表达概率值。而指派给命题的概率值是在 0 和 1 之间。用符号表示就是，对于任何 p，

$$0 \leqslant \text{Pr}(p) \leqslant 1$$

概率论对两种特殊的命题分别指派极值 0 和 1。一种是无论事实真或假都为真的命题。这种命题叫作重言式。既然重言式是永真式，那么就应该给它指派最高的概率值。

规则 1：如果一个命题是重言式，那么它的概率等于 1。

另一种命题是无论事实的真或假它都为假的命题。这种命题叫作矛盾式。既然矛盾式是永假式，就应该给它指派最低的概率值。

规则 2：如果一个命题是矛盾式，那么它的概率等于 0。

当两个命题做出同样的事实断定，即它们在同一场合的真值完全相同时，它们就是逻辑等值的。如果一个命题做出了有某种概率的断定，那么用不同说法做出同样的概率断定的命题就应该与它有同样的概率。例如，命题"明天下雨"的概率与命题"并非明天下雨"的概率应该相等。这一事实用下列规则表示：

规则 3：如果两个命题是逻辑等值的，那么它们有同样的概率。

不难看出，命题 p 逻辑上等值于它的双重否定命题¬¬p。

当两个命题不能同时为真时，我们就说这两个命题是互斥的；在掷骰子游戏中，我们不可能掷一个骰子同时掷出 1 点或 3 点。掷一枚硬币也不可能同时既掷出正面又掷出反面。因此，不可能同时出现的两个事件也是互斥的。

从直观上看，当两个事件之一的出现不影响另一事件出现的概率时，我们就说这两个事件是独立的。用命题语言来说，则可以说，当两个命题之一的真值并不影响另一命题真的概率时，这两个命题就是独立的。

在概率论中，互斥和独立这两个概念比较重要。因为，命题 p 和 q 是互斥的才能应用特殊析取规则，否则只能应用一般析取规则。换言之，应用哪种析取规则取决于两个命题是否互斥。同样地，应用哪种合取规则取决于两个命题是否独立。

当两个命题 p 和 q 互斥时，析取命题 p∨q 的概率很容易计算。在这种情况下，借助特殊析取规则，把两个命题的概率相加，就可以算出析取命题的概率。根据概率论的公理，我们就得到以下规则：

规则 4：如果 p 和 q 是互斥的，那么 pr(p∨q) =pr(p)+pr(q)。

例如，命题"苏格拉底既是美髯公又是聪明人"与"苏格拉底既不是美髯公又不是聪明人"是互斥的。这样一来，如果"苏格拉底既是美髯公又是聪明人"的概率是 1/2，"苏格拉底既不是美髯公又不是聪明人"的概率是 1/4，那么"苏格拉底既是美髯公又是聪明人或者苏格拉底既不是美髯公又不是聪明人"的概率就是 1/2 +1/4，或 3/4。

借助特殊析取规则和其他规则，我们可以得到否定规则，它可以让我们根据一个命题的概率而计算出该命题的否定命题的概率。

规则 5：pr(¬p) =1−pr(p)。

以掷骰子为例，假定我们要想知道不掷出 3 的概率，借助否定规则，就可以计算出来：

$$pr(\neg 3)=1-pr(3)=1-\frac{1}{6}=\frac{5}{6}$$

现在，我们再次应用特殊析取规则，可以得到另一个更为有用的规则。这就是一般析取规则，它适合所有析取式，无论其析取股互斥还是不互斥：

规则 6：pr(p∨q)=pr(p)+pr(q) − pr(p∧q)。

一般析取规则应用十分广泛，请看下例。假定你被告知

$$pr(p)=\frac{1}{2}, \quad pr(q)=\frac{1}{3}, \quad pr(p\wedge q)=\frac{1}{4}$$

要求你计算 pr(p∨q)。这时，你不能应用特殊析取规则，因为 p 和 q 不是互斥的，如果它们是互斥的，pr(p∧q) 就应该是 0，而我们已知它是 1/4 。因此，你只能应用一般析取规则：

$$pr(p\vee q)=pr(p)+pr(q)-pr(p\wedge q)=\frac{1}{2}+\frac{1}{3}-\frac{1}{4}=\frac{7}{12}$$

接下来，我们将讨论如何计算合取式的概率。在讨论合取规则之前，有必要引入条件概率的概念。我们可以把条件概率表示为：

$$pr(/)$$

并把已知 p 的条件下 q 的概率写作 pr(q/p)。从而有：

定义 1：条件概率：

$$pr(q/p)=\frac{pr(p\wedge q)}{pr(p)}$$

现在，条件概率已经被定义，我们可以用这个概念来定义独立：

定义 2：独立：两个命题是独立的当且仅当 pr(q/p) =pr(q)。

　　给出条件概率和独立的定义以后，合取规则就可以引进来了。一般合取规则可以直接从条件概率的定义导出：

　　规则 7：$pr(p \wedge q) = pr(p) \times pr(q/p)$。

　　这就是一般合取规则。当 p 和 q 独立时，$pr(q/p) = pr(q)$。这时，我们就可以用 $pr(q)$ 代换一般合取规则中的 $pr(q/p)$ 从而得到

$$pr(p) \times pr(q) = Pr(p \wedge q)$$

　　当然，代换只有在 p 和 q 独立时才能进行。代换的结果就能得到特殊合取规则：

　　规则 8：如果 p 和 q 是独立的，那么 $Pr(p \wedge q) = Pr(p) \times Pr(q)$。

　　一般合取规则比特殊合取规则更基本，但是特殊合取规则更简单。当两个命题不独立时，就必须应用一般合取规则。

　　现在，我们从一个经典案例入手来讨论贝叶斯规则及其应用问题。想象两个缸子，每一个都盛有红球和黑球。缸子 A 有 80% 的红球，20% 的黑球，缸子 B 有 60% 的黑球，40% 的红球。你随机挑一口缸子，它是 A 还是 B 呢？我们从这缸子中摸出一个球，根据这个信息来猜测究竟是哪一个缸子。每抽一次，球都要返还缸子。因此，对于任何一次抽取，从缸子 A 中抽出红球 R 的概率是 0.8，从缸子 B 中抽出红球 R 的概率是 0.4。即 Pr（R/A）=0.8，Pr（R/B）=0.4。问题是：在抽取一个红球 R 的条件下，被抽取那个缸子是缸子 A 的概率是什么？在抽取一个红球 R 的条件下，被抽取那个缸子是缸子 B 的概率是什么？我们在这里要问的是：Pr（A/R）=？Pr（B/R）=？这些问题可以直接从条件概率的定义得到解答。但是解这类问题有一个简便易行的规则，它就是贝叶斯规则。

　　在缸子问题中，我们问下列两个命题哪个为真："缸子 A 被选中"或者"缸子 B 被选中"。习惯上，我们以小写字母 q 来表示这类命题。我们的证据是观察一个红球的观察命题，用字母 p 表示这个证据。

　　让我们从最简单的情况开始，在这里只有两个命题，q 和¬q。按照定义，它们是互斥且穷尽的。

　　令 p 是一个命题使得 Pr（p）>0，那么：

$$Pr(q/p) = \frac{Pr(q) \times Pr(p/q)}{[Pr(q) \times Pr(p/q)] + [Pr(\neg q) \times Pr(p/\neg q)]}$$

这就是贝叶斯规则的最简单形式。

　　现在我们来看看在概率推理中如何应用这个规则。先来看蜘蛛案例。塔兰图拉是一种体形较大的有毒的蜘蛛。从前，人们发现洪都拉斯出口的香蕉

中有毒蜘蛛的占 3%，而危地马拉出口的香蕉中有毒蜘蛛的占 6%。危地马拉的出口香蕉占两国出口香蕉份额的 60%，洪都拉斯的出口香蕉占两国出口香蕉份额的 40%。

在一批出口香蕉中随机地找到一只毒蜘蛛。现在的问题是：这批出口香蕉来自危地马拉的概率是什么？

解答：

令 G=来自危地马拉的那批香蕉。Pr(G)=0.6。

令 H=来自洪都拉斯的那批香蕉。Pr(H)=0.4。

令 T=有毒蜘蛛的那批香蕉。从而有：

Pr(T/G)=0.06，Pr(T/H)=0.03。

应用贝叶斯规则进行概率推理：

$$Pr(G/T) = \frac{Pr(G) \times Pr(T/G)}{[Pr(G) \times Pr(T/G)] + [Pr(H) \times Pr(T/H)]}$$

我们得到以下答案：$Pr(G/T) = \dfrac{0.6 \times 0.06}{[(0.6 \times 0.06) + (0.4 \times 0.03)]} = \dfrac{3}{4}$。

从以上讨论可以看出，每一种概率推理的规则都对应于一种概率推理的形式，例如，应用贝叶斯规则所进行的推理就是贝叶斯推理。因此，我们不再列出统一的概率推理的形式。

综上所述，概率推理是按照推理规则，根据一个命题的概率而计算出其他命题的概率的推理。其前提与结论的联系是或然的，因此它也是一种现代逻辑意义上的归纳推理。

第五节　统计推理

本章前三节所讨论的归纳推理，主要是为全称假说提供辩护的推理，可称为传统的归纳推理。现在我们要讨论的是怎样证明各种统计假说合理性的归纳推理，它是一种现代逻辑意义上的归纳推理。这种推理是以统计数据或资料为前提，以概率论为基础的推理。研究这种推理是数理统计的任务，对这种推理做出评价则是归纳逻辑的任务。

一、什么是统计假说

我们在报章杂志上经常看到关于各种百分比的报道，这种报道就是统计假说。以下是从一些报纸和杂志上摘引下来的统计假说：

（1）2002 年中国的 GDP 比上年增长 7.8%。

（2）37%的中国成年男子吸烟。

（3）在洛杉矶居住和工作的每十个人中就有一个患酒精中毒症。

（4）接近一半的英国成年妇女有工作。

（5）在美国 80%的杀人致死都是使用枪支的。

（6）1996 年美国 53%的中学毕业生吸过毒。

上述命题都有相同的基本结构，都有被研究对象的全体即总体，也有总体中的个体或分子。从总体中抽选出来那部分个体或分子叫作"样本"，从总体中抽取样本的方法叫作"抽样"。

必须注意"总体"一词并不总是按照字面指一群人。例如上面例子中谈到美国的凶杀（事件）的总体。凶杀（事件）这个总体不是人的总体，它是涉及杀人者和被害者的意外事件。

二、什么是统计推理

统计假说的合理性，要借助统计推理来证明。辩护统计假说的方法之一是检查一个总体的若干分子（一个样本），并且根据样本中观察到的结果推出关于总体的结论。当我们从关于样本构成的知识做出关于总体构成的结论时，我们就是在进行统计推理。因此，我们可以把统计推理简单地定义为从样本到总体的推理。更确切地说，统计推理是由样本具有某属性推出总体具有某属性的推理。

当我们对统计假说进行辩护时，大致采用三种不同而又相关的辩护方法。

第一种方法是仅仅对一个总体中的百分比进行估计，而这种估计所依据的又仅仅是当前关于那个总体的样本的知识，这样的统计推理称为估计（estimation）。

第二种方法是人们使用他们自己关于那个样本的知识来检验关于总体的统计假说。这样的推理叫作"统计假说的检验"。以上两种方法都属于经典数理统计范围，因而又叫经典统计推理。

第三种方法就是贝叶斯推理。这种非经典的统计推理在估计一个总体的百分比时，不仅要根据当前对那个总体的样本进行观察的结果，而且要根据推理者过去的经验和知识。换言之，在贝叶斯推理中，不仅在当前试验中所获得的样本数据是相关的，而且在试验之前已经积累的知识也是相关的。这种为了把自己的知识背景与样本数据结合而设计的统计方法就是贝叶斯推理。

总而言之，统计推理可以分为三类：第一类，估计；第二类，假说检验；第三类，贝叶斯推理。

三、统计推理的形式与性质

在日常生活和科学实践中，统计推理的应用十分广泛，在人口普查中，在工业质量控制中都要用到统计推理。

例如，对 1000 公顷小麦的产量进行估算。先选出 10 公顷（样本）进行测算。发现这 10 公顷平均每公顷的产量是 4.5 吨。由此推出结论：这 1000 公顷小麦平均每公顷的产量也是 4.5 吨，并进而估算出 1000 公顷小麦的总产量为 4.5 吨×1000=4500 吨。

统计推理的形式是：

S_1——P，

S_2——P，

S_3——P，

……

S_n——P，

S_1、S_2、S_3……S_n 是 S 总体中选取的样本，

所以，所有 S 都是（或不是）P。

统计推理虽在形式上与枚举归纳推理相似，但实质上还有很大差别：枚举归纳推理的前提没有经过选样，所以它不具代表性，其结论的可靠程度也较低；统计推理的样本抽取虽是随机的，但样本却是经过精心选取的，具有代表性，所以其结论的可靠性较高。

统计推理是由样本推出总体的推理，其前提与结论的联系是或然的，因此它也是一种归纳推理。

显然，统计推理的可靠程度与推理时样本的选择有密切的联系。当样本能够代表总体时，统计推理的结论可靠程度就高。样本能够代表总体的程度一般用样本偏差来表示。样本偏差指某种属性在样本中出现的频率与在总体中出现的频率之差。比如，如果样本统计表明某种产品的合格率是 90%，而实际上这种产品的合格率只有 80%，那么样本偏差就是 10%。由此可见，提高统计推理结论的可靠性的关键在于选取恰当的样本，尽可能地减少样本偏差。

要使样本具有代表性，减少样本偏差，对样本的选择要考虑以下因素：

（1）抽样应当是随机，不能只取自己偏好的样本，这是为了使样本具有公正性。如果抽样不是随机的，样本偏差就可能很大，从而使样本不具有代表性。抽样失去随机性的经典例子是 1936 年美国《文学文摘》杂志预测美国总统竞选结果而进行的民意测验。这次民意测验的样本由该杂志的订户和随机地从电话簿上选中的选民组成。出人意料的是，虽然民意测验显示共和党候选人阿尔弗·兰登在选举中占明显优势，但实际上最后是民主党候选人罗斯福以压倒多数赢得竞选胜利。后来人们把这次民意测验的失败归咎于抽样出了问题。因为在当时，美国经济处于萧条时期，许多人既装不起电话也订不起杂志，于是抽样时这些占大多数人的群体被忽视了。

（2）样本的容量要足够大。这是为了使样本具有广泛性。

（3）样本要从总体的各个层中抽取。分层抽样是把总体分成许多小类（层），再从各类中选出样本。这样就可以把差别性较大的总体分成许多层，每层中的差异较总体的差异就小多了。因而，每层抽出的样本就能较多地代表每层的情形。每层的样本综合起来考虑，就能较多地代表总体的情形。

在运用统计推理时，由于抽样没有分层，造成推理错误的例子比比皆是。如美国曾有人认为战时在海军服役的人比一般居民安全，根据是 19 世纪末美西战争期间，海军士兵中死亡率为 9‰，而纽约市居民中死亡率为 16‰。但这种样本是错误的，因为一般居民中包括了老人、婴儿和病人，而海军士兵都是健康的青年人。由于抽样不准确即没有对年龄、健康状况等不同情况分层抽样，因而铸成显然错误的推理。

复习思考题

1. 什么是归纳推理？归纳推理与演绎推理有什么区别和联系？

2. 什么是完全归纳推理？它的公式是什么？其特点如何？

3. 什么是枚举归纳推理？它的公式是什么？其特点和作用如何？

4. 什么是科学归纳推理？它的公式是什么？其特点和作用如何？

5. 什么是求同法？它的公式是什么？它有何特点？应用此法应注意什么？

6. 什么是求异法？它的公式是什么？它有何特点？应用此法应注意什么？

7. 什么是求同求异并用法？它的公式是什么？它有何特点？此法与求同求异相继使用有何区别？

8. 什么是共变法？它的公式是什么？它有何特点？应用此法应注意什

么？

9. 什么是剩余法？它的公式是什么？它有何特点？应用此法应注意什么？

10. 什么是析取规则？什么是贝叶斯规则？

11. 什么是统计推理？试举例说明。

练习题

一、下列推理属于哪种归纳推理？写出它们的结构。

1. 硫酸中含有氧元素，硝酸中含有氧元素，硼酸中含有氧元素（硫酸、硝酸、硼酸等都是酸）；所以，一切酸中都含有氧元素。

2. 带鱼只用腮呼吸，鲤鱼只用腮呼吸，鲫鱼只用腮呼吸（带鱼、鲤鱼、鲫鱼等都是鱼）；所以，所有鱼都只用腮呼吸。

3. 根据三角形角的大小，三角形被分为直角三角形、锐角三角形、钝角三角形，但是它们的内角之和都等于 180°；所以，所有三角形的内角之和都等于 180°。

4. 音乐指挥甲工作到 90 岁，指挥乙工作到 85 岁，指挥丙工作到 86 岁。所以，音乐指挥都能长寿。

5. 元素的排列、四季的交替、生物的进化、社会的发展、天体的运行，都有固定不移的基本秩序。这种秩序表明，一切物质的运动形态都是有其固有规律的，没有任何规律的物质运动是不存在的。

6. 任取大于 1 的奇数，它的平方减去 1，每一个得数都能被 8 整除。

二、分析下列各题运用了何种探求因果联系的逻辑方法。

1. 一位叫本生的科学家发明了本生灯，这种灯燃烧时温度很高，火焰无色。本生把食盐放到火焰上变黄了，本生又把苏打（碳酸钠）和芒硝（硫酸钠）分别放到本生灯上去烧，结果火焰也变黄了。因此他认为：钠是火焰变黄的原因。

2. 有一个岛上的渔民乘两只船钓鱼。A 船上收获很好，而 B 船上收获很小。这情况使 B 船上的渔民大惑不解。鱼竿、鱼饵以及其他捕鱼条件完全一样，而 B 船比 A 船的捕鱼量却少 1/3，原因何在？这时，B 船上的一个渔民注意到，A 船上的渔民不抽烟，而 B 船上抽烟的渔民在装鱼饵时使鱼饵上沾上了烟味。于是，抽烟的渔民用肥皂洗了手，鱼很快开始上钩。

3. 自古以来人们发现水位升高，船位则升高；水位下降，船位也下降。因此人们掌握了一条规律："水涨船高"。

4. 有一片松树林长得树干高而细，树叶枯而黄。据调查，这片松树林植物过密，而且由于不适当地开发水源造成土壤盐碱上升。已知树干高而细是植物过密造成的。因此，可以得出结论：树叶枯黄是由于土壤盐碱上升引起的。

5. 20 世纪初，亚洲不少国家的居民患有甲状腺肿大的疾病。某科学家为此选择了 A、B、C、D 四个国家进行重点调查。经过反复的分析和比较，他发现这四个国家的社会经济状况、气候、地形条件、风俗习惯、饮食习惯等各不相同。然而，它们有一个情况是相同的，即在这些国家的土壤和水流中都缺碘，居民的食物和饮水也缺碘。可见，缺碘是引起甲状腺肿大的原因。

三、归纳推理综合练习选择题。

1. 一位医生给一组等候手术的前列腺肿瘤患者服用他从西红柿中提取的番茄红素制成的胶囊，每天两次，每次 15 毫克。3 周后发现这组病人的肿瘤明显缩小，有的几乎消除。医生由此推测：番茄红素有缩小前列腺肿瘤的功效。

以下哪项如果为真，最能支持医生的结论？

A. 服用番茄红素的前列腺肿瘤患者的年龄在 45—65 岁之间。

B. 服用番茄红素的前列腺肿瘤患者中有少数人的病情相当严重。

C. 还有一组相似的等候手术的前列腺肿瘤患者，没有服用番茄红素胶囊，他们的肿瘤没有缩小。

D. 番茄红素不仅存在于西红柿中，也存在于西瓜、葡萄等水果中。

2. 有一则电视广告说，草原绿乌鸡，饿了吃青草，馋了吃蚂蚱，似乎在暗示该种鸡及其鸡蛋的营养价值与该种鸡所吃的草原食物有关。

为了验证这个结论，下面哪种实验方法最为可靠？

A. 选择一优良品种的蛋鸡投放到草原上喂养，然后与在非草原喂养的普通鸡的营养成分相比较。

B. 化验、比较草原上的鸡食物和非草原上的鸡食物的营养成分。

C. 选择品种等级完全相同的蛋鸡，一半投放到草原上喂养，一半在非草原喂养，然后比较它们的营养成分。

D. 选出不同品种的蛋鸡，投放在草原上喂养，然后比较它们的营养成分。

3. 从 20 世纪 80 年代末到 1990 年代初，在 5 年时间内中科院 7 个研究所和北京大学共有 134 名在职人员死亡。有人搜集这一数据后得出结论：中关村知识分子的平均死亡年龄为 53.34 岁，低于北京 1990 年人均期望寿命 73 岁，比 10 年前调查的 58.52 岁也低出了 5.18 岁。

下面哪一项最准确地指出了该统计推理的谬误？

A. 实际情况是 143 名在职人员死亡，样本数据不可靠。

B. 样本规模过小，应加上中关村其他科研机构和大学在职人员死亡情况的资料。

C. 这相当于在调查大学生平均死亡年龄是 22 岁后，得出惊人结论：具有大学文化程度的人比其他人平均寿命少 50 多岁。

D. 该统计推理没有在中关村知识分子中间作类型区分。

4. 去年全国居民消费物价指数（CPI）仅上涨 1.8%，属于温和型上涨。然而，老百姓的切身感受却截然不同，觉得水电煤气、蔬菜粮油、上学看病、坐车买房，样样都在涨价，涨幅一点也不"温和"。

下面哪一个选项无助于解释题干中统计数据与百姓感受之间的差距？

A. 我国目前的 CPI 统计范围及标准是 20 多年前制定的，难以真实反映当前整个消费物价的走势。

B. 国家统计局公布的 CPI 是对全国各地、各类商品和服务价格的整体情况的数据描述，无法充分反映个体感受和地区与消费层次的差异。

C. 与百姓生活关联度高的产品，涨价的居多；关联度低的，跌价的居多。

D. 高收入群体对物价的小幅上涨没有什么感觉。

5. 根据概率论，抛掷一枚均匀的硬币，其正面朝上和反面朝上的概率几乎相等。我与人打赌，若抛掷硬币正面朝上，我赢；若反面朝上，我输。我抛掷硬币 6 次，结果都是反面朝上，已经连输了 6 次。因此，我后面的几次抛掷肯定是正面朝上，一定会赢回来。

下面哪一个选项是对"我"的推理的恰当评价？

A. 有道理，因为上帝是公平的，几乎是均等的，他不会总倒霉。

B. 没道理，因为每一次抛掷都是独立事件，与前面的结果没有关系。

C. 后面几次抛掷果然大多正面朝上，这表明概率论是正确的。

D. 这只是他个人的信念，无法进行理性的或逻辑的评价。

6. 北京某报以"15%的爸爸替别人养孩子"为题，发布了北京某司法物证鉴定中心的统计数据：在一年时间内北京进行亲子鉴定的近 600 人中，有 15%的检测结果排除了亲子关系。

下面哪一项没有质疑统计推断的可靠性？

A. 该文标题应加限定：在进行亲子鉴定的人中，15%的爸爸替别人养孩子。

B. 当进行亲子鉴定时，就已经对其亲子关系有所怀疑。

C. 现代科学技术真的能够准确地鉴定亲子关系吗？

D. 进行亲子鉴定的费用太高了。

7. 衣食住行，是老百姓关注的头等大事。然而，这些年"衣"已经被医院的"医"所取代。看病贵、看病难已经成为社会关注的热点问题之一。因此，必须迅速推进医疗体制改革。

下面哪一个问题对评价上述论证最为相关？

A. 药品推销商的贿赂行为以及医生收红包在看病贵中起多大作用？

B. 造成看病贵、看病难的最根本的原因究竟是什么？

C. 政府拨款不足在导致医疗价格上涨中起多大作用？

D. 平价医院在抑制医疗价格方面起多大作用？

8. 在某校中学生中，对那些每天喝 2 到 3 瓶啤酒、持续 60 天的学生做医学检查，发现 75% 的学生肝功能明显退化。具有很高可信度的试验已经排除了"这些结果是碰巧发生的"这一个可能性。

假如题干中的信息是真的，则会证实下面哪一个结论？

A. 饮酒导致肝功能退化。

B. 喝酒与青少年的肝功能退化呈明显的相关性。

C. 研究者想证明年轻人不应该喝酒。

D. 性与饮酒和肝功能退化没有什么关系。

四、根据有关概率的知识回答下列问题。

有一副扑克总数为 52 张（不含大小王），你可以从中抽出一张牌。假定每抽出一张有 1/52 的概率。下列情形的概率是多少？

1. 抽出黑桃"A"。

2. 抽出红桃"Q"。

3. 抽出有头像（"J""Q""K"）的牌。

4. 抽出没有头像的牌。

五、把一枚硬币抛三次。假定每次抛出 Pr（正面）$= \dfrac{1}{2}$，Pr（反面）$= \dfrac{1}{2}$。

假设抛掷是独立的，请回答：

1. Pr（三次正面）是多少？

2. Pr（两次正面且一次反面）是多少？

3. Pr（一次正面且两次反面）是多少？

4. Pr（第一次抛出正面且第二次抛现反面且第三次抛出正面）是多少？

5. Pr（至少抛出一次反面）是多少？

6. Pr（没抛出正面）是多少？

7. Pr（或者抛出三次正面或者抛出了三次反面）是多少？

六、假定你有一副扑克牌，共 52 张牌。抽出一张后并不返还，然后又抽另一张。假定这副牌的每张牌都有同等机会被抽出，请回答：

1. Pr（第一次抽出"A"）是多少？

2. Pr（第一次抽出"A"的条件下抽出 10）是多少？

3. Pr（第一次抽出"A"并且第二次抽出 10）是多少？

4. Pr（第一次抽出 10 并且第二次抽出"A"）是多少？

5. Pr（抽出一次"A"和一张 10）是多少？

6. Pr（抽出两张"A"）是多少？

七、王宁为应付考试将要刻苦学习的概率是 $\frac{4}{5}$，他在刻苦学习的条件下将通过考试的概率是 $\frac{3}{5}$。他不刻苦学习的条件下将通过考试的概率是 $\frac{1}{10}$。王宁将通过考试的概率是多少？

提示："王宁将通过考试"的命题在逻辑上等值于"或者王宁将刻苦学习并且通过考试或者王宁将不刻苦学习并且通过考试"。

八、李平为了考试而刻苦学习的概率是 $\frac{4}{10}$。他在刻苦学习的条件下将通过考试的概率是 $\frac{9}{10}$。他不刻苦学习而将通过考试的概率是 $\frac{3}{10}$。在已经通过考试的条件下，他曾经刻苦学习的概率是多少？

提示：本题应用贝叶斯规则来解答较为简便。

第七章　类比推理与假说演绎法

第一节　类比推理

一、什么是类比推理

类比推理是根据两个或两类事物在某些属性上相同，从而推出它们在另一些属性上也相同的推理。

例① 荷兰科学家惠更斯（1629—1695）在研究光的性质时，曾将光与声这两类现象做比较，发现它们之间在许多性质上是相同的，如直线传播、反射、折射和干扰等；并且已经知道声的传播具有波动状态。由此惠更斯做出推断：光的传播也可能具有波动状态的性质，从而提出了"光波"这一科学概念。

例② 中亚的乌兹别克和我国的塔里木河两岸都具有这样的自然条件：日照时间长、霜期短、气温高、降水量适度等；又知中亚的乌兹别克能种植长绒棉。因此，我国的塔里木河两岸也可种植长绒棉。实践证明这一结论是正确的。

例②根据中亚的乌兹别克与我国塔里木河两岸具有相同的自然条件，类推出我国的塔里木河两岸与中亚的乌兹别克一样，能够种植长绒棉。

类比推理的公式表示为：

$$对象\qquad 属性$$
$$A——a、b、c、d$$
$$\underline{B——a、b、c\qquad\qquad}$$
$$所以，B\,可能有\,d$$

公式中的 A、B 表示两个或两类对象，a、b、c、d 表示对象具有的属性，推出对象可能具有属性 d。

类比推理的特点是：第一，前提由两个或两类对象的比较构成；第二，前提与结论的联系是或然的。

二、如何提高类比推理结论的可靠程度

类比推理之所以能够推出结论，是因为客观事物的各种属性之间不是彼此孤立的，而是相互联系的。如果两个事物在许多属性上都相同，那么在另外的属性上，就有可能也相同。这是类比推理的客观基础。但是，也应看到，世界上的事物没有完全相同的，即使两个非常相似的事物，也是有差异的。既然两个或两类事物总是有差异的，那么根据两个或两类事物相同属性推出其他属性也相同，就不是必然的，推出的结论可能是真的，也可能是假的。因此，要提高类比推理结论的可靠程度，就要注意类比属性之间的联系程度。如果类比中已知的属性与推出的属性之间联系程度比较紧密，结论的可靠程度就高，否则，结论的可靠程度就低。如果这种联系是必然性的，那么推出的结论就是比较可靠的。

如何提高类比推理结论的可靠程度呢？

第一，类比对象之间相同的属性越多，推出结论的可靠程度就越高。

例如，美国曾把美国加利福尼亚州与我国浙江柑橘的产地作类比，从而推断加利福尼亚也适合于种植柑橘，最后果然移植成功。这是因为在类比的属性中，加利福尼亚州与浙江地区的相同属性较多。如自然环境方面的地形、水文、土壤等条件都相似，另外气候方面的温度、湿度、光照等条件也是相似的。因此，类比结论的可靠程度也高。

第二，类比中相同属性越是接近本质，结论的可靠程度就越高。因为，本质的属性是对事物起决定作用的，它制约着许多其他的属性，所以，如果类比对象的相同属性越接近本质，其他属性相似的可能性就越大。

例如，生物学家施温和施列登发现了动物和植物的机体都是由细胞构成的，后来施列登又在植物机体中发现了细胞核，并且研究了细胞核与细胞的其他部分的关系。当施列登把这个发现告诉施温后，施温做了一个类比推理：如果动物和植物的机体的相似不是表面的，而是实质性的，那么动物机体的细胞也会有细胞核。后来果然发现了动物细胞也有细胞核。这个类比推理所根据的相同属性是事物本质方面的，因而推出结论的可靠程度就高。

第三，类比对象的相同属性与类推的属性之间具有必然联系，结论的可靠程度就高。

例如，我国著名地质学家李四光把中亚细亚一带的地质结构与我国的松

辽平原的地质结构作类比，运用地质力学理论，分析了生油条件与地质构造的关系，认为地下有无石油不在什么"陆相""海相"，关键在于有无生油和储油的条件，并且从我国地质实际出发，论证了我国东部新华夏构造体系的沉降带，对生油和储油具有双重控制作用，揭示了地质构造与生油条件的本质联系，从而推断我国的松辽平原也像中亚细亚地带一样蕴藏着石油。由于这个类比推断的相同属性与类推属性之间有本质的必然联系，所以结论的可靠程度就高，大庆油田的开发就证明了这个推断的正确性。

相反，如果相同属性与类推属性之间没有必然联系，即使相同属性较多，结论也是不可靠的。比如拿地球与月球作类比，其相同属性很多，它们都是星体，本身不发光，有自转、公转等。而已知地球上有生物，从而推断月球上也有生物，这个结论就是不可靠的。因为所有这些相同的属性与生物的存在没有本质联系，事实上，月球恰恰缺少与生物存在有本质联系的水和空气等条件。

在实际运用类比推理时，如果违反上述三项要求，就会犯"机械类比"的逻辑错误。比如，中世纪基督教神学认为宇宙是由许多部分构成的一个和谐整体，正如钟表是由许多部分构成的和谐整体一样，而钟表都有一个创造者，所以，宇宙也有一个创造者——上帝。这就犯了"机械类比"的错误，因为前提中提供的相同属性与被推出属性之间毫不相关。

三、类比推理的作用

虽然类比推理获得的结论不是必然推出的，但它在人们认识世界和改造世界的活动中，具有重要的意义。无论是日常生活还是科学研究，类比推理是一种经常使用的推理方法。它能够启发人们的思维，提出科学假说，而且它常常是科学发现的先导。

科学史上的一些重要发现，就是应用类比推理获得的。传说鲁班造锯和造船都是运用类比获得启迪的。物理学家库仑利用类比方法，把两个带电体之间的相互作用与牛顿万有引力定律进行类比，提出了两个电荷之间的作用力与电量成正比，与它们之间距离的平方成反比的"库仑定律"。英国物理学家麦克斯韦在建立电磁理论时，曾把看不见的电磁现象与流体力学的现象作类比，构思了电（磁）力线等形象图形，为电磁理论的发展创造了有利条件。

1. 类比推理可以为人们提供认识事物的途径

在历史上，人们曾长期对雷鸣闪电产生恐惧，以为是天神震怒的结果。200 多年前，美国科学家富兰克林做了一次捕捉雷电的实验，使人们最终认识到雷鸣闪电只是一种自然现象。启发富兰克林做实验的是一个类比推理：在实验之前，他曾经注意到带有不同性质电的两个物体接触时，会产生火花、声响和电流；雷鸣闪电时，也有巨响、火花，于是他类推到雷电也是一种自然放电现象。后来事实验证了这一推测。英国医生詹纳发现"种牛痘"可以预防天花病，是因为他受到挤奶女工感染了牛天花菌而不患天花病的启示。基于大量的科学认识事实，"我们可以断言，在现代科学认识获得的全部知识中，用类比方法得到的知识所占的比重日益增大"（《世界科学》1982 年第 7 期，第 55 页）。

2. 类比推理是科学知识创新的有效方法

科学发现与技术发明是一种创造性思维，而由不同对象之间的相同或相似所进行的由此及彼的类比推理，能启发人们产生丰富的科学联想，从而创造性地获得某种新理论或新技术。科学史上许多理论的发现和技术的创造往往得益于类比推理。比如，哈维的血液循环理论、达尔文的"自然选择"理论、魏格纳的大陆漂移说等，其最初的提出就是应用类比推理。飞机、潜水艇等的最初设计和制造，也都是由鸟、鱼等动物的结构和功能类推而来的。

3. 类比推理是人们进行论证或说明的重要方式

根据类比推理对有关理论进行论证或说明时，可以用人们熟知的浅显而生动的道理去阐释深奥难懂的道理。在科学研究中，人们往往要通过提出可靠性较高的假说来解释未知的现象，以缩短人们探索自然规律的时间。怎样才能提高假说的可靠程度呢？当然办法很多，但很重要的一个方法，就是借助于类比推理，尽可能运用已确证的科学理论，来论证或说明假说。正如康德所说："每当理智缺乏可靠论证的思路时，类比这个方法往往能指引我们前进。"

4. 类比推理是模拟方法的理论基础

模拟方法是自然科学和工程技术中广泛应用的一种方法。这种方法是在实验室中模拟自然界出现的有关现象，构造出这种现象的实物模型，从中研究自然界某些现象的特点。比如，工程技术人员在设计大型建筑物前，往往是先建造一个小的模型，进行力学等方面的有关模拟实验，在得到足够的科学资料以后，便以它为根据，设计出建造大型建筑物的实际方案。这是从模拟实验结果的科学性和合理性类推到建筑实物的科学性与合理性。

第二节　假说演绎法

一、假说与假说演绎法

假说是根据已知的事实材料和科学原理，对事物的未知原因或发展规律所做的假定解释。人们在研究客观事物的过程中，首先要根据已经掌握的情况，提出某种假定或推测（当然不是指那些毫无根据、荒诞不经的臆想）。这种假定或推测的思维形式就是假说，它往往是科学发现的前导。任何科学发现都要首先提出科学假说，然后予以确证。假说是一种比较复杂的思维形式结构，它是各种推理形式及逻辑方法的综合运用。

例如，在第二次世界大战前夕，英国为了对付希特勒法西斯扩军备战而举行的一次空军演习中，一架由一位亲王儿子驾驶的斯皮菲尔式战斗机在空中突然一声长啸，带着浓烈的火焰，坠落地面，驾驶员当场牺牲。事后经过详尽的调查，发现主轴断裂了，断裂面上有许多细如头发的裂纹。

为什么主轴内部会出现裂纹呢？有的人说，钢里面残留有奥氏体，当它发生转变产生内应力的时候，就会引起裂纹。也有人认为，钢中含有夹杂物，它能导致应力集中，从而产生裂纹。研究任务最后交到当时在谢菲尔德大学冶金学院研究部工作的我国科学家的手里。他们通过大量实验，发现许多含有奥氏体的钢样中并无裂纹，有些含有夹杂物的钢样也没有出现裂纹，说明原先的那些解释都是站不住脚的。他们进一步调查钢厂的生产记录，发现钢材质量与生产季节有关，当天气潮湿的时候，生产的钢材质量就要差一些；当天气干燥的时候，生产的钢材质量就要好一些。由此，他们大胆地提出了新的设想：是不是由于钢材中渗入了水蒸气里的氢气而产生了裂纹呢？为了检验这个设想，他们把钢样在高温氢气中加热，让足够的氢气深入到样品中，然后淬火，使样品保留一定含量的氢气，这时果然发现，经过这种处理的样品内部出现了裂纹。经过多次试验研究，证明氢是产生钢材内部裂纹主要原因的预想是完全正确的。这样就提出了著名的氢脆理论：材料在冶炼、热加工、热处理、酸洗、电镀等过程中吸收了氢，在应力与氢的交互作用下，会产生脆性断裂。针对这种情况，采取相应的技术措施后，飞机主轴断裂的问题被解决，斯皮菲尔式飞机重新飞上了蓝天，参加了反法西斯的战斗。（杨德荣：《漫话科学假说》，辽宁人民出版社 1982 年版，第 7—9 页）

这个例子说明了一个假说由提出到确证的经过：首先观察事实，掌握情况，然后对事实材料进行分析，提出关于某现象原因的假定解释，通过实验使这一设想获得确证，最后得出对现象做出解释的科学结论。

假说检验的一般结构为：

从假说中推出的事实结论：E（钢材断裂）。

假说：因为 H（钢材渗入了氢），所以 E。

推演：如果 H，则 E。

确证：E 真。

结论：假说"因为 H，所以 E"得到确证。

从这个结构中，我们可以看出，假说这种思维形式本身是科学哲学的研究范畴，逻辑学家关心的应该是假说形成、检验和发展中的逻辑方法。其中最重要的是假说检验的方法。假说检验的过程实际上是一个归纳确证的过程，而假说检验的方法主要是假说演绎法。因此，本节着重讨论假说演绎法的性质、逻辑形式以及它在假说检验中的作用。

二、什么是假说演绎法

人们在实践中提出了假说，对有关问题做了回答和解释。但是这种回答和解释是否正确，还需要借助逻辑方法在实践中检验假说。

假说的种类不同，其检验程序和复杂程度也不同。一般说来，对于预测某种事物或现象存在的假说，只需要通过观察或者实验来观察或测量出这种事物或现象，假说就被确证了。比如，1932 年安德森在宇宙射线中发现了正电子，立刻证实了狄拉克的正电子假说。但经验定律假说和理论原理假说的检验就比较复杂了。在这里，要借助假说演绎法等各种方法，通过一系列的推理，在实践中用新的事实来检验假说。具体的检验方法是这样的：以假说的基本理论观点和有关背景知识以及初始条件作为前提，从中引申出关于有关事实的结论。这是一个逻辑推演的过程。然后再通过实践来检验这个结论，这是一个事实验证的过程。一般说来，从假说中推演出来的有关事实的结论与人们的实践相符时，假说就得到了某种程度的确证。

假说演绎法的确证形式为：

H 被确证，当且仅当：

1. $H \wedge C \rightarrow E$

2. E 真

3. C 真

其中 H 表示假说，C 表示关于背景知识的命题，E 表示从假说中推演出来的有关事实的结论。用"→"表示蕴涵关系。

显而易见，应用假说演绎法进行确证涉及两个方面的问题：

第一，科学假说一般是普遍定律或普遍原理，涉及与之相关的一切事例。比如，牛顿的万有引力定律是对宇宙间一切有质量的物体而言的，卢瑟福的原子模型涉及一切原子。但是，我们的实验检验只能涉及这一范围内的部分事例。以普遍定律涉及的部分事例来验证一个普遍定律，必然会遇到休谟问题，即归纳问题。

对于这一问题，辩证唯物主义做了科学的回答。运用假说演绎法过程中出现归纳问题，正好说明任何科学理论都不是绝对真理，说明假说的检验是一个历史的过程。我们知道，实践是检验假说是不是真理性认识的唯一标准，但人们的实践是一个历史过程，在实践基础上，人们对假说的检验也是一个历史过程。人们对假说的评价只能是一定时期、一定范围、一定水平上的评价，它是相对的；同时它又正确地反映了客观世界，它又是绝对真理。即便假说在一定时期、一定范围、一定水平上通过了实践的严格检验，还要继续接受实践检验。随着实践的发展，人们会逐渐明确科学理论的适用范围。比如，牛顿力学正确描述了天体的运动，成功地解释了地上物体的运动。但它还需要经受实践的检验。当人们的实践和认识涉及可与光速相比的宏观高速现象和微观世界时，牛顿力学的局限性就暴露出来了。随后产生的新的假说，逐渐明确了牛顿力学的适用范围和条件，证明它既有绝对性又有相对性。

因此，我们应当看到，运用假说演绎法进行的假说检验实际上是一个不断确证的历史过程，应当持续不断地搜集大量的新的事实证据。此外，假说检验不是孤立进行的，假说与原有的科学原理以及其他假说之间都有一定联系，往往形成一个网络。通过这样的检验网络，才能使假说得到确证。

第二，假说确证的逻辑形式是充分条件假言推理的肯定后件式。显然，它在逻辑上不是普遍有效形式。这是一个逆演绎的过程，没有逻辑必然性。但是，事实结论 E 能给假说 H 以一定的归纳支持。在这个意义上，我们说它像归纳推理一样，也是一种或然性推理。

假说确证具有的这种特殊性引起了哲学家和逻辑学家的广泛关注。以波普尔为代表的证伪主义认为，假说只能被证伪不能被确证，从而否认了假说确证的可能性。卡尔纳普和莱欣巴赫等人则用概率来解决假说的确证问题。

实际上，事实结论 E 对假说 H 的验证，通常有两种情形：一是对假说的确证，二是对假说的证伪。假说确证的逻辑推演过程，我们在上文已经做了介绍，接下来，我们将讨论假说的证伪。

例如，19 世纪末，物理学界仍盛行"以太说"。该假说认为，光和电磁波传播的媒介是一种看不见、摸不着的"以太"，它相对于太阳静止，而相对于地球运动，即形成漂移的"以太风"。"以太"假说能否成立呢？物理学家们借助假说演绎法，用严密的实验来检验这一假说。首先，他们从假说中推出这样的事实结论：如果以太说成立，那么光线分别在平行和垂直于地球运动方向等距离往返传播时就会有时间差。结果，经过迈克尔逊等人极为精密的重复实验，未发现任何时间差，从而证伪了"以太说"。

由此可见，假说的证伪，是指依据事实结论 E 的虚假性来证明假说 H 的虚假性。它采用的是充分条件假言推理的否定后件式，这是一个逻辑上的普遍有效式。因此，它属于必然性推理的范围。

假说演绎法的证伪形式是：

H 被证伪，当且仅当：

1. $H \wedge C \rightarrow E$

2. E 假

3. C 真

应当注意，证伪一个假说有种种复杂情形。一方面，"E 假"本身有一个较为复杂的确认过程。因为对事实的观察，既与事物属性的暴露程度有关，又与观察手段和技术等有关，E 是不是假，不是一下子可以确认的。另一方面，即使"E 假"成立，也不足以断定 H 一定假。因为，蕴涵 E 的命题是一个合取式"$H \wedge C$"，只有当假说所蕴涵的事实结论 E 假并且背景知识 C 真时，才能必然推出 H 假。此外，值得注意的是，在假说检验过程中，常常出现这样的情形：某一假说就整体而言虽不成立，但它的某些核心部分却是合理的。经过修改原有辅助性假说，或者提出新的辅助性假说，还可以使原来的假说得以确证，甚至一度被证伪的假说还可以复活。

三、假说演绎法的作用

在人们的认识活动中，尤其是在科学研究活动中，假说演绎法有着非常重要的作用。科学研究的任务，在于揭示自然现象的规律，建立科学理论。但是，由于客观事物的现象及规律是极其复杂的，人们的认识又有很大的局限性，因此，人们的认识总是由初步的、探索性的猜测，逐步发展到对事物本质的认识。在这个认识不断深化的过程中，假说演绎法是非常重要的逻辑形式。

纵观科学发展的历史，我们可以看到，科学发展的规律是：通过观察和实验，借助科学思维，包括逻辑思维和创造性思维，提出假说，经过验证与修正，形成科学理论，如此循环往复而不断深入。由此可见，假说演绎法在推进科学发展的过程中，具有非常重要的意义。

具体地说，假说演绎法的作用有：

（1）在科学发现尤其是现代自然科学的发现中，假说演绎法起着重要的不可替代的作用。爱因斯坦说过："没有一种归纳法能够导致物理学的基本概念。对这个事实的不了解，铸成了 19 世纪多少研究者在哲学上的根本错误。"（《爱因斯坦文集》第一卷，科学出版社 1976 年版，第 375 页）他还指出，目前，适用于科学幼年时代以归纳为主的方法，正让位于"探索性的演绎法"。所谓"探索性的演绎法"就是假说演绎法。恩格斯也认为，"只要自然科学运用思维，它的发展形式就是假说。一个新的事实一旦被观察到，它对同一类的事实的以往的说明方式便不能再用了。从这一刻起，需要使用新的说明方式——最初仅仅以有限数量的事实和观察为基础。进一步的观察材料会使这些假说纯化，排除一些，修正一些，直到最后以纯粹的形态形成定律。如果要等待材料去纯化到足以形成定律为止，那就是要在此以前使运用思维的研究停顿下来，而定律因此也就永远不会出现"（《马克思恩格斯选集》第四卷，人民出版社 1995 年版，第 336—337 页）。

恩格斯这段精辟的论述准确地概括了科学发现的特点和途径，即通过观察和实验，提出尝试性假说，然后借助假说演绎法验证和修正假说，不断认识事物的本质，逐步发现和证实科学理论。

（2）假说演绎法在创建理论体系的过程中起着重要的理论创新作用。假说演绎法不仅有解释已知现象、预见未知现象的功能，而且有以较高层次的假说去解释较低层次的假说，通过逐级解释而创建新的理论体系的功能。例如，当人们用宇宙膨胀假说去解释"哈勃定律"以后，不禁会追问"为什么宇宙会膨胀？"为了解答这一问题，科学家们又提出更高层次的假说性理论，即更一般的宇宙起源和演化的理论，并将假说推断的事实加以验证，进而不断扩充理论、深化理论、形成层次更高的假说性理论。一系列不同层次的宇宙起源和演化的假说性理论体系，就是在应用假说演绎法的过程中建构起来的。

复习思考题

1. 什么是类比推理？它的公式是什么？它有何特点及作用？

2. 如何提高类比推理结论的可靠程度？

3. 什么是"机械类比"？试举例说明。

4. 什么是假说演绎法？它有什么作用？

5. 为什么说假说演绎法的确证形式是一种或然性推理？

练习题

一、写出下列议论所具有的类比推理形式，并指出推理正确与否？为什么？

1. 19世纪60年代，法国微生物学家巴斯德用曲颈瓶做了一个实验。证明瓶内的肉质腐败是细菌孢子繁殖的结果。如果把肉汤煮沸并与空气隔绝，肉汤可以长期保存。当时外科手术的死亡率高达8/10左右。病人大多数不是死于手术，而是死于伤口发炎感染，英国消毒外科学创始人李斯特看到巴斯德的实验报告，马上想到肉汤腐败与伤口溃烂这两种现象很相似，进而推测它们可能是由相似原因造成的，肉汤因细菌而腐败，伤口可能因细菌感染而溃烂。因此，他认为提高手术生存率的关键在于无菌。于是，他规定了严格的消毒措施，使外科病人的死亡率下降了2/3。

2. 在苍蝇的两只翅膀后面长着一对小棒，这对小棒叫平衡棒。这种平衡棒的最重要功能是作为一种"天然导航仪"来控制蝇体的平衡，并为其飞行导航。苍蝇飞行时，平衡棒以一定的频率不停地振动着。当蝇体倾斜或偏离航向时，平衡棒的振动平面就会发生变化。平衡棒基部的感受器马上就会感觉到这种变化并报告蝇脑。苍蝇立即校正身体姿态和航向。科学家根据苍蝇平衡棒的导航原因，研制成一种小巧的新型导航仪器——"振动陀螺仪"，已经应用在火箭和高速飞机上，保证了飞行的稳定性并实现自动驾驶。

3. 《庄子·至乐》中载有一则鲁侯养鸟的故事：昔者海鸟止于鲁郊，鲁侯御而觞之于庙，奏《九韶》以为乐，具太牢以为膳。鸟乃眩视忧悲，不敢食一脔，不敢饮一杯，三日而死。此以己养养鸟也，非以鸟养养鸟也。

二、在下列科学探索活动中，假说的检验运用什么逻辑方法，试写出逻辑形式。

1. 人们早就发现，蝙蝠能在黑夜做快速飞行，而不会撞到障碍物上。这个现象如何解释呢？生物学家提出了一个假说：蝙蝠能在黑暗中避开障碍物是由于它有特别强的视力。这个假说对不对？如果是对的，那么要是把蝙蝠的眼睛蒙上，照理它就会撞到障碍物上去。为了验证这个推论，有个科学家在暗室中系上许多条纵横交错的钢丝，并在每条钢丝上系上一个铃。将一些蝙蝠蒙上眼睛，放在这个暗室中飞行。实验结果表明，蝙蝠仍能快速飞行而没有撞到钢丝上。这个事实推翻了上述假说。

2. 科学家发现，当一棵柳树遭到害虫侵袭，叶子的化学成分发生变化时，周围没有受到害虫侵袭的其他柳树叶的化学成分也会随之发生变化，好像受害的柳树向它们传递某种信息似的。还有一些树，如糖槭树也有这种本领。

树木采用怎样的信息进行联系，这种信息又是通过什么渠道传递的呢？美国科学家大卫·路德猜想：这种传递可能是通过地下的树根进行的。他做了一个实验：挖去两棵柳树之间的泥土，使其根系完全隔绝联系，然后让害虫侵袭其中一棵树。结果，它们之间的联系并非中断，没有受到害虫侵袭的那棵树的叶子的化学成分还照样发生变化。事实否定了大卫·路德的假说。

另一位科学家杰克·斯库猜想，这种通信可能通过空中进行，树木发出某种化学物质，这种物质散发出去，落在别的树上，被识别后就传递了信息。他做了一个这样的实验：在两间相邻的暖房里分别种一些糖槭树，这两间暖房的空气相互隔离，互不通风。结果，一间暖房的一棵糖槭树受到害虫蛀食时，同一暖房中的其他糖槭树叶子全都发生了化学变化，而隔壁暖房里的糖槭树没有受到虫的侵袭，也没有发生化学变化。这就在一定程度上确证了树木之间通信，是由于化学物质通过空气传递来实现的。

第八章　论证

第一节　论证的概述

一、什么是论证

论证就是用已知为真的判断确定某一判断的真实性（为真）或虚假性（为假）的推理论说过程。论证包括证明和反驳。

证明是用已知为真的判断确定某一判断的真实性（为真）的推理论说过程，证明也称作立论；反驳是用已知为真的判断确定某一判断的虚假性（为假）的推理论说过程，反驳也称作驳论。

在现实的人际沟通中，人们随时在争论、议论着一些问题，确认自己主张成立的一方，他的推理论说过程就是证明的过程；而认为对方主张不成立的一方，他的推理论说过程就是反驳的过程。

例如，关于宽带的收费问题，宽带运营商认为，电信业务资费由高到低是一个发展规律，在发展初期，保持一个较高的资费是必要阶段。而更多的使用者则认为，应该让更多的人享受到宽带服务，所以宽带应该降低资费。

在这个争论过程中，前者是一个证明的过程，后者是一个反驳的过程。

证明和反驳是论证过程中紧密联系、相辅相成的两个方面。证明是要确定一种思想或观点可以成立，而反驳则是要确定一种思想或观点不能成立；证明的目的在于探求真理或阐明事实，而反驳的目的在于揭露错误，驳斥谬误。在具体的论证过程中，二者还多有交叉，证明中有反驳，反驳中有证明，只是主次不同。

二、论证的结构

逻辑不研究具体的论证，它研究的是任何论证都具有的逻辑结构，解决论证的严密性、有效性和如何有说服力等问题。这就是所谓的"论证什么""用什么论证"和"怎样论证"。因此，所有的论证都是由论题、论据和论证方式三部分组成的。

（一）论题

论题是论证中其真实性或虚假性需要确定的判断，它是论证的主题和核心，即所谓的"问题"。

例如，公务员"申论"考试中的题目，就是用所给的材料论证所给的"问题"。

在一个论证过程中，论题所要回答或明确的是"证明什么或反驳什么"。因此，论题必须贯穿于整个论证过程的始终。

论题一般是在一个论证过程的开始时就要提出，以明确这个论证过程将要解决什么问题。否则，别人不知道你将要"论证什么"或"说什么"。

在一个论证结束时，还需要重申一下论题，使论证者对这个论证过程再做一个完整的总结。也就是当初的"论证什么"或"说什么"已经"论证完了"或"说完了"。所以，在一个论证过程中，论题往往既是开端，又是结尾。

论题一般分为两类：一类是科学上已知为真的判断，通过论证使对方明了或掌握。教师的教学工作就是这样的论证过程。一类是真实性需要检验的判断。比如科学假说或其他前人没有提出过的新观点、新思想，议论或论证的某个问题等。

一般来说，议论文的标题就是一个论题，它从一开始就确定了这篇文章所要议论的中心内容。

例如，公务员《申论》考试中，在论证部分一般都会规定论证的题目。这个题目实际上就是确定的论题。整个论证都应围绕这个论题展开。

（二）论据

论据是用来确定论题的真实性或虚假性的已知为真的判断。论据是一个论证的根据，也就是所谓的"理由"。它所要回答的是"用什么来证明或反驳论题"。

例如，公务员《申论》考试中所提供的材料就是论述的根据。不能脱离它，用自己的知识经验来论述。这也是《申论》考试的目的之一：公务员工作的规范性。

论据一般也有两类：一类是已经确认为真的事实情况；一类是科学的定义、公理、定理。

例如，当前许多招聘单位在招聘现场进行"一分钟面试"。这就需要应聘者在很短的时间内，提出自己的应聘理由。其中主要有：自己有什么特别的能力以保证胜任所要应聘的岗位；自己有过什么相关的工作或实践经验；自己是否可以接受用人单位的不同的工作安排。即在尽可能短的时间内，展示自己的优势所在，这些就是自己的应聘根据。而不是展示自己的所有的特长，更不是表决心。

（三）论证方式

论证方式是论题与论据之间的联系方式，它所要回答的是"怎样用论据来论证论题"。

例如，公务员《申论》考试中就是用所提供的材料，以恰当的方式论述题目所要求回答的"问题"。此时，"我是一个国家公务员，我所论述的一切，一是要体现政府行为（协调政府各部门共同做好工作，使百姓生活安定，社会各项工作稳定发展）；二是要切实解决问题（体现政府行为的关键在于切实解决问题）"的角色认定，也是一个必须确定的前提。

在一个论证过程中，如果我们只是提出一些已知为真的判断和需要确定为真或假的判断，而没有一定的联结方式将它们联系起来，这些判断就还不能构成论证。这就好比，本来想用一堆珍珠串成一根项链，但没有一根合适的线来连接，这堆珍珠始终还是一堆珍珠，这根项链始终还是一根虚拟的项链。可以说，论证方式就是这根串珍珠的线。因此，一个完整的论证，必须要有论题和论据之间的逻辑联系，这样才能以真实的论据确定论题的真或假。

又由于，在一个论证过程中，论题和论据之间的联系总是借助于一定的推理方式来实现的，所以，所谓的论证方式，就是论证中使用的推理方式。

可以说，论证是所有推理形式的综合运用。这也就涉及论证和推理方式的关系问题。

三、论证和推理的关系

论证和推理既有联系，又有区别。

（一）论证和推理的联系

（1）任何论证都是一个推理的过程，论证是推理的实际运用。

（2）论证方式和推理形式都是判断之间的逻辑推演过程。

（3）论证的结构与推理的组成部分之间具有相关性。论题相当于推理的结论，论据相当于推理的前提，论证方式相当于推理的形式。

（二）论证和推理的区别

1. 二者的任务不同

推理的任务是从一些已知判断（前提）推出一个新判断（结论）。无论是演绎推理也好，归纳推理也好，类比推理也好，都是如此。在这个过程中，推理只要求作为前提的判断之间的联系要有意义，而不必断定前提或结论的真实性。因为这是它不能承担的任务。尤其在演绎推理中，这种表现更加明显。

而论证的任务却是从一些已知为真的判断（论据）确定一个判断（论题）的真实性或虚假性。它必然要以真实论据为出发点，也必须确认一个论题的真或假，否则，论证就失去了它的意义和目的。

例如，在申报科研项目时，对于研究现状的评价要真实，对于项目的理论意义和现实意义要心中有数，这样立项的目的才能论证清楚。

2. 二者的思维进程不同

推理是从前提到结论，而论证则是从论题出发，进而找出论据来证明，最后确认论题的真实性或虚假性。从这个意义上说，当年胡适提出"大胆假设，小心求证"有他一定的道理。

3. 二者的构造不同

论证要比推理复杂，一个论证必然是一个或一系列的推理，它也必然要确定论题与论据的真实性，所以，任何论证都要运用推理。而一个推理只断定前提与结论之间的逻辑联系，它并不必然断定前提与结论的真实性，所以，并非任何推理都是论证。

四、论证的作用

尽管逻辑论证的结果最终仍然要得到实践证明的检验，但作为一种理性的思维方式，逻辑论证在认识过程中仍然有着重大的作用。

（一）逻辑论证有助于发现和揭示真理性的东西

真理性的东西是人们的认识、意识对客观事物及其规律性的正确反映的东西，或是说是人们的认识、意识中包含的与客观事物及其规律性相一致的内容。凡是真理都是具体的。"辩证法的基本原理是：没有抽象的真理，只有具体的真理。"（《列宁选集》第 1 卷，第 507 页）而要想把这具体的真理揭示出来，就必须需要一个逻辑论证的过程，以便在对客观事物的认识过程中发现和揭示真理。

例如，有人认为，在一些项目的论证中，除了可行性论证外，还应该进行不可行性论证。这样就可以发现可行性论证中被忽略的东西。

（二）逻辑论证有助于论证、表达或宣扬真理

真理并非一开始就为所有的人所接受，因此，为了使具体的真理让更多的人了解并接受真理，也需要一个逻辑论证的过程，以便让人们信服。

例如，社会主义建立市场经济的必要性和可能性，除了实践证明外，还必然需要科学的逻辑论证，以便为社会主义市场经济的建立与发展提供理论依据。

（三）逻辑论证是建立科学体系、确立科学理论的必要手段

任何一门自然科学或社会科学体系的建立，都是建立在对一系列科学概念、判断的真理性认识基础上的，这个过程，就是一系列的逻辑论证过程。

（四）论证也是人际沟通中的重要手段

人际交往中的各种沟通，无一不是在"要说明什么""用什么说明""怎样说明"。因此，为了使人际沟通正常有效地进行，也需要正确的逻辑论证。

第二节　证明的方法

证明是用已知为真的判断确定某一判断为真的思维过程。

根据论证方式的不同，证明分为演绎证明、归纳证明、类比证明。

根据论据与论题之间是否直接发生联系，证明分为直接证明和间接证明。

一、演绎证明、归纳证明、类比证明

（一）演绎证明

演绎证明是用陈述一般原理、原则的判断，证明某一特殊事实为真。它运用的是演绎证明的形式。

例如，从 2002 年 4 月 1 日开始，荷兰成为世界上第一个明文规定可以对垂死病人实施"安乐死"的国家。法案规定：首先，病人所受的痛苦必须是"无法忍受的""无穷无尽的"，病人已经"厌倦了生活"，而且"安乐死"必须是病人经过慎重考虑后，自愿提出的请求。其次，医生和病人还必须确信，除了"安乐死"外，再也没有其他的方法可以解除病人的病痛折磨。最后，病人的主治医生还必须就病人的要求至少征询另一位同行的意见，"安乐死"的实施方法在医学上必须得当。这项法案的规定，就是演绎证明的过程。第一种规定是充分条件联言假言推理的肯定前件式，第二种规定是选言推理的否定肯定式，第三种规定是充分条件联言假言推理的肯定前件式。整个论证

又是一个充分条件联言假言推理的肯定前件式。经过这样的严密论证，"安乐死"的法案就可以被人们认为是符合伦理道德的，就可以接受了。

又如，马克思在《资本论》开头的部分，为了证明"《资本论》第一章是最难理解的"这个特殊事实为真，就用了一个演绎证明："万事开头难，每门科学都是如此。所以本书第一章，特别是分析商品的部分，是最难理解的。"这是一个用两个三段论推理形式构成的证明。

一般来讲，演绎证明的结论最可靠，有效性最明显。

（二）归纳证明

归纳证明是用陈述特殊事实的判断，证明一般原理或带有概括性的论断为真。它运用的是归纳推理的形式。

例如，中国古代的"四大发明"曾推动了西方国家的科技发展；美洲大陆的开发、日本明治维新后的进步得益于西欧的科学技术；今天许多国家种植的玉米、马铃薯、西红柿等，都是美洲印第安人培育出来的；等等。于是人们就可以归纳说，世界各民族早就相互进行科学技术的引进和交流活动了，并且不同文明的互动可以促进整个人类文明的发展。

又如，中国古代著名思想家老子曾经说过："合抱之木，生于毫末；九层之台，起于累土；千里之行，始于足下。"这就是用一些具体的事实，归纳说明了"天下大事，必作于细"的一般性的道理。

再如，考古学界有一种观点，认为"人类的祖先产生于非洲"。为了证明这个假说，人类学家和考古学家就必须要归纳证明世界各地的原始文化都与非洲的原始文化有相同之处，这样，才可以支持这个新观点。

归纳证明除了完全归纳外，科学归纳证明和简单枚举归纳证明是或然性证明，这种证明只能表明对论题给予了一定的证据支持，其结论有一个是否可靠与是否有效的问题。

（三）类比证明

类比证明是用陈述特殊事实的判断，证明另一个特殊事实为真。它运用的是类比推理的形式。

类比证明有丰富想象、引起联想、启发思考的作用，在科学发展史中，有许多科学发现就是通过类比证明完成的。

例如，人们在地球上发现氦的过程就是通过类比证明实现的。科学家利用光谱分析，首先发现太阳上有氦存在。由于太阳上的其他化学元素如氧、氮、硫、磷、钾等，地球上都有，于是就类推到地球上也可能有氦元素存在。后来，英国化学家雷姆果然于 1958 年在地球上发现了氦元素。

在现实生活中,类比证明则是人际沟通中经常使用的一种方法,俗称"打比方"。这种方法也是最具有中国古代论辩特色的一种论证方法。诸子百家在相互争鸣中,就常常使用援类而推的方法以论证自己的主张或陈述自己的观点。这些类比证明的结果,许多都积淀为一个个成语,融化在中国文化的血脉中了。

例如,《庄子》与《韩非子》书中保存有大量生动的寓言说理故事,其中较为著名且如今常被人们引用的有:

类比喻证应顺应自然,按规律办事的"庖丁解牛";

类比喻证一切差别都是相对的"望洋兴叹""井底之蛙"等;

类比喻证由于存在偏见,同样的事情可以作出完全不同判断的"亡财疑邻";

类比喻证如掌握了真理,就要勇于牺牲、始终坚持的"和氏之璧";

类比喻证大的坏事是从小的坏事发展而来,对处于萌芽状态的坏事,千万不可掉以轻心的"纣为象箸";

类比喻证舍近求远,解决不了实际问题的"远水不救近火";

类比喻证贪图小利,牺牲邻邦,其结果必然是因小失大,自取灭亡的"唇亡齿寒";

类比喻证任何一种事物,破坏容易建设难的"树难去易";

类比喻证谎言重复多次,往往会被人误认为是真理的"三人成虎";

类比讽刺那些并无真才实学却又专事招摇撞骗的"滥竽充数";

类比喻证不能主次颠倒,也不能只重形式不重内容的"买椟还珠";

类比讽刺那些迷信教条,不从实际出发的"郑人买履";

类比喻证不能墨守成规,思想僵化的"守株待兔";

类比喻证在论证一个道理或说明一个事物时,要前后一致,不能自相矛盾的"矛盾之说";等等。

我们今天在使用这些成语时,可以体会出在成语故事的形象性中所蕴涵的事物道理。

二、直接证明和间接证明

(一)直接证明

直接证明就是用真实的论据直接证明论题的真实性。它的特点是从论题出发,为论题的真实性提供直接的理由。

例如,一般检察机关的公诉采取的就是直接证明。直接提出证据,证明犯罪嫌疑人有罪。

（二）间接证明

间接证明是通过确定与论题相矛盾的判断（反论题）或其他有关判断为假，从而确定原论题为真的证明方法。它一般包括反证法和排他法。

1. 反证法

（1）反证法是首先通过确定与论题相矛盾的判断（反论题）为假，然后根据排中律的不能同假的要求，证明原判断（原论题）为真的证明方法。

（2）步骤

论题：A

设反论题：非A（非A与A相矛盾）

证明非A假：如果非A，那么B（从反论题推出的必然结论）；

非B（B假）；

所以并非非A（非A假）；

根据排中律，非A假，则A真。

反证法采用的推理形式是充分条件假言推理的否定后件否定前件式。

（3）运用反证法的现实根据是，有时候直接证明论题有困难或烦琐，而从反面证明却非常简单明了。运用反证法的逻辑根据是排中律。

例如，有人问：在我们国家里，马克思主义已经被大多数人承认为指导思想，那么能否对它加以批评呢？当然可以批评。如果马克思主义害怕批评，如果可以批评倒，那么马克思主义也就不是真理了，也就没有用了。

在这个证明中，为了证明"马克思主义可以加以批评"，就先设立它的反论题"马克思主义害怕批评"，并从中推导出一个必然的结论。但这个结论事实上是错误的，于是也就反证了原来论题的正确性。

（4）运用反证法时应注意的问题

由于反证法的逻辑根据是排中律，因此，在设立反论题时，反论题必须与原论题是矛盾关系，不能是可同假的上反对关系。

2. 排他法

（1）排他法又叫作选言证法或汰略法，它首先形成一个穷尽的选言判断（论题是其中的一个选言支），然后通过论据否定论题以外的其他选言支，从而确定论题为真。它采用的是选言推理的否定肯定式。排他法是案件侦破和考古中经常采用的一种证明方法。

（2）步骤

论题：A

论证：或 A，或 B，或 C，或 D（与 A 相关的所有可能判断）；

B 假，C 假，D 假；

所以，A 真。

例如，2002 年"5·7"大连空难事故的调查就是运用排他法。调查表明，飞机失事是由火灾引起的，而飞机失火的火源有 5 种：飞机自身火源 4 种（电路起火、油路起火、发动机起火、烤箱起火）和外来火源。又经调查发现，飞机失火的火源不是由电路起火（不会迅速燃烧）、油路起火（火灾发生在地板上而不是地板下）、发动机起火（火灾发生在机身内而不是机身外）、烤箱起火（没有发现）造成的；显然飞机失火是由外来火源造成的。又经过其他慎重细致的调查，最后确定飞机失事是由一位旅客纵火造成的，从而解开了他一下买了 7 份航空意外保险的"疑团"。

（3）运用排他法时应注意的问题

在运用排他法时，必须穷尽与论题相关的所有可能判断，否则将会遗漏正确的判断。

第三节　反驳的方法

反驳是通过已知为真的判断确定某一判断为假的思维过程。

由于反驳的论题一般都有所证明，因此，针对证明结构的三要素，反驳的方法可以分为反驳论题、反驳论据、反驳论证方式。

一、反驳论题

反驳论题是反驳中最重要的反驳方法，它是根据某些事实或一般原理，按照一定的逻辑规则，论证对方的论题是虚假的、不能成立的。反驳论题的方法又可分为两种方法：一是直接反驳论题，二是间接反驳论题。

（一）直接反驳论题

直接反驳论题是由论据直接确定被反驳论题为假。直接反驳论题，通常采用以下一些方法：

1. 用事实直接反驳论题

就是指出对方的论题不符合客观事实，是个假判断。

例如，2006 年 12 月，一些西方媒体在新加坡港务局中标巴基斯坦瓜达尔港的运营资格后，大肆演绎，喧嚣"中国争夺瓜达尔港失败，泛亚能源走廊构思遭遇阻力"。但实际上，中国只是援建了瓜达尔港，中国企业并没有参与瓜达尔港的运营权竞标。西方一些媒体借此炒作中国"战略意图"的论据丝毫不存在，因此，其炒作论题也当然不成立了。

2. 用一般原理直接反驳论题

就是指出论敌的论题与已经被实践证明是真的公认规则、科学原理、科学定律相违背。

例如，在某次竞走大赛中，一位竞走运动员被裁判罚下场。事后，这位运动员委屈地说："实际上，竞走项目双脚腾空有时是很正常的，但在大赛中，能真正被判犯规的却极少，这有时是运气，有时则反映了其他方面。"这位运动员的说法（论题）不可取。为了反驳他的这种错误认识，我们可以按照竞走比赛规则（公认规则）说明，"双脚腾空"就是犯规，任何时候都不属于正常范围。

3. 揭露对方的论题本身存在着逻辑矛盾

例如，《哥达纲领》中有一观点："劳动所得应当不折不扣和按照平等的权利属于一切社会成员。"马克思对此批评说：如果劳动所得应当属于一切社会成员，那么"不折不扣"在哪里呢？如果劳动所得不折不扣属于劳动者，那么"平等权利"又在哪里呢？

（二）间接反驳论题

间接反驳论题是通过证明与被反驳论题相反的论题（矛盾判断和上反对判断）为真，从而根据矛盾律确定被反驳的论题为假的反驳方法。它又分为两种：

1. 独立证明法

（1）独立证明是通过独立证明与被反驳论题相反的论题为真，从而确定被反驳的论题为假的反驳方法。

（2）步骤

被反驳论题：A

设立 A 的相反论题：非 A

独立证明：非 A 真

根据矛盾律：A 假

例如，有人认为，科学技术不是生产力。这种观点是错误的。我们的观点是：科学技术是生产力。因为在劳动生产力的两个最主要的因素（人和工具）里，都凝聚着科学和技术。而随着生产的社会化程度的提高，科学技术在生产力中的地位也越来越高，比重也越来越大。实践证明，劳动生产力中包括"科学的发展水平和它在工艺上应用的程度"。

这个反驳过程经整理如下：

被反驳论题：科学技术不是生产力。

提出反论题：科学技术是生产力。

独立证明：依据对事实的科学分析，科学技术是生产力。

所以，"科学技术不是生产力"的论题是错误的。

（3）独立证明时应注意的问题

间接反驳的独立证明与间接证明的反证法既有联系，又有本质的不同。它们之间的联系在于，两者都是间接的论证方法。它们之间的区别在于，根本目的不同：反证法是确定某判断真，独立证明是确定某判断假；逻辑根据不同：反证法的逻辑根据是排中律，独立证明的逻辑根据是矛盾律；在具体的论证中的主次关系不同：在反证法中反驳从属于证明，而在独立证明中，证明从属于反驳。

2. 归谬法

（1）归谬法是通过假定被反驳论题为真，然后据此必然推出荒谬的结果，从而确定被反驳的论题为假的反驳方法。

（2）步骤

被反驳论题：A

假定 A 真；

由 A 真引出推断：如果 A，那么 B；

非 B；

所以，非 A。（即 A 真不成立，充分条件假言推理的否定后件否定前件式）

A 真不成立，即 A 假。

例如，有人认为，"君子慎其独"是封建时代士大夫的语言，我们今天还使用它，会使思想倒退到封建社会去。果真如此，那我们今天所说的话，大多来自古代社会，山水草木、日月风雨且不必说，就连"兼听则明，偏信则暗""鞠躬尽瘁，死而后已""以史为鉴"等，也来自古代社会，甚至出自封建士大夫之口。照这些人的逻辑，这类语言也不能说了，那我们今天只好做半个哑巴了。

这个反驳就是运用归谬法，从对方的荒谬中推出更加荒谬的结论，从而确定了对方的论题为假。

值得一提的是，中国古代的墨子、孟子、庄子等人在论辩中就经常采用归谬法来反驳论敌的主张。如墨子对"吾义固不杀人"（《墨子·非攻上》）的归谬反驳；孟子的"月攘一鸡"（《孟子·滕文公下》）；庄子的"涸辙之鲋"（《庄子·外物》）；等等。

（3）运用归谬法时应注意的问题

间接反驳的归谬法与间接证明的反证法既有联系，又有本质的不同。它们之间的联系在于，两者都是间接的论证方法。它们之间的区别在于，根本目的不同：归谬法是确定某判断为假，反证法是确定某判断为真；依存关系不同：归谬法并不需要借助于反证法，而反证法却要借助于归谬法。

二、反驳论据

反驳论据是确定对方的论证中所依据的论据虚假，从而反驳了对方的论证。

论据是论题成立的支柱，如果把论据驳倒了，对方的论题也就站不住脚了。所以，反驳论据也是反驳的一种重要的方法。

常用的反驳论据的方法有如下一些：

（一）指出对方的论据虚假

例如，2002 年 4 月，某省曾发生了一件轰动一时的"枪下留人"事件。但在以后的复核过程中，检察机关对被告方所提供的"罪不当死"证据一一进行了反驳。

（1）对被告方（以下简称辩方）"被害人有流氓挑衅行为，在案件起因上有过错"的意见，审委会调查：这种"证据"仅仅是被告的供述，被告的证人所提供的证言，也是完全听被告说的，而在场的其他证人并不证明被害人有流氓挑衅语言。法院结论：辩方的意见没有证据支持，不予采信。

（2）对辩方"被害人伙同同伙对被告有不法侵害行为，被告是在完全被激怒的情况下，进行防卫的。所以，被告不是故意杀人，只是防卫过当"的意见，审委会调查：现场证人证明，被告与被害人是互相殴打行为，没有其他人参与。证人同时证明，互相殴打行为被人劝开后，被害人已经离开，而被告又追上用水泥地砖连续击打被害人的头部，致使被害人死亡。法院结论：辩方的意见没有证据支持，不予采信。

（3）对辩方"某证人的证言漏洞百出，道听途说，仅凭这一份孤证定案，证据不足"的意见，审委会调查：经调查，这位证人目击了被告的行凶过程，他所证明被告的犯罪事实，与尸体检查报告、现场勘察笔录、其他证人的证言以及被告的供述相互印证。法院结论：这位证人的证言足以采信，而辩方的意见没有证据支持，不予采信。

（4）对辩方"被告不具有杀人的主观故意"的意见，审委会调查：被告用水泥地砖连续击打被害人的头部，对其行为显然采取了放任态度。法院结论：辩方的意见没有证据支持，不予采信。

（5）对辩方"被告给被害人和劝架人递烟，有表示和解的事实"的意见，审委会调查：辩方的意见没有任何证据支持。法院结论：辩方意见不予采信。

（6）对辩方"被告没有'连续击打'的行为"的意见，审委会调查：尸体检查报告证明，被告有"连续击打"的事实。法院结论：辩方的意见没有证据支持，不予采信。

同时，法院又认定了检察院的十条证据，这样才使当初的"枪下留人"又变成"最终正法"。体现了法律的公平与公正。

（二）指出对方论据的真假还需要证明

例如，在一次辩论赛上，有辩手为"艾滋病是医学问题，不是社会问题"辩解，论据之一是"感冒不是社会问题"。但对方辩手就这个论据展开反驳："一个人感冒不是社会问题，几千几万个人同时感冒就是社会问题了。"这样就指出了对方这条论据的真假还需要证明。

在反驳论据时有一些问题值得注意。即，反驳了论据，只是说明对方的论题没有得到证明，还不能确定对方论题的虚假。因为对方的论据虚假，并不等于对方的论题虚假。只有在对对方论题赖以成立的全部论据反驳完毕，并且再无其他任何论据可以支持对方论题的时候，才算是彻底驳倒了对方的论题。

三、反驳论证方式

（1）反驳论证方式就是确定一个论证的论据与论题之间的逻辑联系方式不正确，也就是指出对方论证所使用的推理形式不正确。

例如，有两条古训：人非草木，孰能无情？人非圣贤，岂能无过？

我们可以把这两条古训整理成两个三段论推理：

其一：草木是无情的；　　　　　　　　M——P

　　　人不是草木；　　　　　　　　　S——M

　　　所以，人不是无情的。　　　　　S——P

其二：圣贤是无过的；　　　　　　　　M——P

　　　凡人不是圣贤；　　　　　　　　S——M

　　　所以，凡人不是无过的。　　　　S——P

这是两个三段论第一格的推理形式。虽然结论没有错误，但推理形式不正确，违反了三段论的一般规则（前提中不周延的项在结论中不得周延）和第一格的特殊规则（小前提必肯定）。

因此，这两条古训只是一个经验的归纳，不是一个有效的逻辑推理。

又如，有人论证说，"常在河边走，哪能不湿鞋"。搞财会工作的，都免不了有或多或少的经济问题，特别是在当前经济大潮下，更是如此。为了反驳这种观点，我们就可以举出现实生活中许许多多的"常在河边走"的搞财会工作的人，就是没有"湿鞋"。从而以最能反驳的截断关系法，从推理形式上评价这种观点论证的因果关系不成立。

（2）反驳了对方的论证方式，并不等于确定了对方论题的虚假，只是指出对方的论题没有得到逻辑的证明。这是在反驳论证方式过程中应注意的问题。

第四节　论证的规则

一、关于论题的规则

（一）论题必须明确

这是强调在一个论证中，论题必须清楚、明白、确切，以保证思想的确定性。

人们在人际沟通或写作中，总是要围绕某个问题进行思考或发表自己的议论。不论发表什么样的议论，总要极力证明自己的某个观点是正确的，或者极力反驳某个观点是错误的。如果论题不明确，不但自己无法找到适当的论据与正确的论证方式对它进行论证，而且别人也不知道你究竟要论证什么或说什么了。因此，论题清楚、明确是论证正确进行的首要条件。违反这条规则，就要犯"论题不明"的逻辑错误。

例如，有人认为："现在有些'追星族'一味地热衷于通俗歌曲，这没有什么不可以，不同的人有不同的需要。但通俗歌曲毕竟不是文化发展的主流，因此，一味热衷于通俗歌曲并刻意模仿的态度也是有疑问的。"这段议论到底要说明什么，是赞成"一味地热衷于通俗歌曲"的态度？还是反对"一味地热衷于通俗歌曲"的态度？或者是反对"一味地热衷于模仿'歌星'"的态度？其论题始终是含混不清的。这种"论题不明"的议论，由于失去了论证的对象，同时也就失去了论证的意义。

（二）论题必须保持同一

这是强调在一个论证中，必须围绕同一个论题展开论证。这也是为了保证思想的确定性。违反这条规则，就要犯"偷换论题"或"混淆论题"的逻辑错误。

例如，有这样一段论述："质量与数量是对立统一的，是可以互相转化的。质量的好坏，影响着数量的多少；数量的多少，又促进着质量的不断改进。而假冒伪劣产品质量低劣，白白地消耗着各种宝贵的资源，因此，这是最大的资源浪费。"在这段论述中，论题本来是"质量与数量是对立统一的，是可以互相转化的"，但结论却变成了"制造假冒伪劣产品是最大的资源浪费"。结论混淆了原来的论题。

又如，在一场辩论赛中，辩题本来是"留学生归国是社会问题还是个人问题"，但开辩没几分钟，辩论的焦点就转到"'社会问题'是个褒义词还是个贬义词"上了。尽管辩论双方都在引经据典，但真正的辩题却始终没有得到说明。

由于"偷换论题"或"混淆论题"是在一个论证的过程中，用另外一个论题代替了原来的论题，没有保持论题的确定性，因此，从逻辑基本规律的角度看，也属于违反了同一律的逻辑错误。

二、关于论据的规则

（一）论据必须真实

论据是用来确定论题真实性的根据，因此，论证的论据必须是真实的。没有真实论据的论证是不能令人信服的。可以说，在司法实践中，打官司就是在打证据。证据既是程序正义的载体，也是实质正义的载体。因此，在一个论证过程中，论据必须真实，违反这条规则，就要犯"虚假理由"的逻辑错误。

例如，某贪官为自己的受贿行为辩解说："收受贿赂是人情往来。"这个辩解实际上是一个省略了大前提和结论的三段论，我们可以将之恢复为一个完整的三段论：

所有的人情往来都不是犯罪；

收受贿赂是人情往来；

所以，收受贿赂不是犯罪。

尽管这是一个推理形式正确的三段论第一格形式，但小前提虚假。因此，结论荒谬。

（二）论据的真实性不能依靠论题来证明

论题的真实性是由论据推出来的，但如果论据本身的真实性还要反过来依靠论题来证明，那么就扯来扯去，谁也说不清了。因此，论据本身的真实性应当是确定无疑的。违反这条规则，就要犯"窃取论题"或"循环论证"的逻辑错误。

例如，有人论证说："现在的教育体制很不适应社会发展的需要，应该尽快进行改革。因为，教育事业的发展，必须与社会发展的需要相适应，离开社会发展的需要去发展教育只能是一句空话。"在这个论证中，作为论据的"教育事业的发展，必须与社会发展的需要相适应，离开社会发展的需要去发展教育只能是一句空话"，实际上是对论题"现在的教育体制很不适应社会发展的需要，应该尽快进行改革"的重复，对论题不起任何论证作用。这种相互论证的错误，就是"窃取论题"或"循环论证"。

三、关于论证方式的规则

论证方式是论题与论据之间的联系方式。论证方式由推理组成，因此，论证必须遵守各种推理形式的逻辑规则。违反这些规则，就会在论证过程中，使论据与论题之间没有推论关系，就要犯"推不出"的逻辑错误。

例如，明代理学家陆九渊证明"心即理"的论题："人皆有是心，心皆具是理，心即理也。"如果说陆九渊的这个论证能得出什么结论的话，也只能得出"人皆具是理"，根本推不出"心即理"来。

复习思考题

1. 什么是论证？论证由哪些部分组成？
2. 如何理解论证的作用？
3. 证明的主要方法有哪些？
4. 反驳的主要方法有哪些？
5. 论证的规则有哪些？

练习题

一、根据论证的知识回答下列问题

1. 据报载，有个人因勇救落水儿童而牺牲，被民政部门批准为革命烈士。当其家属向对烈士的死负有责任的单位提出民事赔偿时，有人却认为这会玷污烈士见义勇为的行为，而该单位也声称"烈士家属无权要求民事赔偿"。

问：上述认识有无逻辑错误？

2. 报载一位老师，因自己班上丢了东西，又一时查不出是谁偷的，竟荒唐地让全班同学投票"选小偷"。当被"选举"出来的同学问有什么证据时，这位老师竟摇晃着那一叠"选票"说："大家选你，你就是小偷。"

问：这位老师的推论犯有什么逻辑错误？

3. 据《韩非子·内储说上》载："庞恭与太子质于邯郸，谓魏王曰：'今一人言市（集市）有虎，王信之乎？'曰：'不信。''二人言市有虎，王信之乎？'曰：'不信。''三人言市有虎，王信之乎？'王曰：'寡人信之。'庞恭曰：'夫市之无虎也明矣，然而三人言而成虎。'"

问：上述故事说明一个什么问题？

4. 分析下列论辩：

庄子与惠子游于濠（濠水）梁（河堰）之上。庄子曰："鯈（tiáo 白鲦鱼）鱼出游从容，是鱼之乐也。"惠子曰："子非鱼，安知鱼之乐？"庄子曰："子非我，安知我不知鱼之乐？"惠子曰："我非子，固不知子矣；子固非鱼也，子之不知鱼之乐，全矣（这就够了）。"庄子曰："请循（追溯）其本（开头的话题）。子曰'汝安知鱼之乐'云者，既已知吾知之而问我，我知之濠上也。"（《庄子·秋水》）

5. 证明三段论第一格、第二格与第三格的特殊规则，并说明证明方法。

二、论证综合练习选择题

1. 假如一个人的行为对他人和社会造成损害性影响，他人或社会当然可以对他进行指责和干涉。但假设情况不是这样呢？例如，一个人在他独居的房子里抽烟，一个人在旷野里大喊大叫，一个人在半夜里上网浏览，该不该管？我认为，对一种行为是否干涉，取决于这种干涉是否有利于公众利益的改善，侵犯了当事者的合法权利，等等。

下面哪一项是题干中的说话者最愿意接着说的？

A. 社会利益总是优先于个人利益。

B. 对个人行为的干涉并不提高社会整体的利益。

C. 未损害他人利益的行为不应当受到社会的指责和干涉。

D. 当一个人的行为对他人有利时，一个社会的总体利益就得到提高。

2. 按照某种人性的一般原则，社会生活中的人，不管其地位有多高，受的教育有多长，他的行为总是随环境而变化的。人性中既有善的一面，也有恶的一面，每个人实际上都有自利性情结或倾向，他们被称为"理性经济人"。

下面哪一个选项不是题干所隐含的意思或能推出的结论？

A. 对政府官员的管理主要应该靠提高他们的自律意识。

B. 一旦拥有了公共权力，某些人极有可能用"权力寻租"，搞权钱交易。

C. 应该设计一些制度性因素，对政府官员的行为加以约束。

D. 一个人在为社会提供某种角色或服务的时候，不可能不考虑自身的经济利益。

3. 温家宝总理接受《华盛顿邮报》总编采访时说：13 亿，是一个很大的数字。如果你用乘法来算，一个很小的问题，乘以 13 亿，都会变成一个大问题；如果你用除法的话，一个很大的总量，除以 13 亿，都会变成一个小数目。这是许多外国人不理解的。

下面哪一个选项最不接近温家宝总理说上面这些话的意思？

A. 让 13 亿人过上好日子，这是一件极其艰巨的任务，哪里还谈得上威胁别人？

B. 中国人口众多，使中国的事情变得非常复杂和艰巨，为政者切记小心谨慎。

C. 中国人口众多，发展任务艰巨，不可能去威胁任何国家。

D. 众人拾柴火焰高，中国人多好办事。

4. 人的日常思维和行动，哪怕是极其微小的，都包含着有意识的主动行为，包含着某种创造性，而计算机的一切行为都是由预先编制的程序控制的，因此计算机不可能拥有人所具有的主动性和创造性。

补充下面哪一项，将最强有力地支持题干中的推理？

A. 计算机能够像人一样具有学习功能。

B. 计算机程序不能模拟人的主动性和创造性。

C. 在未来社会，人控制计算机还是计算机控制人，是很难说的一件事。

D. 人能够编出模拟人的主动性和创造性的计算机程序。

5. 人们大都认为，科学家的思维都是凭借严格的逻辑推理，而不是凭借类比、直觉、顿悟等形象思维手段。但研究表明，诺贝尔奖获得者比一般科学家更多地利用这些形象思维手段。因此，形象思维手段有助于取得重大的科学突破。

以下哪项作为前提，能够对上述结论提供最强的支持？

A. 有条理的、逐步的推理对于一般科学研究是必不可少的。

B. 诺贝尔奖获得者有能力凭借类比、直觉、顿悟来进行创造性思维。

C. 诺贝尔奖获得者取得了重大的科学突破。

D. 诺贝尔奖获得者比一般科学家更为聪明和勤奋。

6. 有些人坚信，在宇宙空间中，还存在着人类文明之外的其他高级文明，因为现在尚没有任何理论和证据去证明这样的文明不可能存在。

下面哪一个选项与题干中的论证方式相同？

A. 神农架地区有野人，因为有人看见过野人的踪影。

B. 既然你不能证明鬼不存在，所以鬼就是存在的。

C. 科学家不是天生聪明的，例如爱因斯坦小时候并未显得很聪明。

D. 一个经院哲学家不相信人的神经在脑中汇合。理由是，亚里士多德著作中讲到，神经是从心脏里产生出来的。

7. 学生应该从小就开始学哲学。不然的话，他们会不假思索地接受某些传统价值观，而哲学正是教会他们对这些价值观进行质疑。

上述议论预先假定了下面哪一项或哪些项？

I. 除非学生从小就学哲学，否则他们会接受任何观点。

II. 即使在很小的年龄，学生也具有理解某些哲学的概念和理论的能力。

III. 学生能对传统价值观提出质疑是件好事。

A. I、II和III   B. III   C. I和II   D. II和III

8. 一家超市常常发现有顾客偷拿商品不付款，从而影响该超市的赢利。于是，该超市管理层痛下决心，在该超市安装监控设备，并且增加导购员人数，由此提高该超市的利润率。

下面哪一项对于评价该超市管理层的决定最为重要？

A. 该超市商品的进价与卖价之比。

B. 该超市每天卖出的商品的数量和价格。

C. 每天到该超市购物的顾客人数和消费水平。

D. 该超市因顾客偷拿商品所造成的损失，与运行监控设备、增加导购员的花费之比。

9. 自从《行政诉讼法》颁布以来，"民告官"的案件成为社会关注的热点。人们普遍担心的是，"官官相护"会成为公正审理此类案件的障碍。但据某省本年度的调查显示，凡正式立案审理的"民告官"案件，65%都是以原告胜诉结案。这说明，该省的法院在审理"民告官"案件中，并没有出现社会舆论所担心的"官官相护"。

以下哪项为真，最能削弱上述论证？

A. 在"民告官"案件中，原告如果没有掌握能胜诉的确凿证据，一般不会起诉。

B. 有关部门收到的关于司法审理有失公正的投诉，H省要多于周边省份。

C. 所谓"民告官"的案件，在法院受理的案件中，只占很小的比例。

D. 在"民告官"的案件审理中，司法公正不能简单地理解为原告胜诉。

10. 万通公司总裁的高级助理班子中，李金是一位最不可缺少的人才，因为其他助手仅是公司业务某一方面的专家，他们仅在自己精通的领域有独到的能力，而唯独李金是一位全才，熟悉该公司全方位的业务。

以下哪项如果为真，最能削弱上述论证？

A. 在某一专业领域李金并不比其他助理高明。

B. 李金的个人能力比不上其他助理的集体决策能力。

C. 李金到万通公司的工作时间要短于其他助理。

D. 万通公司的业务几乎都分别涉及某一专业领域。

11. 地球外有无生命是科学家长期探索的课题。1996 年美国航天局对火星陨石的研究中，正式提出了表明火星上 36 亿年前存在生命的证据，并向全世界科学家挑战，欢迎他们证明这一论点是错误的。科学界对此反映不一。

以下是一些专家的意见，在这些意见中，哪个是对美国航天局的挑战？

A. 这是证明地球外生命的最令人深思和浮想联翩的事情。

B. 36 亿年前太阳系有众多陨石，很难确定哪一块陨石真正来自火星。

C. 对陨石上取下一小片金色样品进行化学、显微镜和组织检查表明，36 亿年前这里有过原始生命、微生物生命的存在。

D. 如果已经发现 36 亿年前火星有生命存在，我不会感到意外。

12. 有时为了医治一些危重病人，医院允许使用海洛因作为止痛药。其实，这样做是应当禁止的。因为，毒品贩子会通过这种渠道获取海洛因，对社会造成危害。

以下哪项如果为真，最能削弱上述论证？

A. 有些止痛药可以起到海洛因一样的止痛效果。

B. 贩毒是严重犯罪行为，已经受到法律的严惩。

C. 用于止痛的海洛因在数量上与用作非法交易的比起来，是微不足道的。

D. 在治疗过程中，海洛因的使用不会使病人上瘾。

13. 在奥运会 110 米跨栏比赛中，刘翔获得冠军，并打破奥运会纪录，平了世界纪录。他在面对记者时说："谁说亚洲人不能成为短跑王？只要有我在！你相信我！""黑人运动员已经在这个项目上垄断了很多年了。黄皮肤的运动员不能老落在黑人运动员后面，从我开始，一个新的篇章就要写就了！"

刘翔夺冠的事实以及他的话不构成对下面哪个断言的反驳？

A. 大部分田径冠军是黑人运动员。

B. 所有短跑王都不是黄皮肤选手。

C. 只有黑人运动员，才能成为田径直道冠军。

D. 如果谁是短跑王，谁就具有非洲黑人血统。

14. 目前的大学生普遍缺乏中国传统文化的学习和积累。据国家教委有关部门及部分高等院校最近做的一次调查表明，大学生中喜欢京剧艺术的只占到被调查人数的 14%。

下列陈述中，哪一个最能削弱上述观点。

A. 大学生缺少对京剧艺术欣赏方面的指导，不懂得怎样去欣赏。

B. 喜欢京剧艺术与学习中国传统文化不是一回事，不要以偏概全。

C. 14%的比例正说明培养大学生对传统文化的学习大有潜力可挖。

D. 有一些大学生既喜欢京剧，又对中国传统文化的其他方面有兴趣。

15. 有人论述说，中国不适宜发展私人汽车。因为中国人口众多，城市人口密度大，交通设施落后，城市道路容量有限，现有的汽车流量已经使城市交通不堪重负。如果再发展私人汽车，势必造成难以解决的社会问题。

以下哪项，如果是真的，最有力地削弱了上述论证？

A. 随着经济大发展，无论从个人的经济能力还是从国家的经济实力看，都具备了发展私人汽车工业的条件。

B. 衣食住行是人的物质生活的四大要素，当中国的普通老百姓已经拥有了相应的经济能力之后，没有任何理由不让他们也享有私人汽车的便利。

C. 有关专家论证，在发展车和发展路的关系上，应该是以车的发展来促进路的发展。促进城市道路建设的动力之一，应该是发展汽车工业，包括私人汽车工业。

D. 日本东京的人口总量与密度都不亚于中国任何一个城市，它也曾经存在过交通设施滞后的问题，但东京现在是世界上拥有私人汽车最多的城市之一，并没有出现难以解决的社会问题。

第九章　人际沟通中的逻辑语用原则

人际沟通是一种言语行为。在言语行为中，除了逻辑的规则要遵守，一些人际沟通中的语用原则也是需要注意的。

第一节　因人施辩的对策与态度

先秦时代的著名名家代表邓析是中国古代第一个初步对论辩理论作出系统分析的人。在他对论辩的对策分析中，他主张应按照辩论的对象的不同，采用不同的方式，即辩论的对策要灵活多样："夫言之术：与智者言，依于博；与博者言，依于辩；与辩者言，依于要；与贵者言，依于势；与富者言，依于豪；与贫者言，依于利；与勇者言，依于敢；与愚者言，依于说。"（《邓析子•转辞》）

孔子也曾说过："可与言而不与之言，失人；不可与言而与之言，失言。智者不失人，亦不失言。"（《论语•卫灵公》）

"可与之言"与"不可与之言"是指在言语交际活动中，言语的活动要求一定的条件性。一是指言语交际对方的态度，如对方没有强烈的求知欲望，不肯积极主动地开动脑筋，就"不可与之言"了。"不愤不启，不悱不发，举一隅不以三隅反，则不复也。"（《论语•述而》）如对方能够积极求知，认真思考问题，就可以"与之言"，对其进行教导了。"赐（子贡）也，始可与言《诗》已矣，告诸往而知来者。"二是符合言语交际对方的素质，对具有中等以上才智的人，可以给他讲治理国家的大道理；对具有中等以下才智的人，则不可以给他讲治理国家的大道理。"中人以上，可以语上也；中人以下，不可以语上也。"（《论语•雍也》）

这种"因人施辩"的对策要求辩说者要按照不同的辩说对象，选择不同的辩说方式。这种"因人施辩"的论辩对策，在现实生活中有许多的实际应用。例如：

与下者辩宜善。论辩是相互沟通，以理服人。如果以势压人，正确的思想也会产生抵触情绪。

与智者辩宜博。此时不应自惭形秽，要尽量展现自己的才华，致力探讨各种问题之间的内在因果联系。

与浅者辩宜比。此时应循循善诱，多举些明显事例，多打比方则更佳。

与明者辩宜直。此时如曲里拐弯，吞吞吐吐，反倒让人烦了。

与刁者辩宜刁。如《晏子春秋》中所记载的晏子与楚王的论辩——挥汗成雨，张袂成阴；橘南枳北，就是以刁制刁。当然，在现实生活中，对于一些刚愎自用的人，或者是容易将论辩情绪化的人，还有一个更好的办法，那就是"不辩"。因为，有时面对这些人，也许不是"雄辩是金"，而是"沉默是金"了。为此荀子给我们以忠告："有争气者，勿与辩。"（《荀子·劝学》）

总之，针对不同的论辩对象，采用不同的论辩策略，是现实生活所需。这也就是老子所说的："知人者智，自知者明。"（《老子·三十三章》）

邓析还就人际沟通中辩说双方所应持有的正确态度提出了要求."非所宜言，勿言；非所宜争，勿争。"（《邓析子·转辞》）"一声而非，驷马勿追；一言而急，驷马不及。故恶言不出口，恶语不留耳，此谓君子也。"（《邓析子·转辞》）

这种论辩要求，实际上是指出了正确的论辩，应该有个伦理底线。即真正的论辩是理性地沟通，是逻辑地说理，而不是斗气，不是骂街，不是情绪化地宣泄。

例如，2007 年底，某大学教授面对同行的学术批评，连写十多篇博客，声称要"做回畜生"，称批评者"昏话连篇""臭气熏天""患上脑便秘，满纸都是屁"。这样的辩护就太情绪化了。

因此，邓析所说的这些论辩的正确态度，应是亘古不变的真理。基于此，"沉默是金"有时无疑也是保持人际沟通的伦理底线的一个良策，正所谓先秦思想家老子所说的"大辩不言"。

应该说，中国古代的逻辑思想实际上是从对"名"的认识开始的。从"名"与"辩"的关系看，"名"所讲的是语义学的问题，"辩"所讲的是语用学的问题。自邓析开始，中国古代学者就把"名"与"辩"的问题紧密地结合了起来，对"名"的语义学的说明，是为了"辩"的语用学的运作，论辩"名"，是为了论辩对国家的治理，是为了论辩对事物认识的真假是非，是为了论辩人伦道德的善恶，是为了论辩"论辩"本身的胜负。与古希腊亚里士多德逻辑的求真精神相比，这些辩治、辩真、辩善、辩胜，实在是中国古代思维工具系统发展史上的一大特色，并因此而具有了实实在在的时代精神。这种论辩精神在今天现实的人际沟通中依然有意义，它所涉及的就是人际沟通中的逻辑语用原则。

第二节　言语行为三要素与恰当性条件

人际沟通是一种言语行为，而言语交际行为理论认为：任何言语交际行为都有三要素。

（1）语谓行为——要说什么？

（2）语旨行为——说的用意或目的。

（3）语效行为——在听话者身上所产生的效果。

例如，孟子谓齐宣王曰："王之臣有托于妻子于其友而之楚游者。比其反也，则冻馁其妻子，则如之何？"王曰："弃之。"曰："士师不能治士，则如之何？"王曰："已（罢免）之。"曰："四境之内不治，则如之何？"王顾左右而言他。《孟子·梁惠王下》

在这则论辩中，孟子的语谓行为是"要行仁政"；语旨行为是劝说要"尽心"行"仁政"；语效行为是"王顾左右而言他"。因此，从结果来看，孟子的这则论辩是成功的。原因就在于孟子能够按"与上者辩宜曲"的因人施辩原则，采用类推诱问的论辩技巧，先从无关宏旨的小事说起，使齐宣王承认了此类道理，然后逐步紧逼，最后点出在类事理上具有同一性的论辩的主题：要尽责尽力地爱护自己的国民，治理自己的国家，否则，就应该让位。只要齐宣王承认了前面的结论，他就无法再反悔了，必然要承认孟子论辩主题的结论。这种由小到大、由远及近、从外至内、层层类推的方法，由隐蔽而逐渐明显，其迷惑性越大，其不露痕迹地把自己的思想灌输到对方意识中的效果就越好。难怪在这步步为营、稳扎稳打下，齐宣王陷入无言以对的困境，只好岔开话题，"顾左右而言他"了。而2005年9月某市法制局公布了180万字的《行政机关执法职责综览》，语效行为似乎就不好，因为有人对此提出疑问：180万字的权力清单，老百姓谁能买得起，谁又有时间、精力、兴趣去认真研读？从语效行为的要求来看，为了达到接受群众监督的目的，权力清单还是应尽可能方便老百姓阅读。由此反观，此时的语谓行为及语旨行为就应该明确"该怎么说了"。

在语旨行为中，为了表明"说的用意"或"说的目的"，还必须要有一个恰当性的条件。其中包括：

（1）实质性条件：语旨行为的目的是什么，即要达到的效果是什么。

（2）真诚性条件：要求说话者具有真诚的心理状态，使自己所说的话语恰当。不能戏说。

（3）预备性条件：符合交际双方的利益，相信对方能够理解、接受。因此，在语旨行为所表现出来的力量和强度上要有所区别，例如"命令"强于"建议""请求"；"警告"强于"劝告"等。说话者与听话者的身份、地位对话语的语旨用意施加的影响方面要有所区别，这在等级社团中尤其明显。

（4）命题内容条件：语旨用意在所说话的内容方面要有区别，如"陈述句"与"疑问句"不同，"警告"与"劝告"不同，"报告"与"预报"不同等。①

一个言语行为，如果符合这些条件，才能评价它的语效行为，即能不能被说服，让对方相信。

按遵守排中律的逻辑要求，就是为了消除人们认识中的不确定性，但在现实的人际沟通中，闪烁其词的事例还是有很多。其中有些是诡辩，有些则是不得已。如鲁迅在其《野草》中讲过这样一个故事：

有一人家生了一个男孩，满月时亲友们都来祝贺。有个人说这孩子将来能当大官，得了赏；有个人说这孩子将来能发大财，也得了赏；有个人说这孩子将来是要死的，结果挨了一顿揍。对此，鲁迅不无感慨地说：说假话的得赏，说真话的挨打。要是遇到我，只好说："哎呀，哈哈，这孩子，哈哈……"

这种回避对"是"与"不是"之间的选择，就是一种闪烁其词。虽然违反排中律的逻辑要求，但在特殊的场合，这种回答还是情有可原的。因此，合理的闪烁其词只能限定在特殊的场合和特殊的语言环境里。

但是，需要指出的是，在鲁迅所描述的话语中，"这孩子将来是要死的"的话语还是有些问题。从语言交际功能的语用学角度讲，任何一种完成了言语行为的成功的交际语言，都是有意义的语言，亦即是有具体内容的语言。因此，它们在通过言语行为以达到沟通交际的目的时，都应满足言语行为的"恰当性条件"。

按此言语行为的意义理论，言语行为最重要的是要达到"令人信服"的目的。而"这孩子将来是要死的"的话语，就不符合言语行为的恰当性条件。

---

① 参见周礼全主编《逻辑——正确思维和成功交际的理论》，人民出版社1994年版，第393-407页。

因为，既然客人是为"祝贺"而来，就应该实施"祝贺"的言语行为。而依据"祝贺"的恰当性条件，说难听话的那位客人所说的话语内容，虽然从未来情况上讲是真的，但以将来的判断来表示现在的判断，显然不符合听话者的利益。因此，这一句并非"祝贺"的话语，它既不符合"祝贺"的预备性条件的要求，也不符合"祝贺"的真诚性条件的要求，同时还不符合"祝贺"的实质性条件的要求。因此，这是一句非常不成功的言语交际行为。如果这时还一味强调"我说的是真话"，反而有了诡辩的嫌疑。

看来，人际沟通中的言语行为，不仅要符合普通逻辑的要求，也要符合语用逻辑的要求。从这一意义上讲，在确定的场合和确定的语言环境里，我们完全应该用明确的判断表达我们的思想，大可不必以"外交辞令"来闪烁其词地"这孩子，哈哈……"

第三节　隐涵的意义及合作原则

在人际沟通中，有时说话者所传递的话语意思，会根据需要将其分为两部分，一部分是话语的言说内容，一部分是话语的隐含内容。这种隐含在话语中的需要我们去"意会"的内容，就是隐涵。

例如，当孩子对沉湎于电视机中球赛转播的父亲说"今天是星期天"时，其所隐涵的言外之意就是：该出去游玩一下了。当妻子对丈夫说"商店里有件时尚的衣服"时，其话语也隐涵有"希望买一件"的愿望。

因此，隐涵的意义在于人际沟通总是双向的。即除了说话者自己外，还有听话者。有时由于对象、环境的不同，就不能说直白的话，而应该说一些需要意会的话了。在一些因人施辩中隐涵也发挥着作用。

例如，朱元璋做了皇帝之后，他从前的一个穷朋友来找他，说道："不知我主记否，当年微臣随驾扫荡芦州府，打破罐州城，汤元帅在逃，拿住豆将军，红孩儿当关，多亏菜将军。"听了这些话，朱元璋心中有数地想起了他话里所隐涵的一些从前的事情。于是给了他封赏。这件事传到另一个从前的穷朋友那里，他也兴冲冲地找上门来。见面就直通通地说："你还记得吧？从前你我在芦花荡里替人家看牛，有一天，我们把偷来的豆子放在瓦罐里煮。还没等煮熟，大家就抢着吃，把罐子都打破了。撒了一地豆子，汤也泼在泥地里。你只顾从地下满把抓豆子吃，不小心连红草叶子也塞进嘴里。叶子哽在喉咙口，急得你直跺脚。还是我出的主意，叫你用青菜叶子放在手上一拍吞下去，才把红草叶子带下肚去……"朱元璋没等他唠叨完，就连声大喊："推出去斩了！"两人相较之下，前者使话语的隐涵意义滴水不漏地暗示出来，可谓是"会说话"的人了。

但是，这种需要去意会的隐涵内容，有时会产生一些理解上的歧义，所以，为了在人际沟通中明确地提供相关的、真实可靠的最大量信息，我们在说出含有隐涵内容的话语时，应遵守人际沟通中的合作原则。其中包括：

（1）真诚准则：不说你相信为假的话；不说缺乏充分根据的话。

（2）充分准则：尽可能地提供谈话目的所要求的信息；不要提供多于谈话目的所要求的信息。

（3）相关准则：所说的话语必须是和谈话目的有关的。

（4）表达准则：避免表达的模糊性；避免歧义。

（5）态度准则：所说的话语必须是有礼貌的。①

如果在现实生活中，恶意地使用了虚假的隐涵，就会违背合作原则，无中生有地"创造"出虚假隐涵的诡辩。

例如，2009 年 11 月，当某社会公众人物代言一个虚假广告被曝光后，他通过博客表示了道歉，但在央视《经济半小时》记者采访时，他又说了这样的话："可以说全世界的广告，都有夸张的成分在里面，因为要不夸张就不叫广告……"

夸张本是一种使意义转移的修辞手法，它是说话者有意把某个事物的某一特征加以夸大或缩小。但是，其一，夸张要有一定的限度，要使对方从夸张中领会某种意境；其二，夸张应给予对方一个模糊数量的印象，使对方从模糊中感到话语的意义。夸张如无限延伸就会成为虚假。

还有一类无中生有的诡辩，是以虚无缥缈的虚假隐涵误导人们作出错误的判断，当人们因此上当后，又矢口否认自身的问题。

例如，为了促销，一些房地产开发商常常吹嘘自己的楼盘如何环境优美，配套设施如何完善。看了他们美轮美奂的小区模型或小区效果图，人们无不为此心动。但当你倾己所有入住以后，当初的风景这边独好，如今却无限风光不见了。责问开发商时，才知合同里没写，不算数。不知有多少人为此"眼见为虚"的承诺付出了代价。

从人际沟通的合作原则角度讲，用广告诠释出社会责任感，应该是广告者表现出对其他人的伦理关怀和义务；而对于受众来讲，也有充足理由要求

---

① 参见周礼全主编《逻辑——正确思维和成功交际的理论》，第 442 页。

把话说清楚，如果需要，还应把这应该说清楚的话写下来，避免上任何虚假判断所具有的虚假隐涵的当。

还有一类"无中生有"的隐涵是用语言一时说不清楚的。这时，就有必要进行一些"计算"了。

例如，甲乙丙三人各出 2000 元钱，托甲买一个大家共同使用的电脑。甲买了一台 5000 元的电脑，节余 1000 元。他将其中的 400 元装进自己的腰包，然后把剩下的 600 元三人分摊，大家又都分了 200 元。事后乙丙得知了这台电脑的实际价格，甲也承认自己私吞了 400 元。但是，乙丙经过计算认为：每人实际掏出的是 1800 元，合起来是 5400 元，再加上甲私吞的 400 元，总共才 5800 元。比最初的 6000 元还少 200 元。于是他们要求甲作出解释：这 200 元哪里去了？

这种认知模糊在理论上可能存在，我们有必要在此算账：5400 元是三人集资款数，600 元是返回数，两个数字相加，正好是 6000 元。但是，在应该加上"返回的 600 元"的地方，却被加上了似是而非的数字："甲私吞的 400 元"。而甲私吞的 400 元，是 5400 元中的一部分，在计算三人集资款时，已经计算在内了。所以，"5400 元加上甲私吞的 400 元"的算法，等于把甲私吞的 400 元重复计算了，这才有了 5800 元这个无中生有的数字。而"返回的 600 元"与"甲私吞的 400 元"之间的差正好是"下落不明的 200 元"。5400 元加上 400 元，实在是冤枉人的计算方法。

正确的算法是：甲乙丙三人每人各出 1800 元，共 5400 元。其中，电脑钱 5000 元，甲私吞了 400 元。账目一目了然。

第四节　语境的作用及意义

语言是思维的物质外壳，思维是语言的思想内容。在人际沟通中，所表达的思想必须借助于自然语言才能得以实现。如何运用语言，同样也是影响着人际沟通是否有效进行下去的一个因素。这涉及人际沟通的语境问题。

语境指人们在交际过程中表达思想感情的语言环境。它包括说话者、听话者、说话的时间、说话的地点，以及交际者已经共同具有的知识等因素。语境可以分为狭义的和广义的两种。狭义的语境通常指当下运用语言的前言后语，广义的语境则还包括表达思想时的社会环境及文化背景。人际沟通中的歧义句就是依赖于语境的句子，离开了语境，就不能确定其所指，就不能明白其表达的思想。如对一些歇后语的理解，就必须联系说话时的场景及双方具有的文化背景，才能理解歇后语的所指。所以，对于一些运用歧义句的人际沟通，其逻辑上如何可信、贴切，还应该联系语境加以解决。而前述的因人施辩的对策与态度、言语行为三要素与恰当性条件、隐涵的意义及合作原则，最终都需要归结到语境问题上来解决。

1. 语境具有消化自然语言不确定性的功能

语境总是具体的，从而使语境具有了消化自然语言不确定性的功能，将一些含混的自然语言，变为具有确定含义的语言。对广义语境的研究，有助于解决说话者的"弦外之音""言外之意"。

在人际沟通中，不同的知识、文化背景会构成不同的交际语境。因此，在沟通语境中，"说什么"应该用沟通双方都能听得懂的语言，不能用过分的修饰妨碍想要完成的目的。否则，鲁迅碰上豆腐西施，话语系统不一样。

例如，有一个秀才去买柴。他对卖柴的人喊："荷薪者汝来！"卖柴的人只听懂一个"来"字，于是把柴担到秀才面前。秀才又问："其价几何？"卖柴的人又听懂一个"价"字，于是告诉秀才价钱。秀才接着说："外实而内虚，烟多而焰少，请损之。"卖柴的人实在是哪个字也听不懂了，便担上柴走了。而据报载，有位装修师傅，面对经济学博士的女业主无休无止的"最小运营地""最大跨度地"财政计划说明，终于忍无可忍地甩手而去。

有时，模糊了概念使用的语境也会出现问题。

传书言："齐桓公负妇人而朝诸侯。"此言桓公之淫乱无礼甚也……云负妇人于背，虚矣！桓公朝诸侯之时，或南面坐，妇人立于后也。世俗传云，则曰"负妇人于背"矣。此则"夔一足""宋丁公凿井得一人"之语也。(《论衡·书虚》)

本来，"齐桓公负妇人而朝诸侯"是说"齐桓公上朝时背朝着妇人"；"夔一足"是说"唐虞时，善调音乐的夔有一个就足够了"；"宋丁公凿井得一人"是说"宋丁公挖井（这件事情的结果是）节省（等于得到）了一个劳动力"。但在传言中却变成了"齐桓公背着妇人上朝"，"善调音乐的夔只有一只脚"，"宋丁公挖井挖出一个人来"。这种以讹传讹的语词歧义，是由于古汉语中经常使用具有多义的单字所造成的。其所涉及的就是一个是否模糊了概念使用的语境的问题。

所谓语词歧义是指，一个多义词在使用时不能表明它所表达的是哪一种含义，因而使人对其含义可以做多种意义的解释的语言现象。比如上述单字所造成的歧义："负"既可以解释为"背朝着"，又可以解释为"背着"；"足"

既可以解释为"足够"，又可以解释为"脚"；"人"既可以解释为一般意义上的"人"，又可以解释为"劳动力"。但是，一个多义词在确定的语境中究竟表达的是哪一种含义，应该是确定的。虽然一个多义词可以表达不止一个含义，但是在大多数情况下，通过具体的语境，仍然可以限定并知晓它所表达的是哪一种含义。沟通交际的双方完全可以从确定的语境中理解所使用词汇的含义。如上述的"负妇人""葚一足""凿井得一人"，完全可以从确定的语境中了解它们的含义。相互替换它们就会造成模糊语境的逻辑错误。

2. 语境影响沟通交际的方向与效果

在现实的沟通交际中，语境不仅是具体的，同时也是独一无二的。因此，语境可以影响沟通交际的方向与效果。即在特定的语境中，选择什么样的语旨行为，要达到什么样的语效结果？恰当性条件是什么？如何符合合作原则？

例如，2008年北京奥运会期间，曾以创造"梨花体"的某诗人在网站开设用梨花体叙写奥运史诗的网页，引起争议。如《刘翔会战胜罗伯斯吗》：今天晚上/在饭店吃涮锅/我赌刘翔赢/一朋友赌/罗伯斯赢/其实赌刘翔赢的/也在担着心/不敢打百分百的保票/毕竟/罗伯斯不是个/可以小觑的对手……又如《鸟巢开幕式进行时》：我跟女儿说/你就是我/派驻在鸟巢的记者/就好比凤凰卫视/派去的/闾丘露薇/开幕式的任何情况/你都要/及时跟妈妈汇报。有人认为这是"口水诗"。面对这些非议，作者认为，胡适1917年2月发表在《新青年》杂志的中国第一首白话诗《蝴蝶》：两个黄蝴蝶，双双飞上天/不知为什么，一个忽飞还/剩下那一个，孤单怪可怜/也无心上天，天上太孤单。就是中国新诗的初始。因此，梨花体怎么就不能写奥运史诗？

应该说，百年奥运梦，承载着中华民族多少沉重与期盼，从开幕式开始的那一刻起，其无与伦比的展现，决定了这一重大历史事件值得用史诗来描述。但形式和内容是统一的，北京奥运的宏大与壮丽要求同样宏大与壮丽的描述载体。白开水似的梨花体恐难做到这一点。如果非要以胡适的白话诗为证，也要看具体的语境条件性。胡适的"两个黄蝴蝶"，是反对文言文，提倡白话文，主张文学革命的新文化运动的产物。故胡适特做说明："故用西诗宗法，高低一格以别之。"[①]因此，胡适能写，我为什么不能写？忽略了矛盾的条件性：语境发生了变化。

---

① 中国社会科学院文学研究所现代文学研究室编：《中国现代经典诗库》第一卷，北岳文艺出版社1996年版，第1页。

又如，2004 年 9 月，当发生俄罗斯别斯兰人质事件时，中央四套的《今日关注》在直播画面下方，滚动着一行字幕，要求短信竞猜："俄罗斯人质危机目前共造成多少人死亡。"

再如，2008 年汶川大地震以后，关于汶川大地震的灾难和全国人民英勇的抗震救灾伟大斗争，无论是传统媒体、互联网上或是文艺演出活动中，都出现了大量感人肺腑、激荡人心的好诗篇，许多人在这最悲痛的时刻，选择用直抒胸臆的诗歌来表达对生命的热爱，对赈灾英雄的致敬。其中流传最广的有《孩子，快，抓紧妈妈的手》《宝贝啊，不要沉睡》《妈妈的呼唤》《孩子，天堂路上别走太急》《妈妈！对不起，我来不及了》《妹妹快跑》《宝贝不哭》《让我轻轻擦你的手》《挺住吧，兄弟！挺住吧，汶川!》等。这些诗歌语言朴素，感情真挚，催人泪下。作者的感受与读者的感受完整地契合。但也有个作家以一位废墟中的地震遇难者口吻，也写有一首词，其中有"纵做鬼，也幸福"，"只盼坟前有屏幕，看奥运，同欢呼"。结果招致广泛的反感与批评。

无论在直播别斯兰人质事件中还是在汶川大地震后的抗震救灾中，关注生命、热爱生命、尊重生命，始终是这一语境下的唯一主题。任何偏离这一主题的"短信竞猜""做鬼也幸福"，由于不符合这一语境下的恰当性条件，无论其论证意图是什么，都是在调侃生命，其语效行为都是负效应。下例可证：

过去商家店铺常以具有自己特色的对联渲染一种气氛。有剃头铺的对联为："来客都得低头，看我顶上功夫"。细想一下，感觉挺好。但有家剃头铺吹牛吹昏了头："问天下头颅几许，看老夫手段如何"。谁还敢细琢磨？谁还敢来剃头？

这虽然算是笑话，但利用词语隐涵义或词语歧义的现象，故意模糊其在特定语境中的确切含义，就是模糊语境的诡辩了。

报载某人年初向另一人借钱 1.6 万元，年中还了 1 万元，另一人向其出具了"某今还欠款 1 万元整"的纸条，一式两份。虽然纸条上签有两人的名字，但没有写明是收据，落款也没有写明"收款人某"。当这个人后来再还所欠余款时，另一个人说应还 1 万元，并拿出当初的纸条为证："某今还（hái）欠款 1 万元整"。

按常理，还钱时所出具的只能是"收到还（huán）款多少"的收据，不可能出具"还（hái）欠款多少"的收据。这是还钱时的特定语境所决定的。但由于上例中的纸条有一个并非多余的"欠"字，就给诡辩者利用"还"的语音歧义来模糊语境造成了口实。对付这类的诡辩，我们只能还原其特定的语境，并在特定的语境中解释某一概念的确切含义。

例如，某镇政府将其所有的一幢二层楼的公房经过招标拍卖，以 3 万元的价格卖给秦某。五年后，这幢楼房拆迁，秦某领取了十几万元的移民搬迁补偿费。镇政府却以当年拍卖的不是整幢楼房，只是底层的四间房为由，将秦某告上法庭，要求他返还 10 万元的"不当得利"。后经法院调查：其一，当初招标拍卖、签订的合同都是整幢楼房。其二，当地房屋买卖有一个特殊的交易习惯，即在买卖整幢楼房时，习惯以底楼的房间数作为买卖登记的房间数。亦即买卖的是一幢楼，当地习惯只看底楼有几间。后来，法院判决镇政府败诉，秦某的所得不属于"不当得利"，法院的判决就还原了特定概念的特定语境，从而解决了纠纷。

总之，任何正确、有效的沟通交际，所使用的概念、判断都应在确定的语境中自始至终地保持确定的同一性。只有这样，我们才能正本清源，澄清被搅浑的水，正确选择有意义的语旨行为，并使之符合人际沟通中的恰当性条件、合作原则，使人际沟通正常有效地进行下去。

下编：现代逻辑

第十章 命题逻辑

本章我们将介绍命题逻辑中的一些基本概念和方法。

第一节 命题逻辑概述

命题逻辑是数理逻辑的基础部分。它以简单命题为单位，研究命题经逻辑联结词构成的复合命题的逻辑性质以及关于复合命题之间的推理关系。概括地说，它研究逻辑联结词的逻辑性质和相应的推理关系。在命题逻辑中，研究命题时，只将命题分析到简单命题为止，对于简单命题中所包含的其他成分不再做分析。在命题逻辑中，重言式（取值总为真的命题）为数无穷，它们表达了命题逻辑的逻辑规律。弄清这些重言式，对于掌握命题逻辑具有极为重要的意义。为了系统地掌握和研究这些逻辑规律，通常是将全部重言式包括在一个系统之中，用公理化的方法将全部命题逻辑规律系统化，从而得到一个形式系统。这个形式系统就是命题逻辑的公理系统，即命题演算。为了介绍命题逻辑的公理系统，这一节我们先介绍命题逻辑中的一些基本概念和方法。

一、命题 逻辑联结词

定义 1 一个有真假的语句称为命题。凡与客观情况符合的命题称为真命题，否则称为假命题。

例① 5 是偶数。

例② 《西游记》是中国古典小说。

例③ 刘国梁是一个乒乓球运动员。

这三例都是命题。其中"《西游记》是中国古典小说"与客观事实相符合，我们称它为一个真命题。而"5 是偶数"与客观事实不符合，我们称它为一个假命题。如果我们用 p、q 等表示命题，并称它们为命题变项，那么，p 可以表示"《西游记》是中国古典小说"，也可以表示"5 是偶数"。命题变项取值的集合是｛真，假｝——真值的集合，即真和假统称为真值。亦即真是真值，假也是真值。如果一个命题能正确反映客观世界，它就是真命题并取真值。否则，它就是假命题并取假值。在下面的讨论中，我们将撇开命题的其他属性，只把命题看作或真或假的语句。

定义 2　一个命题，如果其中不再包含其他的命题成分，那么就称它为简单命题。一个命题，如果其中至少包含有一个其他命题，那么就称他为复合命题。组成复合命题的那些命题叫作复合命题的支命题。

例如，在前面所举的几个命题中，"刘国梁是一个乒乓球运动员""5 是偶数"等都是简单命题。而"2 是素数并且 5 也是素数""并非 5 是偶数"等，这些都是复合命题。前一个例子中包含两个简单命题，即"2 是素数"和"5 也是素数"。后面的例子中包含一个简单命题，即"5 是偶数"。

定义 3　把几个支命题联结起来从而构成一个复合命题的词项叫作联结词。

在本书的下篇中，经常用到的真值联结词一共有五个。它们是：

否定（并非……）

合取（……并且……）

析取（……或者……）

蕴涵（如果……，则……）

等值（……当且仅当……）

关于这些联结词与日常语言中对应的联结词之间的区别，我们不在这里讨论。由于这五个联结词反映了思维中经常出现的五种复合命题的真假关系，因此，我们把这五个联结词叫作基本的真值联结词。由它们构成的基本的真值形式有：

否定式 $\neg p$（读作：并非 p）

合取式 $p \wedge q$（读作：p 并且 q）

析取式 $p \vee q$（读作：p 或者 q）

蕴涵式 $p \rightarrow q$（读作：p 蕴涵 q）

等值式 $p \leftrightarrow q$（读作：p 等值于 q）

它们所对应的真值表可参看第四章。需要指出的是：基本的真值形式中的联结词是作为算子来使用的。这相当于我们在算术里，把 3 与 2 的和写作 3+2，以后我们都将命题 p 和命题 q 的合取写作 $p \wedge q$ 等等。

二、真值形式

（一）真值形式

定义 4 任一真值形式都是由前面给出的五个基本的真值形式利用五个真值联结词经过各种各样的相互组合构成的。

利用五个真值联结词和五个基本的真值形式，我们可以构造出各种各样复杂的复合命题形式，即真值形式。这些命题形式表达了所有的复合命题。对于复合命题的结构和逻辑特征的研究就可以归结到对这些复合命题的形式结构和逻辑规律的研究。

下面给出一些稍复杂的真值形式（即：复合命题形式）的例子。

例① ¬(p∨q)。它表示：并非，p 或者 q。

例② (¬q→¬p)。它表示：如果非 q，那么非 p。

例③ ((p∧q)→r)。它表示：如果 p 并且 q，那么 r。

例④ (q∨¬q)。它表示：q 或非 q。这是传统逻辑中排中律的形式结构。

例⑤ (p∧q)↔(q∧p)。它表示：p 并且 q，等值于，q 并且 p。

还可以给出更多和更复杂的例子。但是更复杂的例子不容易解释，我们不再讨论了。

一个复合命题，不论它多么复杂，都有其形式结构，也都有相应的命题形式。如何用真值形式去分析复合命题？如何求一个复合命题的命题形式？下面将通过两个例子来说明。

例① 某城市只有处理好污水，某城市才能搞好环境卫生。这是一个必要条件假言命题。

解：令 p：某城市能处理好污水；q：某城市能搞好环境卫生。

上面的命题可以表示为：只有 p 才 q。这等于说，某城市不能处理好污水，那么某城市就不能搞好环境卫生。与此相应的命题形式为：(¬p→¬q)。

例② 要么 x<y，要么 x>y，要么 x=y。（这里 x，y∈Q，Q 是有理数集）这是一个不相容的析取命题。

解：这个命题等于说：或者 x<y，或者 x>y，或者 x=y，但是三者不能同时为真。与此相应的命题形式为：

$$((p \wedge \neg q \wedge \neg r) \vee (\neg p \wedge q \wedge \neg r) \vee (\neg p \wedge \neg q \wedge r))$$

这里，我们假设 p：x<y，q：x>y，r：x=y。

综合例①和例②，求一个复合命题的命题形式，需要注意两点：第一，确定组成这个复合命题的命题成分即支命题，把不同的支命题代以不同的命题变项；第二，撇开语言方面比较丰富的内容，撇开支命题之间各种具体内容的关系，只以真假关系来分析给定的复合命题和它所含的支命题之间的联系，然后用五个真值联结词把命题变项联结起来，从而表示该复合命题与所含支命题之间的真假联系。

在求一个复合命题的真值形式时，我们使用了括号。括号是用来表示复合命题形式中结构关系的，括号内的命题形式是该复合命题形式的一个独立单位。为了以后讨论方便，我们有以下三点约定：

（1）最外层的一对括号可以省略；

（2）对于连续出现的→，我们采用右结合法；

（3）真值联结词的结合力依下列次序递增：↔，→，∧，∨，¬。

前面，我们曾用真值表给出了五个联结词的定义。这些真值表说明了相应的复合命题与所含支命题之间真假的关系，它们只是一些简单的形式。对于任一复杂的复合命题形式，我们可以利用五个基本联结词的真值表做出与其复合命题形式相应的真值表（见第四章），从而说明它与所含的支命题之间的真假关系。

现在，怎样从一个给定的真值表来确定该真值表所对应的真值形式呢？下面将介绍两种方法，一种叫写真法，另一种叫写假法。

写真法：首先要在所给的真值表的最后一列里，找出所有取值为真的真值。如：

p	q	α
真	真	真
真	假	假
假	真	假
假	假	真

注：α 表示该真值表对应的真值形式。

然后，在取值为真的这些行中，（1）如果命题变项的取值为真，则用合取号把它与其他命题变项联结起来；（2）如果命题变项的取值为假，则用合取号把它的否定与其他命题变项联结起来。如：

p	q	α
真	真	真 ---------- p∧q
真	假	假
假	真	假
假	假	真 ---------- ¬p ∧¬q

最后，再把所得的各部分的真值形式用析取号联结起来，这就是该真值表所对应的一个真值形式。如：

p	q	α
真	真	真 ---- p∧q
真	假	假
假	真	假
假	假	真 ---- ¬p∧¬q

（其中第一行和第四行用大括号联结）(p∧q)∨(¬p∧¬q)

α 的一个表达式为：(p∧q)∨(¬p∧¬q)

写假法：首先要在所给的真值表的最后一列里，找出所有取值为假的真值。如：

p	q	α
真	真	假
真	假	真
假	真	真
假	假	假

然后，在取值为假的这些行中，（1）如果命题变项的取值为真，则用析取号把它的否定与其他命题变项联结起来；（2）如果命题变项的取值为假，则用析取号把它与其他命题变项联结起来。如：

p	q	α
真	真	假 -------¬p∨¬q
真	假	真
假	真	真
假	假	假 -------- p∨q

最后，再把所得的各部分的真值形式用合取号联结起来，这就是该真值表所对应的一个真值形式。如：

p	q	α
真	真	假 ---¬p∨¬q
真	假	真
假	真	真
假	假	假 -----p∨q

（其中第一行和第四行用大括号联结）(¬p∨¬q) ∧ (p∨q)

α 的一个表达式为：(¬p∨¬q) ∧ (p∨q)

在使用写真（假）法时，需要注意两点：第一，采用写真法时，不能写出在真值表最后一列的值全是假的情况，即写真法对此情况失效；采用写假的方法时，不能写出在真值表最后一列的值全是真的情况，即写假的方法对此情况失效。第二，写真法常用于在真值表的最后一列的值中，真的个数少于假的个数的情况；写假的方法常用于在真值表的最后一列的值中，假少于真的情况。

现在，对任意给定的真值形式，不管它多么复杂，我们都可以用真值表方法做出与它对应的真值表。反过来，对任意的真值表，我们可以采用写真法或写假法构造出相应的真值表达式。

例① 构造下面真值表所对应的一个真值形式 α。

解：

p	q	r	α
真	真	真	假
真	真	假	真
真	假	真	假
真	假	假	假
假	真	真	真
假	真	假	假
假	假	真	假
假	假	假	真

用写真法写出的 α 的真值表达式为：

(p∧q∧¬r)∨(¬p∧q∧r)∨(¬p∧¬q∧¬r)

用写假法写出的 α 的真值表达式为：

(¬p∨¬q∨¬r)∧(¬p∨q∨¬r)∧(¬p∨q∨r)∧(p∨¬q∨r)∧(p∨q∨¬r)

（二）真值函项

每一真值形式实际上都可以被看作一个函数，这个函数的自变元就是其中所含的命题变项，它的定义域和值域都是真值的集合，即｛真，假｝。也就是说，一个函数，如果其自身的值是真值，其自变元所取的值也是真值，这样的函数被称为真值函项。例如，p∧q，¬(¬p∨¬q)等都是真值函项。由此可知，每一个真值形式又都是一个真值函项。

现在，我们观察函数 $f(x)=x(x\neq0)$ 和 $g(x)=x^2 / x(x\neq0)$。虽然 $f(x)$ 和 $g(x)$ 所对应的函数表达式不相同，但它俩的定义域相同，值域也相同。习惯上，我们把 $f(x)$ 和 $g(x)$ 看成是一个函数，即 $f(x)=g(x) (x\neq0)$。同样，虽然真值形式 p∧q 和¬(¬p∨¬q)不同，但它们的定义域和值域相同，即它们所含自变项的个数相同，并且真值表也相同。

p	q	p∧q
真	真	真
真	假	假
假	真	假
假	假	假

p	q	¬(¬p∨¬q)
真	真	真
真	假	假
假	真	假
假	假	假

我们把具有这种性质的两个真值形式称为同一类的真值函项。在同一类的真值函项中任意两个真值形式都是相互等值的。因此有：p∧q 等值于¬(¬p∨¬q)，即：

$$p∧q↔¬(¬p∨¬q)$$

当命题变项的数目给定之后，不同真值函项类的数目是确定的并且是有限的。

当命题变项的数目为 1 时，设命题变项为 p，p 的真值共有两种，真和假。即：

p
真
假

在 p 的每一种取值下，真值函项的取值各有两种，由此产生不同真值函项类的数目有且只有 2×2=4 种，即：

p	$f_1(p)$	$f_2(p)$	$f_3(p)$	$f_4(p)$
真	真	真	假	假
假	真	假	真	假

其中，$f_1(p)$是一个取值为常真的真值函项，$f_4(p)$是一个常假的真值函项，$f_2(p)$的取值与自变项 p 的取值一致，$f_3(p)$的取值与 p 的值恰好相反。

$f_1(p)$，$f_2(p)$，$f_3(p)$和$f_4(p)$可分别表示为：

$$f_1(p): p∨¬p; \quad f_2(p): p; \quad f_3(p): ¬p; \quad f_4(p): p∧¬p$$

当命题变项的数目为 2 时，设命题变项为 p 和 q，那么 p 与 q 组成的所有不同的真值组合共有 2×2=2^2 种，即：

p	q	f(p,q)
真	真	□
真	假	□
假	真	□
假	假	□

对于变项 p 和 q 的每一种真值组合，真值函项 f(p,q)的取值又各有两种，

真和假（注：真值表中的□表示真值函项 f(p,q)的取值有两种情况：真和假）。因而当命题变项的数目为 2 时，所构成的不同的真值函项的数目有且只有 $2×2×2×2 = 2^4 = 16$ 种。

下面是这 16 种真值函项的真值表：

p	q	$f_1(p,q)$	$f_2(p,q)$	$f_3(p,q)$	$f_4(p,q)$	$f_5(p,q)$	$f_6(p,q)$	$f_7(p,q)$	$f_8(p,q)$
真	真	真	真	真	真	真	真	真	真
真	假	真	真	真	真	假	假	假	假
假	真	真	真	假	假	真	真	假	假
假	假	真	假	真	假	真	假	真	假

$f_9(p,q)$	$f_{10}(p,q)$	$f_{11}(p,q)$	$f_{12}(p,q)$	$f_{13}(p,q)$	$f_{14}(p,q)$	$f_{15}(p,q)$	$f_{16}(p,q)$
假	假	假	假	假	假	假	假
真	真	真	真	假	假	假	假
真	真	假	假	真	真	假	假
真	假	真	假	真	假	真	假

$f_1(p,q)$至 $f_{16}(p,q)$的真值表达式分别为：

$f_1(p,q)$: p∨¬p;　　　　　$f_2(p,q)$: p∨q;

$f_3(p,q)$: q→p;　　　　　　$f_4(p,q)$: p;

f(p,q): p→q;　　　　　　　$f_6(p,q)$: q;

$f_7(p,q)$: p↔q;　　　　　　$f_8(p,q)$: p∧q;

$f_9(p,q)$: ¬(p∧q);　　　　　$f_{10}(p,q)$: ¬(p↔q);

$f_{11}(p,q)$: ¬q;　　　　　　$f_{12}(p,q)$: ¬(p→q);

$f_{13}(p,q)$: ¬p;　　　　　　$f_{14}(p,q)$: ¬(q→p);

$f_{15}(p,q)$: ¬(p∨q);　　　　$f_{16}(p,q)$: ¬(p∨¬p)。

用写真法写出的 $f_1(p,q)$至 $f_{16}(p,q)$的真值表达式分别为：

$f_1(p,q)$: (p∧q)∨(p∧¬q)∨(¬p∧q)∨(¬p∧¬q);

$f_2(p,q)$: (p∧q)∨(p∧¬q)∨(¬p∧q);

$f_3(p,q)$: (p∧q)∨(p∧¬q)∨(¬p∧¬q);

f(p,q): (p∧q)∨(p∧¬q);

$f_5(p,q)$: (p∧q)∨(¬p∧q)∨(¬p∧¬q);

$f_6(p,q)$: (p∧q)∨(¬p∧q);

$f_7(p,q)$: (p∧q)∨(¬p∧¬q);

$f_8(p,q)$: p∧q;

$f_9(p,q)$: (p∧¬q)∨(¬p∧q)∨(¬p∧¬q);

$f_{10}(p,q)$:　$(p \wedge \neg q) \vee (\neg p \wedge q)$;

$f_{11}(p,q)$:　$(p \wedge \neg q) \vee (\neg p \wedge \neg q)$;

$f_{12}(p,q)$:　$p \wedge \neg q$;

$f_{13}(p,q)$:　$(\neg p \wedge q) \vee (\neg p \wedge \neg q)$;

$f_{14}(p,q)$:　$\neg p \wedge q$;

$f_{15}(p,q)$:　$\neg p \wedge \neg q$;

$f_{16}(p,q)$:　空公式。

用写假法写出的 $f_1(p,q)$ 至 $f_{16}(p,q)$ 的真值表达式分别为:

$f_1(p,q)$:　空公式;

$f_2(p,q)$:　$p \vee q$;

$f_3(p,q)$:　$p \vee \neg q$;

$f_4(p,q)$:　$(p \vee q) \wedge (p \vee \neg q)$;

$f_5(p,q)$:　$\neg p \vee q$;

$f_6(p,q)$:　$(\neg p \vee q) \wedge (p \vee q)$;

$f_7(p,q)$:　$(\neg p \vee q) \wedge (p \vee \neg q)$;

$f_8(p,q)$:　$(\neg p \vee q) \wedge (p \vee \neg q) \wedge (p \vee q)$;

$f_9(p,q)$:　$\neg p \vee \neg q$;

$f_{10}(p,q)$:　$(\neg p \vee \neg q) \wedge (p \vee q)$;

$f_{11}(p,q)$:　$(\neg p \vee \neg q) \wedge (p \vee \neg q)$;

$f_{12}(p,q)$:　$(\neg p \vee \neg q) \wedge (p \vee \neg q) \wedge (p \vee q)$;

$f_{13}(p,q)$:　$(\neg p \vee \neg q) \wedge (\neg p \vee q)$;

$f_{14}(p,q)$:　$(\neg p \vee \neg q) \wedge (\neg p \vee q) \wedge (p \vee q)$;

$f_{15}(p,q)$:　$(\neg p \vee \neg q) \wedge (\neg p \vee q) \wedge (p \vee \neg q)$;

$f_{16}(p,q)$:　$(\neg p \vee \neg q) \wedge (\neg p \vee q) \wedge (p \vee \neg q) \wedge (p \vee q)$。

因此，在 f_1 这个真值函项类中，不仅有 $p \vee \neg p$，还有$(p \wedge q) \vee (p \wedge \neg q) \vee$ $(\neg p \wedge q) \vee (\neg p \wedge \neg q)$以及所有与 $p \vee \neg p$ 逻辑等值的公式都在 $p \vee \neg p$ 的真值函项类中。反过来说，在真值表是:

p	q	f
真	真	真
真	假	真
假	真	真
假	假	真

所决定的真值函项类中，有无穷多个真值形式，在这无穷多个真值形式

中，我们可以选择一个作为代表，比如选：$p \lor \neg p$ 作为 $f_1(p,q)$ 这一类的代表元。

当命题变项的数目为 3 时，设命题变项为 p，q 和 r，则 p，q，r 所有不同的真值组合共有 $2 \times 2 \times 2 = 2^3 = 8$ 种，即：

p	q	r	f(p,q,r)
真	真	真	□
真	真	假	□
真	假	真	□
真	假	假	□
假	真	真	□
假	真	假	□
假	假	真	□
假	假	假	□

对于变项 p，q 和 r 的每一种组合，真值函项 f(p,q,r) 的取值又各有两种：真和假。因而当命题变项的数目为 3 时，所构成的所有不同的真值函项有且只有 $2 \times 2 \times 2 \times 2 \times 2 \times 2 \times 2 \times 2 = 2^8 = 2\uparrow2^3 = 256$ 种。限于篇幅，略去这 256 种真值函项的真值表和真值表达式。

一般地，当命题变项有 n 个时，其中每一个命题变项有且只有两种取值。因此，n 个命题变项的不同真值组合共有：

$$\underbrace{2 \times 2 \times 2 \times \cdots \times 2}_{n\text{个}} = 2^n$$

种。对于其中每一种命题变项的真值组合，真值函项的取值又各有两种，因而不同的真值函项类共有

$$\underbrace{2 \times 2 \times 2 \times \cdots \times 2}_{2^n\text{个}} = 2\uparrow2^n$$

种。其中，$2\uparrow2^n$ 表示 2 的 2 的 n 次方。

总之，当命题变项的数目确定之后，不同真值函项的种类是有限的，而真值形式的个数是无限的。一个真值函项可以用不同的真值形式来表示。

（三）重言式及其判定方法

1. 重言式

尽管真值形式的数目是无限的，但是在变项的数目给定之后，真值函项的种类是有限的。从真值表的角度来讲，含有 2 个命题变项的真值形式，能并且只能做出 16 个不同的真值表。另外，从前面的讨论中可以看出，不同的真值函项按所取真值的不同，可以分为下面三类：

第一类：永真的，即不论真值函项中所含变项取什么值，真值函项的值总为真。例如，p∨¬p。

第二类：有真有假的，即不论真值函项中所含变项取什么值，真值函项的值有时为真有时为假。例如，p∧q。

第三类：永假的，即不论真值函项中所含变项取什么值，真值函项的值总为假。例如，¬(p∨¬p)。

它们的真值表为：

p	q	¬p	p∨¬p	p∧q	¬(p∨¬p)
真	真	假	真	真	假
真	假	假	真	假	假
假	真	真	真	假	假
假	假	真	真	假	假

习惯上，我们把具有第一类特征的真值形式叫作重言式。它所对应的真值函项叫作重言的真值函项。把具有第二类特征的真值形式叫作可满足式。把具有第二类特征的真值形式叫作不可满足式，或永假式，或矛盾式。我们可以用真值表去判定一个给定的真值形式是重言式或者可满足式或者不可满足式，有兴趣的读者也可以登录下面的网站：

http://staff.science.uva.nl/~jaspars/animations/

在这个网站上有一个在线小程序，这个程序的命题逻辑（Propositional logic）部分，提供了一个判定一个给定的真值形式是重言式或者可满足式或者不可满足式的逻辑软件。使用这个逻辑软件，我们既可以知道自己输入的真值形式是否重言式或者可满足式或者不可满足式，同时还可以知道所给的真值形式在命题变项的哪一种取值下，真值形式的取值为真，在哪一种取值下，真值形式的取值为假。如果你输入的是一个不合法的符号序列，这个程序也会告诉你。

在命题逻辑中，重言式是人们最感兴趣的，因为有一些所反映的是命题逻辑中的逻辑规律。从思维和形式结构上来说，可以将重言式分为以下三类：

第一类：有些重言式表示了命题逻辑的思维规律，如 p∨¬p 是命题逻辑中的排中律，¬(p∧¬p)是命题逻辑中的不矛盾律。

第二类：有些重言式还可以表示命题逻辑中正确的推理形式。如下面的推理：

如果 m^2 是偶数，则 m 是偶数；

m^2 是偶数；

所以，m 是偶数。

这是一个正确的假言推理。如果用合取号 ∧ 将前提联结为合取式 $(p{\rightarrow}q){\wedge}p$，再用蕴涵号→将前提$(p{\rightarrow}q){\wedge}p$ 和结论 q 联结起来，构成蕴涵式 $((p{\rightarrow}q){\wedge}p){\rightarrow}q$，则这一命题形式是重言式。推理的正确性是显然的。

第三类：还有一些重言式是以等值形式出现的，它们又叫重言等值式。例如：

（1）α：$(p{\rightarrow}q){\leftrightarrow}({\neg}p{\vee}q)$

这个等值式刻画了蕴涵词"→"与否定词"¬"和析取词"∨"之间的关系，它表示："p 蕴涵 q，等值于，p 假或者 q 真"。因此，我们可以用¬和∨来定义→。其真值表如下：

p	q	¬p	p→q	¬p∨q	α
真	真	假	真	真	真
真	假	假	假	假	真
假	真	真	真	真	真
假	假	真	真	真	真

由以上真值表可知：$(p{\rightarrow}q){\leftrightarrow}({\neg}p{\vee}q)$是一个重言式，又因为$(p{\rightarrow}q){\leftrightarrow}({\neg}p{\vee}q)$是一个等值式，所以，$(p{\rightarrow}q){\leftrightarrow}({\neg}p{\vee}q)$是一个重言等值式。以下重言等值式的真值表留给读者完成。

（2）α：$(p{\rightarrow}q){\leftrightarrow}({\neg}(p{\wedge}{\neg}q))$

这个等值式刻画了蕴涵词"→"与否定词"¬"和合取词"∧"之间的关系，它表示："p 蕴涵 q，等值于，并非，p 真并且 q 假"。因此，我们可以用¬和∧来定义→。

（3）α：$(p{\leftrightarrow}q){\leftrightarrow}((p{\rightarrow}q){\wedge}(q{\rightarrow}p))$

这个等值式刻画了等值词"↔"与蕴涵词"→"和合取词"∧"之间的关系，它表示："p 等值 q，等值于，p 蕴涵 q 并且 q 蕴涵 p"。

（4）α：$(p{\leftrightarrow}q){\leftrightarrow}((\neg p{\vee}q){\wedge}(\neg q{\vee}p))$

这个等值式刻画了等值词"↔"与否定词"¬"和合取词"∧"以及析取词"∨"之间的关系，它表示："p 等值 q，等值于，非 p 析取 q 并且非 q 析取 p"。

（5）α：$(p{\leftrightarrow}q){\leftrightarrow}((p{\wedge}q){\vee}(\neg p{\wedge}\neg q))$

这个等值式也刻画了等值词"↔"与否定词"¬"和合取词"∧"以及析取

词"∨"之间的关系，它表示："p 等值 q，等值于，p 并且 q 或者非 p 并且非 q"。

（6）α：(p∨q)↔(q∨p)

这是析取的交换律，它表示："p 或 q，等值于，q 或 p"。这说明命题之间的析取运算满足交换律。

（7）α：(p∧q)↔(q∧p)

这是合取的交换律，它表示："p 并且 q，等值于，q 并且 p"。这说明命题之间的合取运算满足交换律。

（8）α：((p∨q)∨r)↔(p∨(q∨r))

这是析取的结合律，它表示："（p 或者 q）或者 r，等值于，p 或者（q 或 r）"。这说明命题之间的析取运算满足结合律。

（9）α：((p∧q)∧r)↔(p∧(q∧r))

这是合取的结合律，它表示："（p 并且 q）并且 r，等值于，p 并且（q 并且 r）"。这说明命题之间的合取运算满足结合律。

（6）至（9）说明命题之间的析取运算和合取运算具有加法和乘法运算的一般特征。除此之外，命题之间的析取运算和合取运算还有以下几种。

（10）α：(p∧(q∨r))↔((p∧q)∨(p∧r))

这是合取对析取的分配律，它表示："p 并且（q 或者 r），等值于，（p 并且 q）或者（p 并且 r）"。

（11）α：(p∨(q∧r))↔((p∨q)∧(p∨r))

这是析取对合取的分配律，它表示："p 或者（q 并且 r），等值于，（p 或者 q）并且（p 或者 r）"。

在算术运算中，我们只能做乘法对加法的分配运算，不能做加法对乘法的分配运算。但是，对命题的析取和合取这一对运算来说，我们既能做析取对合取的分配运算，又能做合取对析取的分配运算。这说明了，我们对命题定义的析取和合取这一对运算，既具有加法和乘法运算的一般特征，但又不完全等同于加法和乘法运算。

（12）α：¬(p∨q)↔(¬p∧¬q)

这是德·摩根律之一，它表示："并非（p 或者 q），等值于，非 p 并且非 q"。

（13）α：¬(p∧q)↔(¬p∨¬q)

这是德·摩根律之一，它表示："并非（p 并且 q），等值于，非 p 或者非 q"。

（14）α：p↔(¬¬p)

这是双重否定律，它表示："p，等值于，非非 p"。

（15）α：(p→q)↔(q→p)

这是假言移位原则，它表示："p 蕴涵 q，等值于，非 q 蕴涵非 p"。

以上这些等值式也表现了命题逻辑的规律，其中有一些对逻辑演算是很重要的。借助这些规律可以形成重要的逻辑方法，如求范式等。

除了以上三类之外，还有一些重言式是和我们的实际思维关系不大的，或者说在我们的思维中一般不会出现以这类重言式为形式的命题和推理，但这些重言式在逻辑中仍然有重要的作用。它们往往是借助逻辑演算得到的，或者它们是逻辑演算的出发点或者中间环节。例如，一些命题演算的公理、定理以及在求证定理的过程中得到的公式等（参看下一节中公理系统 PC 定理 1 的 1 三段论原则证明的第④步）。另外，还有一些重言式从结构上看是无作用或无意义的。它们在思维和逻辑中都不会出现，是人们为了一定的目的构成的，如¬¬(p∨¬p)，¬¬(p→p)，等等。

不可满足式或永假式表示逻辑矛盾，它与重言式是相互对立的，所以下面的一些结论是显然的：

（1）一个真值形式是重言式当且仅当它的否定是不可满足的。

（2）一个真值形式是不可满足的当且仅当它的否定是重言式。

（3）一个真值形式不是重言式当且仅当至少在它所含命题变项的一种取值下，其值为假。

（4）一个真值形式是可满足的当且仅当它不是不可满足的。

（5）重言式一定是可满足的，反之不然。

（6）不可满足式一定不是重言式，反之不然。

2. 重言式的判定方法

这里将介绍两种判定重言式的方法。一种是简化真值表方法，另一种是真值树方法。不过这两种判定方法也都是以真值表方法为基础的。

（1）简化真值表方法

一个真值形式不论多么复杂，我们都可以用真值表方法判断它是不是一个重言式。但是，当它的构造比较复杂，或者所含命题变项的个数比较多时，构造它的真值表就是一件比较麻烦的事情。为此，这里给出一种比较简便的判定方法：简化真值表方法，也叫赋值归谬法。它是以真值表方法为基础的。这种方法特别适合于蕴涵式。

简化真值表方法的主要思想是：不论该蕴涵式的命题变项各取什么值，都不能使它的前件为真后件为假。这种方法也就是反证法。具体做法是将所给蕴涵式的前件赋值真，后件赋值假。在这种赋值下，如果能导致矛盾的结果，从而就证明了该蕴涵式的前件真后件假是不可能的，因此要判定的蕴涵式就是一个重言式。如果不能导致矛盾的结果，那么所要判定的蕴涵式就不是一个重言式。

例① 用简化真值表方法判断：$(q→r)→(p∨q→p∨r)$是否重言式。

解：$(q→r)\quad→\quad(p∨q→p∨r)$

①		假	（假设）
②	真	假	（由①和→定义）
③	真 假		（由②和→定义）
④	（假）假		（由③和→定义）
⑤	假		（由④和②）
⑥	（真）		（由⑤和③）

当$(q→r)→(p∨q→p∨r)$为假时，得出 p 亦真亦假，这是不可能的。故$(q→r)→(p∨q→p∨r)$是一个重言式。

例② 用简化真值表方法判断：$((p→q)∧¬p)→¬q$是否重言式。

解：$((p→q)∧¬p)\quad→¬q$

①		假	（假设）
②	真	假真	（由①和→，¬定义）
③	真 真		（由②和∧定义）
④	假		（由③和¬定义）

当 p 假 q 真时，$((p→q)∧¬p)→¬q$为假，故$((p→q)∧¬p)→¬q$不是重言式。

现在，做$((p→q)∧¬p)→¬q$的真值表：

p	q	¬p	¬q	p→q	(p→q)∧¬p	((p→q)∧¬p)→¬q
真	真	假	假	真	假	真
真	假	假	真	假	假	真
假	真	真	假	真	真	假
假	假	真	真	真	真	真

从上面的真值表也可以看出：当 p 假 q 真时，该公式的值为假。因此它不是重言式。这与简化真值表方法得出的结论一致。

简化真值表方法还可以更简单一些。如：

$((p\quad→\quad q)\quad∧¬\quad p)\quad→\quad¬q$

（真）真 真 真真 （假）假 假真

④ ③ ②③ ④ ① ②③

其中①②③和④表示步数。

（2）真值树方法

真值树方法也是一种用来判定一个给定的公式（命题形式）是否为重言式的方法。在很多场合中它比真值表和简化真值表方法更为有效。

真值树的形状像一棵倒置的树。这棵树记做 T。T 的元素叫结点，每一结点上都放一个有限的公式集。如图 10-1 所示，每个结点属于唯一的一层，层可以用自然数标明。如图 10-1 所示的真值树有 3 层，我们也可以说真值树的深度为 3。这里 Φ_{ij}（$i,j = 0,1,2,3$）是任意有限的公式集。Φ_{00} 叫作真值树 T 的始点，Φ_{21} 叫作 Φ_{11} 后继，Φ_{31} 叫作树 T 的一个终点。由 Φ_{00}，Φ_{11}，Φ_{21} 和 Φ_{31} 组成的这条道路叫真值树的一个分枝。不同结点上的公式集既可以相同，也可以不同。一棵真值树有几个终点，就有几个分枝。单个的 Φ_{00} 也叫一棵真值树（退化的），它既是始点又是终点，它的结点只有一个。所以，这棵真值树只有一个分枝，就是它自身。

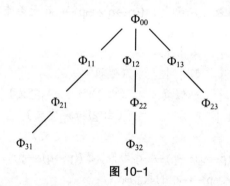

图 10-1

真值树 T 长出新枝的规则如下：

¬¬规则：如果在 T 的一个终止于结点 Φ 的分枝的公式中有一个公式 ¬¬α，则附加一个新的结点 {α} 作为 Φ 的后继，如图 10-2 所示。

∨ 规则：如果在 T 的一个终止于结点 Φ 的分枝的公式中有一个公式 α∨β，则附加两个新的结点 {α} 和 {β} 作为 Φ 的后继，如图 10-3 所示。

¬∨ 规则：如果在 T 的一个终止于结点 Φ 的分枝的公式中有一个公式 ¬(α∨β)，则附加一个新的结点 {¬α,¬β} 作为 Φ 的后继，如图 10-4 所示。

注意：（1）不一定只在各分枝的终点上才使用这些规则；（2）使用¬¬规则和¬∨ 规则时，真值树不分权，使用 ∨ 规则时真值树分权；（3）通常情况下，先使用不分权的规则。

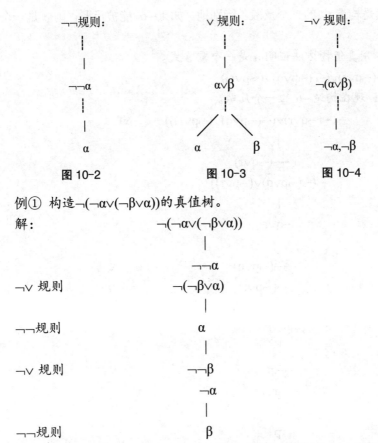

图 10-2　　　　　　图 10-3　　　　　　图 10-4

例① 构造¬(¬α∨(¬β∨α))的真值树。

解：

这棵真值树的深度为 4，并且只有一个分枝。对公式¬ (¬α∨(¬β∨α))或¬ (¬β∨α)等还可以再使用¬∨ 规则。但是继续使用¬∨ 规则，产生不出新的公式。因此，在这种情况下，我们就不再继续使用该公式来扩充此真值树。但要在该公式旁画√，表示该公式已经使用过了。于是我们规定：在某一分枝上的某一公式 α 在该分枝中用过了，如果不是下列情况之一：

① α 是¬¬β，而 β 不是该分枝的公式；

② α 是(β∨γ)，而 β 和 γ 都不是该分枝的公式；

③ α 是¬(β∨γ)，而¬β 和¬γ 二者不同为该分枝的公式。

一棵真值树的分枝是封闭的，如果有一个公式 α，使得 α 和¬α 都是该分枝的公式。公式 α 和¬α 叫作用来封闭该分枝。对封闭的分枝，我们规定：在该分枝下方打叉，即×。

Φ 的一棵真值树被称为 Φ 的一个反驳，如果它的所有分枝都是封闭的。

反驳 Φ 就是构造 Φ 的一个反驳。特别地，如果¬α 能被反驳，则 α 是一个重言式。

例② 用真值树方法证明 α 是一个重言式。

α：¬(¬q∨r)∨(¬ (¬p∨q)∨(¬p∨r))

证明：现在构造¬α 的一个反驳。

$$\neg(\neg(\neg q\vee r)\vee(\neg(\neg p\vee q)\vee(\neg p\vee r))) \qquad \surd$$
$$|$$
$$\neg\neg(\neg q\vee r) \qquad\qquad\qquad \surd$$
$$\neg(\neg(\neg p\vee q)\vee(\neg p\vee r)) \qquad\qquad \surd$$
$$|$$
$$\neg q\vee r \qquad\qquad\qquad \surd$$
$$|$$
$$\neg\neg(\neg p\vee q) \qquad\qquad\qquad \surd$$
$$\neg(\neg p\vee r) \qquad\qquad\qquad \surd$$
$$|$$
$$\neg p\vee q \qquad\qquad\qquad \surd$$
$$|$$
$$\neg\neg p \qquad\qquad\qquad \surd$$
$$\neg r$$
$$|$$
$$p$$
$$/\quad\backslash$$
$$\neg p \qquad\quad q$$
$$\times \qquad /\quad\backslash$$
$$\neg q \qquad r$$
$$\times \qquad\quad \times$$

因为我们能够构造¬α 的一个反驳，所以 α 是一个重言式。

由联结词 ∧，→ 和↔构成的公式，可以根据下面的等值式：(α∧β)↔¬(¬α∨¬β)，(α→β)↔(¬α∨β)和(α↔β)↔(α→β)∧(β→α)，将它们转换成只用联结词¬和∨表示的公式，然后再来构造真值树。另一方面也可以从¬¬规则，¬∨ 规则和∨规则中导出它们的规则，这些导出规则是：

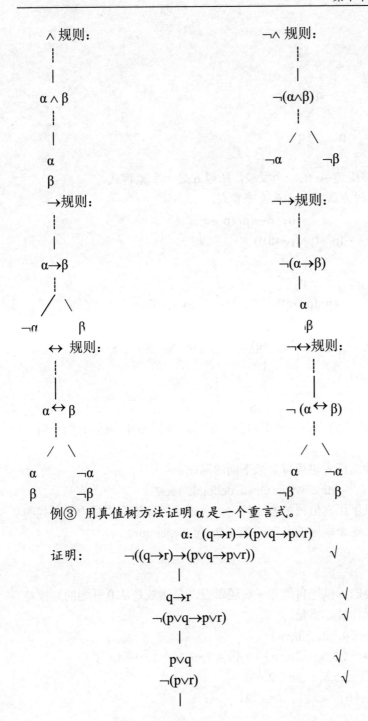

∧ 规则：

α ∧ β

α
β

¬∧ 规则：

¬(α∧β)

¬α　　　¬β

→规则：

α→β

¬α　　　β

¬→规则：

¬(α→β)

α
β

↔ 规则：

α↔β

α　　　¬α
β　　　¬β

¬↔规则：

¬(α↔β)

α　　　¬α
¬β　　　β

例③ 用真值树方法证明 α 是一个重言式。

α: (q→r)→(p∨q→p∨r)

证明：　　¬((q→r)→(p∨q→p∨r))　　　　√

q→r　　　　　　　　√
¬(p∨q→p∨r)　　　　√

p∨q　　　　　　　　√
¬(p∨r)　　　　　　　√

$$¬p$$
$$¬r$$
$$/ \quad \backslash$$
$$¬q \qquad r$$
$$/ \ \backslash \qquad ×$$
$$p \qquad q$$
$$× \qquad\quad ×$$

因为我们能够构造¬α 的一个反驳，所以 α 是一个重言式。

例④　用真值树方法判定 α 是否重言式。

$$α:\ p→(p∧(p→q))$$

解：　　　　　　$¬(p→(p∧(p→q)))$　　　　　√
　　　　　　　　　　|
　　　　　　　　　　p
　　　　　　$¬(p∧(p→q))$　　　　　　　√
　　　　　　　　/ ＼
　　　　　　$¬p$　　$¬(p→q)$　　　　　√
　　　　　　×　　　　|
　　　　　　　　　　　p
　　　　　　　　　$¬q$

因为在¬α 的真值树中有一枝不封闭，所以，我们不能构造¬α 的反驳。故它不是重言式。

另外，有兴趣的读者也可以登录下面的网站：

　　　　　　　　http://www. umsu. de/logik/trees/

这个网站提供了用真值树的方法判定一个给定的真值形式是否重言式的一个在线小程序，这个程序的名字叫 Tree Proof Generator。

三、范式

在算术里，我们可以把自然数（在逻辑里，自然数是从 0 开始的）按是否能被 3 整除进行分类。于是，

$$N = \{0,1,2,\cdots,n,\cdots\}$$
$$= \{0,3,6,\cdots,3n,\cdots\} \cup \{1,4,7,\cdots,3n+1,\cdots\} \cup$$
$$\{2,5,8,\cdots,3n+2,\cdots\}$$
$$= [0]_\sim \cup [1]_\sim \cup [2]_\sim,$$

其中：m～n 当且仅当 m－n≡mod（3），m,n∈N。这样一来，我们就把用 3 除了以后，余数是 0 的那些自然数做成一个新的集合，这个新的集合用[0]~表示，数 0 可以作为这个新集合的一个代表元，当然也可以取 3 或者 6 等作为这个集合的代表元。不过，0 是[0]~中的最小元。同理，用 3 除了以后，余数是 1 的那些自然数也可以做成一个新的集合，这个集合用[1]~表示，数 1 可以作为这个新集合的一个代表元；用 3 除了以后，余数是 2 的那些数做成了一个新的集合，这个集合用[2]~表示，数 2 作为这个新集合的一个代表元。

同样的道理，在前面的讨论中，我们发现有很多的真值表达式都是等值的，即不论其中变项取什么值，这些表达式总是同真或同假。也就是说，它们的真值相等。如：p∨q，¬(¬p∧¬q)和(¬p→q)，它们的真值表为：

p	q	¬p	¬q	¬p∧¬q	¬p→q	p∨q	¬(¬p∧¬q)
真	真	假	假	假	真	真	真
真	假	假	真	假	真	真	真
假	真	真	假	假	真	真	真
假	假	真	真	真	假	假	假

由上面的真值表可知，p∨q，¬(¬p∧¬q)和(¬p→q)这三个真值形式是重言等值的。尽管这三个真值形式各不相同，但它们含有相同的命题变项，因此，它们是同一类的真值函项。在这一类真值函项中，当然还有无穷多与它们重言等值得真值函项。不过，对这样的一类真值函项，我们可以选 p∨q 作为这一类真值函项的代表元，也可以选¬(¬p∧¬q)或(¬p→q)作为这一类真值函项类的代表元。但是相比之下，在这三个真值形式中，表达式 p∨q 是最简单的，所以，通常我们会选 p∨q 作为这一类真值函项的代表元。

每一类真值函项都可以有无穷多个不同的真值表达式。在这些不同的表达形式中，有一些形式可以显示出真值函项的一些重要特征，因此它们具有特殊的意义和作用。我们把这样的表达式称作范式。下面我们将介绍两种范式：合取范式和析取范式。其实，范式是一种在形式上有一定规律的公式，因而它具有一些形式方面的特征。凭借这种特征，我们就能确定一个真值形式是不是重言式。

（一）范式

1. 合取范式和析取范式

定义 5 由命题变项或命题变项的否定用析取词联结成的析取式称为简单析取，如：

¬p∨¬q, q∨r, p∨¬q∨r, p∨¬q∨r∨¬r, p∨¬p∨q∨r。

定义 6 由命题变项或命题变项的否定用合取词联结成的合取式称为简单合取，如：

¬p∧¬q, q∧r, p∧¬q∧r, p∧¬q∧r∧¬r, p∧¬p∧q∧r。

下面的事实是显然的：

一个简单析取是重言式当且仅当有一个命题变项，它和它的否定都在该简单析取中出现。

一个简单合取是不可满足的当且仅当有一个命题变项，它和它的否定都在该简单合取中出现。

由此很容易判定 p∨¬q∨r∨¬r 是重言式；而¬p∨q, q∨r 和 p∨q∨r 都不是重言式；p∧¬p∧q∧r 是不可满足的；p∧q∧r 和 p∧¬q∧¬r 是可满足的。

定义 7 合取范式是由简单析取经合取词联结而成的。

一般地，合取范式 α 具有如下形式：

$$\alpha_1 \wedge \alpha_2 \wedge \ldots \wedge \alpha_n$$

其中 $\alpha_i (1 \leq i \leq n)$ 都是简单析取。如：

$$(p \vee \neg q) \wedge (\neg p \vee q) \wedge (q \vee r)$$

和
$$(p \vee q \vee r) \wedge (p \vee \neg q \vee r) \wedge (p \vee \neg q \vee \neg r)$$

都是合取范式。

容易看出：一个合取范式是重言式，当且仅当，它的每一简单析取 $\alpha_i (1 \leq i \leq n)$ 均是重言的，即每个简单析取中都有某个命题变项及其否定在其中出现。如：

$$(p \vee \neg p \vee q) \wedge (p \vee q \vee \neg q) \wedge (p \vee r \vee \neg r)$$

是重言式。

定义 8 析取范式是由简单合取经析取词联结而成的。

一般地，析取范式 α 具有如下形式：

$$\alpha_1 \vee \alpha_2 \vee \ldots \vee \alpha_n,$$

其中 $\alpha_i (1 \leq i \leq n)$ 都是简单合取。如：

$$(p \wedge \neg q) \vee (\neg p \wedge q) \vee (q \wedge r)$$

和
$$(p \wedge q \wedge r) \vee (p \wedge \neg q \wedge r) \vee (p \wedge \neg q \wedge \neg r)$$

都是析取范式。

容易看出：一个析取范式是不可满足的，当且仅当，它的每一简单合取 $\alpha_i (1 \leq i \leq n)$ 均是不可满足的，即每个简单合取 α_i 中都有某个命题变项及其否定在其中出现。如：

$$(p \wedge \neg p \wedge r) \vee (p \wedge q \wedge \neg q) \vee (p \wedge r \wedge \neg r)$$

是不可满足的。

由合取范式和析取范式的定义可知，在合取范式和析取范式中均不包含 $\to$ 和 $\leftrightarrow$ 符号，而否定符号只作用于命题变项本身。

注意：在合取范式的标准形中，如果 n=1，即：α_1。它既是一个简单析取同时又是一个合取范式；同样，在析取范式的标准形中，如果 n=1，即：α_1。它既是一个简单合取同时又是一个析取范式。这是两种特殊的情况。

2. 求范式的步骤

第一，消去 $\to$ 和 $\leftrightarrow$。

（1）用 $\neg \alpha \vee \beta$ 置换 $\alpha \to \beta$；

（2）用 $(\neg \alpha \vee \beta) \wedge (\alpha \vee \neg \beta)$ 置换 $\alpha \leftrightarrow \beta$，求合取范式；或用 $(\alpha \wedge \beta) \vee (\neg \alpha \wedge \neg \beta)$ 置换 $\alpha \leftrightarrow \beta$，求析取范式。

第二，内移或消去 $\neg$。

（1）用 α 置换 $\neg \neg \alpha$，消去 $\neg \neg$；

（2）用 $(\neg u \wedge \neg \beta)$ 置换 $\neg (u \vee \beta)$，或用 $\neg u \vee \neg \beta$ 置换 $\neg (u \wedge \beta)$，使 $\neg$ 不断深入，直至置于命题变项之前。

第三，用结合律互换析取和合取的各项顺序，还可以略去结合的括号。

第四，用分配律以 $(\alpha \vee \beta) \wedge (\alpha \vee \gamma)$ 置换 $\alpha \vee (\beta \wedge \gamma)$ 求合取范式，用分配律以 $(\alpha \wedge \beta) \vee (\alpha \wedge \gamma)$ 置换 $\alpha \wedge (\beta \vee \gamma)$ 求析取范式。

例① 求 $p \leftrightarrow p \wedge q$ 的合取范式与析取范式。

解：消去 $\leftrightarrow$，得

$$(\neg p \vee (p \wedge q)) \wedge (\neg (p \wedge q) \vee p))$$

内移 $\neg$，得

$$(\neg p \vee (p \wedge q)) \wedge (\neg p \vee \neg q \vee p) \qquad (※)$$

对（※）用 $\vee$ 对 $\wedge$ 的分配律，得

$$((\neg p \vee p) \wedge (\neg p \vee q)) \wedge (\neg p \vee \neg q \vee p)$$

即 $(\neg p \vee p) \wedge (\neg p \vee q) \wedge (\neg p \vee \neg q \vee p)$ 为所求合取范式。

又在原式中，消去 $\leftrightarrow$，得

$$(p \wedge p \wedge q) \vee (\neg p \wedge \neg (p \wedge q))$$

内移 $\neg$，得

$$(p \wedge p \wedge q) \vee (\neg p \wedge (\neg p \vee \neg q))$$

用 $\wedge$ 对 $\vee$ 的分配律，得

$$(p \wedge p \wedge q) \vee ((\neg p \wedge \neg p) \vee (\neg p \wedge \neg q))$$

即(p∧p∧q)∨(¬p∧¬p)∨(¬p∧¬q)为所求的析取范式。

（二）优范式

容易证明：¬p∨q 也是 p↔p∧q 的一个合取范式。这样一来，用前面的步骤去求一个真值形式的范式，其结果不是唯一的。为了使结果具有唯一性，现在介绍优范式。优范式的基本思想是把一个真值形式的合取范式或析取范式进一步标准化，从而使每一个真值形式都有一个唯一的标准形式。由于我们前面讨论的范式有两种，因此对应的优范式也有两种：优合取范式和优析取范式。

1. 优合取范式和优析取范式

定义 9   我们把满足下列条件的合取范式称为优合取范式：

（1）如果某一命题变项在范式里出现，那么它要在每一简单析取中出现；

（2）没有永真的简单析取；

（3）在简单析取里，没有相同的支命题；

（4）对于命题变项及否定按下面的顺序进行排列

$$[p, ¬p, q, ¬q, r, ¬r, s, ¬s, p_1, ¬p_1, \ldots];$$

在范式里，命题变项及简单析取都按照上面的字母顺序进行排列；

（5）没有相同的简单析取。

根据定义 9，我们可以很容易地断定下面的真值形式

$$(¬p∨q)∧(¬p∨¬q)$$

和 $(p∨q∨¬r)∧(p∨¬q∨r)∧(¬p∨q∨r)∧(¬p∨q∨¬r)∧(¬p∨¬q∨¬r)$

都是优合取范式。

定义 10   我们把满足下列条件的析取范式称为优析取范式：

（1）如果某一命题变项在范式里出现，那么它要在每一简单合取里出现；

（2）没有常假的简单合取；

（3）在简单合取里，没有相同的支命题；

（4）对于命题变项及否定按下面的顺序进行排列

$$[p, ¬p, q, ¬q, r, ¬r, s, ¬s, p_1, ¬p_1, \ldots];$$

在范式里，命题变项及简单合取都按照上面的字母顺序进行排列；

（5）没有相同的简单合取。

根据定义 10，我们可以很容易地断定下面的真值形式

$$(¬p∧q)∨(¬p∧¬q)$$

和 $(p∧q∧¬r)∨(p∧¬q∧r)∨(¬p∧q∧r)∨(¬p∧q∧¬r)∨(¬p∧¬q∧¬r)$

都是优析取范式。

2. 求优范式的步骤

从给定的范式出发，求其优范式的步骤如下：

第一步：展开。

展开要求：把不包含某一命题变项的简单合取或简单析取，置换为含有这一命题变项的一些简单合取或简单析取。展开的规则是：

在简单合取α中引入命题变项π(π的取值为 p,q,r 等)，将α换以α∧(π∨¬π)；

在简单析取α中引入命题变项π(π的取值为 p,q,r 等)，将α换以α∨(π∧¬π)。

第二步：消去。

消去要求：从第一步所得的合取范式或析取范式中，消去重言的简单析取或不可满足的简单合取，消去简单合取或简单析取中重复的支命题，消去重复的简单析取或简单合取。消去规则是：

① 将α∨α换为α，将α∧α换为α；

② 将α∨(β∧¬β)换为α，将α∨(β∧¬β∧γ)换为α；

③ 将α∧(β∨¬β)换为α；将α∧(β∨¬β∨γ)换为α。

第三步：排列。

按顺序排列各简单析取或简单合取中的命题变项及其否定，并按照特定的字母顺序排列各简单析取或简单合取。在按照特定的字母顺序排列时，可使用交换律和结合律。

例② 求例①中 p↔p∧q 的优合取范式与优析取范式。

解：因为在例①中，p↔p∧q 的合取范式与析取范式分别为

$$(\neg p \vee p) \wedge (\neg p \vee q) \wedge (\neg p \vee \neg q \vee p) \tag{1}$$

和

$$(p \wedge p \wedge q) \vee (\neg p \wedge \neg p) \vee (\neg p \wedge \neg q) \tag{2}$$

在 (1) 中，消去重言的简单析取，得：

$$(\neg p \vee q)$$

此式为 p↔p∧q 的优合取范式。

在 (2) 中，消去 p∧p∧q 和¬p∧¬p 中重复的支命题，得：

$$(p \wedge q) \vee \neg p \vee (\neg p \wedge \neg q)$$

展开，得：

$$(p \wedge q) \vee (\neg p \wedge (q \vee \neg q)) \vee (\neg p \wedge \neg q)$$
$$(p \wedge q) \vee ((\neg p \wedge q) \vee (\neg p \wedge \neg q)) \vee (\neg p \wedge \neg q)$$

消去重复的简单合取¬p∧¬q，得：

$$(p \wedge q) \vee (\neg p \wedge q) \vee (\neg p \wedge \neg q)$$

此式为 p↔p∧q 的优析取范式。

第二节　命题逻辑的公理系统

一、形式系统

（一）形式系统

　　一个形式系统通常是由四部分组成的，它们是：各种初始符号、一组形成规则、公理和推理规则。初始符号是一个形式系统使用的符号，经解释后其中一部分是初始概念。例如，命题演算中的"¬"是一个初始符号，经解释后它表示否定。初始符号给定之后，它们可以组成各种各样的符号序列。形成规则规定，哪些符号序列是我们要研究的，因为这类符号序列经解释后是有意义的命题。因此，我们称这类符号序列为合式公式，简称公式，否则就不是合式公式。例如，在命题演算中，"p¬"是没有意义的符号序列，它不是合式公式；而"¬p"有意义，它表示命题 p 的否定命题，所以它是一个合式公式。我们建立形式系统的最终目的是要把所有的重言式汇集成一个整体。在这个整体中，重言式能演绎地排列出来，而且排在后面的总可以从前面"演绎"出，最前面的就是作为演绎出发点的"公理"。它可以演绎出其他"重言式"，但它却不能由别的"重言式"演绎出来。这里，对公理的唯一要求是，每一公理都是形式系统中的公式。在这里充当演绎角色的就是"推理规则"。每一推理规则规定怎样从一个公式或一组公式通过符号变换得出另一个公式，由推理规则推导出的公式叫作这个整体或者这个系统的内定理。

　　初始符号和形成规则组成形式系统的语言，也叫形式语言。这种语言不是日常语言，而是只具有形状的形式语言，或者说是一种表意的符号语言。公理和推理规则组成演绎工具，这种演绎工具仅仅是移动符号的规则。对这样的形式系统，我们要求它满足，要有一个机械的方法判定下列各点：

　　（1）一符号是否为初始符号；

　　（2）任一符号序列是否为合式公式；

　　（3）任一公式是否为公理；

　　（4）任一公式是否能从给定的公式根据推理规则得到；

　　（5）一个有穷长的公式序列是否为证明，即序列中每一公式是否为公理或是从先行的公式应用推理规则得到的。

　　这里要求的机械方法是指：每一步都是按照某种事先给出的规则明确规

定的而且在有限步骤内完成的方法。这样做的目的是保证系统的严格性。

总之，一个形式系统是由它的初始符号、公式、公理和推理规则完全确定的。有时我们也把形式系统看作一个完全形式化了的公理系统。所谓公理系统，就是从一些叫作公理的公式出发，根据演绎规则，推导出一系列叫作定理的公式，这样形成的演绎体系就叫作公理系统。命题逻辑的重言式组成的系统就是一个公理系统。

（二）语义和语法

尽管我们建立起来的符号语言是纯形式的，由它产生的符号和符号组成的公式不表示任何意义，公式的证明也只是公式的变形。但是，由于我们使用的是特定的人工语言，是一种表意的符号语言，这就使符号和所表达的意义之间有完全的对应。因此，在讲到概念、命题和推理时，我们就可以代之以和它们相应的符号、公式，从而使对命题的研究转化为对语言的研究，即对这种语言的语法和语义问题的研究。当我们暂时撇开意义，只从语言符号方面来考虑问题时，这就是命题演算的语法研究。然而命题演算作为形式系统并不是个需要解释，一个形式系统也只有经过解释后，才能有意义，才能成为关于某一领域的公理系统。给语言符号一种解释，这就是命题演算的语义研究。

在讨论一种语言时，我们也还要使用语言，这两种语言不是同一层次上的语言。当被讨论的语言是某种人工的表意符号时，这种语言叫作对象语言；用来研究和讲述对象语言的语言叫作元语言。元语言可以是一种自然语言，或者是在此基础上增加了一些特定的表意的语法符号。如，当我们用汉语去研究和讲述英语语法时，英语就是对象语言，汉语就是元语言。当我们使用汉语去研究和讲述汉语语法时，汉语既是对象语言，也是元语言。在逻辑学研究中，对象语言是形式语言，元语言是某种自然语言。在本篇中，元语言是汉语加上若干符号，其中特别重要的是几种变项，我们称它为语法变项，像我们前面使用过的符号 π 和 α，β，γ 等。每一种语法变项都是以对象语言中的一类表达式为值，如符号 π 是以对象语言中的命题变项为值，表示任意的命题；符号 α，β，γ 是以对象语言中的公式为值，表示任意的公式。符号 X，Y，Z 等是以对象语言中的符号序列为值，表示任意的符号序列。

二、命题演算的公理系统

这里将介绍命题演算的公理系统 PC。它的特点是，每一公理采用语法语言表示，每一公理模式相当于无限多条具体的公理。因此，这个系统的推理比较简单，不需要做代入。由于形式系统使用的语言是形式语言，而形式语言本身具有严格、精确的特点，所以就可以避免自然语言的种种歧异。我们的讨论从形式语言开始。命题逻辑和谓词逻辑所使用的语言统称为一阶语言。有时也把命题逻辑叫作零阶逻辑，谓词逻辑叫作一阶逻辑，与之相应的语言分别称为零阶语言和一阶语言，分别记作 L_0 和 L（或 L_1）。因为这里不涉及其他语言，所以习惯上也把命题逻辑的形式语言记作 L。

（一）形式语言 L_0

1. L_0 的初始符号

甲类：p，q，r，s，p_1，q_1，r_1，s_1，p_2，…；

乙类：¬，∨；

丙类：(,)。

初始符号相当于自然语言中的字母。形式语言 L_0 实际上由可数无限多个符号组成，即：

$$L_0 = \{¬, ∨, (,), p, q, r, s, p_1, q_1, r_1, s_1, p_2, …\}$$

不加解释时，我们只能从它们的外形和它们所占据的空间上去认识它们。从外形上，我们可以区别出"p"与"q"不同，"¬"与"∨"不同，还可以区别出¬，∨与p,q等之间的不同。经过解释，甲类符号表示命题变项，乙类符号表示真值联结词。"¬"被称为否定词，"∨"被称为析取词。丙类符号表示一对括号。

为了以后使用的方便，下面给出一些常用的语法符号（有的前面已经出现过）：

（1）小写的希腊字母π是语法变项，它的值是甲类中任一符号，如p，q等；

（2）大写的拉丁字母 X，Y，Z 等是语法变项，它们的值是任一有限符号序列，如 p，(p∨q¬)等；

（3）小写的希腊字母α，β，γ等是语法变项，它们的值是任一合式公式；

（4）"⊢"是语法符号，它被写在一个合式公式之前，表示紧跟其后的合式公式是本系统要肯定的。

2. L_0 的形成规则

甲：任一甲类符号是一合式公式；

乙：如果符号序列 X 是合式公式，则¬X 也是合式公式；

丙：如果符号序列 X 和 Y 都是合式公式，则(X∨Y)也是合式公式；

丁：只有适合以上三条的符号序列才是合式公式，简称为公式，记作 W_{ff}。

因此，形成规则甲规定：命题变项 p，q，r 等都是公式，这类公式也叫作原子公式，因为它们不再被分解。乙和丙是由原子公式生成的，因此它们也被称为复合公式。乙类公式叫作否定式，丙类公式叫作析取式。按照乙的规定，¬p 和¬q 等都是公式；按照丙的规定，p∨q，p∨¬p，¬(p∨q)等也都是公式。丁是限制性规则，说明哪些符号序列不是公式，如 q¬，r∨ 等都不是公式。

根据 L_0 的形成规则，L_0 的公式可枚举如下：

第 0 层：p，q，r，s，p_1，q_1，r_1，s_1，p_2，…

第 1 层：¬p，¬q，¬r，¬s，¬p_1，¬q_1，¬r_1，¬s_1，¬p_2，…

　　　　(p∨p)，(p∨q)，(p∨r)，(p∨s)，…

　　　　(q∨p)，(q∨q)，(q∨r)，(q∨s)，…

　　　　　⋮

第 2 层：¬¬p，¬¬q，¬¬r，¬¬s，¬¬p_1，…

　　　　¬(p∨p)，¬(p∨q)，¬(p∨r)，¬(p∨s)，…

　　　　(¬p∨p)，(¬p∨q)，(¬p∨r)，(¬p∨ε)，…

　　　　(¬q∨p)，(¬q∨q)，(q∨¬r)，(q∨¬s)，…

　　　　((p∨q)∨p)，((p∨r)∨(p∨s))，…

　　　　　⋮

第 n 层：¬α_n，

　　　　(α_n∨β_n)或者(β_n∨α_n)，这里α_n 和β_n 表示第 n 层的公式；

　　　　　⋮

3. 定义

定义甲　(α∧β)定义为¬(¬α∨¬β)。

定义乙　(α→β)定义为(¬α∨β)。

定义丙　(α↔β)定义为((α→β)∧(β→α))。

（二）演绎工具

我们的目的是要把重言式汇集成一个系统，把我们心目中的重言式排列出来，使得后面的总可以从前面的"演绎"出。最前面的就是作为演绎出发点的"公理"。通过它们可以演绎出其他的"重言式"，而它们本身是不能由别的"重言式"演绎出的。

1. PC 的公理（模式）

A_1：α∨α→α　　　　　　　A_2：α→α∨β

A_3：α∨β→β∨α　　　　　A_4：(β→γ)→(α∨β→α∨γ)

A_1 至 A_4 本身并不是公理，而是四个公理模式，每个模式都代表着无限多条公理。当我们对 α 和 β 做出某种指明后，公理模式就变成了一条公理，如果令 α 为 p，β 为 q，则由 A_3 可得：$p \lor q \to q \lor p$，这是一条公理。为了方便，在不引起混乱的情况下，有时我们也把公理模式叫作公理。A_1 的意思是："如果 α 或 α 是真的，那么 α 也是真的。" A_1 被称为"重言律"。A_2 的意思是："如果 α 是真的，那么 α 或者 β 也是真的。"由于前件没有析取词而后件引入了析取词，因此 A_2 又被称为"析取引入律"。A_3 被称为"析取交换律"。A_4 被称为"析取附加律"，它类似于算术命题"如果 y<z，那么 x+y<x+z"。

只有公理，我们还不能完全决定哪些公式在汇集之列，哪些不在。下面给出从公理得到定理的推理工具，担当此重任的就是"推理规则"。

2. PC 的推理规则

分离规则：由 α 和 $\alpha \to \beta$ 可推出 β。

这条推理规则的含义是：如果 α 和 $\alpha \to \beta$ 被断定，那么 β 也被断定，即从 α 和 $\alpha \to \beta$ 可得 β。这是承认前件的假言推理，记作 MP（Modus Ponens）规则。

由公理和推理规则可以构成一个无限集合，这个无限集合的元素有两类，第一类是公理，第二类是由公理根据推理规则演绎出的新元素，这类元素就是系统的定理。实际上，这一集合就是本系统所有重言式的汇集，即：公理系统 PC 的定理集。

（三）定理的演绎

在对一个公理系统的研究过程中，人们所关心的问题主要是：在公理和推理规则给定之后，根据这些公理和推理规则能够演绎出哪些定理，以及如何演绎出这些定理。现在，我们的任务就是要利用公理和推理规则，将其余的"重言式"演绎出来。这个演绎的过程也叫证明。严格地说，满足下面两个条件之一的公式所组成的有穷公式序列称为本系统的一个证明：

（1）是公理之一；

（2）是由序列中排在前面的两个公式运用 MP 规则得到的。

证明的有限公式序列的最后一个公式记作 α，并称该证明是公式 α 的一个证明，或者说 α 是可证的，记作 $\vdash_0 \alpha$，称 α 是本系统的一个定理。在不引起混淆时，也记作 $\vdash \alpha$。

下面是五个定理的证明。

定理 1　公理系统 PC 有如下的性质：

（1）　$\vdash (\beta \to \gamma) \to ((\alpha \to \beta) \to (\alpha \to \gamma))$

（2）├α→α

（3）├¬α∨α

（4）├α∨¬α

证明：第一个性质被称为三段论原则。要证明它，根据上面的定义，就是要构造一个有穷长的公式序列，使得这个公式序列中的每个公式，要么是公理之一，要么是由序列中排在前面的两个公式运用 MP 规则得到的。为了构造这个公式序列，我们首先观察它的形状与哪条公理相似，然后确定使用的工具。通过观察发现，公理 A_4 可以作为我们证明的出发点。于是，我们有：

① $(\beta→\gamma)→((¬\alpha\vee\beta)→(¬\alpha\vee\gamma))$　　　　　（A_4）

② $(\beta→\gamma)→((\alpha→\beta)→(\alpha→\gamma))$　　　　　（①定义乙）

由此可以看出，我们所构造的这个公式序列的长度为 2，也就是说，这个公式序列只有两个公式组成，一个是$(\beta→\gamma)→((¬\alpha\vee\beta)→(¬\alpha\vee\gamma))$，另一个是$(\beta→\gamma)→((\alpha→\beta)→(\alpha→\gamma))$。由于第一个公式是公理 4，第二个公式是利用第一个公式变形得到的。因此，这就是性质 1 的一个证明。

现在，在公理系统 PC 的定理集里又多了一条定理，即性质 1。在以后的证明中，除公理 A_1 至 A_4 和规则 MP 可以使用之外，性质 1 也可作为证明的工具使用。

这是为什么呢？我们将通过下面的证明来说明。

性质 2 被称为同一原则。为了证明它，我们不妨将性质 1 中的 γ 取为 α。这样一来，性质 1 就变形为$(\beta→\alpha)→((\alpha→\beta)→(\alpha→\alpha))$。可以看出，我们只要确定 β，使用两次 MP 规则，就可得到性质 2，现在的问题是：β 取什么才能分离掉 $\beta→\alpha$ 和 $\alpha→\beta$。把它们和公理 A_1 和 A_2 比较发现，取 β 为 $\alpha\vee\alpha$ 即可。于是，我们有：

① $(\alpha\vee\alpha→\alpha)→((\alpha→\alpha\vee\alpha)→(\alpha→\alpha))$　　　　　（定理 1 的 1）

② $\alpha\vee\alpha→\alpha$　　　　　（A_1）

③ $(\alpha→\alpha\vee\alpha)→(\alpha→\alpha)$　　　　　（①②MP）

④ $\alpha→\alpha\vee\alpha$　　　　　（A_2）

⑤ $\alpha→\alpha$　　　　　（③④MP）

性质 2 的证明用了五步。但是，在证明时，我们还可以采用下面的写法：

① $((\alpha\vee\alpha)→\alpha)→((¬\alpha\vee(\alpha\vee\alpha))→(¬\alpha\vee\alpha))$　　　　　（A_4）

② $\alpha\vee\alpha→\alpha$　　　　　（A_1）

③ $(¬\alpha\vee(\alpha\vee\alpha))→(¬\alpha\vee\alpha)$　　　　　（①②MP）

④ $(\alpha→\alpha\vee\alpha)→(\alpha→\alpha)$　　　　　（③定义乙）

⑤ $\alpha \to \alpha \vee \alpha$　　　　　　　　　　　　　　　　（A_2）

⑥ $\alpha \to \alpha$　　　　　　　　　　　　　　　　　　（④⑤MP）

在上面的证明中，没有用性质1。但下面的证明与上面两个证明都不同。

① $(\beta \to \gamma) \to ((\neg \alpha \vee \beta) \to (\neg \alpha \vee \gamma))$　　　　　　（A_4）

② $(\beta \to \gamma) \to ((\alpha \to \beta) \to (\alpha \to \gamma))$　　　　　　（①定义乙）

③ $(\alpha \vee \alpha \to \alpha) \to ((\alpha \to \alpha \vee \alpha) \to (\alpha \to \alpha))$　　　（由②得）

④ $\alpha \vee \alpha \to \alpha$　　　　　　　　　　　　　　　（A_1）

⑤ $(\alpha \to \alpha \vee \alpha) \to (\alpha \to \alpha)$　　　　　　　　（③④MP）

⑥ $\alpha \to \alpha \vee \alpha$　　　　　　　　　　　　　　　　（A_2）

⑦ $\alpha \to \alpha$　　　　　　　　　　　　　　　　　　（⑤⑥MP）

注意：在这个证明中，我们把性质1和性质2的证明接起来了，而且也没有直接用性质1。为此，我们就回答了为什么证明过的性质在以后的证明中可以直接使用。

性质2的这三个证明还表明，证明中所构造的有限公式序列不是唯一的。

性质3和性质4都是命题演算中的排中律。

关于性质3的证明：

① $\alpha \to \alpha$　　　　　　　　　　　　　　　　　　（定理1的2）

② $\neg \alpha \vee \alpha$　　　　　　　　　　　　　　　　　（①定义乙）

关于性质4的证明：

① $\neg \alpha \vee \alpha \to \alpha \vee \neg \alpha$　　　　　　　　　　　（A_3）

② $\neg \alpha \vee \alpha$　　　　　　　　　　　　　　　　　（定理1的3）

③ $\alpha \vee \neg \alpha$　　　　　　　　　　　　　　　　　（①②MP）

定理2　公理系统PC有如下的性质：

（1）　$\vdash \alpha \to \neg \neg \alpha$

（2）　$\vdash \neg \neg \alpha \to \alpha$

证明：第一个性质被称为命题演算的双重否定原则。于是，我们有：

① $\neg \alpha \vee \neg \neg \alpha$　　　　　　　　　　　　　　　（定理1的4）

② $\alpha \to \neg \neg \alpha$　　　　　　　　　　　　　　　　（①定义乙）

性质2是性质1的逆命题。于是，我们有：

① $\neg \alpha \to \neg \neg \neg \alpha$　　　　　　　　　　　　　　（定理2的1）

② $(\neg \alpha \to \neg \neg \neg \alpha) \to (\alpha \vee \neg \alpha \to \alpha \vee \neg \neg \neg \alpha)$　　　（A_4）

③ $\alpha \vee \neg \alpha \to \alpha \vee \neg \neg \neg \alpha$　　　　　　　　　（①②MP）

④ $\alpha \vee \neg \alpha$　　　　　　　　　　　　　　　　　（定理1的4）

⑤ $\alpha\vee\neg\neg\neg\alpha$ 　　　　　　　　　　（③④MP）

⑥ $\alpha\vee\neg\neg\neg\alpha\to\neg\neg\neg\alpha\vee\alpha$ 　　　　　　　（A_3）

⑦ $\neg\neg\neg\alpha\vee\alpha$ 　　　　　　　　　　（⑤⑥MP）

⑧ $\neg\neg\alpha\to\alpha$ 　　　　　　　　　　（⑦定义乙）

定理 3 公理系统 PC 有如下的性质：

（1）$\vdash(\alpha\to\beta)\to(\neg\beta\to\neg\alpha)$

（2）$\vdash(\neg\beta\to\neg\alpha)\to(\alpha\to\beta)$

证明：第一个性质被称为命题演算的假言易位原则。于是，我们有

① $\beta\to\neg\neg\beta$ 　　　　　　　　　　（定理 2 的 1）

② $(\beta\to\neg\neg\beta)\to(\neg\alpha\vee\beta\to\neg\alpha\vee\neg\neg\beta)$ 　　（A_4）

③ $\neg\alpha\vee\beta\to\neg\alpha\vee\neg\neg\beta$ 　　　　　（①②MP）

④ $\neg\alpha\vee\neg\neg\beta\to\neg\neg\beta\vee\neg\alpha$ 　　　　（A_3）

⑤ $(\neg\alpha\vee\neg\neg\beta\to\neg\neg\beta\vee\neg\alpha)\to((\neg\alpha\vee\beta\to\neg\alpha\vee\neg\neg\beta)\to$

　　$(\neg\alpha\vee\beta\to\neg\neg\beta\vee\neg\alpha))$ 　　（定理 1 的 1）

⑥ $(\neg\alpha\vee\beta\to\neg\alpha\vee\neg\neg\beta)\to(\neg\alpha\vee\beta\to\neg\neg\beta\vee\neg\alpha)$ 　（④⑤MP）

⑦ $\neg\alpha\vee\beta\to\neg\neg\beta\vee\neg\alpha$ 　　　　　（③⑥MP）

⑧ $(\alpha\to\beta)\to(\neg\beta\to\neg\alpha)$ 　　　　　（⑦定义乙）

第二个性质是性质 1 的逆命题。证明留给读者。

定理 4 公理系统 PC 有如下的性质：

（1）$\vdash\neg(\alpha\wedge\beta)\to\neg\alpha\vee\neg\beta$。

（2）$\vdash\neg\alpha\vee\neg\beta\to\neg(\alpha\wedge\beta)$。

证明：第一个性质被称为关于合取否定式的德·摩根定理。证明如下：

① $\neg\neg(\neg\alpha\vee\neg\beta)\to\neg\alpha\vee\neg\beta$ 　　　（定理 2 的 2）

② $\neg(\alpha\wedge\beta)\to\neg\alpha\vee\neg\beta$ 　　　　　（①定义甲）

性质 2 是性质 1 的逆命题。于是，我们有：

① $\neg\alpha\vee\neg\beta\to\neg\neg(\neg\alpha\vee\neg\beta)$ 　　　（定理 2 的 1）

② $\neg\alpha\vee\neg\beta\to\neg(\alpha\wedge\beta)$ 　　　　　（①定义甲）

定理 5 公理系统 PC 具有性质：$\vdash\alpha\to\beta\vee\alpha$

证明：① $\alpha\to\alpha\vee\beta$ 　　　　　　　　（A_2）

　　　② $\alpha\vee\beta\to\beta\vee\alpha$ 　　　　　　（A_3）

　　　③ $(\alpha\vee\beta\to\beta\vee\alpha)\to((\alpha\to\alpha\vee\beta)\to(\alpha\to\beta\vee\alpha))$ 　（定理 1 的 1）

　　　④ $(\alpha\to\alpha\vee\beta)\to(\alpha\to\beta\vee\alpha)$ 　　　（②③MP）

　　　⑤ $\alpha\to\beta\vee\alpha$ 　　　　　　　　（①④MP）

从以上定理的证明可以看出：依照定义而写出的证明有时过于冗长，在实际操作中可以根据已证定理和推理规则进行简化证明。简化过的结果称为系统 PC 的导出规则，这种规则将若干步推演简化为一步。例如，定理 1 中的 2，从 ⊢α→α∨α 和 ⊢α∨α→α 到 ⊢α→α 需要引用定理 1 的 1，然后再做两次分离，共需三步才能得到所要结果。实际上，这样的证明也可以简化为一步，即：

从 ⊢β→γ 和 ⊢α→β，可得 ⊢α→γ。

我们将称此规则为"三段论"规则。PC 的常用导出规则还有：

（合取分解）若 ⊢α∧β，则 ⊢α；若 ⊢α∧β，则 ⊢β。

（条件合取）若 ⊢α→β→γ，则 ⊢α∧β→γ。

（等值构成）若 ⊢α→β 和 ⊢β→α 则 ⊢α↔β。

（等值置换）若 ⊢β↔γ，则 ⊢α↔α[β/γ]或若 ⊢β↔γ 和 ⊢α，则 ⊢α[β/γ]。

（假言易位）若 ⊢α→β，则 ⊢¬β→¬α。

第三节　命题逻辑的自然推理系统

上一节给出了命题逻辑的一个形式系统——公理系统 PC。命题演算还可以用其他方式来构造。本节将讨论命题逻辑的另一种推理系统——自然推理系统 FPC。

自然推理系统，不是以公理为出发点建立演绎系统，而是引进假设利用推理规则进行推理的系统。由于这种演绎系统的形式推理规则、形式推理关系和形式证明都比较直接，并且比较自然地反映了推理过程，因此它接近于自然科学，特别是一般数学中的演绎推理。所以它被称为自然推理系统。

自然推理系统的出发点除了语言部分与公理系统 PC 一样外，还有一些用模式给出的推理规则。FPC 系统的推理规则分为两类，即：结构规则和逻辑联结词规则。

一、结构规则

（一）Hyp（假设引入规则）
这条规则允许：可按需要随时引入一个假设。

（二）Rep（重复规则）

这条规则允许：在一个假设下出现的公式（包括假设）可允许重复出现。

（三）Reit（重述规则）

这条规则允许：在一个假设下出现的公式（包括假设）可在随后的假设下重复出现。

这些规则可图示如下：

二、逻辑联结词规则

（一）$\rightarrow^+$（$\rightarrow$引入）在 α 的假设下得到 β 可推出 $\alpha\rightarrow\beta$。

（二）$\rightarrow^-$（$\rightarrow$消去）从 α 和 $\alpha\rightarrow\beta$ 可推出 β。

（三）$\vee^+$（$\vee$ 引入）　从 α 可推出 $\alpha\vee\beta$；从 β 可推出 $\alpha\vee\beta$。

（四）$\vee^-$（$\vee$ 消去）　从 $\alpha\vee\beta$、$\alpha\rightarrow\gamma$ 和 $\beta\rightarrow\gamma$ 可推出 γ。

（五）$\wedge^+$（$\wedge$ 引入）　从 α 和 β 可推出 $\alpha\wedge\beta$。

（六）$\wedge^-$（$\wedge$ 消去）　从 $\alpha\wedge\beta$ 可推出 α；从 $\alpha\wedge\beta$ 可推出 β。

（七）$\leftrightarrow^+$（$\leftrightarrow$引入）从 $\alpha\rightarrow\beta$ 和 $\beta\rightarrow\alpha$ 可推出 $\alpha\leftrightarrow\beta$。

（八）$\leftrightarrow^-$（$\leftrightarrow$消去）　从 $\alpha\leftrightarrow\beta$ 和 α 可推出 β；从 $\alpha\leftrightarrow\beta$ 和 β 可推出 α。或者从 $\alpha\leftrightarrow\beta$ 可推出 $\alpha\rightarrow\beta$；从 $\alpha\leftrightarrow\beta$ 可推出 $\beta\rightarrow\alpha$。

（九）$\neg$(非规则)　在 $\neg\alpha$ 的假设下得到 $\neg\beta$ 和 β 可推出 α。

这些规则的图示如下：

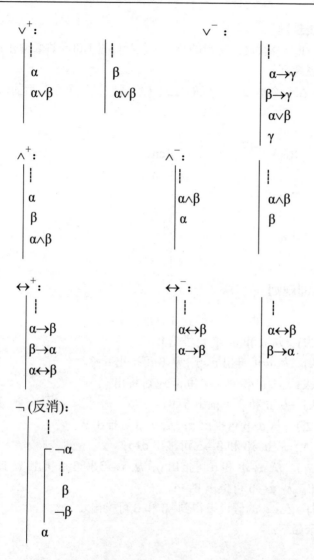

∨⁺:

|
α
α∨β

|
β
α∨β

∨⁻:

|
α→γ
β→γ
α∨β
γ

∧⁺:

|
α
β
α∧β

∧⁻:

|
α∧β
α

|
α∧β
β

↔⁺:

|
α→β
β→α
α↔β

↔⁻:

|
α↔β
α→β

|
α↔β
β→α

¬(反消):

|
⌐¬α
|
β
¬β
α

→⁺规则可记作：若 α⊢β，则 ⊢α→β。实际上，应该记作：若 α⊢_{FPC}β，则 ⊢_{FPC}α→β。在不引起混淆的情况下，我们略去下标 FPC，以下均同。这条规则表示：如果要证明形状为 α→β 的公式，则可先假设 α，再证由 α 可推出 β。如果实现了这一步，则可说 α→β 得证。这条规则是演绎推理中的演绎定理。

→⁻规则可记作：α→β，α⊢β。它表示：由 α→β 和 α 可得 β。这条规则反映了演绎推理中的假言推理原则。

∨⁺规则可记作：$\alpha \vdash \alpha \vee \beta$, $\beta \vdash \alpha \vee \beta$。它表示：由 α 可得 $\alpha \vee \beta$；由 β 可得 $\alpha \vee \beta$。这条规则是演绎推理中选言推理的反映。

∨⁻规则可记作：$\alpha \rightarrow \gamma$, $\beta \rightarrow \gamma$, $\alpha \vee \beta \vdash \gamma$。它表示：如果要证明 $\alpha \vee \beta$ 可推出 γ，先要证明 α 和 β 分别可推出 γ。实现了这一步，才能说 $\alpha \vee \beta$ 推出 γ。这条规则是演绎推理中二难推理的反映。

∧⁺规则可记作：α，$\beta \vdash \alpha \wedge \beta$。它表示：从 α 和 β 可得 $\alpha \wedge \beta$。这条规则是演绎推理中联言推理的反映。

∧⁻规则可记作：$\alpha \wedge \beta \vdash \alpha$, $\alpha \wedge \beta \vdash \beta$。它也叫联言分解式，表示由 $\alpha \wedge \beta$ 可得 α，也可得 β。这也是演绎推理中联言推理的反映。

↔⁺规则可记作：$\alpha \rightarrow \beta$, $\beta \rightarrow \alpha \vdash \alpha \leftrightarrow \beta$。它表示：由 $\alpha \rightarrow \beta$ 和 $\beta \rightarrow \alpha$ 可得 $\alpha \leftrightarrow \beta$。这反映了演绎推理中既充分又必要的条件是充分必要条件。

↔⁻规则可记作：$\alpha \leftrightarrow \beta \vdash \alpha \rightarrow \beta$, $\alpha \leftrightarrow \beta \vdash \beta \rightarrow \alpha$。它表示由 $\alpha \leftrightarrow \beta$ 可得 $\alpha \rightarrow \beta$ 和 $\beta \rightarrow \alpha$。这反映了演绎推理中充分必要条件既是充分条件又是必要条件。

¬规则可记作：若 $\neg \alpha \vdash \beta$, $\neg \beta$，则 $\vdash \alpha$。它表示在 $\neg \alpha$ 的假设下，如果得出一对矛盾的公式，则可消去 $\neg \alpha$ 得到 α。这一规则就是反消规则。它反映了演绎推理中的反证法。

上述九条联结词规则又可以分为两类：一类直接表示前提和结论之间的推理关系。如 →⁻规则表示：从前提 $\alpha \rightarrow \beta$ 和 α 可推出结论 β。这一类规则称为第一类规则。另一类规则不是直接表示前提和结论之间的推理关系，而是说如果某个推理关系成立，则另一推理关系也成立。如 →⁺规则表示：如果推理关系 $\alpha \vdash \beta$ 成立，则 $\vdash \alpha \rightarrow \beta$ 也成立。这后一类规则称为第二类规则。

FPC 系统的一个证明就是依上述两类规则构造出来的一系列公式。如果一个证明结束于某个假设下，则称该证明为假设性证明（即在每一个假设下并未都用¬规则或→⁺规则）。否则，称该证明为非假设性证明。当公式 α 是某个非假设性证明的最后一步时，称 α 是（形式）可证公式，或称 α 是 FPC 的定理，记作 $\vdash \alpha$，并称该证明为 α 的一个（形式）证明。

下面我们将以 PC 系统的四条公理为例，说明 FPC 系统中可证公式的证明方法。

例① 在 FPC 中，证明 ⊢α∨α→α。

证明：

	α∨α	（Hyp）
	α	（Hyp）
	α	（Rep）
α→α		（→⁺）
α→α		（Rep）
α		（∨⁻）
α∨α→α		（→⁺）

例② 在 FPC 中，证明 ⊢α→α∨β。

证明：

	α	（Hyp）
	α∨β	（∨⁺）
α→α∨β		（→⁺）

例③ 在 FPC 中，证明 ⊢α∨β→β∨α。

证明：

	α∨β	（Hyp）
	α	（Hyp）
	β∨α	（∨⁺）
	α→β∨α	（→⁺）
	β	（Hyp）
	β∨α	（∨⁺）
	β→β∨α	（→⁺）
	β∨α	（∨⁻）
α∨β→β∨α		（→⁺）

例④ 在 FPC 中，证明 ⊢(β→γ)→(α∨β→α∨γ)。

证明：

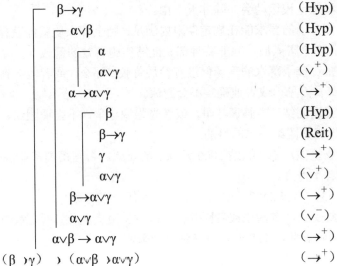

β→γ	（Hyp）
α∨β	（Hyp）
α	（Hyp）
α∨γ	（∨⁺）
α→α∨γ	（→⁺）
β	（Hyp）
β→γ	（Reit）
γ	（→⁺）
α∨γ	（∨⁺）
β→α∨γ	（→⁺）
α∨γ	（∨⁻）
α∨β → α∨γ	（→⁺）
（β→γ）→（α∨β→α∨γ）	（→⁺）

从上面的例子看出，FPC 的一个证明就是利用上述规则构造出来的一系列公式。一个证明中每个假设下的一系列公式（包括假设）称为该证明的一个子证明。每个子证明用一横一竖标出（即「，起括号的作用），横的右边是该子证明的假设，竖线画到该子证明的最后一个公式的左端。表示整个非假设性证明（即不是终止于某个假设下的证明）的那个横上为空（没有公式），标志无假设。每个子证明的标志「分别依次右移。作出几个可能的假设时，这些假设下的子证明排在一列。从上一节和这一节的内容可以看出，PC 系统和 FPC 系统风貌各异，两个系统中的"可证公式"的意义也不相同。但我们能够证明：FPC 系统中的可证公式也是 PC 系统中的可证公式；反之，PC 系统中的可证公式也是 FPC 系统中的可证公式。在这个意义上，命题演算的自然推理系统和公理系统是等价的。

复习思考题

一、指出下列命题中，哪些是简单命题哪些是复合命题？

1. 癌症是遗传的。

2. 癌症不是遗传的。

3. 并非癌症是遗传的。

4. 如果癌症是遗传的，那么老李患癌症是不可避免的。

5. 老李知道癌症是遗传的。

二、将下列命题符号化。

1. 明天将举行全校运动会，除非天下雨。

2. 如果恐怖分子的要求能在规定期限内满足，则全体人质就能获释，否则，恐怖分子就要杀害人质，除非特种部队能够实施有效的营救。

3. 如果大张在孩子落水的现场但没有参加营救，那么，或者他看到了孩子落水但却装着看不见，或者他确实不会游泳。

4. 如果光强调团结，不强调斗争，或者光强调斗争，不强调团结，就不能达到既弄清思想又团结同志的目的。

5. 要么停业整顿，要么缴纳 5000 元以上的罚款。否则吊销营业执照。

6. 不劳动者不得食。

7. 要么 x>3，要么 x<3，要么 x=3。（x 为任一有理数）

8. 如果水质受到严重污染或者因其他原因发生巨大变化，那么水中生物的生态平衡将遭到破坏，水产业也将受到不利影响。

9. 我们都知道如果没有重力地球周围就没有空气。

10. 0 不是无理数。

三、用真值表、简化真值表、真值树和范式判定下列命题推理是否有效。

或者逻辑学难学，或者并非许多学生喜欢它。如果数学不难学，那么逻辑学也不难学。因此，如果许多学生喜欢逻辑学，那么数学也是难学的。

练习题

一、完成下列真值运算。

1. $\neg ((T \wedge \neg F) \rightarrow F) \leftrightarrow (F \vee T)$

2. $\neg (F \leftrightarrow (F \vee T)) \rightarrow ((T \wedge \neg F) \rightarrow F)$

二、若 p 假，则对任一 q：

1. p∨q 和 p 等值；

2. p∧q 和 q 等值。

三、令 p："这个男孩知道答案"；q："那个女孩知道答案"。做复合命题"这个男孩知道答案或那个女孩知道答案"的真值表，并回答下面的问题。

1. 当 p 为假并且 q 为真时，复合命题取什么值？为什么？

2. 当 p 为真并且 q 为假时，复合命题取什么值？为什么？

四、定义联结词 ＊ 如下：

p	q	p＊q
真	真	真
真	假	真
假	真	假
假	假	真

问：1. 在什么条件下，p＊q 为真？

2. 它与 p∧q 的区别是什么？你能用 ¬ 和 ∨，或 ¬ 和 ∧ 定义出 p＊q 吗？

五、就下列命题形式构造有意义的命题。

1. (p∧¬q) ∨(¬p∧q)

2. ¬p→¬q

3. ¬p→q

4. (p→q) ∧(¬p→(¬s→r))

六、若在一命题 p 前有连续几个 "¬"，则此命题的真值与命题 p 的真值间有什么关系？试举例说明。

七、构造下列真值形式的真值表。

1. ¬ (¬p∧¬q)

2. p∧(q∧p)

3. ((p∨q) ∧(¬p∧q))∨((p∧¬q) ∧(¬p∧¬q))

4. (p∨(p∧r)) ↔ ((p∨q) ∧(p∨r))

八、给 p 和 q 指派真值真，给 r 和 s 指派真值假，求出下列真值形式的真值。

1. p∨(q∧r)

2. (p∧(q∧r)) ∨¬ ((p∨q) ∧(r∨s))

3. (¬ (p∧q) ∨r) ∨(((¬p∧q) ∨¬r) ∧s)

4. ((p∧q) ∨¬r) ∨((q↔(q↔¬p)) →(r∨¬s))

九、令 H 是三元命题联结词：Hpqr 为假，当且仅当，p，q，r 中有且仅有一个为假。

1. 从 p,q,r 出发，做出 Hpqr 的真值表

2. 用 ¬, ∨, ∧ 表示 H

十、定义三元命题联结词 △ 为 △ pqr 为真，当且仅当 p，q，r 中真多于假。

1. 做出 △ pqr 的真值表

2. 用 ¬, ∨, ∧ 表示 △

十一、对于 n 个命题变元来说，可能赋值的真值组合有多少种？由此而构成的不同真值表的真值函项有多少种？计算 n=4 的情况。

十二、证明下面的真值形式属于同一类的真值函项。

1. p→q, ¬p∨q, ¬（p∧¬q）

2. p∧q, ¬（¬p∨¬q）

3. p↔q, (p→q)∧(q→p)

4. p∨q, ¬（¬p∧¬q）

十三、用真值表证明下面的真值形式是重言式。

1. p∨p→p

2. p→p∨q

3. p∨q→q∨q

4. (q→r)→((p∨q)→(p∨r))

十四、判断下列真值形式的类型（重言式、矛盾式、可满足式）。

1. p→q∨p

2. (¬q∧p)∧q

3. (p→q)→(q→p)

4. (p∧¬p)→q

十五、用简化真值表方法判断下列蕴涵式是不是重言式。

1. (p∧q)→(¬p→q)

2. p→(q→p)

3. ((p→q)→q)→(p∨q)

十六、用真值树方法判断下列真值形式是不是重言式。

1. (p∧q)→(¬p→q)

2. p→(q→p)

3. ((p→q)→q)→(p∨q)

4. (¬q∨p)∧(¬p∧q)

十七、求下列公式的合取范式，并指明是否重言式。

1. (p→q)→(q→r)→(p→r)

2. p→((r→q)→q)

3. (p→q)∨(¬p→r)→(q∧r)

4. (¬p∨q)↔(p→q)

十八、求下列公式的析取范式，并指明是否不可满足。

1. $p \to (p \wedge (p \to q))$
2. $(p \wedge q \to p) \to (q \wedge \neg q)$
3. $(\neg r \wedge (q \to p)) \to (p \to (q \vee r))$
4. $(p \to \neg q) \to (\neg r \wedge s)$

第十一章　一阶谓词逻辑

命题逻辑主要研究的是复合命题的逻辑性质和推理关系。复合命题是由简单命题用逻辑联结词按一定的规则形成的。因此，在命题逻辑中，起决定作用的是逻辑联结词。然而，复合命题的真假由所含简单命题的真假和所用联结词的意义来确定。简单命题是命题逻辑的基本单位。在命题逻辑中，我们并不分析这些基本单位又具有怎样的逻辑特征和结构。这样一来，就会使得一些命题之间的正确的推理关系（如：传统的三段论原则）在命题逻辑中得不到反映。例如：

> 所有的鸟都是会飞的，
>
> 燕子是鸟，
> _____
> 所以，燕子是会飞的。

这是一个正确的推理。但是，在命题逻辑中，它的前提和结论只能处理成不同的简单命题，它的推理形式只能是：

> p,
>
> q,
> _____
> 所以，r。

即：{p,q} ⊢r。显然，这不是命题逻辑中正确的推理形式。但是，这个推理是正确的，它的正确性不能在命题逻辑中表现出来。造成这一现象的原因就在于，这个推理的正确性依赖于前提和结论中所含命题的内部结构。因此，要表现这类推理的正确性，就必须建立新的系统。在新的系统中，首先要涉及简单命题的内部结构，即对简单命题的命题成分进行分析。只有这样，才能进一步揭示前提和结论在形式结构方面的联系，也才能认识这类推理的形式和规律。

一阶谓词逻辑也是数理逻辑的基础部分。一阶谓词逻辑将包含命题逻辑作为一个子系统。在一阶谓词逻辑中，除了研究复合命题的逻辑性质及推理关系外，我们还将对命题逻辑的基本单位——命题继续分解，分解出个体词、谓词（即关系词）和量词，从而揭示简单命题的形式结构，研究它们的逻辑性质和规律。其重点是研究量词的逻辑性质和关于它们的推理规律。但是，在一阶谓词逻辑中，量词只允许修饰个体变项，不允许修饰命题变项和谓词。也就是说，在一阶谓词逻辑中，我们不研究如下形式的公式：

$$(\forall q)(q \to q),$$

$$(\forall Q)(\forall x)\neg(Q(x) \wedge \neg Q(x))。$$

这里的 q 是命题变项，$(\forall)$ 是全称量词，x 是个体变项，Q 是一元谓词。所以，一阶逻辑又叫一阶狭谓词逻辑。

第一节　一阶谓词逻辑概述

谓词是带有参数的命题。反过来，也可以说不带参数的谓词叫命题。与命题比较起来，谓词具有更强的表达能力。

第一，命题没有概括能力，谓词具有概括能力。例如，为了表达"××是一个实数"，则有多少实数就要用多少个命题来表示。令

p_1 代表："自然数 1 是一个实数"

p_2 代表："有理数 0.5 是一个实数"

p_3 代表："无理数π是一个实数"

但是，这些命题只要用一个谓词 RealNumber(x)就可以表示，其中 x 可以是自然数 1、有理数 0.5、无理数π……于是，上述三个命题变成：

p_1：RealNumber (自然数 1)

p_2：RealNumber (有理数 0.5)

p_3：RealNumber (无理数π)

第二，命题只能代表某种固定的情况，而谓词可以代表变化着的情况。例如，设有两个命题 p 和 q，

   p：天津是一个城市 q：老虎是一个城市

则 p 的值永真，而 q 的值永假，不可能再有其他值。

但是，谓词值的真假却可以因参数而异，如：city(x)。

同是一个谓词 city，当它的参数为天津时，city(天津)取真值；当参数为老虎时，city(老虎)取假值。因此，我们把带有参数的命题叫谓词，或者说，不带参数的谓词叫命题，谓词还有一些优于一般命题的方面。

第三，可以利用谓词在不同的知识之间建立联系。例如，设

Human(x)：表示"x 是人"

Lawed(x)：表示"x 受法律管制"

则这两个谓词可以联结成一个更复杂的命题。

Human(x)→Lawed(x)

它表示：人人都要受法律的管制。

一、一阶语言概述

我们的讨论从一阶语言 L 开始。在一阶逻辑中，（简单）命题将得到进一步的分析，它被分析为包括个体词、谓词和量词等非命题成分。

（一）个体域

个体域是指某一语言环境中可能论及的每一件具体事物所组成的整体。个体域中的元素叫个体。个体词是表示个体的符号。表示个体域中不确定个体的符号叫个体变项，表示个体域中一确定个体的符号叫个体常项。如：在集合论中，取全体集合构成的类 V 作为个体域，空集∅就是其中的一个个体常项，对任意的 x∈V，x（表示任意的集合）是一个个体变项。我们还可以取自然数集 N 作为个体域。任一 n∈N，n（表示任意的自然数）是一个个体变项，0 是它的一个个体常项。

（二）谓词和个体词

前面已经简单介绍过谓词和个体词。现在，我们将通过两个较复杂的命题，作进一步的说明。

这个苹果是圆的。　　　　　（1）

周建人是鲁迅的弟弟。　　　（2）

在命题（1）中，如果令 F 表示"……是圆的"这种性质，则 F(x)就表示"x 是圆的"，如果 a 表示"这个苹果"，那么 F(a)就表示"这个苹果是圆的"。也就是说，命题（1）的形式表达式为 F(a)，这里，F 是一个一元谓词，表示"圆"这种性质。x 和 a 是个体词，它们表示具有"圆"这种性质的个体。其中，x 是不固定的，称为个体变项；a 是固定的，称为个体常项。

在命题（2）中，如果令 G 表示"……是……的弟弟"，则 G(x,y)表示"x 是 y 的弟弟"，如果 a 表示周建人，b 表示鲁迅，那么，G(a,b)就表示"周建人是鲁迅的弟弟"。也就是说，命题（2）可以表示为 G(a,b)。这里，G 是一个二元谓词，表示"某人是某人的弟弟"这种关系。x,y 和 a,b 都是个体词。x 和 y 是个体变项，a 和 b 是个体常项。

刻画一个个体性质的词称为一元谓词，刻画两个个体之间关系的词称为二元谓词。一般地，刻画 n 个个体之间关系的词称为 n 元谓词。有时也把 n 元谓词称作 n 元关系词，特别地，一个一元关系刻画的就是一个个体的性质。显然，个体词分为个体常项和个体变项，并且谓词或关系词是不能脱离个体词而独立存在的。

（三）量词

除了个体词和谓词外，组成命题成分的还有量词。量词是用来表示命题中数量的词。常用的量词有全称量词和存在量词。全称量词表示"所有的"或"任一个"，存在量词表示"有的"或"存在"。全称量词表示所有的个体都具有给定谓词所表示的性质或关系；存在量词表示存在（即至少有一个）个体具有给定谓词所表示的性质或关系。

因此，一个一阶语言 L 除了包含命题语言 L_0 的一切符号外，还要包括一些表示个体词、谓词和量词的符号。

二、一阶语言 L 所使用的符号

L 的初始符号：

甲类：$v, v_0, v_1, v_2, \cdots$；

乙类：$\neg, \vee$；

丙类：$(\forall), (\exists)$；

丁类：$(,)$；

戊类：对于每个大于等于 1 的自然数 n，$P_n, Q_n, R_n, \cdots$（可以没有）；

己类：$c, c_0, c_1, c_2, \cdots$（可以没有）。

这里，甲类符号表示无限多个个体变项；乙类符号表示逻辑联结词；丙类符号表示量词，其中 $(\forall)$ 为全称量词符号，$(\exists)$ 为存在量词符号；丁类符号表示一对技术性符号；戊类符号表示无限多个 n 元谓词或关系符号；己类符号表示无限多个个体常项。

我们约定，用 A_0 表示甲至丁类中所有符号的集合，用 S 表示戊类和己类中所有符号的集合，S 可以是空集，并且 $A_0 \cap S = \varnothing$，称 $A_S = A_0 \cup S$ 为由 S 所确定的一个一阶语言 L 的符号集。

对任何一个一阶语言 L 来说，A_0 都是不变的，所以甲至丁类符号又叫作逻辑符号。S 是可变的，戊至己类符号又叫作非逻辑符号。给定 S 以后，也就确定了一个一阶语言 L。S 不同，所确定的一阶语言也不同。今后，我们说给定一个一阶语言 L，就是给定了 L 的符号集 S。需要注意的是，如果语言 L 中有二元关系符号=（等词），则也把它作为逻辑符号。

约定，我们用字母 x, y, z, u, v, w,…（或加下标）表示语法变项，它们的值是任一个体变项；用字母 F, G, H, P, Q, R,…（或加下标）表示语法变项，它们的值是任一（n 元）谓词符号。

三、一阶公式

一种拼音语言，当它的字母表给定以后，人们就可以随意地对字母表中的字母进行排列，这样随意排列出来的符号序列，并不一定都有意义。于是，人们又规定了一些拼音的规则，使得用这些规则排列出来的符号序列有意义，即表示字或者表示一定的意义。对于一阶语言 L 来说也是如此。我们也将规定一些规则，使得按我们的规则所形成的符号序列有意义，否则就无意义。并称这样的符号序列是由 S 确定的一阶语言 L 的项或公式。

（一）L 的形成规则

甲：个体变项和 S 中的个体常项统称 S 项；

乙：如果 $t_0, t_1, \cdots, t_{n-1}$ 都是 S 项，而 R_n 是 S 中的任一 n 元谓词符号，那么 $R_n(t_0, t_1, \cdots, t_{n-1})$ 是一个 S 公式；

丙：如果 α 是 S 公式，那么 ¬α 也是；

丁：如果 α 和 β 都是 S 公式，那么 (α∨β) 也是；

戊：如果 α 是一个 S 公式而 x 是一个个体变项，那么 (∀x) α 和 (∃x) α 都是 S 公式；

己：只有适合以上乙至戊四条的符号序列才是 S 公式，记做 W_{ff}。

如果在上下文中，只涉及一个 S 时，我们也常把 S 项和 S 公式分别简称为项和公式。S 项用 t 或加下标表示。

由 S 公式的全体组成的集合记作 W_s 或 L_s。其中，由规则乙形成的 S 公式 $R_n(t_0, t_1, \cdots, t_{n-1})$ 称为原子公式，按规则丙形成的公式 ¬α 叫作 α 的否定式。由规则丁形成的公式 (α∨β) 称为 α 和 β 的析取式，由规则戊形成的公式 (∀x) α 和 (∃x) α 分别称为 α 的全称式和存在式。

（二）定义

定义甲：(α∧β) 定义为 ¬(¬α∨¬β)。

定义乙：(α→β) 定义为 (¬α∨β)。

定义丙：(α↔β) 定义为 ((α→β)∧(β→α))。

令 S＝{F}，F 是一个一元谓词，根据公式的定义乙可知：F(x) 和 F(a) 都是 S 原子公式。如果令 F(x) 表示"x 是圆的"，a 表示"这个苹果"，那么公式 F(a) 就表示命题"这个苹果是圆的"。令 S＝{G}，G 是一个二元谓词，

G(x,y)是一个 S 原子公式，如果令 G(x,y)表示"x 是 y 的弟弟"，a 表示周建人，b 表示鲁迅，那么公式 G(a,b)就表示命题"周建人是鲁迅的弟弟"。

再利用公式的形成规则的定义戊可知，(∀x)F(x) 和 (∃x)F(x) 也都是 S 公式。这里 (∀x)F(x) 表示"任一 x 具有 F 这种性质"。(∃x)F(x) 表示"存在 x 具有 F 这种性质"。如，令 x 是一个自然数（即 x∈N），F(x)表示"x 是偶然"，则 (∀x)F(x) 表示"任一自然数都是偶数"，这是一个假命题。(∃x)F(x) 表示"存在自然数是偶数"，这是一个真命题。

对于二元谓词 G，令 x 和 y 表示自然数，G(x,y)表示"x＜y"，那么 (∀x)(∀y)G(x,y)表示"任一自然数 x 和任一自然数 y，都满足 x＜y"，这是一个假命题。

(∀x)(∃y)G(x,y)表示"对任一自然数 x，都存在自然数 y，满足 x＜y"（即没有最大的自然数），这是一个真命题。

(∃x)(∀y)G(x,y)表示"存在自然数 x，对任一自然数 y，满足 x＜y"，（即存在最小的自然数），这是一个假命题。

(∃x)(∃y)G(x,y)表示"存在自然数 x 并且存在自然数 y，满足 x＜y"，这是一个真命题。

除了掌握一阶公式的形成规则以外，我们还必须知道怎样把一个现实世界的命题表达成一个一阶公式的形式。这种表示形式不是唯一的，可简可繁，视需要而定。

例① 将命题"对任一自然数，都有一个比它大的素数"符号化。

解：用我们的符号，(∀x)表示"对任一 x"，(∃y)表示"有一 y"，设 P(x)表示"x 是自然数"，Q(y)表示"y 是素数"，R(x,y)表示"y 大于 x"，该命题的形式为

$$(\forall x)(P(x) \rightarrow (\exists y)(Q(y) \wedge R(x,y)))。$$

例② 把论断"世上没有无缘无故的爱,也没有无缘无故的恨"表达成一阶公式的形式。

解：最简单的办法是用一个单个的命题来表示，例如：

$$p$$

从推理的角度看，我们还应该把这个论断的表示形式再细分。在这个意义上，上述命题起码可以再细分为：

（1）没有无缘无故的爱∧没有无缘无故的恨

式（1）已分解为两个命题。

（2）¬存在无缘无故的爱∧¬存在无缘无故的恨

式（2）把否定词分析了出来。

（3）¬(∃x)(无缘无故的爱(x))∧¬(∃y)(无缘无故的恨(y))

式（3）把存在量词分析了出来。

（4）¬(∃x)(爱(x)∧无缘无故(x))∧¬(∃y)(恨(y)∧无缘无故(y))

式（4）把爱和恨的概念分析了出来。

（5）¬(∃x)(爱(x)∧¬有缘故(x)) ∧¬(∃y)(恨(y)∧¬有缘故(y))

式（5）把缘故的否定词分析了出来。

（6）¬(∃x)(爱(x)∧¬(∃y)缘故(x,y)) ∧¬(∃t)(恨(t)∧¬(∃s)缘故(t,s))

式（6）有把"A 是 B 的原因"这个概念中的 A 和 B 分解了出来。

用 L 表示"爱"，用 H 表示"恨"，用 R 表示"缘故"，则式（6）可以表示为：

（7）¬(∃x)(L(x)∧¬(∃y)R(x,y))∧¬(∃t)(H(t)∧¬(∃s)R(t,s))

（三）子公式

对于任一公式 α，定义 α 的全体子公式 $sub(\alpha)$ 如下：

1. $sub(R_n(t_0,t_1,\cdots,t_{n-1}))=\{R_n(t_0,t_1,\cdots,t_{n-1})\}$

2. $sub(\neg\alpha)=\{\neg\alpha\}\cup sub(\alpha)$

3. $sub((\alpha\vee\beta))=\{\alpha\vee\beta\}\cup sub(\alpha)\cup sub(\beta)$

4. $sub((\forall x)\alpha)=\{(\forall x)\alpha\}\cup sub(\alpha)$

5. $sub((\exists x)\alpha)=\{(\exists x)\alpha\}\cup sub(\alpha)$

由此可得：

$sub((\alpha\wedge\beta))=\{\alpha\wedge\beta\}\cup sub(\alpha)\cup sub(\beta)$

$sub((\alpha\rightarrow\beta))=\{\alpha\rightarrow\beta\}\cup sub(\alpha)\cup sub(\beta)$

$sub((\alpha\leftrightarrow\beta))=\{\alpha\leftrightarrow\beta\}\cup sub(\alpha)\cup sub(\beta)$

例① 求 $sub(\alpha)$，其中：

　　　α：$(\forall x)(R(x,y)\wedge(\exists y)R(y,x))\vee(\exists z)\neg R(x,y)$

解：$sub(\alpha)=\{\alpha\}\cup sub((\forall x)(R(x,y)\wedge(\exists y)R(y,x)))\cup sub((\exists z)\neg R(x,z))$

　　　　$=\{\alpha\}\cup\{(\forall x)(R(x,y)\wedge(\exists y)R(y,x))\}$

　　　　　$\cup\{R(x,y)\wedge(\exists y)R(x,y)\}\cup\{R(x,y)\}$

　　　　　$\cup\{(\exists y)R(y,x)\}\cup\{R(y,x)\}\cup\{(\exists z)\neg R(x,z)\}$

　　　　　$\cup\{\neg R(x,z)\}\cup\{R(x,z)\}$

　　　　$=\{\alpha,(\forall x)(R(x,y)\wedge(\exists y)R(y,x)),R(x,y)\wedge(\exists y)R(y,x),$

　　　　　$R(x,y),(\exists y)R(y,x),R(y,x),(\exists z)\neg R(x,z),\neg R(x,z),R(x,z)\}$

（四）约束变项和自由变项

在一个公式中，量词的约束范围称为量词的辖域。约定：紧靠量词的括号内的子公式是该量词的辖域，括号外的则不是；如果紧靠量词没有括号，那么，紧靠量词的不包含联结词的子公式是该量词的辖域，其他则不是。如：

$$(\forall x)\underline{(F(x) \wedge G(x))} \qquad （3）$$

$$(\forall x)\underline{F(x)} \wedge G(x) \qquad （4）$$

在这两个公式中，带横线部分分别表示（$\forall x$）的辖域。

在一个公式中，个体变项的出现有两种情况：自由的和约束的。如果某个出现不受量的管辖，则称该出现是自由的，否则称为约束的。在一个公式中，同一个个体变项的出现既可以是自由的，又可以是约束的。如：令 S＝{R}，在下面的 S 公式

$$(\forall x)(R(x,y) \wedge (\exists y)R(x,y)) \vee (\exists z)\neg R(x,z)$$

中，有 x，y，z 三个个体变项，x 共出现四次，x 的前三次出现都是约束的，最后一次出现是自由的，y 共出现三次，而 y 的第一次出现是自由的，后两次出现都是约束的，z 的两次出现均为约束的。

如果个体变项 x 在公式 α 中至少有一次自由出现，我们就说 x 在 α 中自由出现，x 称为 α 的自由变项。对于任一公式 α，定义 α 的全体自由变项 free(α) 如下：

1. $var(x)＝\{x\}$，$var(c)＝\varnothing$

2. $free(R_n(t_0,t_1,\cdots,t_{n-1}))＝var(t_0) \cup var(t_1) \cup \cdots \cup var(t_{n-1})$

3. $free(\neg\alpha)＝free(\alpha)$

4. $free((\alpha \vee \beta))＝free(\alpha) \cup free(\beta)$

5. $free((\forall x)\,\alpha)＝free(\alpha)-\{x\}$，$free((\exists x)\,\alpha)＝free(\alpha)-\{x\}$

由此可得：

$$Free((\alpha \wedge \beta))＝free(\alpha) \cup free(\beta)$$

$$Free((\alpha \rightarrow \beta))＝free(\alpha) \cup free(\beta)$$

$$Free((\alpha \leftrightarrow \beta))＝free(\alpha) \cup free(\beta)$$

例④　求 $free((\forall x)(R(x,y) \wedge (\exists y)R(y,x)) \vee (\exists z)\neg R(x,z))$。

解：$free((\forall x)(R(x,y) \wedge (\exists y)R(y,x)) \vee (\exists z)\neg R(x,z))$

$＝free((\forall x)(R(x,y) \wedge (\exists y)R(y,x))) \cup free((\exists z)\neg R(x,z))$

$＝(free\,(R(x,y) \wedge (\exists y)R(y,x))-\{x\}) \cup (free(\neg R(x,z))-\{z\})$

$＝(((var(x) \cup var(y)) \cup ((var(y) \cup var(x))-\{y\}))-\{x\})$

$\quad \cup ((var(x) \cup var(z))-\{z\})$

$$=((((\{x\} \cup \{y\}) \cup (\{y\} \cup \{x\} - \{y\})) - \{x\}) \cup ((\{x\} \cup \{z\}) - \{z\})$$

$$=((\{x,y\} \cup \{y,x\}) - \{x\}) \cup (\{x,z\} - \{z\})$$

$$=\{y\} \cup \{x\} = \{x,y\}$$

因此，只有 x,y 是所给公式的自由变项。

特别地，不含自由变项的公式叫闭公式。闭公式是一个有真假的命题。而一个包含自由变项的谓词表达式不是命题。如命题（1）中 F(x) 断定 "x 是圆的"，但由于 x 是个体变项，因而 F(x) 没有真假，不是命题。如果用个体常项 c 取代个体变项 x，令 c 表示 "这个苹果"，那么 F(c) 就表示 "这个苹果是圆的"，这是一个命题，有真假；如果对个体变项进行量化，或者断定：至少存在一个 x，F(x) 成立，或者断定：对所有的 x 来说，F(x) 成立。也就是断定至少存在一个个体是圆的，或者断定所有的个体都是圆的，这样的断定就都是命题，它们也都有真假。

从原子公式出发，应用联结词规则和量词规则，我们就可以构造出无限多各种各样的一阶公式。现在，我们将一阶语言 L 的所有公式列举如下：

第 0 层：p,q,r, …

　　　　P(x),Q(x,y),R(x,y,z)…

第 1 层：¬p, ¬q, ¬r,…

　　　　¬P(x), ¬Q(x,y), ¬R(x,y,z),…

　　　　p∨P(x),P(x)∨R(x,y,z),q∨r,…

　　　　(∀x),P(x),(∃x)Q(x,y),(∃y)Q(x,y),…

第 2 层：¬¬p, ¬¬q, ¬¬r,…

　　　　¬¬(p∨P(x)), ¬((∀x)P(x)),…

　　　　(∀x)P(x)∨(∃x)Q(x,y), …

　　　　(∀x)(∃y)Q(x,y),

　　⋮

第 (n+1) 层：¬α，α 是第 n 层的公式；

(α∨β)，α 是第 n 层的公式；β 是低于第 n 层的公式，

(∀x)α,(∃x)α，其中 α 是第 n 层的公式，x 在 α 中自由，

　　⋮

四、前束范式

在第十章第一节中，介绍了求任一命题公式的范式——合取范式和析取范式，一阶公式也有自己的标准形式，这就是前束范式。下面将介绍前束范

式及前束范式的求法。

一阶公式 α 称作是前束的，如果它形如

$$(D_0x_0)(D_1x_1)\cdots(D_{n-1}x_{n-1})\beta。$$

这里 $n \geq 1$，并且对每个 i（$i=0, 1, \cdots, n-1$），D_i 是 $\forall$ 和 $\exists$，公式 β 中不含量词。符号序列 $(D_0x_0)(D_1x_1)\cdots(D_{n-1}x_{n-1})$ 称为前束词，β 称为母式或基式。

一个前束范式就是一个前束公式，其中前束词中的变项 $x_0,x_1,\cdots,x_{n-1}$ 互不相同，并且它们在母式中出现。

α 的前束范式就是与 α 逻辑等值的前束公式。

例①公式

$$(\exists v_0)(\forall v_1)(P(v_0,v_0)\to R(v_0,v_1)) \tag{5}$$

$$(\forall v_0)(\exists v_1)(P(v_0)\lor\neg Q(v_0,v_1)) \tag{6}$$

和公式

$$(\forall v_0)(\forall v_1)(P(v_0,v_1)\land R(v_0,v_1,v_2)\land Q(v_0,v_1,v_2,c)) \tag{7}$$

都是前束范式。

同命题逻辑中的结论一样，我们有关于前束范式的存在定理，即：对于一阶逻辑中的每一公式，都可以找到一个与之逻辑等值的前束范式，并且二者的自由变项相同。一个公式的前束范式不是唯一的。

前束范式存在定理的证明过程，实际上给出了求一个公式的前束范式的步骤。因此，我们略去前束范式存在定理的详细证明，仅给出求一个公式的前束范式的方法。为此，首先给出等值"$\leftrightarrow$"具有的性质。

（1）$\alpha\leftrightarrow\alpha$。

如果 $\alpha\leftrightarrow\beta$ 并且 $\beta\leftrightarrow\gamma$，那么 $\alpha\leftrightarrow\gamma$。

如果 $\alpha\leftrightarrow\beta$，那么 $\beta\leftrightarrow\alpha$。

（2）如果 $\alpha\leftrightarrow\beta$ 并且 $\gamma\leftrightarrow\delta$，那么

$\neg\alpha\leftrightarrow\neg\beta$, $\qquad\qquad (\alpha\land\gamma)\leftrightarrow(\beta\land\delta)$,

$(\forall x)\alpha\leftrightarrow(\forall x)\beta$, $\qquad\quad (\exists x)\alpha\leftrightarrow(\exists x)\beta$。

（3）$\neg(\forall x)\alpha\leftrightarrow(\exists x)\neg\alpha$, $\qquad \neg(\exists x)\alpha\leftrightarrow(\forall x)\neg\alpha$。

（4）如果 $x\notin free（\beta）$，那么

$((\forall x)\alpha\land\beta)\leftrightarrow(\forall x)(\alpha\land\beta)$, $\quad ((\forall x)\alpha\lor\beta)\leftrightarrow(\forall x)(\alpha\lor\beta)$,

$(\beta\land(\forall x)\alpha)\leftrightarrow(\forall x)(\beta\land\alpha)$, $\quad (\beta\lor(\forall x)\alpha)\leftrightarrow(\forall x)(\beta\lor\alpha)$,

$((\exists x)\alpha\land\beta)\leftrightarrow(\exists x)(\alpha\land\beta)$, $\quad ((\exists x)\alpha\lor\beta)\leftrightarrow(\exists x)(\alpha\lor\beta)$,

$(\beta\land(\exists x)\alpha)\leftrightarrow(\exists x)(\beta\land\alpha)$, $\quad (\beta\lor(\exists x)\alpha)\leftrightarrow(\exists x)(\beta\lor\alpha)$。

（5）如果 y 不在 $(\forall x)\alpha$ 或 $(\exists x)\alpha$ 中出现，那么

$(\forall x)\alpha \leftrightarrow (\forall y)\alpha(y/x)$,　　　　$(\exists x)\alpha \leftrightarrow (\exists y)\alpha(y/x)$。

这里 $\alpha(y/x)$ 是将 α 中所含 x 都换为 y 的结果。

求一个公式的前束范式的步骤如下：

第一步，利用

$(\alpha \rightarrow \beta) \leftrightarrow (\neg\alpha \vee \beta)$　和　$(\alpha \leftrightarrow \beta) \leftrightarrow ((\alpha \rightarrow \beta) \wedge (\beta \rightarrow \alpha))$

消去逻辑联结词→和↔。

第二步，利用

$\neg\neg\alpha \leftrightarrow \alpha$,　　　　　　　　$\neg(\alpha \wedge \beta) \leftrightarrow (\neg\alpha \vee \neg\beta)$,

$\neg(\alpha \vee \beta) \leftrightarrow (\neg\alpha \wedge \neg\beta)$,　　　　$\neg(\forall x)\alpha \leftrightarrow (\exists x)\neg\alpha$,

和　$\neg(\exists x)\alpha \leftrightarrow (\forall x)\neg\alpha$

消去双重否定或把否定号¬深入到原子公式之前。

第三步，必要时，把约束变项改名。

第四步，利用↔的性质（4），把量词移到整个公式的最前面，从而得到一个前束范式。

例② 给定公式 $(\forall x_0)P(x_0) \rightarrow (\exists x_0)Q(x_0)$，求它的前束范式。

解：消去→，得

$$\neg(\forall x_0)P(x_0) \vee (\exists x_0)Q(x_0)$$

¬深入，得

$$(\exists x_0)\neg P(x_0) \vee (\exists x_0)Q(x_0)$$

约束变项改名，得

$$(\exists x_0)\neg P(x_0) \vee (\exists x_1)Q(x_1)$$

量词前移，得

$$(\exists x_0)(\exists x_1)(\neg P(x_0) \vee Q(x_1)),$$

此式即为所求。

第二节　谓词演算

在谓词演算中，我们要研究一组谓词之间的相互关系。例如，如何由某些谓词公式的真假推出另一些谓词公式的真假。这给了我们从某些知识推出另一些知识，或从知识的某种表示方式推出另一种表示方式的手段。建立谓词之间关系的方法，就是使用一些联结词（或称运算符号）或量词，把单个的谓词组合成谓词公式，并按固定的规则进行运算。

在谓词演算的范围内，给定一组永真的合式公式，称为公理集。再给定一组推导规则，其中每个规则可以把一个永真公式变成另一个永真公式。如果公理集和推导规则集都是有限的，或者虽然公理集是无限的，但它是若干个公理模式，或者它是一个递归集（即存在一个递归算法，对于任一合式公式，可以在有限步内判断它是不是一条公理），则此公理集和推导规则集合在一起就构成一个演绎系统。由公理集出发，经过推导规则的推演而得到的合式公式一定是永真的。

谓词演算可以用各种方式来建构。这里，我们将在第十章第二节命题逻辑的公理系统 PC 的基础上，构造一个一阶谓词演算的公理系统 QC，也称它为希尔伯特型系统。下面是它的公理和推理规则。

一、推理工具

（一）QC 的公理（模式）

A_1: $\alpha\vee\alpha\rightarrow\alpha$;　　　　　　　　A_2: $\alpha\rightarrow\alpha\vee\beta$;

A_3: $\alpha\vee\beta\rightarrow\beta\vee\alpha$;　　　　　　A_4: $(\beta\rightarrow\gamma)\rightarrow((\alpha\vee\beta)\rightarrow(\alpha\vee\gamma))$;

A_5: $(\forall x)\alpha(x)\rightarrow\alpha(y)$;　　　　A_6: $\alpha(y)\rightarrow(\exists x)\alpha(x)$

前四条公理（模式）从形式上看，同命题演算的公理系统 PC 中的公理（模式）一样。后两条公理（模式）是新增加的关于量词的公理（模式）。其中 A_5 是关于全称量词的，它说：如果一切个体 x 都具有性质 α，则某一特定的个体 y 也具有性质 α。A_6 是关于存在量词的，它说：如果某个特定的个体 y 具有性质 α，则存在一个个体 x 也具有性质 α。

（二）QC 的推理规则

R_1：由 $\alpha(y/x)\rightarrow\beta$ 可得 $(\exists x)\alpha\rightarrow\beta$，y 不在 $(\exists x)\alpha$ 和 β 中自由出现；

R_2：由 $\alpha\rightarrow\beta(y/x)$ 可得 $\alpha\rightarrow(\forall x)\beta(x)$，y 不在 $(\forall x)\beta(x)$ 和 α 中自由出现；

R_3：由 α 和 $\alpha\rightarrow\beta$ 可得 β。

前两条推理规则是新增加的，R_1 叫作关于前件的存在规则，R_2 叫作关于后件的概括规则。在实施这些变形规则时，要注意相应的限制条件。现在，从总体上来说，一个一阶谓词逻辑的公理系统 QC 已经建立起来了。另外，我们还可以将第十章第二节中，关于 $\Phi\vdash_0\alpha$ 和 $\vdash_0\alpha$ 的定义拓广到 QC 系统中来，定义 $\Phi\vdash\alpha$ 和 $\vdash\alpha$ 符号。

公式 α 称作是从公式集 Φ 可演绎的，如果有一个有限的公式序列，其末项是公式 α 而且该序列中的每个公式或是一个公理，或是属于 Φ，或是由排在前面的一个或者两个公式应用推理规则得到的，α 从 Φ 中可演绎记作 $\Phi\vdash\alpha$。

公式 α 在 QC 中是可证的，如果它是一个公理，或是由已证公式应用推理规则得到的。如果 α 在 QC 中可证，也说 α 是 QC 的定理，记作 ⊢α。

二、定理的演绎

一阶逻辑的公理系统 QC 建立以后，运用它的公理和推理规则，能生成无穷多条定理。现在，我们来展示它的这种能力。

定理 一阶逻辑的公理系统 QC 有如下的性质：

（1） ⊢$(\forall x)(P(x) \vee \neg P(x))$。

（2） ⊢$(\forall x)P(x) \to (\exists x)P(x)$。

（3） ⊢$(\forall x)(P(x) \wedge Q(x)) \to (\forall x)P(x) \wedge (\forall x)Q(x)$。

（4） ⊢$(\forall x)(P(x) \to Q(x)) \to ((\forall x)P(x) \to (\forall x)Q(x))$。

（5） ⊢$(\forall x)(P(x) \leftrightarrow Q(x)) \to ((\forall x)P(x) \leftrightarrow (\forall x)Q(x))$。

（6） ⊢$(\forall x)P(x) \vee (\forall x)Q(x) \to (\forall x)(P(x) \vee Q(x))$。

证明：性质（1）被称为一阶逻辑的排中律。

关于性质（1）的证明：

① $P(x) \vee \neg P(x)$ （QC 的定理）

② $P(x) \vee \neg P(x) \to (\alpha \vee \neg \alpha \to P(x) \vee \neg P(x))$ （QC 的定理）

③ $\alpha \vee \neg \alpha \to P(x) \vee \neg P(x)$ （①②R_3）

④ $\alpha \vee \neg \alpha \to (\forall x)(P(x) \vee \neg P(x))$ （③R_2）

⑤ $\alpha \vee \neg \alpha$ （QC 的定理）

⑥ $(\forall x)(P(x) \vee \neg P(x))$ （④⑤R_3）

由于命题演算系统 PC 是一阶谓词演算系统 QC 的一个子系统。因此 PC 的定理也都是 QC 的定理。并且在 PC 的定理中，用 L 公式替换后的结果，也都是 QC 的定理。如在性质（1）的证明中的第②步。又因为 FPC 和 PC 是等价的，所以，在以后的证明中，我们也可以把 FPC 中的定理作为 QC 中已证的定理来使用。

关于性质（2）的证明：

① $(\forall x)P(x) \to P(y)$ （A_5）

② $P(y) \to (\exists x)P(x)$ （A_6）

③ $((\forall x)P(x) \to P(y)) \to ((P(y) \to (\exists x)P(x)) \to$

$((\forall x)P(x) \to (\exists x)P(x)))$ （QC的定理）

④ $(P(y) \to (\exists x)P(x)) \to ((\forall x)P(x) \to (\exists x)P(x))$ （①③R_3）

⑤ $(\forall x)P(x) \to (\exists x)P(x)$ （②④R_3）

关于性质（3）的证明：

① $(\forall x)(P(x) \wedge Q(x)) \to P(y) \wedge Q(y)$ $\qquad$ （A_5）

② $P(y) \wedge Q(y) \to P(y)$ $\qquad$ （QC 的定理）

③ $(\forall x)(P(x) \wedge Q(x)) \to P(y)$ $\qquad$ （①②三段论）

④ $(\forall x)(P(x) \wedge Q(x)) \to (\forall x)P(x)$ $\qquad$ （③R_2）

⑤ $P(y) \wedge Q(y) \to Q(y)$ $\qquad$ （QC 的定理）

⑥ $(\forall x)(P(x) \wedge Q(x)) \to Q(x)$ $\qquad$ （①⑤三段论）

⑦ $(\forall x)(P(x) \wedge Q(x)) \to (\forall x)Q(x)$ $\qquad$ （⑥R_2）

⑧ $((\forall x)(P(x) \wedge Q(x)) \to (\forall x)P(x)) \wedge ((\forall x)(P(x) \wedge Q(x))$
$\to (\forall x)Q(x)) \to ((\forall x)(P(x) \wedge Q(x)) \to (\forall x)(P(x)) \wedge (\forall x)Q(x))$

$\qquad$ （QC 的定理）

⑨ $((\forall x)(P(x) \wedge Q(x)) \to (\forall x)P(x)) \to ((\forall x)(P(x) \wedge Q(x)) \to$
$(\forall x)Q(x)) \to ((\forall x)(P(x) \wedge Q(x)) \to (\forall x)(P(x)) \wedge ((\forall x)$
$(P(x) \wedge Q(x)) \to (\forall x)Q(x))$ $\qquad$ （QC 的定理）

⑩ $((\forall x)(P(x) \wedge Q(x)) \to (\forall x)Q(x)) \to ((\forall x)(P(x) \wedge Q(x)) \to$
$(\forall x)P(x)) \wedge ((\forall x)(P(x) \wedge Q(x)) \to (\forall x)Q(x))$ $\qquad$ （④⑨R_3）

⑪ $((\forall x)(P(x) \wedge Q(x)) \to (\forall x)P(x)) \wedge ((\forall x)(P(x) \wedge Q(x))$
$\to (\forall x)Q(x))$ $\qquad$ （⑦⑩R_3）

⑫ $(\forall x)(P(x) \wedge Q(x)) \to (\forall x)P(x) \wedge (\forall x)Q(x)$ $\qquad$ （⑧⑪R_3）

关于性质（4）的证明：

① $(\forall x)P(x) \to P(y)$ $\qquad$ （A_5）

② $(\forall x)(P(x) \to Q(x)) \to P(y) \to Q(y)$ $\qquad$ （A_5）

③ $((\forall x)(P(x) \to Q(x)) \to (P(y) \to Q(y))) \to (P(y) \to$
$(\forall x)(P(x) \to Q(x)) \to Q(y))$ $\qquad$ （QC的定理）

④ $P(y) \to ((\forall x)(P(x) \to Q(x)) \to Q(y))$ $\qquad$ （②③R_3）

⑤ $(\forall x)(P(x) \to ((\forall x)(P(x) \to Q(x)) \to Q(y))$ $\qquad$ （①④三段论）

⑥ $((\forall x)P(x) \to ((\forall x)(P(x)) \to Q(x)) \to Q(y))) \to$
$((\forall x)(P(x) \wedge (\forall x)(P(x) \to Q(x)) \to Q(y))$ $\qquad$ （QC 的定理）

⑦ $(\forall x)(P(x) \wedge ((\forall x)(P(x) \to Q(x)) \to Q(y))$ $\qquad$ （⑤⑥R_3）

⑧ $(\forall x)(P(x) \wedge ((\forall x)(P(x) \to Q(x)) \to (\forall x)Q(x)$ $\qquad$ （⑦R_2）

⑨ $((\forall x)(P(x) \wedge (\forall x)(P(x) \to Q(x)) \to (\forall x)Q(x)) \to$
$((\forall x)(P(x) \to Q(x)) \to ((\forall x)P(x) \to (\forall x)Q(x)))$ $\qquad$ （QC的定理）

⑩ $(\forall x)(P(x) \to Q(x)) \to ((\forall x)P(x) \to (\forall x)Q(x))$　　　　（⑧⑨R_3）

关于性质（5）的证明：

① $(\forall x)((P(x) \to Q(x)) \wedge (Q(x)) \to P(x))) \to$

　　$(\forall x)(P(x) \to Q(x)) \wedge (\forall x)(Q(x) \to P(x))$　　　（性质3）

即：$(\forall x)(P(x) \leftrightarrow Q(x)) \to (\forall x)P(x) \to Q(x)) \wedge (\forall x)(Q(x) \to P(x))$

② $(\forall x)(P(x) \to Q(x)) \wedge (\forall x)(Q(x) \to P(x)) \to (\forall x)(P(x) \to Q(x))$

　　　　　　　　　　　　　　　　　　　　　　　　　　（QC 的定理）

③ $(\forall x)(P(x) \to Q(x)) \to ((\forall x)P(x) \to (\forall x)Q(x))$　　（性质4）

④ $(\forall x)(P(x) \leftrightarrow Q(x)) \to ((\forall x)P(x) \to (\forall x)Q(x))$　　（①②③三段论）

同理可证：⑤ $(\forall x)(P(x) \leftrightarrow Q(x)) \to ((\forall x)Q(x) \to (\forall x)P(x))$

⑥ $((\forall x)(P(x) \leftrightarrow Q(x)) \to ((\forall x)P(x) \to (\forall x)Q(x))) \to$

　　$((\forall x)(P(x) \leftrightarrow Q(x)) \to ((\forall x)Q(x) \to (\forall x)P(x))) \to$

　　$((\forall x)(P(x) \leftrightarrow Q(x)) \to ((\forall x)P(x) \to (\forall x)Q(x)) \wedge$

　　$((\forall x)Q(x) \to (\forall x)P(x)))$　　　　　　　　　　　（QC的定理）

⑦ $(\forall x)(P(x) \leftrightarrow Q(x)) \to ((\forall x)P(x) \to (\forall x)Q(x)) \wedge ((\forall x)Q(x)$

　　$\to (\forall x)P(x))$　　　　　　　　　　　　　　　　　（④⑤⑥R_3）

⑧ $(\forall x)(P(x) \leftrightarrow Q(x)) \to ((\forall x)P(x) \leftrightarrow (\forall x)Q(x))$　　（⑦定义丙）

关于性质（6）的证明：

① $P(x) \to P(x) \vee Q(x)$　　　　　　　　　　　　　　　　（A_2）

② $(P(x) \to P(x) \vee Q(x)) \to (\alpha \vee \neg \alpha \to (P(x) \to P(x) \vee Q(x)))$

　　　　　　　　　　　　　　　　　　　　　　　　　　（QC 的定理）

③ $\alpha \vee \neg \alpha \to (P(x) \to P(x) \vee Q(x))$　　　　　　　　（①②R_3）

④ $\alpha \vee \neg \alpha \to (\forall x)(P(x) \to P(x) \vee Q(x))$　　　　　（③R_2）

⑤ $\alpha \vee \neg \alpha$　　　　　　　　　　　　　　　　　　　　（QC 的定理）

⑥ $(\forall x)(P(x) \to P(x) \vee Q(x))$　　　　　　　　　　　　（④⑤R_3）

⑦ $(\forall x)(P(x) \to P(x) \vee Q(x)) \to ((\forall x)P(x) \to (\forall x)(P(x) \vee Q(x)))$

　　　　　　　　　　　　　　　　　　　　　　　　　　（性质4）

⑧ $(\forall x)P(x) \to (\forall x)(P(x) \vee Q(x))$　　　　　　　　（⑥⑦R_3）

同理可得：⑨ $(\forall x)Q(x) \to (\forall x)(P(x) \vee Q(x))$

⑩ $((\forall x)P(x) \to (\forall x)(P(x) \vee Q(x))) \wedge ((\forall x)Q(x) \to (\forall x)(P(x)$

　　$\vee Q(x))) \to ((\forall x)P(x) \vee (\forall x)Q(x) \to (\forall x)(P(x) \vee Q(x)))$

　　　　　　　　　　　　　　　　　　　　　　　　　　（QC 的定理）

⑪ $((\forall x)P(x) \to (\forall x)(P(x) \lor Q(x))) \to (((\forall x)Q(x) \to (\forall x)$

$(P(x) \lor Q(x))) \to ((\forall x)P(x) \to (\forall x)(P(x) \lor Q(x))) \land$

$((\forall x)Q(x) \to (\forall x)(P(x) \lor Q(x))))$ （QC的定理）

⑫ $((\forall x)P(x) \to (\forall x)(P(x) \lor Q(x))) \to ((\forall x)Q(x) \to$

$(\forall x)(P(x) \lor Q(x)))$ （⑧⑨⑪R_3）

⑬ $(\forall x)P(x) \lor (\forall x)Q(x) \to (\forall x)(P(x) \lor Q(x))$ （⑩⑫R_3）

第三节 一阶谓词逻辑的自然推理系统

现在，我们在第十章第三节命题逻辑的自然推理系统 FPC 的基础上，建立一阶谓词逻辑的自然推理系统 FQC。可以证明：一阶谓词逻辑的自然推理系统 FQC 与一阶谓词逻辑的公理系统 QC 是等价的。即：一个公式若在 FQC 中是可证的当且仅当它在 QC 中也是可证的。

一阶谓词逻辑的自然推理系统 FQC 的规则分为三类：结构规则、联结词规则和量词规则。由于前两类规则从形式上讲与命题逻辑的自然推理系统 FPC 的推理规则相同，所以下面仅给出关于量词的规则。

关于量词的规则如下：

（1）$\forall^+$：从 $\alpha(y/x)$ 可以推理 $(\forall x)\alpha$。这里要求 y 既不在 $(\forall x)\alpha$ 中自由出现，也不在 $\alpha(y/x)$ 所依赖的假设中自由出现。y 被称为关键变项。

（2）$\forall^-$：从 $(\forall x)\alpha$ 可推出 $\alpha(t/x)$。

（3）$\exists^+$：从 $\alpha(t/x)$ 可推出 $(\exists x)\alpha$。

（4）$\exists^-$：从 $(\exists x)\alpha$ 和 $\alpha(y/x) \to \beta$ 可推出 β。这里 y 被称为关键变项。它既不在 $(\exists x)\alpha$ 和 β 中自由出现，也不在 $\alpha(y/x) \to \beta$ 所依赖的假设中自由出现。

这些规则的图示如下：

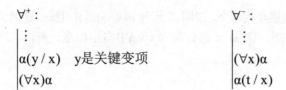

$\forall^+$:
$\vdots$
$\alpha(y/x)$ y是关键变项
$(\forall x)\alpha$

$\forall^-$:
$\vdots$
$(\forall x)\alpha$
$\alpha(t/x)$

∃⁺：　　　　　　　　　　　　　　　　　∃⁻：

$$\left|\begin{array}{l}\vdots\\ \alpha(t/x)\\ (\exists x)\alpha\end{array}\right.$$　　　　　　$$\left|\begin{array}{l}\vdots\\ \alpha(y/x)\to\beta\qquad y\text{是关键变项}\\ (\exists x)\alpha\\ \beta\end{array}\right.$$

　　FQC 的一个证明就是依上述三类规则构造起来的一系列公式。另外，第十章第三节中的其他概念，也可以毫不费力地拓广到 FQC 系统中。下面仅对四条量词规则及使用做一些说明。

　　∀⁺ 规则叫作全称引入规则，它的形式化为：若 ⊢ $\alpha(y/x)$，则 ⊢ $(\forall x)\alpha$ 这里 y 是关键变项。在使用这个规则时，一定要注意对关键变项所附加的限制条件。规则要求："y 也不在 $\alpha(y/x)$ 所依赖的假设中自由出现"是指，y 不在 $\alpha(y/x)$ 所属的子证明利用 Hyp 规则引入的公式中自由出现，也不在该子证明所从属的子证明，所从属的子证明的子证明等中，利用 Hyp 规则引入的公式中自由出现。但是，当 x 在 α 中有自由出现而 $\alpha(y/x)$ 本身又是由 Hyp 规则引入时，就不能直接引用 ∀⁺ 规则而得到$(\forall x)\alpha$。

　　例①

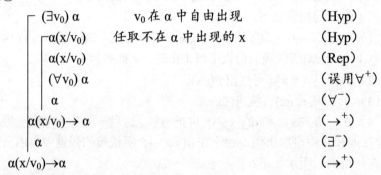

　　在这个证明中，错误地使用了 ∀⁺ 规则。因为 $\alpha(x/v_0)$ 是由 Hyp 规则引入的，并且由 v_0 在 α 中自由出现可知 x 也必在 $\alpha(x/v_0)$ 中自由出现。所以，这个证明是错误的。

例②

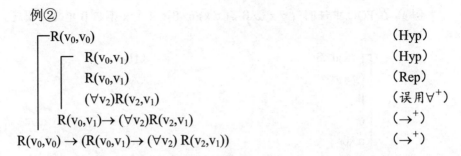

┌─R(v_0,v_0)	（Hyp）
┌─ R(v_0,v_1)	（Hyp）
R(v_0,v_1)	（Rep）
(∀v_2)R(v_2,v_1)	（误用∀⁺）
R(v_0,v_1)→ (∀v_2)R(v_2,v_1)	（→⁺）
R(v_0,v_0) → (R(v_0,v_1)→ (∀v_2) R(v_2,v_1))	（→⁺）

在这个"证明"中，也错误地使用了 $\forall^+$ 规则，因为关键变项 v_0 在由 Hyp 引入的公式 $R(v_0,v_0)$ 和 $R(v_0,v_1)$ 中自由出现。所以，这个证明是错误的。

$\forall^-$ 规则叫作全称消去规则，记作：若 ⊢ $(\forall x)\, \alpha$，则 ⊢$\alpha(t/x)$。

$\exists^+$ 规则叫作存在引入规则，记作：若 ⊢ $\alpha(t/x)$，则 ⊢ $(\exists x)\, \alpha$。

$\exists^-$ 规则叫作存在消去规则，记作：若 ⊢ $\alpha(y/x)\to\beta$ 并且 ⊢ $(\exists x)\alpha$，则 ⊢β。这里 y 是关键变项。这条规则的使用方法类似于$\forall^+$规则。

例③

┌ (∀v_0) (R(v_0,v_1)→R(v_0,v_2))	（Hyp）
┌ (∃v_0)R(v_0,v_1)	（Hyp）
┌ R(v_3, v_1)	（Hyp）
(∀v_0) (R(v_0,v_1)→R(v_0,v_2))	（Reit）
R(v_3,v_1)→R(v_3,v_2)	（∀⁻）
R(v_3,v_2)	（→⁻）
R(v_3,v_1)→R(v_3,v_2)	（→⁺）
R(v_3,v_2)	（误用∃⁻）
(∀v_0)R(v_0,v_2)	（∀⁺）
(∃v_0)R(v_0,v_1)→(∀v_0)R(v_0,v_2)	（→⁺）
(∀v_0) (R(v_0,v_1)→R(v_0,v_2))→((∃v_0)R(v_0,v_1)→(∀v_0)R(v_0,v_2))	（→⁺）

在这个"证明"中，错误地使用了 $\exists^-$ 规则，因为关键变项 v_3 在 $R(v_3,v_2)$ 中自由出现。

例④ 在 FQC 中证明：$(\forall x)\alpha\wedge\beta\rightarrow(\forall x)(\alpha\wedge\beta)$，其中 x 不在 β 中自由出现。

证明：

$\quad$ $(\forall x)\alpha\wedge\beta$ $\qquad\qquad\qquad\qquad\qquad$ （Hyp）

$\quad$ $(\forall x)\alpha$ $\qquad\qquad\qquad\qquad\qquad\qquad$ （$\wedge^{-}$）

$\quad$ β $\qquad\qquad\qquad\qquad\qquad\qquad\qquad$ （$\wedge^{-}$）

$\quad$ α $\qquad\qquad\qquad\qquad\qquad\qquad\qquad$ （$\forall^{-}$）

$\quad$ $\alpha\wedge\beta$ $\qquad\qquad\qquad\qquad\qquad\qquad$ （$\wedge^{+}$）

$\quad$ $(\forall x)(\alpha\wedge\beta)$ $\qquad$ x 是关键变项 $\qquad$ （$\forall^{+}$）

$(\forall x)\alpha\wedge\beta\rightarrow(\forall x)(\alpha\wedge\beta)$ $\qquad\qquad\qquad$ （$\rightarrow^{+}$）

小结

本章也分三节介绍一阶逻辑中的一些基本概念和方法。第一节主要是对命题语言 L_0 进行扩充。在 L_0 的基础上增加了个体词、谓词（关系词）和量词，从而形成了一阶语言 L。然后扩充了 L_0 的形成规则，规定了哪些符号序列是 L 公式，即一阶谓词公式。最后，对一阶谓词公式，讨论了它的标准形式——前束范式。第二节，在命题演算系统 PC 的基础上，建立了一阶谓词演算的公理系统 QC。第三节，在命题逻辑的自然推理系统 FPC 的基础上，建立了一阶谓词逻辑的自然推理系统 FQC。

复习思考题

1. 试举例说明什么是谓词？什么是个体词？
2. 什么是个体域？
3. 什么是量词？
4. 一个一阶语言有哪些符号组成？
5. 哪些符号序列是一阶公式？

练习题

一、将下列命题符号化。
1. 所有的商品都是有价值的。
2. 有的官员是清廉的。
3. 所有的迷信都不是科学。
4. 有的新闻报道不是真实的。
5. 任何传染病都由某种细菌或病毒诱发。

6. 任一自然数，都有一个比它大的素数。

7. 有的自然数是素数。

8. 人人都要遵纪守法。

9. 所有对手都打败了张三。

10. 张三打败了所有的对手。

二、判定以下符号序列是不是一阶谓词逻辑的公式。

1. $(\forall x)(P(x) \wedge Q(x))$

2. $(\exists x)R(x,y) \vee P$

3. $P(x) \rightarrow Q(x,y)$

4. $(\forall x)(\forall x)(P(x) \vee Q(x))$

5. $(\forall x)\neg(P(x) \wedge (\exists y)(Q(z) \wedge R(x,z)))$

6. $(\exists x)(P(x) \wedge \neg(\exists y)(Q(y) \wedge R(x,y)))$

7. $P(c) \vee (\forall x)P(x) \wedge Q(\omega)$

8. $(\exists x)(\exists y)(A(x) \wedge B(y))$

三、指出下列公式中量词的辖域（既量词的约束范围），指明哪些个体变项是约束出现，哪些是自由出现。

1. $(\forall x)(P(x) \rightarrow (\exists y)(R(x,y) \wedge Q(y)))$

2. $(\forall x)(R(x,y) \wedge Q(y)) \vee (\forall x)P(x)$

3. $(\forall x)(\exists y)R(x,y) \rightarrow (\exists y)R(z,y)$

4. $(\forall x)(\exists y)R(x,y) \wedge (\exists y)R(z,y,x)$

5. $R(x,y) \rightarrow R(y,x) \wedge (\forall y)Q(y)$

6. $(\exists x)(P(x) \rightarrow Q(x)) \rightarrow (P(y) \rightarrow Q(y))$

7. $(\exists x)(\forall y)R(y,x,z) \rightarrow (\exists z)R(y,x,z)$

8. $(\forall x)P(x) \vee (\exists x)R(x,y) \rightarrow P(y) \vee (\forall x)P(x,y)$

四、求上题中各公式 α 的 sub 和 free。

五、试用 ∀ 和 ¬ 定义 ∃，试用 ∃ 和 ¬ 定义 ∀。

六、求下列公式的前束范式。

1. $(\forall z)(\neg\neg(\forall y)P(y,z) \rightarrow \neg\neg(\exists x)Q(x,y,z))$

2. $(\forall y)(P(y) \rightarrow \neg((\forall x)Q(x,y) \rightarrow (\forall z)\neg P(z)))$

3. $P(x) \vee \neg(\forall y)P(y)$

4. $(\exists x)P(x,y,z) \leftrightarrow (\forall y)Q(x,y,z)$

第十二章 模态逻辑

模态逻辑是逻辑学的重要研究内容。按照其理论的不同形态，模态逻辑可分为传统模态逻辑和现代模态逻辑。传统模态逻辑对模态判断、模态判断之间的推演关系等问题做出过研究，并得出了一些正确的结论，如不同模态命题之间的对当关系、模态三段论等。尽管传统模态逻辑取得了某些成就，但从整体上看，它的内容是零散的，不系统的。现代模态逻辑采用形式化和公理化的方法对模态命题的有效推演以及与之相关的一系列问题做了系统的研究。本章所介绍的模态逻辑是现代模态逻辑。

第一节 模态逻辑概述

自然语言中表达势态的语词"必然"和"可能"在逻辑学中被称为模态词。除了"必然"和"可能"之外，自然语言中还有其他的模态词，如"应当""允许""知道""相信""始终""有时"等。不同的模态词表达了不同的情态、势态，这些情态和势态在逻辑学中被通称为模态。"必然"和"可能"所表达的模态叫作逻辑模态，"应当""允许"所表达的模态叫作义务模态，"知道""相信"所表达的模态叫作认识模态，"曾经""过去一直……""将会""将一直会……"等所表达的模态叫作时态。义务模态、认识模态和时态通常也被称为广义模态。与广义模态相比，逻辑模态是人们研究最久，最多，理论也相对地最为成熟的一种模态。

包含有模态词的命题是模态命题。模态逻辑是研究如何用模态命题进行推理和论证的逻辑理论。虽然研究各种模态命题及其推理的逻辑理论都是模态逻辑，然而，出于习惯，也为了便于区分，人们通常称研究逻辑模态的逻辑理论为模态逻辑，称研究广义模态的逻辑理论为广义模态逻辑。

模态逻辑与古典逻辑（指包括命题逻辑和一阶谓词逻辑的数理逻辑）有

很大的区别。在古典逻辑中，一个命题形式的真值由其中所包含的原子命题的真值唯一地确定。为此，古典逻辑中的命题形式也被称为真值函数或真值函项。然而在模态逻辑中却并非如此。一般地说，包含有模态词的命题形式，其真值不一定能由其中所包含的原子命题的真值确定。例如，□p 真值不能由 p 的真值确定。因为，如果将 p 解释为一个关于偶然事件的命题，则□p 是假的，如果将 p 解释为一个关于逻辑规律的命题，则□p 是真。如果不考虑 p 的内容，而仅仅考虑 p 的真值的话，我们无法由 p 的真值确定□p 的真值。因此，模态命题不是简单地由其中所包含的原子命题的真值所确定的。在语义学方面，模态逻辑较古典逻辑也更为复杂。

模态逻辑是广义模态逻辑的基础。广义模态逻辑在越来越多的领域显示出了巨大作用，然而在缺乏必要的基础的情况下学习广义模态逻辑是十分困难的。模态逻辑，较之广义模态逻辑，更加成熟，并且广义模态逻辑是对模态逻辑的变化和扩展。所以，学习模态逻辑可以为进一步学习广义模态逻辑提供必备的理论基础。现代模态逻辑理论以逻辑演算为工具研究模态命题的推演，迄今，已有了非常丰富的理论。学习模态逻辑对于了解现代逻辑大有裨益。

模态逻辑分为模态命题逻辑和模态谓词逻辑。限于篇幅和本书的性质，本章仅就作为模态逻辑基础的模态命题逻辑做些简单介绍。

第二节　模态命题逻辑系统

一、模态命题逻辑语言 $\mathscr{L}_{PM}$

$\mathscr{L}_{PM}$ 是对命题逻辑语言扩充，命题逻辑语言中的符号和公式也是 $\mathscr{L}_{PM}$ 的符号和公式，所不同的是，$\mathscr{L}_{PM}$ 中加进了表示模态的符号，其公式也因此发生了变化。

（一）$\mathscr{L}_{PM}$ 的符号

$\mathscr{L}_{PM}$ 中的符号并不都是独立的，即一些符号可以用另一些符号表示出来，如"∨"可以用"¬"和"→"来表示，"◇"可以用"¬"和"□"来表示。为了简洁，人们用尽可能少的符号来描述形式系统，这些符号称为"初始符号"；而为了方便，人们需要由初始符号定义出一些符号，这些定义出的符号称为"定义符号"。

1. 初始符号

初始符号分为四类：

（1）p, q, r, p_1, q_1, r_1 …

（2）$\neg, \vee$

（3）$\Box$

（4）$($ ，$)$

（1）、（2）、（4）类符号的意义与命题逻辑相同。（3）中的"$\Box$"在模态逻辑中称为模态算子，表示"必然"。

2. 定义符号

$\mathscr{L}_{PM}$ 中还有一些通过定义引入的符号：$\wedge, \rightarrow, \leftrightarrow, \Diamond$。这些符号的具体定义如下：

Def($\wedge$): $(\alpha\wedge\beta) =_{df} \neg(\neg\alpha\vee\neg\beta)$

Def($\rightarrow$): $(\alpha\rightarrow\beta) =_{df} (\neg\alpha\vee\beta)$

Def($\leftrightarrow$): $\alpha\leftrightarrow\beta =_{df} (\alpha\rightarrow\beta)\wedge(\beta\rightarrow\alpha)$

Def($\Diamond$): $\Diamond\alpha =_{df} \neg\Box\neg\alpha$

说明：$\Diamond$ 是模态算子，表示"可能"。$\Diamond$ 和 $\Box$ 可以相互定义。如果选用 $\Diamond$ 作初始符号，$\Box$ 可定义为 $\neg\Diamond\neg\alpha$。

（二）$\mathscr{L}_{PM}$ 公式

$\mathscr{L}_{PM}$ 的公式亦称合式公式，由形成规则来定义。

$\mathscr{L}_{PM}$ 公式形成规则：

（1）任意命题变元是公式；

（2）若 α, β 是公式，则 $\neg\alpha$ 和（$\alpha\vee\beta$）也是公式；

（3）若 α 是公式，则 $\Box\alpha$ 也是公式；

（4）α 是 $\mathscr{L}_{PM}$ 公式，当且仅当 α 是有限次使用 $\mathscr{L}_{PM}$ 公式形成规则得到的符号串。

根据形成规则，可以判断任一长度有限的符号串是否 $\mathscr{L}_{PM}$ 的合式公式。

为了读写的方便，在不引起歧义的情况下，$\mathscr{L}_{PM}$ 公式中的一些括号可以省略。括号的省略方法与命题逻辑中的方法相同。

二、系统 K

（一）公理

Ax.1: $\alpha\vee\alpha\rightarrow\alpha$

Ax.2: $\alpha \rightarrow \alpha \vee \beta$

Ax.3: $\alpha \vee \beta \rightarrow \beta \vee \alpha$

Ax.4: $(\beta \rightarrow \alpha) \rightarrow (\alpha \vee \beta \rightarrow \alpha \vee \gamma)$

Ax.5: $\square(\alpha \rightarrow \beta) \rightarrow (\square\alpha \rightarrow \square\beta)$

公理 Ax.1、Ax.2、Ax.3、Ax.4、Ax.5 中的 α、β、γ 代表的是 $\mathscr{L}_{PM}$ 中的任一公式，所以，每一条公理并不表示一个公式，而表示一类公式。以这种形式给出的公理亦称为公理模式（或图式）。下面我们也用这种模式的形式表示模态系统中的定理。

（二）初始规则

MP（分离规则）：由 α 和 $\alpha \rightarrow \beta$ 可推演出 β

N（必然化规则）：由 α 可推演出 $\square\alpha$

Ax.1、Ax.2、Ax.3、Ax.4 是古典命题逻辑系统 PC 的公理，MP 是系统 PC 的初始规则。系统 K 是在系统 PC 的基础上加上 Ax.5 和规则 N 构成的。所以系统 K 是对系统 PC 的扩张。

（二）系统 K 中的定理

在模态逻辑中，推演和证明的概念与古典逻辑中的相同，故在此不特作说明。下面证明系统 K 中的若干定理。

$Th_K 1$：$\square(\alpha \rightarrow \alpha)$

证明：

（1）$(\alpha \rightarrow \alpha)$ Th_{PC}

（2）$\square(\alpha \rightarrow \alpha)$ （1）N

这段证明中的 Th_{PC} 表示公式（1）是命题演算系统 PC 中的定理。由于系统 K 是对系统 PC 的扩张，系统 PC 中的定理也是系统 K 的定理，所以在证明过程中可以直接引用。另外，系统 PC 的导出规则也是系统 K 的导出规则。但应注意，在系统 K 中应用系统 PC 的导出规则时，导出规则的作用对象与在 PC 中作用对象不同，是 $\mathscr{L}_{PM}$ 公式，而不是 $\mathscr{L}_0$ 公式。尽管如此，在证明系统 K 的定理时也可以直接使用系统 PC 的导出规则。证明中的（1）N 表示，对公式（1）应用了必然化规则 N。

$Th_K 2$：$(\square\alpha \wedge \square\beta) \rightarrow \square(\alpha \wedge \beta)$

证明：

（1）$(\alpha \rightarrow (\beta \rightarrow \alpha \wedge \beta))$ Th_{PC}

（2）$\square(\alpha \rightarrow (\beta \rightarrow \alpha \wedge \beta))$ N

（3）$\square(\alpha \rightarrow (\beta \rightarrow \alpha \wedge \beta)) \rightarrow (\square\alpha \rightarrow \square(\beta \rightarrow \alpha \wedge \beta))$ Ax.5

（4）$\square\alpha\to\square(\beta\to\alpha\wedge\beta)$	（2）（3）MP
（5）$\square(\beta\to\alpha\wedge\beta)\to(\square\beta\to\square\alpha\wedge\beta)$	Ax.5
（6）$\square\alpha\to(\square\beta\to\square\alpha\wedge\beta)$	（4）（5）三段论
（7）$(\square\alpha\wedge\square\beta)\to\square(\alpha\wedge\beta)$	（6）条件合取

证明中的"三段论"和"条件合取"表示的是系统 PC 的导出规则。后面的证明的表示方法与此类似，不另作说明。

Th_K3：$(\square\alpha\vee\square\beta)\to\square(\alpha\vee\beta)$

证明

（1）$\alpha\to(\alpha\vee\beta)$	Th_{PC}
（2）$\beta\to(\alpha\vee\beta)$	Th_{PC}
（3）$\square(\alpha\to(\alpha\vee\beta))$	（1）N
（4）$\square(\beta\to(\alpha\vee\beta))$	（2）N
（5）$\square(\alpha\to(\alpha\vee\beta))\to(\square\alpha\to\square(\alpha\vee\beta))$	Ax.5
（6）$\square\alpha\to\square(\alpha\vee\beta)$	（3）（5）MP
（7）$\square(\beta\to(\alpha\vee\beta))\to(\square\beta\to\square(\alpha\vee\beta))$	Ax.5
（8）$\square\beta\to\square(\alpha\vee\beta)$	（4）（7）MP
（9）$(\square\alpha\to\square(\alpha\vee\beta))\to((\square\beta)\to\square(\alpha\vee\beta)\to$	Th_{PC}
$\quad\quad((\square\alpha\vee\square\beta)\to\square(\alpha\vee\beta)))$	
（10）$(\square\beta\to\square(\alpha\vee\beta))\to((\square\alpha\vee\square\beta)\to\square(\alpha\vee\beta))$	（6）（9）MP
（11）$(\square\alpha\vee\square\beta)\to\square(\alpha\vee\beta)$	（8）（10）MP

（四）系统 K 的导出规则

与初始规则一样，导出规则也是变形规则。所不同的是，导出规则必须经过证明之后才能使用。仅仅使用初始规则，往往使推演和证明过于复杂、冗长。为了简化推演或证明的过程，可以使用导出规则。系统 K 的导出规则有很多。这里我们只介绍几个较为常用的：RK、RE$\square$和RK$\diamondsuit$。

RK：由 $\alpha\to\beta$ 推出 $\square\alpha\to\square\beta$

证明：

（1）$\alpha\to\beta$	假设
（2）$\square(\alpha\to\beta)$	（1）N
（3）$\square(\alpha\to\beta)\to(\square\alpha\to\square\beta)$	Ax.4
（4）$\square\alpha\to\square\beta$	（2）（3）MP

RE$\square$：由 $\alpha\leftrightarrow\beta$ 推出 $\square\alpha\leftrightarrow\square\beta$

证明：

（1）α↔β	假设
（2）(α→β)∧(β→α)	（1）Def(↔)
（3）α→β	（2）合取分解
（4）β→α	（2）合取分解
（5）□(α→β)	（3）N
（6）□(β→α)	（4）N
（7）□α→□β	（5）RK
（8）□β→□α	（6）RK
（9）□α↔□β	（5）（6）等值构成

RK◇：由 α→β 可推出◇α→◇β

证明：

（1）α→β	假设
（2）□(α→β)	N
（3）□(¬β→¬α)→(□¬β→□¬α)	Ax.5
（4）□(u→β)→(¬□¬α→¬□¬β)	等值置换
（5）¬□¬α→¬□¬β	（2）（4）MP
（6）◇α→◇β	Def(◇)

下面举几个利用导出规则证明定理的例子。

Th$_K$4：□α↔¬◇¬α

证明：

（1）α↔¬¬α	Th$_{PC}$
（2）□α↔□¬¬α	（1）RE□
（3）□α↔¬¬□¬¬α	（2）等值置换
（4）□α↔¬◇¬α	（3）Def（◇）

Th$_K$5：□(α∧β)→(□α∧□β)

证明：

（1）(α∧β)→α	Th$_{PC}$
（2）(α∧β)→β	Th$_{PC}$
（3）□(α∧β)→□α	（1）RK
（4）□(α∧β)→□β	（2）RK
（5）(α→β)→((α→γ)→(α→β∧γ))	Th$_{PC}$
（6）(□(α∧β)→□α)→((□(α∧β)→□β))→ (□(α∧β)→(□α∧□β))	（5）代入

（7）($\square$($\alpha\wedge\beta$)→$\square\beta$)→($\square$($\alpha\wedge\beta$)→($\square\alpha\wedge\square\beta$))　　（3）（6）MP

（8）$\square$($\alpha\wedge\beta$)→($\square\alpha\wedge\square\beta$)　　　　　　　　　（4）（7）MP

证明中的公式（6）通过对公式（5）中的 α、β 和 γ 进行代入得出，分别用 $\square$($\alpha\wedge\beta$) 代入 α，用 $\square\alpha$ 代入 β，用 $\square\beta$ 代入 γ。由于系统 PC 的定理也是系统 K 的定理，所以 α、β 和 γ 可以代表 $\mathscr{L}_{PM}$ 的任意公式，故此在证明时可以做这样的代入。

由 Th$_K$2 和 Th$_K$5 可以得出下面的定理：

Th$_K$6：($\square\alpha\wedge\square\beta$)↔$\square$($\alpha\wedge\beta$)

三、对系统 K 的若干扩张

在一个形式系统 S 中加进新的公理 α，可以推出 S 中无法证明的定理，从而形成一个新的系统 S′。S′ 是 S 的<u>真扩张</u>，而 S 是 S′ 的<u>真子系统</u>。这时称 α 是 S′ 的<u>特征公理</u>。如系统 K 是系统 PC 的扩张，公式 Ax.5 是 K 的特征公理。下面介绍几个系统 K 的扩张。

（一）系统 D 和 T

1. 系统 D

在系统 K 上公理 Ax.6，就形成了系统 D。

Ax.6：$\square\alpha$→$\diamondsuit\alpha$

下面介绍几个 D 的定理和导出规则。

Th$_D$1：$\diamondsuit$(α→α)

证明：

（1）$\square$(α→α)→$\diamondsuit$(α→α)　　　　　Ax.6

（2）$\square$(α→α)　　　　　　　　　　　　Th$_K$1

（3）$\diamondsuit$(α→α)　　　　　　　　　　　　（1）（2）MP

证明中的（2）是 K 的定理。由于 K 是 D 的子系统，K 的定理也都是 D 的定理，所以在正 D 定理时可以直接使用 K 定理。

Th$_D$2：($\square\alpha\wedge\square\beta$)→$\diamondsuit$($\alpha\wedge\beta$)

证明：

（1）($\square\alpha\wedge\square\beta$)→$\square$($\alpha\wedge\beta$)　　　　　Th$_K$2

（2）$\square$($\alpha\wedge\beta$)→$\diamondsuit$($\alpha\wedge\beta$)　　　　　Ax.6

（3）($\square\alpha\wedge\square\beta$)→$\diamondsuit$($\alpha\wedge\beta$)　　　　　（1）（2）三段论

由于加进了 Ax.6，系统 D 有了新的导出规则。这里只介绍 D 的导出规则 RP。

RP：由 α 可推出 ◇α。

证明：

（1）α   假设

（2）□α   （1）N

（3）□α→◇α   Ax.6

（4）◇α   （2）（3）MP

说明：模态系统的导出规则是因系统而异的，即某一模态系统 S 的导出规则不一定是另一模态系统 S′ 的导出规则。如果模态系统是由命题演算系统扩张得出的①，则其导出规则可分为两类，一类是命题演算系统的导出规则，另一类是与模态词有关的导出规则。与模态词有关的导出规则与该系统中带模态词的公理有关。因为不同的模态系统具有不同的特征公理，所以，一个模态系统的导出规则不一定能用于另一模态系统。

2. 系统 T

在系统 K 上增加特征公理 Ax.7，就形成了系统 T。

Ax.7：□α→α

以下介绍系统 T 的若干定理。

Th_T1：α→◇α

证明：

（1）□β→β   Ax.7

（2）¬β→¬□β   （1）假言易位

（3）¬¬α→¬□¬α   （2）以 ¬α 代入 β

（4）α→◇α   （3）等值置换，定义置换

Th_T2：◇(α∧β)→(◇α∧◇β)

证明：

（1）(¬α∨¬β)→¬(α∧β) Th_{PC}

（2）□(¬α∨¬β)→□¬(α∧β)   （1）RK

（3）(□¬α∨□¬β)→□(¬α∨¬β) Th_K3

（4）(□¬α∨□¬β)→□¬(α∧β)   （2）（3）三段论

（5）¬□¬(α∧β)→¬(□¬α∨□¬β)   （4）假言易位

（6）¬□¬(α∧β)→(¬□¬α∧¬□¬β)   （5）德·摩根律

（7）◇(α∧β)→(◇α∧◇β)   （6）Def(◇)

---

① 并非所有的模态系统都是命题演算系统的扩张。

Th$_T$3：$\square\alpha\rightarrow\diamond\alpha$

证明：

（1）$\square\alpha\rightarrow\alpha$　　　　　　　　　Ax.7

（2）$\alpha\rightarrow\diamond\alpha$　　　　　　　　　Th$_T$1

（3）$\square\alpha\rightarrow\diamond\alpha$　　　　　　　（1）（2）三段论

定理 Th$_T$3 恰好是 Ax.6，因而的 D 的定理也都是 T 的定理。这表明系统 D 是系统 T 的子系统，系统 D 是系统 T 的扩张。

（二）系统 S$_4$ 和 S$_5$

模态系统 S$_4$ 和 S$_5$ 都是对 T 的扩张。它们的特征公理分别是：

Ax.8：$\square\alpha\rightarrow\square\square\alpha$

Ax.9：$\diamond\alpha\rightarrow\square\diamond\alpha$

S$_4$ 是在系统 T 的基础上加进公式 Ax.8 得到的。下面证明几个 S$_4$ 定理。

Th$_{S4}$1：$\square\alpha\leftrightarrow\square\square\alpha$

证明：

（1）$\square\square\alpha\rightarrow\square\alpha$　　　　　　Ax.7

（2）$\square\alpha\rightarrow\square\square\alpha$　　　　　　Ax.8

（3）$\square\alpha\leftrightarrow\square\square\alpha$　　　　　　（1）（2）等值构成

Th$_{S4}$2：$\diamond\diamond\alpha\rightarrow\diamond\alpha$

证明：

（1）$\square\neg\alpha\rightarrow\square\square\neg\alpha$　　　　　　Ax.8

（2）$\neg\square\square\neg\alpha\rightarrow\neg\square\neg\alpha$　　　　　（1）假言易位

（3）$\neg\square\neg\square\neg\alpha\rightarrow\neg\square\neg\alpha$　　　（2）等值置换

（4）$\diamond\diamond\alpha\rightarrow\diamond\alpha$　　　　　　（3）Def($\diamond$)

Th$_{S4}$3：$\diamond\diamond\alpha\leftrightarrow\diamond\alpha$

证明：

（1）$\alpha\rightarrow\diamond\alpha$　　　　　　　　　Th$_T$1

（2）$\diamond\alpha\rightarrow\diamond\diamond\alpha$　　　　　　（1）RK$\diamond$

（3）$\diamond\diamond\alpha\rightarrow\diamond\alpha$　　　　　　Th$_{S4}$2

（4）$\diamond\diamond\alpha\leftrightarrow\diamond\alpha$　　　　　　（2）（3）等值构成

Th$_{S4}$4：$\diamond\square\diamond\alpha\rightarrow\diamond\alpha$

证明：

（1）$\square\diamond\alpha\rightarrow\diamond\alpha$　　　　　　Ax.7

（2）$\diamond\square\diamond\alpha\rightarrow\diamond\diamond\alpha$　　　　（1）RK$\diamond$

（3）◇□◇α→◇α   （2）等值置换

因为 S_4 中有了 $Th_{S_4}3$，所以可以用◇α 置换（2）中的◇◇α。在 $Th_{S_4}3$ 不可证的系统中，不能做这样的置换。

S_5 是在系统 T 的基础上加进公式 Ax.9 得到的。下面证明几个 S_5 定理。

$Th_{S_5}1$：◇α↔□◇α

证明：

（1）□◇α→◇α   Ax.6

（2）◇α→□◇α   Ax.9

（3）◇α↔□◇α   （1）（2）等值构成

$Th_{S_5}2$：◇□α→□α

证明：

（1）◇¬α→□◇¬α   Ax.9

（2）¬□◇¬α→¬◇¬α   （1）假言易位

（3）¬□¬¬◇¬α→¬◇¬α   （2）等值置换

（4）◇□α→□α   （3）Def(◇)、等值置换

$Th_{S_5}3$：◇□α↔□α

证明：

（1）□α→◇□α Th_T1

（2）◇□α→□α $Th_{S_5}2$

（3）◇□α↔□α   （1）（2）等值构成

$Th_{S_5}4$：□α→□□α

证明：

（1）◇□α→□◇□α   Ax.9

（2）□α→◇□α Th_T1

（3）□α→□◇□α   （1）（2）三段论

（4）□α→□□α   （3）等值置换（利用 $Th_{S_5}3$）

以上简要介绍了模态系统 K、D、T、S_4 和 S_5 的语法。从语法的角度讲，形式系统可以有一种性质，叫作一致性，亦称协调性。一个系统 S 是一致的，当且仅当，不存在公式 α，α 和¬α 都在 S 中可证。本节中介绍的系统 K, D, T, S_4, S_5 都是一致的。一致性要求形式系统不能推出逻辑矛盾。具有一致性，是对作为逻辑系统的形式系统最基本的要求之一。

本节介绍的系统都是正规系统。所谓正规系统是指命题演算系统 PC 的一种扩张，它包含有公式 Ax.5 和变形规则 N。系统 K 是最小的正规系统。

正规系统是各种模态系统中最为重要的一类系统。但除了正规系统之外，还有其他的模态系统。本书对其他模态逻辑系统不作介绍。

第三节　模态系统的语义

$\mathscr{L}_{PM}$ 使得我们可以用形式化的方法刻画模态命题，模态系统使我们可以进行模态命题之间的推演。然而，利用模态系统所做的推演只是形式的推演，这样的推演是不是有效的，仅从模态系统本身（即仅仅凭借系统的公理和变形规则），我们无法对此做出断定。具有有效性是人们对于逻辑系统的基本要求。如果不对 $\mathscr{L}_{PM}$-公式做出语义解释，我们将无法考察依据模态系统所做的推演是否有效。在这一节里，我们对模态逻辑的语义学作一简要介绍。

逻辑语义学首先对语言符号做出解释，然后根据这种解释考察命题形式的真值和命题之间的真假关系。有效性概念是逻辑语义学的核心概念，我们根据有效性的概念确定什么样的公式是有效公式，什么样的推理是有效推理。

关于模态系统有不同的语义理论，如代数语义学和可能世界语义学。与代数语义学相比，可能世界语义学也更加直观一点，而且它被广泛地应用于广义模态逻辑中，所以这里我们只介绍可能世界语义学。

一、可能世界与可达关系

1. 可能世界

可能世界语义学不是孤立地考虑一个模态命题的真假，它将模态命题与可能世界联系起来，考察某个模态命题在某个可能世界中的真假值。例如，我们不说命题□α 是真的，或假的，而说□α 在可能世界 w 中是真的，或假的。为此，"可能世界"是可能世界语义学的基本概念之一。

究竟什么是可能世界？这是个复杂的问题，也是逻辑哲学中激烈争论的问题。这里只对可能世界的概念作一简单介绍。直观地说，可能世界是外部世界各种可能情况的总和。可能世界中的某一情况与现实世界中的情况可以不同。例如：现任的美国总统是拜登，而在某一可能世界中，现任美国总统可以是其他人。可能世界有很多，现实世界只是众多可能世界中的一个。

可能世界语义学这样考虑模态命题的真假：一个必然命题□α 在某一可能世界中是真的，当 α 在所有的可能世界中都是真的；一个可能命题◇α 在某一可能世界中是真的，当至少存在一个可能世界使得 α 在其中都是真的。

人们通常用 w, w_1, w_2, w_3……表示不同的可能世界,用 W, W′, W_1……表示可能世界的集合。

2. 可达关系

可达关系,亦称可及关系或可通达关系,是指可能世界之间的某种关系。可能世界语义学根据 α 在各个可能世界中的真值确定 □α 在某一可能世界 w 中的真值。既然把 □α 与 w 联系起来,那么这里所说的"各个可能世界"就不是指任意的可能世界,而是指那些与 w 具有某种关系的可能世界。因为,在那些与 w 没有任何关系的可能世界中,无论 α 的真值如何,都对 □α 在 w 中的真值没有任何影响。例如,那些没有生命存在的可能世界对"生命必然从低级向高级进化"这一命题在某个有生命存在的可能世界中的真值没有影响。如果由可能世界 w 到可能世界 w′ 有某种关系 R 则称由可能世界 w 到可能世界 w′ 有可达关系 R,记作 Rww′,称 w′ 为 w 的可能世界。注意:可达关系是有方向性的。因为,虽然由可能世界 w 到可能世界 w′ 有可达关系 R,但从 w′ 到 w 却不一定有关系 R。

可达关系可以是可转化关系、可想象关系等。可能世界语义学抽象掉可达关系的具体内容来考察可达关系的性质,如可达关系的自返性、对称性、传递性等。可达关系的这些性质对模态命题在可能世界中的真值是有影响的。为此,考察具有不同性质的可达关系对模态命题的真值及有效性的影响是可能世界语义学的重要内容。

在加进了可达关系的概念之后,可以这样描述模态命题在可能世界 w 中的真值:□α 在 w 中是真的,当 α 在所有与 w 有可达关系的可能世界中都是真的;◇α 在 w 中是真的,当至少存在一个与 w 有可达关系的可能世界 w′,使得 α 在 w′ 中是真的。

二、模态公式的语义分析

为了说明可能世界语义学的基本思想,下面对一些模态命题形式做出语义分析。以下用 V(α,w)＝1 表示,命题 α 在可能世界 w 中是真的;用 V(α,w)＝0 表示,命题 α 在可能世界 w 中是假的。

1. □p

解释:V(□p,w)＝1,当且仅当,对于任一 w′,若 Rww′,则 V(p,w′)＝1。

　　　V(□p,w)＝0,当且仅当,存在一个 w′,Rww′ 且 V(p,w′)＝0。

为了形象直观,可以用图示的方法来表示 V(□p,w)＝1 的情形。

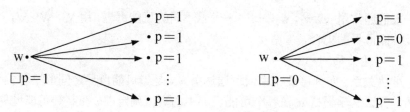

图中的点表示可能世界，箭头表示可能世界间的可达关系，α＝1，α＝0分别表示 α 在该可能世界为真，为假。

2. ◇p

解释：V(◇p,w)＝1，当且仅当，存在一个 w′，Rww′且 V(p,w′)＝1。V(◇p,w)＝0，当且仅当，对于任一 w′，若 Rww′，则 V(p,w′)＝0。

对◇p 的语义解释可用下图表示。

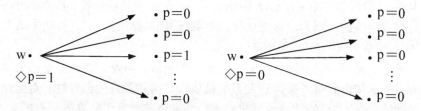

以上四个图可以分别做如下的简化。

w	∀	w′
•————————————————→•		
□p＝1		p＝1

w	∃	w′
•————————————————→•		
□p＝0		p＝0

w	∃	w′
•————————————————→•		
◇p＝1		p＝1

w	∀	w′
•————————————————→•		
◇p＝0		p＝0

图中的"∀"表示"w 的所有可能世界"，"∃"表示"存在 w 的可能世界"。

3. □□p

解释：V(□□p,w)＝1，当且仅当，对任一 w′，w″，若 Rww′，Rw′w″，则 V(p,w″)＝1

w	∀	w′	∀	w″
•————————————→•			•————————————→•	
□□p＝1		□p＝1		p＝1

4. $\square\lozenge p$

解释：$V(\square\lozenge p, w)=1$，当且仅当，对任一 w', Rww', 存在 w'', $Rw'w''$, 且 $V(p, w'')=1$

$$
\begin{array}{ccccc}
w & \forall & w' & \exists & w'' \\
\bullet & \longrightarrow & \bullet & \longrightarrow & \bullet \\
\square\lozenge p=1 & & \lozenge p=1 & & p=1
\end{array}
$$

5. $\lozenge\square p$

解释：$V(\lozenge\square p, w)=1$，当且仅当，存在 w', Rww', 对于所有 w'', 若，$Rw'w''$，则 $V(p, w'')=1$

$$
\begin{array}{ccccc}
w & \exists & w' & \forall & w'' \\
\bullet & \longrightarrow & \bullet & \longrightarrow & \bullet \\
\lozenge\square p=1 & & \square p=1 & & p=1
\end{array}
$$

6. $\lozenge\lozenge p$

解释：$V(\lozenge\lozenge p, w)=1$，当且仅当，存在 w', w'', 使得 Rww' 与 $Rw'w''$ 成立，并且 $V(p, w'')=1$

$$
\begin{array}{ccccc}
w & \exists & w' & \exists & w'' \\
\bullet & \longrightarrow & \bullet & \longrightarrow & \bullet \\
\lozenge\lozenge p=1 & & \lozenge p=1 & & p=1
\end{array}
$$

三、框架与模型

前边给出的关于模态公式的语义解释虽然比较直观，但它们还不是严格的形式语义学。下边给出框架和模型的概念，这两个概念是构成模态逻辑形式语义学的基本概念。

定义（框架）：有序对 $\langle W, R \rangle$ 是一个框架，当且仅当，W 是任一非空集合，R 是 W 上的任一二元关系。

定义中的 W 是可能世界的集合。在形式语义学中，可能世界已经成为抽象的元素，它与我们平常所理解的世界没有直接的关系。R 是可能世界之间的可达关系。用集合论的语言表达，R 是卡氏积 W×W 的子集，即 $R \subseteq W \times W$。

仅有框架还不能定义模态公式的真假，因为模态公式的真假是通过模型定义的。为了建立模型，我们还需要引进赋值的概念。

定义（PM-赋值）：设 $\langle W, R \rangle$ 是一个框架，V 是 $\langle W, R \rangle$ 上对 $\mathscr{L}_{PM}$-公式的一个 PM-赋值，当且仅当，V 是由 $\mathscr{L}_{PM}$-公式集合与 W 的卡氏积到集合

$\{0, 1\}$上的映射，并且满足以下条件：对于任意的 $\mathscr{L}_{PM}$ 公式 α,β，任意 w∈W，

① 若 α 是命题变元，则 V(α,w)＝1 或 V(α,w)＝0，二者只居其一。

② $V\ (\neg\alpha, w)\ =\begin{cases} 1 & V(\alpha,w)＝0 \\ 0 & 否则 \end{cases}$

③ $V\ (\alpha\to\beta, w)\ =\begin{cases} 1 & V(\alpha,w)＝0\ 或\ V(\beta,w)＝1 \\ 0 & 否则 \end{cases}$

④ $V\ (\Box\alpha, w)\ =\begin{cases} 1 & 任意\ w'\in W,\ 若\ Rww',\ 则\ V\ (\alpha,w')＝1 \\ 0 & 否则 \end{cases}$

PM-赋值 V 是一个函数，即 V: Form($\mathscr{L}_{PM}$)×W→ $\{0,1\}$。定义中只给出了 V 关于¬和→这两个逻辑联结词的性质。根据 V 的定义和∧，∨，↔，◇的语法定义可以得出 V 关于∧，∨，↔，◇的性质。

定义（模型）：设〈W, R, V〉是任一有序三元组，〈W, R, V〉是一个 $\mathscr{L}_{PM}$-模型，当且仅当，〈W, R〉是一个框架，V 是〈W, R〉上的一个 PM-赋值。

一个 $\mathscr{L}_{PM}$-模型，简称模型，就是对 $\mathscr{L}_{PM}$ 的一个解释。框架虽然是构成模型所必需的，但框架并不依赖于语言。没有 $\mathscr{L}_{PM}$，我们也可以构造出许多不同的框架。

四、不同的有效性

为了考察 $\mathscr{L}_{PM}$-公式的有效性，首先应该定义 $\mathscr{L}_{PM}$-公式的真假。

定义（可满足）：设〈W, R, V〉是任意模型，α 是任意 $\mathscr{L}_{PM}$-公式，w 是 W 中的任意元素，

（1）若 V(α,w)＝1，则称 α 在 w 上是真的，记作〈W, R, V〉$\vdash_w\alpha$

若 V(α,w)＝0，则称 α 在 w 上是假的，记作〈W, R, V〉$\nvDash_w\alpha$

（2）若存在 w∈W，使得〈W, R, V〉$\vdash_w\alpha$，则称 α 在〈W, R, V〉上可满足。

对于 $\mathscr{L}_{PM}$-公式，不能像对待一阶公式那样，简单地说它是有效的，或非有效的，因为，$\mathscr{L}_{PM}$-公式的有效性是随着解释（框架和模型都可以被称为解释）的不同而变化的。在一类解释中有效的 $\mathscr{L}_{PM}$-公式，在另一类解释中可能是非有效的。为此，我们需要为 $\mathscr{L}_{PM}$-公式定义不同的有效性。

定义（模型有效）：设〈W, R, V〉是任意模型（记作 M），α 是任意 $\mathscr{L}_{PM}$-公式，w 是 W 中的元素，称 α 在模型 M 上有效，记作 M⊢α，当且仅当，对任一 w∈W，都有 M $\vdash_w\alpha$。

定义（框架有效）：设〈W, R〉是任意框架（记作 F），α 是任意 $\mathscr{L}_{PM}$-公

式，称 α 在框架 F 上有效，记作 F ⊢ α，当且仅当，对于 F 上的任一赋值 V，都有 ⟨F, V⟩ ⊢ α。

定义（框架类有效）：设 F 是任意框架类，α 是任意 $\mathscr{L}_{PM}$-公式，称 α 在 F 上有效，记作 $F|＝α$，当且仅当，对于任一 $F∈F$，都有 F ⊢ α。

定义（模型类有效）：设 M 是任意模型类，α 是任意 $\mathscr{L}_{PM}$-公式，称 α 在 M 上有效，记作 $M⊢α$，当且仅当，对于任一 M∈M，都有 M ⊢ α。

以上定义了四种不同的有效性，这四种有效性中与模态逻辑系统的有效性关系最直接的是框架类有效。下面以几个 $\mathscr{L}_{PM}$-公式的有效性为例，说明一下不同的有效概念。

（1）□(p→p)

对于任意的 ⟨W, R, V⟩，不论我们如何选取 W 和 R，如何对 p 在任意的 w∈W 中指派真值，都有 ⟨W, R, V⟩ ⊢ □(p→p)。因而，对于任意的模型 M，有 M ⊢ □(p→p) [①]；对于任意的框架 F，有 F ⊢ □(p→p)；对于任意的框架类 F，有 F ⊢ □(p→p)；对于任意的模型类 M，有 M ⊢ □(p→p)。或者说，□(p→p) 对于任意的 M 是模型有效的，对于任意的 F 是框架有效的，对于任意的 F 是框架类有效的，对于任意的 M 是模型类有效的。

（2）□p→p

首先，考察满足□p→p 的模型应具有什么性质。

设在某个模型 ⟨W, R, V⟩ 的某个 w 中，V(□p→p, w)＝1。根据 V 的性质有，V(□p,w)＝0 或 V(p,w)＝1。如果 V(□p,w)＝1(≠0)，那么 V(p,w)＝1。

又，根据 V 的性质，如果 V(□p,w)＝1，那么对于任意 w′, Rww′，有 V(p,w′)＝1。

如果 Rww 不成立，即 w 到自身没有可达关系，那么由 V(□p,w)＝1 不能必然地推出 V(p,w)＝1。反之，如果 Rww 成立，即 w 到自身有可达关系，那么由 V(□p,w)＝1 可以必然地推出 V(p,w)＝1。从以上分析可以看出，Rww 是 V(□p→p,w)＝1 充分条件。

其次，分析□p→p 的有效性。

设模型 ⟨W, R, V⟩ 的 R 具有自返性，即对于任意 w∈W，有 Rww，那么对任一 w∈W，有 ⟨W, R, V⟩ ⊢$_w$□p→p。所以，对于所有其 R 具有自返性的模型，□p→p 是模型有效的；对于由这样的模型构成的模型类，□p→p 是模

[①] 这里所说的任意模型是指一定范围内的任意模型。本节所讨论的可能世界是正规的可能世界，除了正规可能世界之外还有不同类型的非正规世界。所以超出了一定的范围，M ⊢(P→P)不一定成立。

型类有效的。

设框架 F 的 R 具有自返性，根据前边的分析，无论如何选取赋值函数 V，对于由 F 和 V 构成的模型总有 $\langle F, V \rangle \vdash \Box p \rightarrow p$，因此，$\Box p \rightarrow p$ 对于 F 是框架有效的。

改变 F 中的 W 或 R，即将 W 变为 W′，或将 R 变为 R′可以构成新的框架 F′。无论 F′ 与 F 的差别有多大，只要 F′ 中的 R′ 具有自返性，则 $\Box p \rightarrow p$ 对于 F′是框架有效的。所以，设 F 是由所有自返模态构成的框架类，即对于任意 $F \in F$，F 是自返的，则 $\Box p \rightarrow p$ 对于 F 是框架类有效的。

$\Box \alpha \rightarrow \alpha$ 是系统 T 的特征公理。通过以上分析可以看出，如果系统 T 的变形规则对于任一框架保持有效性，那么系统 T 的定理对于自返框架类是框架类有效的。

（3）$\Box p \rightarrow \Box \Box p$

这个公式是系统 S4 的特征公理。首先考察一下，满足 $\Box p \rightarrow \Box \Box p$ 的模型应具有什么性质。

设在某个模型 $\langle W, R, V \rangle$ 的某个 w 中，$V(\Box p \rightarrow \Box \Box p, w) = 1$。根据 V 的性质，由假设可得，如果 $V(\Box p, w) = 1$，那么 $V(\Box \Box p, w) = 1$。由 $V(\Box \Box p, w) = 1$ 可得，对于任一 $w' \in W$，若 Rww'，则 $V(\Box p, w') = 1$。由 $V(\Box p, w') = 1$ 可得，对于任一 $w'' \in W$，若 $Rw'w''$，则 $V(p, w'') = 1$。上面的分析可用下图表示。

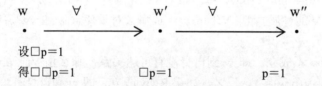

如果 Rww''，那么由 $V(\Box p, w) = 1$ 可必然地推出 $V(p, w'') = 1$，即 $V(\Box p \rightarrow \Box \Box p, w) = 1$。

对于任意 w, w′, w″ $\in W$，若 Rww', $Rw'w''$，则 Rww''。R 的这种性质称为传递性。由上面的分析可看出，$\langle W, R, V \rangle$ 中的 R 具有传递性，是 $\langle W, R, V \rangle \vdash \Box p \rightarrow \Box \Box p$ 的充分条件。

其次，分析 $\Box p \rightarrow \Box \Box p$ 的有效性。

设 $\langle W, R, V \rangle$ 为任一模型，且 R 具有传递性。由于对于任意 w, w′, w″$\in W$，若 Rww', $Rw'w''$，则 Rww''，因此，对于任意 $w \in W$，有 $\langle W, R, V \rangle \vdash_w \Box p \rightarrow \Box \Box p$。所以 $\Box p \rightarrow \Box \Box p$ 对于 $\langle W, R, V \rangle$ 是模型有效的。

设 M 为一模型类，如果对任一模型 $M∈M$, M 中的 R 具有传递性，那么 □p→□□p 对于 M 是模型类有效的。

由于 □p→□□p 的有效性只与模型中 R 的传递性有关，所以，对于 R 具有传递性的任意框架 F, □p→□□p 是框架有效的；若框架类 F 中的任一 F 的 R 都具有传递性，则 □p→□□p 对于 F 是框架类有效的。

通过上面对有效性的定义和对模态公式的有效性的分析可以看出，模态公式的有效性可以随着解释的变化而有所不同。

第四节 模态系统的可靠性和完备性

一、模态系统的可靠性

1. 可靠性的概念

形式系统的可靠性是指，从给定的前提利用形式系统的公理和推理规则推出结论，如果前提是真的，那么结论也一定是真的。也可以这样来描述可靠性，如果从公式集合Φ可以推演出公式 α，那么 α 是Φ的逻辑后承，即：

$$Φ ⊢α⇒Φ ⊢ α$$

当Φ是空集时，形式系统的可靠性可以表示为：

$$⊢α⇒ ⊢α$$

即，如果Φ是系统中的定理，那么 α 是有效式。

逻辑系统是推理的工具，为此，具有可靠性，是对逻辑系统的基本要求之一。

2. 模态系统的可靠性

如前所述，$\mathscr{L}_{PM}$-公式的有效性是一个比较复杂的概念。当有人说一个 $\mathscr{L}_{PM}$-公式是有效式时，我们必须弄清楚，他说的有效式究竟是相对于哪一种有效性而言，是模型有效、模型类有效，还是框架有效、框架类有效。$\mathscr{L}_{PM}$-公式有效性的这种复杂性也影响到了模态系统的可靠性。为了说明模态系统的可靠性，需要先介绍几个概念。

① S-模型：一个模型〈W, R, V〉是模态系统 S 的模型（S-模型），当且仅当，对于任意 $\mathscr{L}_{PM}$-公式 α，如果 ⊢$_S$α，那么〈W, R, V〉⊨ α。

② S-框架：一个框架 F 是系统 S-框架，当且仅当，对于任意 $\mathscr{L}_{PM}$-公式 α，如果 ⊢$_S$α，那么 F ⊨ α。

③ S-框架类：一个框架类 F 是 S-框架类，当且仅当，对于任意 $\mathscr{L}_{PM}$-公式 α，如果 ⊢$_S$α，那么 F ⊨ α。

④ S-模型类：一个模型类 M 是 S-模型类，当且仅当，对于任意 $\mathscr{L}_{PM}$-公式 α，如果 ⊢$_S$α，那么 M ⊨ α。

显然，系统 S 对于 S-模型是可靠的（即如果 ⊢$_S$α，那么 〈W, R, V〉 ⊨ α），对于 S-框架、S-框架类和 S-模型类也都是可靠的。所以对于某一模态系统 S 而言，关于可靠性的讨论就转变成了对 S-模型（或 S-框架、S-框架类、S-模型类）存在的讨论。

可以证明：

任何框架都是 K-框架，任何框架类都是 K-框架类。

如果一个框架 F 的 R 具有持续性（记为 F_e），那么 F_e 是 D 框架，由这样的框架构成的框架类 F_e 都是 D 框架类.

如果一个框架 F 的 R 具有自返性（记为 F_{re}），那么 F_{re} 是 T 框架，由这样的框架构成的框架类 F_{re} 都是 T 框架类。

如果一个框架 F 的 R 具有自返性和传递性（记为 $F_{re\&tr}$），那么 $F_{re\&tr}$ 是 S_4 框架，由这样的框架构成的框架类 $F_{re\&tr}$ 都是 S_4 框架类。

如果一个框架 F 的 R 具有自返性和欧几里得性（记为 $F_{re\&Eu}$），那么 $F_{re\&Eu}$ 是 S_4 框架，由这样的框架构成的框架类 $F_{re\&Eu}$ 都是 T 框架类。

说明：持续性是指，对于任意 w∈W，都存在 w′∈W，使得 Rww′。欧几里得性是指，对于任意 w, w′, w″∈W，如果 Rww′且 Rww″，那么 Rw′w″。

二、模态系统的完备性

完备性是形式系统的一种性质。如果系统 S 具有完备性，那么所有的有效式都是 S 的可证公式，即，⊨Ψ⇒⊢$_S$Ψ。

完备性与有效性相关。从前面的叙述可以看出，模态逻辑中的有效性概念较为复杂。这种复杂性也使得对于完备性的讨论复杂起来。一个 $\mathscr{L}_{PM}$-公式有四种不同的有效性，因而模态系统也有与之相应的四种不同有效性。对于任一种有效性又都有与之相应的完备性。然而，并非与所有这些完备性相关的讨论都是有意义的。在讨论模态系统的完备性之前，应当首先选定一种有效性。

用 S 代表 K, D, T, S_4, S_5 中的任一系统，用 F_S 表示 S 的框架类。S 对于框架类 F_S 是有效的。如前所述，若用 π 表示关系 R 的性质，则在某些 F_S 与 $F_π$ 之间有着对应的关系，如 F_D 与 F_e 对应，F_T 与 F_{re} 对应，F_{S4} 与 $F_{re\&tr}$

对应，等等。为此，我们将 S-有效确定为框架类有效，并以此为基础讨论 S 的完备性。

将 S-有效确定为框架类有效之后，S 的完备性就可以表述为：

对于任一 $\mathscr{L}_{PM}$-公式 α，如果 $F_S \vdash \alpha$，那么 $\vdash_S \alpha$。

可以证明，系统 K，D，T，S$_4$，S$_5$ 都是完备的。

除了基于模型类有效的完备性之外，模态系统还可以有基于模型有效的完备性。利用极大一致集可以构造出一种被称为典范模型的模型。正规系统相对于典范模型都是完备的。

总之，完备性是模态逻辑的重要研究课题。

复习思考题

1. 你是如何理解必然性和可能性的？是否有不同必然性，或可能性？
2. 必然性和可能性应当具有哪些性质？

练习题

一、判断下列符号串是否 $\mathscr{L}_{PM}$-公式：

1. □◇¬◇□p→q
2. ◇∨□pvq◇→□pvq
3. (□pvq)∧¬◇¬□¬r
4. (□p∧¬◇p)↔¬◇p□

二、证明下列公式是系统 K 的定理：

1. ¬□□□pv¬◇◇¬p
2. ¬□◇p→◇□¬p
3. □pv□q→□(pvq)
4. □(pvq)→◇pv□q
5. ◇(p∧q)→◇p∧◇q
6. ◇p∧□q→◇(p∧q)

三、证明下列公式是系统 D 的定理：

1. ◇pv◇¬p
2. □p→□p∧◇p
3. □p→□p∧p
4. ◇(p→□p)

四、证明下列公式是系统 T 的定理：

1. $\Box(p \wedge q) \leftrightarrow (\Box p \wedge \Box q)$

2. $\Box(p \vee q) \rightarrow (\Diamond p \vee \Diamond q)$

3. $\Box \Diamond p \rightarrow \neg \Diamond \Box \neg p$

4. $\neg \Diamond \Box \neg p \rightarrow \Box \Diamond p$

五、证明下列公式是系统 S_4 的定理：

1. $\Diamond p \rightarrow \Diamond \Diamond p$

2. $\Diamond \Box \Diamond p \rightarrow \Diamond p$

3. $\Box(p \rightarrow q) \rightarrow \Box(\Box p \rightarrow \Box q)$

4. $\Box p \vee \Box q \rightarrow \Box(\Box p \vee \Box q)$

六、证明下列公式是系统 S_5 的定理：

1. $\Box \Box p \leftrightarrow \Box p$

2. $\Box \Diamond p \leftrightarrow \Diamond p$

3. $\Diamond \Box p \leftrightarrow \Box p$

4. $\Diamond \Diamond p \leftrightarrow \Diamond p$

七、证明下列变形规则：

1. 证明：由 $\alpha \rightarrow \beta$ 推出 $\Box(\Box \alpha \rightarrow \Box \beta)$ 是 K-规则

2. 证明：是 $\Box \alpha$ 推出 α 是 T-规则

3. 证明：由 $\Box \Diamond \Box \Diamond \alpha$ 推出 $\Box \Diamond \alpha$ 是 S_4-规则

4. 证明：由 $\alpha \rightarrow \beta$ 推出 $\Box \Diamond \alpha \rightarrow \beta$ 是 S_5-规则

八、按照要求构造模型

1. 构造模型 M，使 $M \models \Box \alpha \rightarrow \Diamond \alpha$ 且 $M \not\models \Box \alpha \rightarrow \alpha$

2. 构造模型 M，使 $M \models \Box \alpha \rightarrow \Box \Box \alpha$ 且 $M \not\models \Diamond \alpha \rightarrow \Diamond \Diamond \beta$

九、证明

1. 公式 $\Box \alpha \rightarrow \alpha$ 是 T-有效的，但不是 K-有效的。

2. 公式 $\Box \alpha \rightarrow \Box \Box \alpha$ S4-有效的，但不是 S5-有效的。

第十三章　非经典逻辑

这一章包括对道义逻辑、弗协调逻辑以及多值逻辑的介绍。这些内容以及上一章介绍的模态逻辑都属于哲学逻辑的范围。哲学逻辑包括经典逻辑（指狭谓词逻辑）的各种扩充和各种非经典逻辑。因此，哲学逻辑方面的分支一般都以命题逻辑和狭谓词逻辑为基础，与传统哲学中的概念、范畴和问题有直接和间接的联系。

第一节　道义逻辑

一、道义逻辑概述

道义逻辑是 20 世纪 50 年代中，以命题逻辑为基础，通过增加"应当""允许""禁止"等道义算子，形成的广义模态逻辑的一个分支，它与法学、伦理学等领域密切相关。但是，道义逻辑的思想可以追溯到古希腊的亚里士多德。中世纪，阿奎那、斯科特、奥卡姆、霍尔科特和罗斯图思都对道义逻辑思想的发展作出了贡献。西方近代，莱布尼兹和边沁等人也都对道义逻辑的发展作出了贡献。但是，第一个试图建立道义逻辑形式公理系统的是奥地利逻辑学家马利（Ernst Mally）。1926 年，马利以"应当"作为初始概念构造了一个公理系统。遗憾的是，在他的系统中存在 $Op \leftrightarrow p$ 这类定理，这使得他的道义逻辑系统坍塌为命题逻辑系统。直到 1951 年，芬兰逻辑学家冯·莱特（Von Wright）在《心灵》杂志上发表论文《道义逻辑》，建立了第一个可行的道义逻辑系统，严格意义上的道义逻辑才建立。由于这些开拓性的工作，冯·莱特被公认为现代道义逻辑的创始人。在这之后，包括冯·莱特本人在内的很多逻辑学家，都对道义逻辑做了深入的研究。然而，最初建立的道义逻辑系统绝大多数都遵循"无义务冲出原则"，这使得在刻画和表达道义对象领域普遍存在着义务不一致现象，从而导致了义务冲出问题的凸现，成为制约道义逻辑发展的主要问题。因此，解决义务冲突问题，成为道义逻辑发展的主要动力。由此也产生了许许多多的解决方案。例如，本·汉森等人的优先的和语境的二元道义逻辑方案；霍蒂和普拉肯的非单调道义逻辑方案；冯·艾克等人的时态道义逻辑方案；等等。这些解决方案的一个共同点是：引进现代逻辑其他分支理论和方法，构建分支融合的道义逻辑系统。

二、道义逻辑公理化系统

1. 道义逻辑的经典系统 CDL

道义逻辑的经典系统是冯·莱特 1951 年构造的第一个道义逻辑系统，他把这个系统称之为道义逻辑的最小系统。现在一般把这个系统称为老系统或者旧系统。该系统如下：

（1）初始概念 P 表示"允许"，其他道义算子根据 P 来定义：

$F p =_{df} \neg P p$，它表示禁止 p，即不允许 p。

$O p =_{df} \neg P \neg p$，它表示应当 p，即不允许不做 p。

（2）CDL 的公理：

A0　命题演算的所有重言式

A1　$O p \leftrightarrow \neg P \neg p$

A2　$P p \vee P \neg p$

A3　$P (p \vee q) \leftrightarrow P p \vee P q$

A4　$P (p \leftrightarrow q)/(P p \leftrightarrow P q)$

在 CDL 中，$O (p \vee \neg p)$ 和 $P (p \wedge \neg p)$ 不成立。

（3）CDL 的部分定理：

T1　$O p \rightarrow O p$

T2　$O p \vee O q \rightarrow O (p \vee q)$

T3　$O (p \wedge q) \leftrightarrow O p \wedge O q$

T4　$P (p \wedge q) \rightarrow P p \wedge P q$

T5　$O (\neg p \rightarrow p) \rightarrow O p$

T6　$O (p \rightarrow q) \rightarrow (O p \rightarrow O q)$

T7　$O p \wedge O (p \rightarrow q) \rightarrow O q$

T8　$\neg P q \wedge O (p \rightarrow q) \rightarrow \neg P q$

T9　$((p \rightarrow q \vee r) \wedge \neg P q \wedge \neg P r) \rightarrow \neg P p$

2. 道义逻辑的标准系统 SDL

道义逻辑的标准系统 SDL 是在道义逻辑的经典系统 CDL 的基础上，类比模态逻辑，引入"道义必然化规则"建立起来的。该系统的语法如下：

（1）初始符号

甲类：p，q，r，p_1，q_1，r_1，p_2，…

乙类：¬，→

丙类：（，）

丁类：O

令 SDL 的初始符号的集合为 L_D，它由可数无限多个符号组成：

$$L_D = \{¬，→，（，），O，p，q，r，p_1，q_1，r_1，p_2，…\}$$

其中甲类符号表示命题变项；乙类符号是两个真值联结词，¬是一元联结词，表示否定，→是二元联结词，表示蕴涵；丙类符号是一对技术符号，它们将起标点的作用；丁类符号也是一个一元联结词，表示"应当"。

（2）形成规则

甲：任一甲类符号是一合式公式；

乙：如果符号序列 α 是合式公式，则¬α 和 Oα 都是合式公式；

丙：如果符号序列 α 和 β 都是合式公式，则(α→β) 是合式公式；

丁：只有适合以上三条的符号序列才是合式公式，简称公式。

（3）定义

$(α∨β) =_{df} (¬α→β)$

$(α∧β) =_{df} ¬(α→¬β)$

$(α↔β) =_{df} ((α→β)∧(β→α))$

$Pα =_{df} ¬O¬α$

$Fα =_{df} O¬α$

其中 P 是一个一元联结词，表示"允许"；F 是一个一元联结词，表示"禁止"。

（4）SDL 的公理和推理规则

A1　命题逻辑的所有重言式

A2　$Oα→¬O¬α$

A3　$O(α→β)→(Oα→Oβ)$ 　　　　　　　（K 公理）

A4　$Oα→Pα$ 　　　　　　　　　　　　（D 公理）

R1　从 α，α→β 可以推出 β 　　　　　（分离规则 MP）

R2　从 α 可以推出 Oα 　　　　　　　（O-必然化规则）

R3   从 $\alpha \to \beta$ 可以推出 $O\alpha \to O\beta$ （道义导出规则 ROM）

（5）SDL 的部分定理

T1 $O\alpha \to O(\alpha \vee \beta)$

T2 $O(\alpha \wedge \beta) \to O\alpha$

T3 $(O\alpha \wedge O(\alpha \to \beta)) \to O\beta$

T4 $F\alpha \to F(\alpha \wedge \beta)$

T5 $(O\alpha \wedge P\beta) \to P(\alpha \wedge \beta)$

T6 $O\neg\alpha \to O(\alpha \to \beta)$

T7 $O(\neg\alpha \to \alpha) \to O\alpha$

T8 $P\alpha \vee P\beta \leftrightarrow P(\alpha \vee \beta)$

T9 $P\alpha \to P(\alpha \vee \beta)$

T10 $\neg(O\alpha \wedge O\neg\alpha)$

T3 和 T9 通常被认为是违反直觉的甚至是悖论性的定理。这些定理的存在，表明 SDL 的推理规则存在重要缺陷。尽管 SDL 是一个语法和语义兼备的逻辑系统，但作为被广泛接受的道义逻辑的标准系统，SDL 是不完善的。

3. 二元道义逻辑的标准系统 DSDL

由于包括 SDL 在内的一元道义逻辑的不完善，大部分道义逻辑研究者不得不去寻求更好的道义逻辑来代替标准的道义逻辑 SDL。在此背景下，二元道义逻辑便应运而生。下面介绍二元道义逻辑的标准系统 DSDL。该系统的语法如下：

（1）初始符号

DSDL 的初始符号是将 L_D 初始符号中的一元联结词 O 换为 O（…/…）。这里 O（…/…）是一个二元道义联结词，其余不变。

（2）形成规则

甲：任一甲类符号是一合式公式；

乙：如果符号序列 α 是合式公式，则 $\neg\alpha$ 是合式公式；

丙：如果符号序列 α 和 β 都是合式公式，则 $(\alpha \to \beta)$ 和 $O(\alpha/\beta)$ 也是合式公式；

丁：只有适合以上三条的符号序列才是合式公式，简称公式。

（3）定义

利用二元道义联结词 O(…/…)，可以定义出"允许"和"禁止"等二元道义联结词，其定义如下：

$$P(\alpha / \beta) =_{df} \neg O(\neg \alpha / \beta)$$

$$F(\alpha / \beta) =_{df} \neg O(\alpha / \beta)$$

二元道义联结词和一元道义联结词之间，有如下的关系：

$$O\alpha =_{df} O(\neg \alpha / T)$$

$$P\alpha =_{df} P(\alpha / T)$$

$$F\alpha =_{df} F(\alpha / T)$$

（4）DSDL 的公理和推理规则

A1　命题逻辑的所有重言式

A2　$O(\alpha / \beta) \leftrightarrow \neg O(\neg \alpha / \beta)$

A3　$O(\alpha \wedge \beta / \gamma) \rightarrow O(\alpha / \gamma) \wedge O(\beta / \gamma)$

A4　$O(\alpha / \beta) \rightarrow P(\alpha / \beta)$ Pα　　　　　　　　（OD 公理）

R1　从 $\alpha, \alpha \rightarrow \beta$ 可以推出 β　　　（分离规则 MP）

R2　从 α 可以推出 $O(\alpha / \beta)$　　　（O-必然化规则）

通常把含有 OD 公理的系统都作为道义逻辑的标准系统。

（5）DSDL 的部分定理

T1　$O(\alpha / \beta) \rightarrow O(\alpha / \beta \vee \gamma)$

T2　$O(\alpha / \beta) \rightarrow O(\alpha / \beta \wedge \gamma)$

T3　$O(\alpha \wedge \beta / \gamma) \leftrightarrow O(\alpha / \gamma) \wedge O(\beta / \gamma)$

T4　$F(\alpha / T) \rightarrow F(\alpha / \beta)$

T5　$(O(\alpha / \beta) \wedge O(\alpha / \gamma)) \rightarrow O(\alpha / \beta \wedge \gamma)$

T6　$(O(\alpha / \gamma) \wedge \neg O(\neg \beta / \gamma)) \rightarrow O(\alpha / \beta \wedge \gamma)$

T7　$O(\alpha / \beta) \leftrightarrow \beta \rightarrow O(\alpha / T)$

T8　$O(\alpha / \beta) \rightarrow P(\alpha / \beta)$

T9　$O(\alpha \rightarrow \gamma / \beta) \rightarrow (O(\alpha / \beta) \rightarrow O(\gamma / \beta))$

T10　$(O(\alpha \wedge \beta) \wedge O(\alpha / \gamma)) \rightarrow O(\alpha / \beta \vee \gamma)$

这里的 T 表示重言式。

在二元道义逻辑的标准系统 DSDL 可以消除一元道义逻辑标准系统 SDL 的所为的罗斯悖论：$O\alpha \rightarrow O(\alpha \vee \beta)$。但在二元道义逻辑的标准系统 DSDL 中，仍然存在一些违反直觉的定理。

三、道义逻辑的语义

下面分别给出一元道义逻辑标准系统 SDL 和二元道义逻辑的标准系统 DSDL 的语义解释。

1. 一元道义逻辑标准系统 SDL 的语义

由于一元道义逻辑标准系统 SDL 是在类比模态逻辑的基础上建立的，因此，它的语义理论也是以可能世界这一概念为基础建立的。

定义　一个标准的 SDL 的模型是 $M = \langle W, R, V \rangle$，其中：W 是一个道义可能世界的非空集合，R 是一个道义可能世界之间的可及关系，即：$R \subseteq W \times W$，V 是满足下面条件的一个赋值：

（1）对于任意的命题变项 $p \in L_D$ 和任意的 $w \in W$，$V(p, w) = 1$ 或者 $V(p, w) = 0$，但二者只居其一；

（2）$V(\neg \alpha, w) = 1$ 当且仅当 $V(\alpha, w) = 0$；

（3）$V(\alpha \rightarrow \beta, w) = 1$ 当且仅当 $V(\alpha, w) = 0$ 或者 $V(\beta, w) = 1$；

（4）$V(O\alpha, w) = 1$ 当且仅当任 $w' \in W$，若 Rww'，则 $V(\alpha, w') = 1$。

2. 二元道义逻辑标准系统 DSDL 的语义

定义　一个标准的二元道义逻辑系统 DSDL 模型也是 $M = \langle W, R, V \rangle$，其中：W 是一个道义可能世界的非空集合，R 是一个道义可能世界之间的可及关系，即：$R \subseteq W \times W$，V 是满足下面条件的一个赋值：

（1）对于任意的命题变项 $p \in L_D$ 和任意的 $w \in W$，$V(p, w) = 1$ 或者 $V(p, w) = 0$，但二者只居其一；

（2）$V(\neg \alpha, w) = 1$ 当且仅当 $V(\alpha, w) = 0$；

（3）$V(\alpha \rightarrow \beta, w) = 1$ 当且仅当 $V(\alpha, w) = 0$ 或者 $V(\beta, w) = 1$；

（4）$V(O(\alpha / \beta), w) = 1$ 当且仅当任 $w' \in S$，若 Rww'，则 $V(\alpha, w') = 1$，这里 $S = \{w : V(\beta, w) = 1\}$。即：对任意的 $w \in W$，S 是使 β 为真的可能世界的集合。

由定义的（4）可知：$O(\alpha / \beta)$ 在可能世界 w 中为真，当且仅当 α 在 β 为真的所有可能世界中为真。由（4）可得：

$V(P(\alpha / \beta), w) = 1$ 当且仅当存在 $w' \in S$，若 Rww'，则 $V(\alpha, w') = 1$；

$V(F(\alpha / \beta), w) = 1$ 当且仅当任意的 $w' \in S$，若 Rww'，则 $V(\neg \alpha, w') = 1$。

第二节　弗协调逻辑

一、弗协调逻辑概述

弗协调逻辑是由英文 Paraconsistent Logic 一词翻译而来的。它又被译作次协调逻辑、超协调逻辑、亚相容逻辑等。它是为了处理不协调而提出来的，也是迄今能处理不协调性的唯一一类逻辑理论。

弗协调逻辑的思想最早可以追溯到亚里士多德，但弗协调逻辑产生至今仅有约半个世纪的历史。历史上，维特根斯坦和卢卡西维奇都曾设想在矛盾律不普遍有效的情况下，可能会导致一种不同于亚氏逻辑的新逻辑的产生。俄国的瓦西里耶夫（Nikolaj A. Vasil'év，1880—1940）在 20 世纪初建立了不同于非亚氏逻辑的"虚拟逻辑"，波兰的雅斯可夫斯基（Stanislaw Jàskowski，1906—1965）在 1948 年建立了被称为"商讨逻辑"（Discussive Logic）的矛盾演算系统 D_2。而巴西逻辑学家达·科斯塔（N. C. A. da Costa，1929—）则是弗协调逻辑分支真正开创者，他在 1963 年和 1974 年分别构造了命题和谓词层次的弗协调演算系统 C_n、C_n^*（不带等词）和 $C_n^=$（带等词）、弗协调摹状词演算系统 D_n 以及后来的弗协调集合论和弗协调数学，从而真正开创了弗协调逻辑分支。之后，弗协调逻辑开始迅速发展起来。

弗协调逻辑最先是在数学领域被承认的，1991 年美国《数学评论》（*Mathematical Reviews*）为弗协调逻辑辟出了专栏，这意味着弗协调逻辑因其重要性质而被数学列为一个研究领域。目前，大致可将其工作分为弃合、正加、相干三个主要方向。

1. 弃合方向

主要是指沿雅斯可夫斯基的思路所做的工作，其根本特征就是放弃合取规则，即放弃由"A 和 B"推出"A∧B"的规则。弃合思想的起因是出于这样的考虑：A 和 B 在各自的可能世界中为真，并不能保证 A∧B 在它们的合成可能世界中也为真。

在雅氏商讨逻辑 D_2 的基础上，乔克（M. Joke）克服了其只适用于单前提推理的缺点，给出了基于 S5 的可接受逻辑（Acceptive Logic）AJ，并用类似于从 S5 得到 D_2 的方法，得到了适合于对前提推理的逻辑 D_2^r。D_2^r 是第一个弃合型的弗协调可接受逻辑（Paraconsistent Acceptive Logic）系统。他还进一步研究给出了可以解决多个主体之间（外部的）矛盾冲突的商讨可接受逻辑（Discussive Acceptive Logic）DLI^r，系统 DLI^r 不仅可以处理多个主体外部的矛盾冲突，同样也可以处理多个主体各自的内部矛盾冲突。科斯塔（Horacio Arló Costa）给出了作为经典模态逻辑的子克里普克系统的弃合推理，其中从□A 和□B 不再可以推出□(A∧B)；他还给出了商讨逻辑 D_2 的经典语言翻译，这种翻译方法可以用来发展认知语义学，还可以为包括雅氏商讨逻辑的一大批商讨逻辑所用。达·科斯塔及其商讨逻辑的合作者认为，这种逻辑至少在物理理论方面起着基础的分析工具作用，对涉及实用真

（Pragmatic Truth）概念的无穷逻辑、接受逻辑、概率逻辑等也有重要的应用价值。

2. 正加方向

主要是在正命题逻辑中附加合适的否定来建立弗协调逻辑系统的。系统 $C_n(1 \leq n \leq \omega)$ 及其变形扩张系统，都属于这方面的工作。

在该方向，达·科斯塔及其合作者把以否定矛盾律和排中律普遍有效性为特征的逻辑称为拟真势（non-alethic）逻辑，它除了包括由达·科斯塔创立的弗协调逻辑，还包括后来达·科斯塔与马可尼（D. Marcni）一起合作研究的弗协调逻辑的对偶概念——弗完全逻辑。尼可拉（G. Nicola）则建立了一种极小的拟真势命题逻辑 A，系统 A 既是弗协调的又是弗完全的。尼可拉还把系统 A 扩张为可以作为处理道义以及司法矛盾分析工具的道义系统 DA。奥塔维亚诺（I. M. L. D'Otaviano）与阿非托萨（H. de. AFeitosa）讨论了各种逻辑间翻译的原则，并给出了经典命题逻辑到弗协调逻辑 C_n，再到商讨逻辑 J_3 的翻译。

3. 相干方向

主要是由卢特雷（R. Routley）和梅尔（R. K. Meyer）等相干逻辑学家开创的，沿这个方向建立起来的弗协调逻辑中的蕴涵都要求是相干的。从前提不能推出不相干的结论，因此从 A 和 ¬A 也不能推出任意的公式为定理，这也使得弗协调性与相干性有着很大程度的相通性。但相干方向在卢特雷和梅尔之后就发展缓慢了，除了弗协调相干逻辑 P 和 P^*，阿夫隆（A. Avron）给出了综合经典逻辑、弗协调逻辑以及相干逻辑的重要性质的 Gentzen 型系统 $GSRMI_m$，并且证明了它的强完全性以及切割原则（cut rule）和外延紧缩原则（external contraction rule）在这样的系统中不再普遍有效。海因里希（W. Heinrich）讨论了可知性悖论的几个不同版本，尤其是在接受模态公理 D 和 T 后，对得到可知性悖论的过程作了详细分析；然后作者在纳尔逊（Nelson）的弗协调相干逻辑 N4 上建立起了同时含有模态算子和知道算子的系统 RN4 及其语义学，并且证明了 RN4 的可靠性和完全性。系统 RN4 是解决可知性悖论的一种弗协调相干方案。

4. 其他方面

应用于计算机领域的注摭逻辑也有较大的发展，达·科斯塔与瑟博拉曼尼安（V. S. Subrahmanian）和瓦戈（C. Vago）合作，建立了弗协调命题注摭逻辑 PT 并将其扩张为了一阶理论 QT。弗切瑞（P. Forcheri）认为经典逻辑基础上的信息逻辑经常受限于推理语境经典意义上的协调性，而使很多本不应当受影响的推理无法进行。于是他选择了弱的正加型系统，并把它扩张到了弗协调接受逻辑，从而实现了认知主体在不协调的条件下仍然可以进行合理推理的结果。约根（V. Jørgen）对贝尔纳普（Belnap）的四值逻辑在数据库应用上的不安全性进行了分析，给出了一个弗协调多值逻辑语义系统，并在医学专家数据库实例中检验了其适用性。欧利尔（C. A. Oller）研究了测量不协调集信息量的度的技术。瓦尔齐（A. C. Varzi）则发展了超赋值（super valuation）理论，这种超赋值理论是处理确定性、偏序性的有力工具，它可以广泛地应用到量子逻辑、时态逻辑、模糊逻辑、预设、类弗协调逻辑或悖论语义学等领域。普利斯特（G. Priest）还针对带有摹状词的语义封闭理论，以弗协调逻辑为基础，构建了带有非外延摹状算子的语义封闭理论。

目前，弗协调逻辑已成为一个以弗协调命题演算和弗协调谓词演算为基础理论，包含诸多分支的比较发达的哲学逻辑分支，并在数学、逻辑编程和人工智能等领域都有着重要的应用价值。弗协调逻辑的研究结果表明，当我们采取一定的措施，在形式系统中接纳了一些特定的矛盾之后，逻辑世界并没有像我们从前想象的那样，会处于极端的混乱与无序的可怕之中。相反，正确的思维也并没有因此而失去基本的保证，逻辑世界依然是清晰的和有序的。弗协调逻辑为我们在矛盾中求协调提供了一个比较严格的尝试性样本。限于篇幅，下面我们仅介绍达·科斯塔等人的弗协调命题逻辑 C_n。

二、弗协调命题逻辑系统 $C_n (1 \leq n < \omega)$ 的语法

弗协调命题逻辑 $C_n (1 \leq n < \omega)$ 是按照下面三个要求建立起来的一个形式系统：

（1）矛盾律 $\neg(\neg A \wedge A)$ 不普遍有效；

（2）从相互矛盾的两个前提推不出一切公式；

（3）包含经典逻辑中与上述两个条件不相互冲突的、最重要的模式和规则。

（一）$C_n (1 \leq n < \omega)$ 的语言

$C_n (1 \leq n < \omega)$ 的初始符号包括：

（1）命题符：$p_0, p_1, ..., p_k, ...$，k 为自然数；

（2）联结符：$\neg$(否定)，$\wedge$(合取)，$\vee$(析取)，$\rightarrow$(蕴涵)；

（3）标点符：) (右括号)和((左括号)。

我们将弗协调命题逻辑 $C_n (1 \leq n < \omega)$ 的形式语言记作 L_0。

$C_n (1 \leq n < \omega)$ 的形成规则如下：

（1）单独的命题符是公式；

（2）若 A 是公式，则¬A 是公式；

（3）若 A 和 B 都是公式，则$(A \wedge B)$, $(A \vee B)$, $(A \rightarrow B)$都是公式；

（4）A 是公式，当且仅当，A 是有限次引用以上三条规则而得到的。

L_0 中由全体命题符构成的集合记作 $Atom(L_0^{Cn})$，并称 $Atom(L_0^{Cn})$中的元素为原子公式；L_0 中由全体公式构成的集合记作 $Form(L_0^{Cn})$，并且 $Atom(L_0^{Cn})$ $\subseteq Form(L_0^{Cn})$。

下面是一些常用的缩写：

（1）$(A \leftrightarrow B)$是指$((A \rightarrow B) \wedge (B \rightarrow A))$；

（2）A^0 是指$\neg(\neg A \wedge A)$，即，$A^0 =_{df} \neg(\neg A \wedge A)$；

（3）A^k 是指 $A^{00\ldots0}$，共有 k 个 0，k 为正整数，因此当 k=1 时，则有 $A^1=A^0$；

（4）$A^{(n)}$是指$(\ldots(A^1 \wedge A^2) \wedge A^3)\ldots \wedge A^n$；

（5）~A 是指$(\neg A \wedge A^{(n)})$，即：$\sim A =_{df} \neg A \wedge A^{(n)}$，~A 也记作$\neg^{(n)}A$。

另外，我们还有如下约定：

（1）一个公式最外层的括号可以省略；

（2）对于多次出现的同一个联结词，在省略与恢复的时候采用左结合约定，以保证该联结词在最左面的那个出现辖域最小。

（3）关于联结词的结合力，按由强到弱排列为¬，$\wedge$，$\vee$，$\rightarrow$，$\leftrightarrow$。

（4）符号$\Rightarrow$和$\Leftrightarrow$将分别代表汉语的"若……，则……"和"当且仅当"。

例如：（1）$p_0 \rightarrow p_1 \rightarrow p_3$ 作为$(p_0 \rightarrow p_1) \rightarrow p_3$ 的缩写。

　　　（2）$p_0 \vee p_1 \rightarrow \neg p_2 \wedge \sim p_3 \leftrightarrow p_4 \rightarrow \neg p_5$ 作为

　　　　$(((p_0 \vee p_1) \rightarrow (\neg p_2 \wedge \sim p_3)) \leftrightarrow (p_4 \rightarrow \neg p_5))$的缩写。

（二）$C_n(1 \leq n < \omega)$的推理装置

系统 $C_n(1 \leq n < \omega)$的公理（模式）是具有如下形式之一的公式：

（1）$A \rightarrow (B \rightarrow A)$

（2）$(A \rightarrow B) \rightarrow (A \rightarrow (B \rightarrow C) \rightarrow (A \rightarrow C))$

（3）$A \rightarrow (B \rightarrow A \rightarrow B)$

（4）$A \wedge B \rightarrow A$

（5）$A \wedge B \rightarrow B$

（6）$(A \rightarrow C) \rightarrow ((B \rightarrow C) \rightarrow (A \vee B \rightarrow C))$

（7）$A \rightarrow A \vee B$

（8）$B \rightarrow A \vee B$

（9）$A \vee \neg A$

（10）$\neg\neg A \to A$

（11）$B^{(n)} \to ((A \to B) \to ((A \to \neg B) \to \neg A))$

（12）$A^{(n)} \wedge B^{(n)} \to (A \wedge B)^{(n)} \wedge (A \vee B)^{(n)} \wedge (A \to B)^{(n)}$

$C_n(1 \leqslant n < \omega)$的推理规则如下：

R1（分离规则）由 A 和 $A \to B$ 可推出 B。

定义 1 我们称公式 A 在 $C_n(1 \leqslant n < \omega)$中是由 Γ（形式）可推演的，记作 $\Gamma \vdash_{C_n} A$，当且仅当，存在一个有穷的公式序列 $A_1, A_2, \cdots, A_m$ 使得 $A_m = A$，并且对于任一的 $j(1 \leqslant j \leqslant m)$，$A_j$ 满足下列条件之一：

① A_j 是 $C_n(1 \leqslant n < \omega)$的公理之一；或者

② $A_j \in \Gamma$；或者

③ 存在大于 i 和 k 的 j，使得 A_j 可以从 A_i 和 $A_k(A_k = A_i \to A_j)$利用 R1 得到。

我们称公式 A 在 $C_n(1 \leqslant n < \omega)$中是可证的，记作 $\vdash_{C_n} A$，当且仅当，存在一个有穷公式序列 $A_1, A_2, \cdots, A_m$ 使得 $A_m = A$，并且对于任一的 $j(1 \leqslant j \leqslant m)$，$A_j$ 满足下列条件之一：

① A_j 是 $C_n(1 \leqslant n < \omega)$的公理之一；或者

② 存在大于 i 和 k 的 j，使得 A_j 可以从 A_i 和 $A_k(A_k = A_i \to A_j)$利用 R1 得到。

在不引起混淆时，$\Gamma \vdash_{C_n} A$ 简记为 $\Gamma \vdash A$；$\vdash_{C_n} A$ 简记为 $\vdash A$。

定理 1 $\vdash A \to A$

证明：

① $(A \to (B \to A)) \to (A \to ((B \to A) \to A) \to (A \to A))$ （公理（2））

② $A \to (B \to A)$ （公理（1））

③ $A \to ((B \to A) \to A) \to (A \to A)$ （①，②R1）

④ $A \to ((B \to A) \to A)$ （公理（1））

⑤ $A \to A$ （③，④R1）

定理 2 在 $C_n(1 \leqslant n < \omega)$中有：

（1）若 $A \in \Gamma$，则 $\Gamma \vdash A$；

（2）若 $\Gamma \vdash A$ 并且 $\Gamma \subseteq \Delta$，则 $\Delta \vdash A$；

（3）若 $\Delta \vdash A$ 并且 $\Delta \vdash A \to B$，则 $\Delta \vdash B$；

（4）若 $\Gamma \vdash A$ 并且 $\Delta, A \vdash B$，则 $\Gamma, \Delta \vdash B$。

证明：

（1）的证明如下：

A。即，由 A 单独形成的公式序列就是由 Γ 推出 A 的一个证明（因为 A∈Γ）。

（2）的证明如下：

因为 Γ ⊢A，那么就存在一个有穷的公式序列 $A_1,\cdots,A_m$ 使得 A_m=A；并且对于任一的 i(1≤i≤m)，A_i 满足下列条件之一：

① A_i 为系统 C_n(1≤n<ω)的公理之一；或者

② A_i∈Γ ；或者

③ 存在小于 i 的 j 和 k，使得 A_i 可以从 A_j 和 A_k(=A_j→A_i)利用 R1 得到。

又因为 Γ⊆Δ，所以，如果 A_i∈Γ，则 A_i∈Δ。因此，如上的有穷公式序列 $A_1, \cdots, A_m$(=A)中的 A_i (1≤i≤m)也满足下列条件之一：

① A_i 为系统 C_n(1≤n<ω)的公理之一；或者

② A_i∈Δ ；或者

③ 存在小于 i 的 j 和 k，使得 A_i 可以从 A_j 和 A_k(=A_j→A_i)利用 R1 得到。

所以，公式序列 $A_1,\cdots,A_m$(=A)就是 Δ ⊢A 的证明。

（3）的证明如下：

因为 Δ ⊢A，那么就存在一个有穷公式序列 $A_1, \cdots, A_m$ 使得 A_m=A；又因为 Δ ⊢A→B，那么就存在一个公式序列 $B_1, \cdots, B_m$ 使得 B_m=A→B；因此，公式序列 $A_1, \cdots, A_m$(=A), $B_1, \cdots, B_m$(=A→B), B，就是 Δ ⊢B 的一个证明。

（4）的证明如下：

由 Δ, A ⊢B 可知，存在一个从 Δ∪{A}推出 B 的证明；对该证明序列作替换，即，在该证明当中出现 A 的地方，都用 Γ 推出 A 的证明作替换。这样，我们就得到了由 Γ∪{A}推出 B 的证明。

定理 3   在 C_n(1≤n<ω)中，若 $Γ_1$ ⊢A，$Γ_2$ ⊢A→B，并且 $Γ_1$, $Γ_2$⊆Δ，则 Δ ⊢B。特别地，当 $Γ_1$=∅时，有若 ⊢A，$Γ_2$ ⊢A→B，并且 $Γ_2$⊆Δ，则 $Γ_2$ ⊢B；当 $Γ_2$=∅时，有若 $Γ_1$ ⊢A，⊢A→B，并且 $Γ_1$⊆Δ，则 $Γ_1$ ⊢B。

证明：因为 $Γ_1$ ⊢A 且 $Γ_1$⊆Δ，所以由定理 2（2），可得 Δ ⊢A；因为 $Γ_2$ ⊢A→B，且 $Γ_2$⊆Δ，所以根据定理 2（2），可得 Δ ⊢A→B；再根据定理 2（3），可得 Δ ⊢B。特别地，当 $Γ_1$=∅时，显然可得 $Γ_2$ ⊢B；当 $Γ_2$=∅时，显然可得 $Γ_1$ ⊢B。

定理 4（演绎定理）   若 Γ, A ⊢B，则 Γ ⊢A→B。

证明：因为 Γ, A ⊢B，那么就存在一个有穷公式序列 $C_1, C_2, \cdots, C_m$，使得 C_m 为 B，下面施归纳于 i 证明，对于一切的 i（1≤i≤m）有 Γ ⊢A→C_i：

（1）如果 C_i 为公理之一或者 C_i∈Γ。因为 Γ ⊢C_i 且 ⊢C_i→（A→C_i），

所以由定理 3 可得 $\Gamma \vdash A \to C_i$。

（2）如果 $C_i = A$。由定理 1 和定理 2（2）可得 $\Gamma \vdash A \to C_i$。

（3）如果在公式序列 C_1, C_2, $\cdots$, C_m 中有 C_j 和 $C_k(j, k < i)$ 使得 C_k 为 $C_j \to C_i$。根据归纳假设，可得 $\Gamma \vdash A \to C_j$ 且 $\Gamma \vdash A \to (C_j \to C_i)$。再根据公理（2），可得

$$\Gamma \vdash (A \to C_j) \to ((A \to (C_j \to C_i)) \to (A \to C_i))。$$

因此根据定理 3，可得 $\Gamma \vdash A \to (C_j \to C_i) \to (A \to C_i)$，再次应用定理 3，就可得 $\Gamma \vdash A \to C_i$。

因此，$\Gamma \vdash A \to C_m$；而 C_m 是 B，那么就有 $\Gamma \vdash A \to B$。

定理 5　在 $C_n(1 \leqslant n < \omega)$ 中有：

（1）若 $\Gamma \vdash A_1 \to A_2$, $\Gamma \vdash A_2 \to A_3, \ldots$, $\Gamma \vdash A_{m-1} \to A_m$，则 $\Gamma \vdash A_1 \to A_m$；

（2）$\Gamma \vdash A \wedge B$ 当且仅当 $\Gamma \vdash A$ 并且 $\Gamma \vdash B$；

（3）若 $\Gamma \vdash A$，则 $\Gamma \vdash A \vee B$ 并且 $\Gamma \vdash B \vee A$；

（4）若 $\Gamma, A \vdash C$ 并且 $\Gamma, B \vdash C$，则 $\Gamma, A \vee B \vdash C$。

证明：

（1）的证明：已知 $\Gamma \vdash A_1 \to A_2$, $\Gamma \vdash A_2 \to A_3, \cdots$, $\Gamma \vdash A_{m-1} \to A_m$。根据定理 2（1），可得 $\Gamma, A_1 \vdash A_1$；再由 $\Gamma \vdash A_1 \to A_2$，根据定理 3，可得 $\Gamma, A_1 \vdash A_2$；又由 $\Gamma \vdash A_2 \to A_3$，根据定理 3，可得 $\Gamma, A_1 \vdash A_3$；因此，连续 $m-1$ 次引用定理 3，可得 $\Gamma, A_1 \vdash A_m$。所以再根据演绎定理，可得 $\Gamma \vdash A_1 \to A_m$。

（2）的证明：

① 先证若 $\Gamma \vdash A \wedge B$，则 $\Gamma \vdash A$ 并且 $\Gamma \vdash B$。根据公理（4），可得 $\vdash A \wedge B \to A$；那么由 $\Gamma \vdash A \wedge B$，根据定理 3，可得 $\Gamma \vdash A$；同理，由公理（5）可得 $\Gamma \vdash B$。

② 再证若 $\Gamma \vdash A$ 并且 $\Gamma \vdash B$，则 $\Gamma \vdash A \wedge B$。根据公理（3），可得 $\vdash A \to (B \to A \wedge B)$；那么由 $\Gamma \vdash A$，根据定理 3，可得 $\Gamma \vdash B \to A \wedge B$；所以再由 $\Gamma \vdash B$，根据定理 3，可得 $\Gamma \vdash A \wedge B$。

（3）的证明：已知 $\Gamma \vdash A$。首先根据公理（7），可得 $\vdash A \to A \vee B$；那么由 $\Gamma \vdash A$，根据定理 3，可得 $\Gamma \vdash A \vee B$；再根据公理（8），可得 $\vdash A \to B \vee A$；那么由 $\Gamma \vdash A$，根据定理 3，可得 $\vdash B \vee A$；因此，若 $\Gamma \vdash A$，则 $\Gamma \vdash A \vee B$ 并且 $\Gamma \vdash B \vee A$。

（4）的证明：已知 $A \vdash C$ 且 $B \vdash C$。首先由公理（6）可得 $\vdash (A \to C) \to ((B \to C) \to (A \vee B \to C))$；再由 $\Gamma, A \vdash C$ 并且 $\Gamma, B \vdash C$，根据演绎定理，可得 $\Gamma \vdash A \to C$ 且 $\Gamma \vdash B \to C$；那么连续两次引用定理 3，可得 $\Gamma \vdash A \vee B \to C$；

所以，若 $\Gamma, A \vdash C$ 并且 $\Gamma, B \vdash C$，则 $\Gamma, A \vee B \vdash C$。

定理 6　在 $C_n (1 \leq n < \omega)$ 中有：

（1）若 $\Gamma \vdash B^{(n)}$，并且 $\Gamma \vdash A \to B$，$\Gamma \vdash A \to \neg B$，则 $\Gamma \vdash \neg A$；

（2）若 $\Gamma \vdash B^{(n)}$，并且 $\Gamma \vdash \neg A \to B$，$\Gamma \vdash \neg A \to \neg B$，则 $\Gamma \vdash A$；

（3）若 $\Gamma \vdash B^{(n)}$，并且 $\Gamma, A \vdash B$，$\Gamma, A \vdash \neg B$，则 $\Gamma \vdash \neg A$；

（4）若 $\Gamma \vdash B^{(n)}$，并且 $\Gamma, \neg A \vdash B$，$\Gamma, \neg A \vdash \neg B$，则 $\Gamma \vdash A$；

（5）$B^{(n)}, A \to B \vdash \neg B \to \neg A$；

（6）$B^{(n)}, A \to \neg B \vdash B \to \neg A$；

（7）$B^{(n)}, \neg A \to B \vdash \neg B \to A$；

（8）$B^{(n)}, \neg A \to \neg B \vdash B \to A$；

证明：略。

三、C_n（$1 \leq n < \omega$）的语义

定义 2　一个赋值 V 是从公式集 $Form(L_0^{C_n})$ 到集合 $\{0, 1\}$ 上的一个函数，并且满足下列条件：

（1）若 $V(A) = 0$，则 $V(\neg A) = 1$；

（2）若 $V(\neg \neg A) = 1$，则 $V(A) = 1$；

（3）若 $V(B^{(n)}) = V(A \to B) = V(A \to \neg B) = 1$，则 $V(A) = 0$；

（4）$V(A \to B) = 1$，当且仅当，$V(A) = 0$ 或 $V(B) = 1$；

（5）$V(A \wedge B) = 1$，当且仅当，$V(A) = 1$ 且 $V(B) = 1$；

（6）$V(A \vee B) = 1$，当且仅当，$V(A) = 1$ 或 $V(B) = 1$；

（7）若 $V(A^{(n)}) = V(B^{(n)}) = 1$，则 $V((A \wedge B)^{(n)}) = V((A \vee B)^{(n)}) = V((A \to B)^{(n)}) = 1$。

"$V(A) = 1$"读作"A 为真"，"$V(A) = 0$"读作"A 为假"。在同一赋值下，A 和 $\neg A$ 可以都为真，这一点与古典命题逻辑不一样。因此，如果赋值 V 是某个公式 A 和 $\neg A$ 都为真，则称 V 为奇异的，否则为正常的。一个 C_n——公式在一个赋值下的值不是完全由它所含有的命题符在该赋值下的值所决定。

定理 7　如果 V 是一个赋值，那么对任意的 $A \in Form(L_0^{C_n})$ 有：

（1）若 $V(A) = 0$，则 $V(\neg A^k) = 0$，k 是任意正整数；

（2）$V(A) = 0$，当且仅当，$V(\sim A) = 1$；

（3）$V(A) = 0$，当且仅当，$V(A) = 0$ 并且 $V(\neg A) = 1$；

（4）$V(A^{(n)}) = 0$，当且仅当，$V(A) = V(\neg A) = 1$。

证明：

（1）的证明：

使用归纳法，施归纳于 k（1≤k≤n）：

首先，当 k=1 时，已知 V(A)=0，假设 V(¬A^1)=1，可得

$$V(¬A^1) \Leftrightarrow V(¬¬(A \land ¬A))=1 \qquad （缩写约定）$$
$$\Rightarrow V(A \land ¬A)=1 \qquad （定义 2（2））$$
$$\Rightarrow V(A)=1 \qquad （定义 2（5））$$

但已知 V(A)=0，所以矛盾，故假设不成立。因此，当 k=1 时，结论成立。

其次，设 k=m 时，结论成立，即，若 V(A)=0，则 V(¬A^m)=0。当 k=m+1 时，已知 V(A)=0，假设 V(¬A^{m+1})=1，则有：

$$V(¬A^{m+1}) \Leftrightarrow V(¬¬(A^m \land ¬A^m))=1 \qquad （缩写约定）$$
$$\Rightarrow V(A^m \land ¬A^m)=1 \qquad （定义 2（2））$$
$$\Rightarrow V(¬A^m)=1 \qquad （定义 2（5））$$

但已知 V(¬A^m)=0，所以矛盾，故假设不成立。因此，当 k=m+1 时，结论成立。

所以，根据归纳法则可得，当 k 为正整数时，若 V(A)=0，则 V(¬A^k)=0。

（2）的证明：

首先，设 V(A)=0，两次引用定理 7（1），可得 V(¬¬A^k)=0，k 为正整数；再根据赋值定义 2（2），可得 V(A^k)=1，k 为正整数；这样，k 依次取值，可得 V(A^1)=V(A^2)=…=V(A^n)=1，即，V(A$^{(n)}$)=1。

设 V(A)=0，则根据定义 2（1），可得 V(¬A)=1；所以，根据~的定义和定义 2（5），就有 V(~A)=1。

其次，设 V(~A)=1，根据~的定义和定义 2（5），可得 V(¬A)=1=V(A$^{(n)}$)=1；再根据定义 2（4），可得 V(A→A)=V(A→¬A)=1；所以根据定义 2（3），可得 V(A)=0。

（3）的证明：

首先，设 V(A)=0，根据定义 2（1），则有 V(¬A)=1；所以就有 V(A)=0 且 V(¬A)=1。

其次，设 V(A)=0 且 V(¬A)=1，显然有 V(A)=0。因此，就有若 V(A)=0 且 V(¬A)=1，则 V(A)=0。

（4）的证明：

首先，设 V(A$^{(m)}$)=0，根据缩写约定和定义 2（5），则有正整数 k 使得 V(A^k)=0；那么根据定义 2（1），则有：

$$V(\neg A^k)=1 \Leftrightarrow V(\neg\neg(A^{k-1} \wedge \neg A^{k-1}))=1 \qquad （缩写约定）$$
$$\Rightarrow V(A^{k-1} \wedge \neg A^{k-1})=1 \qquad （定义 2（2））$$
$$\Rightarrow V(\neg A^{k-1})=1 \qquad （定义 2（5））$$
$$\Rightarrow V(\neg A^1)=1 \qquad （重复步骤以上步骤 k-1 次）$$
$$\Rightarrow V(\neg\neg(A \wedge \neg A))=1 \qquad （缩写约定）$$
$$\Rightarrow V(A \wedge \neg A)=1 \qquad （定义 2（2））$$
$$\Rightarrow V(A)=V(\neg A)=1 \qquad （定义 2（5））$$

其次，设 $V(A)=V(\neg A)=1$。由 $V(A)=1$，根据定理 7（2），可得 $V(\sim A)=0$；再由 $V(\neg A)=1$，根据 $\sim$ 的定义和定义 2（5），可得 $V(A^{(n)})=0$。

定义 3　一个赋值 V 是一公式 A 的模型，当且仅当，$V(A)=1$；若任一赋值都是 A 的模型，则称 A 是有效的。一个赋值 V 是一公式集 Γ 的模型，当且仅当，它是 Γ 中每一公式的模型，即，对 Γ 中的任一公式 A 都有 $V(A)=1$；若 Γ 是有模型的，则称 Γ 是可满足的。若 Γ 的任一模型都是 A 的模型，则称 Γ 语义蕴涵 A（或称 A 是 Γ 有效的），记作 $\Gamma \models A$；当 $\Gamma=\varnothing$ 时，$\Gamma \models A$ 简记为 $\models A$，此时，称 A 为（普遍）有效的。

第三节　多值逻辑

一、多值逻辑概述

经典逻辑刻画了数学研究中所使用的推理方法和证明方法。其特征之一是命题的二值性。但在古希腊时代，亚里士多德还曾考虑过"将来偶发事件"的真假问题。中世纪时也有过关于在三月三日说"明天下雨"和在三月五日说"昨天下雨"这类命题是否有相同真值的讨论。直到 20 世纪 20 年代，波斯特才给出了一个多值逻辑系统和波斯特从数学的角度给出了一个函数完全的多值逻辑，继他们之后，不同的多值逻辑系统和理论相继出现，参与研究者越来越多，几十年的时间里，多值逻辑迅速成为现代逻辑的一个分支，还一度成为研究的热点。人们之所以热衷于多值逻辑的研究，是因经典逻辑在其发展中显示出极大的局限性，发展多值逻辑有可能解决这些局限性。多值逻辑的研究最初从哲学的思考出发，继而是用数学的形式化方法去研究的。用形式化方法研究又可以有不同的角度，大致上可以分为三个方面：函数完备性问题、逻辑系统的建构问题和代数模型问题。除此之外，对多值逻辑的研究还有一个重要的方面是它的应用研究。

对函数完备性问题的研究是从波斯特（Post）开始的，他最先建立了函数完备的多值逻辑，并对简单的多值逻辑的函数完备性进行了研究。从波斯特所得到的结果可以看出，多值逻辑应该有与经典逻辑相似的性质。1935 年，韦伯（Webb）通过对经典命题逻辑的谢费尔（Sheffer）函数进行扩充，得到了一个 n-值逻辑谢费尔函数。这一结果更激发了人们对函数完备性问题研究的兴趣。具有函数完备性的 n-值逻辑是什么样，很多人都想给出明确的刻画。然而这是一个非常困难的问题。从 20 世纪 40 年代开始，很多学者投入到这一研究领域。在 20 世纪 60 年代，我国的学者在这一领域的研究曾领先于世界。在这一领域中取得了决定性成果的是罗森伯格（I. G. Rosenberg），他 1970 年发表了对函数完备集的刻画，但这一结果的发表并没有结束该领域的研究，在此基础上至今还有不少人继续研究。

多值逻辑公理系统的构建，早期大都是希尔伯特（Hilbert）型的公理系统（即：有几条公理或公理模式，加上几条推理规则）。如：1931 年，瓦斯伯格（Wajsberg）对卢卡西维奇（Lukasiewicz）的三值逻辑给出了一个希尔伯特型的公理系统。有没有一个一般的方法，对所有的多值逻辑给出一个希尔伯特型的公理化方案，这是一个自然被提出的问题，也是一个重要而困难的问题。在 1945—1951 年，罗瑟（J. B. Rosser）和土尔特（A. R. Turquette）在这方面作出了开拓性的工作，他们两人在卢卡西维奇的有穷多值逻辑的基础上给出了一类逻辑的公理化方案，但是，这也为其他类型的逻辑提供了值得借鉴的方法。1958 年罗丝（A. Rose）和罗瑟（J. B. Rosser）对卢卡西维奇的无穷值逻辑的完全性给出了代数证明，1959 年，C. C. 张（C. C. Chang）用另一种代数方法也给出了证明。这些公理化方法都是具有重要意义的，但它们都不能适应于各种各样的多值逻辑。能够适应于各种各样多值逻辑的公理化方法的是类似于经典逻辑的根岑（Gentzen）型的公理化方法。这种方法是 20 世纪七八十年代，苏尔玛（Stanislaw J. Surma）和坎涅利（Walter A. Cannielli）给出的。另外，多值逻辑与经典逻辑一样也有自然推理系统。进入 20 世纪 90 年代，对多值逻辑的公理化方法研究已经较少，这主要有两个原因：原因之一是公理化的方法已经有了经典性的成果，在此基础上人们的注意力集中于把自己已有的成果应用于模糊逻辑中，多值逻辑的研究和模糊逻辑的研究变得不可分割；原因之二是在原有成果的基础上人们致力于构建更为抽象的逻辑，对多值逻辑的研究融入对抽象逻辑的研究之中了。

多值逻辑代数问题的研究，与多值逻辑最初建立的卢卡西维奇的多值逻辑和波斯特给出了一个函数完全的多值逻辑分不开。为了研究卢卡西维奇的多值逻辑，瓦斯伯格在 1931 年采用代数方法证明卢卡西维奇三值逻辑的完全性。罗斯和罗瑟在 1958 年用代数方法证明了卢卡西维奇无穷值逻辑的完全性。而瓦斯伯格采用的代数方法后来发展成为瓦斯伯格代数。然而，罗斯和罗瑟的证明方法却没有发展成系统的代数理论。但是，C. C. 张在 1958 年提出了一种 MV-代数。利用这种代数，他重新证明了卢卡西维奇无穷值逻辑的完全性。现在，MV-代数已经发展成为系统而丰富的理论，是一个非常活跃的研究领域。20 世纪 90 年代至今，又有人提出了新型的 MV-代数，如：1993 年安布罗西奥（R. Ambrosio）和莱蒂耶里（A. Lettieri）提出的双向的MV-代数，1997 年 C. S. 胡（C. S. Hoo）提出的拓扑的 MV-代数，等等。为了研究波斯特给出的函数完全的多值逻辑，1942 年罗圣朋（Rosenbloom）提出了 Post-代数。从那时起，Post-代数的理论及其推广得到了极大的发展。现在，这仍然是一个活跃的研究课题。在 Post-代数的基础上，人们对 Post-代数进行推广和进一步的抽象提出了 P-代数等。

二、多值逻辑的公理化系统 L–S 和 R–T

1. 多值逻辑的公理化系统 L–S

20 世纪 20 年代，卢卡西维奇和波斯特先后给出了自己的多值逻辑。然而，最早给出希尔伯特型多值逻辑系统的是瓦斯伯格，他于 1931 年给出了刻画卢卡西维奇三值逻辑的公理化系统并证明了该系统的完全性。该系统包括如下的公理：

A1：$p \rightarrow (q \rightarrow p)$

A2：$(p \rightarrow q) \rightarrow ((q \rightarrow r) \rightarrow (p \rightarrow r))$

A3：$(\neg p \rightarrow \neg q) \rightarrow (q \rightarrow p)$

A4：$(p \rightarrow p) \rightarrow p) \rightarrow p$

推理规则包括分离规则（MP）和代入规则（SUB）。

由于瓦斯伯格的系统不是函数完全的，1936 年斯卢佩奇（Slupecki）又为该系统增加了初始联结词 T（表示常函数 1/2）和如下的两条公理：

A5：$T p \rightarrow \neg T p$

A6：$\neg T p \rightarrow T p$

这个系统记作 L–S 系统。该系统是函数完全的同时也是演绎完全的。

2. 多值逻辑的公理化系统 R–T

罗瑟和土尔特在 1945、1948 和 1951 年间发表了一系列重要论文，为多值逻辑的公理化作出了开拓性的贡献。他们主要是通过定义如下的一类一元联结词：

$$J_s(u) = \begin{cases} 1，如果 u = s \\ m，否则 \end{cases}$$

这里 $s \in W$，W 为公式集，1 是特指值，相当于真，m 相当于假。由于在多值逻辑中没有与经典逻辑否定词起同样作用的联结词，人们通常用增加算子来弥补这一点。在这里，罗瑟和土尔特利用对 J_s 达到对有穷值逻辑的希尔伯特型的公理化。对于以 1 为特指值的 m 值多值逻辑，他们给出了公理系统 R-T。

R-T 的公理模式：

1. $P \to P$

2. $P \wedge P \to P$

3. $Q \vee P \to P$

4. $P \to (Q \to P)$

5. $P \vee Q \to Q \vee P$

6. $(P \to Q) \to ((Q \to R) \to (P \to R))$

7. $(P \to Q) \to ((R \to S) \to (P \wedge R \to Q \wedge S))$

8. $(P \wedge Q) \vee R \to (P \vee R) \wedge (Q \vee R)$

9. $(P \to Q) \to ((P \to R) \to (P \to Q \vee R))$

10. $\overset{m}{\underset{i}{\wedge}} J_i(P)$

11. $J_1(P) \to P$

12. $J_j(P) \to J_a(\neg P)$

13. $J_j(P) \vee J_i(Q) \to J_b(P \to Q)$，其中 $b = \max(1, i - j + 1), 1 \leq j, i \leq m$

这里 $P \wedge Q =_{df} (P \to Q) \to Q, P \vee Q =_{df} \neg(\neg Q \wedge \neg P)$。

R-T 的推理规则：

如果 P 和 $P \to Q$，则 Q。

这一公理系统是演绎完全的。由于 m 是任意的，它为卢卡西维奇有穷值逻辑的公理化提供了一般的方法。

罗瑟和土尔特还在有穷公理化系统 R-T 的基础上增加公理：

14. $TP \to \neg TP$

15. $\neg TP \to TP$

这两条公理分别与公理 W5 和 W6 一样。这样得到的系统不仅是演绎完全的也是函数完全的。

三、多值逻辑的语义

由于多值逻辑有各种各样的形式系统，每一个形式系统的产生都有其动机或语义解释，而且这些解释之间往往毫不相干。下面分别给出卢卡西维奇、波斯特和克利尼三值逻辑的语义解释。

1. 卢卡西维奇的三值逻辑语义

卢卡西维奇引进第三个逻辑值的原因是多方面的，其中一个主要的原因是来自他关于未来偶然事件的论述。他以"我在明年 12 月 21 日中午将在华沙"这句话为例，说明关于未来偶然事件的命题既不是真的也不是假的，因为否则就会得出关于未来偶然事件的必然性和不可能性的宿命论结论。他用 1/2 表示这类命题的真值情况。因此，他用 1 表示真，0 表示假，1/2 表示真假之外真值情况，从而建立了他的三值逻辑语义。起初，卢卡西维奇把这第三个值，即：1/2，解释为"可能性"或者"非决定性"，推广了对否定和蕴涵的经典解释，并给出了如下的真值表：

α	$\neg\alpha$
1	0
1/2	1/2
0	1

$\rightarrow$	1	1/2	0
1	1	1/2	0
1/2	1	1	1/2
0	1	1	1

其他逻辑联结词的定义如下：

$$(\alpha \vee \beta) =_{df} ((\alpha \rightarrow \beta) \rightarrow \beta)$$
$$(\alpha \wedge \beta) =_{df} \neg(\neg\alpha \vee \neg\beta)$$
$$(\alpha \leftrightarrow \beta) =_{df} ((\alpha \rightarrow \beta) \wedge (\beta \rightarrow \alpha))$$

它们的真值表分别为：

∨	1	1/2	0
1	1	1	1
1/2	1	1/2	1/2
0	1	1/2	0

∧	1	1/2	0
1	1	1/2	0
1/2	1/2	1/2	0
0	0	0	0

↔	1	1/2	0
1	1	1/2	0
1/2	1/2	1	1/2
0	0	1/2	1

在卢卡西维奇的三值逻辑中，公式的一个赋值 v 是与上面的真值表一致的一个 W 到 $\{0，1/2，1\}$ 的映射。重言式是在任意的赋值 v 下总取特指值 1 的公式。通常认为，在卢卡西维奇的三值逻辑中，重言式的集合与经典（命题）逻辑的重言式的集合不同。因为，在卢卡西维奇的三值逻辑中，既没有排中律，也没有无矛盾律。这三个真值所反映的真理性依 1，1/2，0 的次序递减。

2. 波斯特的三值逻辑语义

波斯特受怀特海和罗素《数学原理》中经典命题逻辑的形式化、真值表方法和经典逻辑具有函数完全特征的启发，在 1920—1921 年，分析了一组有穷值的命题逻辑系统，构建了函数完备的有穷值逻辑系统。

按照怀特海和罗素在《数学原理》中的做法，波斯特取否定¬（它与卢卡西维奇使用的否定 N 含义不同）和析取∨作为初始联结词。对于任意的一个自然数 n≥2，他令

$$P_n = \{c_1, c_2, \ldots, c_n\}$$ 并且 $c_i < c_j$ 当且仅当 i<j

是一个全序集并且在 P_n 上有两个运算：一个是一元循环否定¬运算，另一个是二元析取运算。它们的定义如下：

$$\neg c_i = \begin{cases} c_{i+1}, & \text{如果 } i \neq n \\ c_1, & \text{如果 } i = n \end{cases}$$

$$c_i \lor c_j = c_{\max\{i,j\}}$$

当 $n \geqslant 2$ 时，这些等式确定了 n-值的否定和析取的真值表。例如，当 n=5 时，其真值表如下：

x	$\neg x$
c_1	c_2
c_2	c_3
c_3	c_4
c_4	c_5
c_5	c_1

$\lor$	c_1	c_2	c_3	c_4	c_5
c_1	c_1	c_2	c_3	c_4	c_5
c_2	c_2	c_2	c_3	c_4	c_5
c_3	c_3	c_3	c_3	c_4	c_5
c_4	c_4	c_4	c_4	c_4	c_5
c_5	c_5	c_5	c_5	c_5	c_5

特别是，当 n=2 时，波斯特的 n-值逻辑与否定-析取型经典命题逻辑相同，集合 $P_2 = \{c_1, c_2\}$ 可视为 $\{0，1\}$（严格说在同构的意义下），这样一来，2-值波斯特的否定-析取就可以看成经典的否定-析取。但当 n>2 时，波斯特的 n-值逻辑与经典命题逻辑就不存在这种关系了。

3. 克利尼的三值逻辑语义

克利尼受数学基础和递归论研究的影响，1938 和 1952 年建立了三值命题逻辑和谓词逻辑两个系统。在他的三值逻辑中，允许一些命题在某个阶段上是不确定的。因此，他引进的第三个逻辑值用来表示不确定状态。与经典命题联结词对应的克利尼的联结词有下面的真值表定义：

α	$\neg \alpha$
T	F
U	U
F	T

→	1	U	F
T	T	U	F
U	T	U	U
F	T	T	T

∨	1	U	F
T	T	T	T
U	T	U	U
F	T	U	F

↔	T	U	F
T	T	U	F
U	U	U	U
F	F	U	T

在克利尼的真值表中，¬，∧和∨的真值表与卢卡西维奇的三值相同，但→的真值表不同。利用克利尼的真值表可以算出，p→q 等值于¬p∨q。因此，p→p 和 p↔p 都不是永真式。根据克利尼的真值表的规定，在克利尼的三值逻辑中，也不会有永真式。与此同时，还可以看出克利尼的三值真值表也是经典二值真值表的扩充。

4. 布齐瓦尔的三值逻辑

1939 年，布齐瓦尔也提出了一种三值逻辑。他引入第三值 I 的目的是处理那些无意义的句子（或悖论）。布齐瓦尔认为有些句子是无意义的，对它们就不能再以真假论之。因而它们具有第三值 I。一个复合命题，如果其中含有无意义的成分，那么整个复合命题也没有意义。因此，整个命题就取第三值 I。布齐瓦尔选用¬和∧作为初始联结词，各联结词之间仍具有经典二值逻辑中的那些相互定义的关系。与经典命题联结词对应的布齐瓦尔的联结词有下面的真值表定义：

α	¬α
T	F
I	I
F	T

∧	T	I	F
T	T	I	F
I	I	I	I
F	T	I	T

布齐瓦尔对否定的解释与卢卡西维奇一样，但对合取词的解释不同。在布齐瓦尔的真值表中，T，I 和 F 已不再表示不同程度的真理性。p∧q 的真值表中，I 行和 I 列上的值均为 I，这体现了布齐瓦尔的观点：在一个复合命题中，只要有一个成分无意义，那么整个命题便没有意义。这也是布齐瓦尔三值逻辑的特征。布齐瓦尔的三值真值表仍然是经典二值真值表的扩充。布齐瓦尔对其他联结词的定义与经典的情况相同，其定义如下：

$$(\alpha \vee \beta) =_{df} \neg(\neg\alpha \wedge \neg\beta)$$
$$(\alpha \to \beta) =_{df} \neg(\alpha \wedge \neg\beta)$$
$$(\alpha \leftrightarrow \beta) =_{df} ((\alpha \to \beta) \wedge (\beta \to \alpha))$$

因此，∨，→和↔的真值表如下：

∨	T	I	F
T	T	T	T
I	I	I	I
F	T	I	F

→	T	I	F
T	T	I	F
I	I	I	I
F	T	I	T

↔	T	I	F
T	T	I	F
I	I	I	I
F	F	I	T

由于布齐瓦尔的真值表中 I 行 I 列上的元素都是 1，因此，布齐瓦尔的三值逻辑中就不再有经典意义下的重言式了，也就是说，没有一个公式的值是常 T 的。

复习思考题

一、在卢卡西维奇的三值逻辑中，考虑：

1. 二值逻辑中的排中律 p∨¬p 是否成立？

2. 二值逻辑中的矛盾律¬(p∧¬p)是否成立？

3. "p↔q"的值与"(p→q)∧(q→p)"的值是否相等？

4. "p→q"的值与"¬p∨q"的值是否相等？

练习题

一、在道义逻辑的标准系统 SDL 中，将下列语句形式化。

1. 禁止破坏婚姻自由，禁止虐待老人、妇女和儿童。

2. 父母有抚养教育未成年子女的义务，成年子女有赡养扶助父母的义务。

3. 任何公民享有宪法和法律规定的权利；同时必须履行宪法和法律规定的义务。

4. 如果禁止包办婚姻或买卖婚姻，那么禁止包办婚姻和买卖婚姻。

5. 如果允许青年人犯错误和改正错误，那么就允许青年人犯错误并且允许青年人改正错误。

二、解释下面的形式语句。

1. Op→Pp

2. ¬Pp→¬Op

3. P¬p↔¬Op

4. P¬p∨Pp

5. ¬(Op∧O¬p)

各章练习题参考答案

第二章

一、

1. 第一个括号内文字说明"文学"的内涵；第二个括号内文字说明"文学"的外延。

2. 第一个括号内文字说明"法人"的内涵；第二个括号内文字说明"法人"的外延。

3. 第一个括号内文字说明"地震"的外延；第二个括号内文字说明"地震"的内涵。

4. 第一个括号内文字说明"加速器"的内涵；第二个括号内文字说明"加速器"的外延。

5. 括号内的文字说明"思维形式"的外延。

二、

1. "我班同学"是普遍概念、肯定概念、实体概念；"英语"是单独概念、肯定概念、实体概念。

2. "在边疆服役的军人"和"医生"都是普遍概念、肯定概念、实体概念。

3. "南开大学"是单独概念、肯定概念、实体概念；"高等学校"是普遍概念、肯定概念、实体概念。

4. "闪光的东西"和"金子"都是普遍概念、肯定概念、实体概念。

5. "旅游鞋"是普遍概念、肯定概念、实体概念；"漂亮"是普遍概念、肯定概念、属性概念。

6. "不合法"是普遍概念、肯定概念、属性概念；"犯罪行为"是普遍概念、肯定概念、实体概念。

三、

1. "群众"用为集合概念。

2. 第一个"鲁迅的书"用为集合概念；第二个"鲁迅的书"用为非集合概念。

3. "中国人"用为集合概念。

4. "中国女排队员"用为集合概念。

5. "人民群众"用为集合概念。

6. "我国的高等院校"用为集合概念。

四、

1. a 教师　　b 科学家　　c 书法家　　2. a 中国　　b 天津市　　c 南开大学

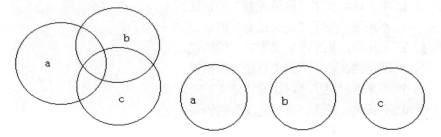

3. a 物理书　　b 外文书　　c 外文词典　　4. a 足球爱好者 b 戏剧爱好者
　　　　　　　　　　　　　　　　　　　　　　　c 京剧爱好者

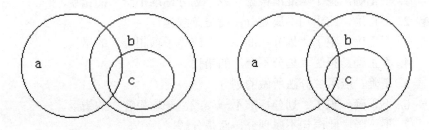

5. a 车　　b 自行车　　c 汽车　　d 摩托车　　6. a 电器　　b 电灯
　　　　　　　　　　　　　　　　　　　　　　　　c 太阳能热水器

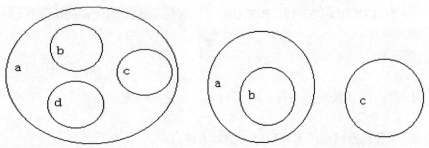

五、

1. "重工业"可限制为"钢铁工业"，可概括为"工业"。

2. "中国历史"可限制为"中国古代史"，可概括为"历史"。

3. "高等院校"可限制为"高等师范院校"，可概括为"学校"。

4. "石油工人"可限制为"大庆石油工人"，可概括为"工人"。

5. "乒乓球运动"可限制为"少年乒乓球运动"，可概括为"体育运动"。

6. "杨树"可限制为"白杨树"，可概括为"树"。

六、

1. 不正确，犯了"同语反复"的错误。

2. 不正确，犯了"定义过宽"的错误。

3. 不正确，犯了"定义否定"的错误。

4. 不正确，犯了"定义否定"的错误。

5. 不正确，犯了"以比喻代定义"的错误。

6. 不正确，犯了"循环定义"的错误。

7. 不正确，犯了"定义过窄"的错误。

8. 不正确，犯了"定义不清"的错误。

七.

1. 不正确，犯了"混淆根据"或"划分标准不一"的错误。

2. 不正确，此语句不属划分，而是分解。

3. 不正确，犯了"划分标准不一"或"子项相容"的错误。

4. 不正确，犯了"划分不全"的错误。

5. 正确，应用二分法所做的划分。

6. 不正确，犯了"划分标准不一"或"子项相容"的错误。

7. 不正确，此语句不属划分，而是分解。

8. 正确，对"教材"所做的连续划分。

八.

1—5：CDCBD；6—10：BDCDB；11—15：BBACD；16—20：CBAAD

第三章

一、

1. 是；2. 祈使句，不是；3. 疑问句，不是；4. 是。

二、

1. 全称肯定判断，主项周延，谓项不周延。

2. 特称否定判断，主项不周延，谓项周延。

3. 单称否定判断，主项、谓项均周延。

4. 全称否定判断，主项、谓项均周延。

5. 特称肯定判断，主项、谓项均不周延。

6. 单称肯定判断，主项周延，谓项不周延。

三、

1. A 为真时，E 假、I 真、O 假。

2. I 为真时，A、O 真假不定，E 假。

3. E 为真时，A 假、I 假、O 真。

4. O 为真时，A 假，E、I 真假不定。

四、

1. 喜欢，非对称关系。

2. 以……言和，对称关系。

3. 好得像，非传递关系。

4. 在……南面，反对称关系。

五、

1. SAP→SE¬P

2. SOP→SI¬P

3. SEP→SA¬P

4. SIP→SO¬P

六、

1. 不能换位。

2. SAP→PIS

3. SIP→PIS

4. SEP→PES

七、

1. SIP，不能进行换质位推理。

2. SOP→SI¬P→¬PIS

3. SAP→SE¬P→¬PES

4. SEP→SA¬P→¬PIS

八、

1. 第三格；2. 第一格；3. 第二格；4. 第四格。

九、

1. 不正确，大项扩大。

2. 不正确，中项不周延。

3. 正确。

4. 不正确，两个特称前提不能得结论。

十、

1. 省略大前提"所有翻译都要学外语"，不正确，大扩大。

2. 省略小前提"你是党员"，正确。

3. 省略结论"有计划有利于提高效率"，正确。

4. 省略小前提"破坏生态平衡是违背规律的"，正确。

十一、

1—5：BCDAB；6—10：ACDCD；11—15：BAACD；16—20：BCACB

第四章

一、

1. 联言判断。p 并且 q。

2. 充分条件假言判断。如果 p，那么 q。

3. 充分条件假言判断。如果 p，那么 q。

4. 相容选言判断。或者 p，或者 q。

5. 必要条件假言判断。只有 p，才 q（或：除非 p，不 q）。

6. 充分必要条件假言判断。当且仅当 p，则 q。

7. 相容选言判断。或者 p，或者 q。

8. 相容选言判断的负判断。并非（或者 p，或者 q）。

9. 充分条件假言判断的负判断。并非（如果 p，那么 q）。

10. 充分条件的多重复合判断（前件为联言判断）。如果（p 并且 q），那么 r。

二、

1. 1 与 6 为等值关系。"如果非 p，那么 q"等值于"或者 p，或者 q"。

2. 2 与 7 为等值关系。"或者非 p，或者非 q"等值于"并非（p 并且 q）"。

3. 3 与 5 为等值关系。"要么 p，要么 q"等值于"并非（当且仅当 p，则 q）"。

4. 4 与 8 为等值关系。"只有 q，才 p"等值于"非 p，或者 q"。（其中，"只有 q，才 p"等值于"如果 p，那么 q"）

三、

1. 等值判断："只有严格限制生产它，某化合物才具有很强的毒性"。矛盾判断："某化合物具有很强的毒性，但并非严格限制生产它"。

2. 等值判断："小王不是特种兵，并且不是运动员"。矛盾判断："小王或者是特种兵，或者是运动员"。

3. 等值判断："并非大熊猫或者不是我国的国宝，或者不属于濒临灭绝的动物"。矛盾判断："如果大熊猫是我国的国宝，那么它不属于濒临灭绝的动物"。

4. 等值判断："如果是喜欢吃粤菜的人，那么他不喜欢吃川菜"。矛盾判断："喜欢吃川菜的人，并且也喜欢吃粤菜"。

5. 等值判断："并非旗杆上飘扬的或者不是红旗，或者不是五星红旗"。矛盾判断："如果旗杆上飘扬的是红旗，那么它不是五星红旗"。

6. 等值判断："战胜困难并且不被困难所战胜，或者，没战胜困难并且被困难所战胜"。矛盾判断："并非要么战胜困难，要么被困难所战胜"。

四、

1.

p	q	¬q	p∨¬q	p→(p∨¬q)
真	真	假	真	真
真	假	真	真	真
假	真	假	假	真
假	假	真	真	真

2.

p	q	¬p	¬q	p∧q	p∨¬q	q∨¬p	p∨¬q∧q∨¬p	p∧q→(p∨¬q∧q∨¬p)
真	真	假	假	真	真	真	真	真
真	假	假	真	假	真	假	假	真
假	真	真	假	假	假	真	假	真
假	假	真	真	假	真	真	真	真

3.

p	q	¬p	¬q	p∨¬p	¬q∧q	(p∨¬p)→(¬q∧q)
真	真	假	假	真	假	假
真	假	假	真	真	假	假
假	真	真	假	真	假	假
假	假	真	真	真	假	假

4.

p	q	¬p	p→q	¬p∨q	(p→q)→(¬p∨q)
真	真	假	真	真	真
真	假	假	假	假	真
假	真	真	真	真	真
假	假	真	真	真	真

5.

p	q	¬p	¬q	p∧q	¬（p∧q)	¬p∧¬q	¬（p∧q)→(¬p∧¬q)
真	真	假	假	真	假	假	真
真	假	假	真	假	真	假	假
假	真	真	假	假	真	假	假
假	假	真	真	假	真	真	真

6.

p	q	r	¬q	¬r	p∧q	p∧q→r	¬r∧p	¬r∧p→¬q	(p∧q→r)→(¬r∧p→¬q)
真	真	真	假	假	真	真	假	真	真
真	真	假	假	真	真	假	真	假	真
真	假	真	真	假	假	真	假	真	真
真	假	假	真	真	假	真	真	真	真
假	真	真	假	假	假	真	假	真	真
假	真	假	假	真	假	真	假	真	真
假	假	真	真	假	假	真	假	真	真
假	假	假	真	真	假	真	假	真	真

五、

1. 充分条件假言推理的肯定后件式。(p→q)∧q→p。不正确，根据充分条件假言推理规则，肯定后件不能推出肯定前件。

2. 相容选言推理的肯定否定式。(p∨q)∧p→q。不正确，根据相容选言推理规则，肯定一个选言支，不能否定另一个选言支。

3. 必要条件假言推理的肯定后件式。(p←q)∧q→p。推理正确。

4. 充分条件假言推理的否定前件式。(p→q)∧¬p→¬q。不正确，根据充分条件假言推理规则，否定前件不能推出否定后件。

5. 不相容选言推理的肯定否定式。(p∨̇q)∧p→¬q。推理正确。

6. 充分条件假言连锁推理的否定前件式。(p→q)∧(q→r)→(¬p→¬r)。

不正确，根据充分条件假言推理规则，否定前件不能推出否定后件。

7. 假言选言推理的简单构成式。$((p \to q) \wedge (\neg p \to q)) \wedge (p \vee \neg p) \to q$。推理正确。

8. 必要条件假言推理的否定前件式。$(p \leftarrow q) \wedge \neg p \to \neg q$。推理正确。

9. 相容选言推理的肯定肯定式。$p \to (p \vee q)$。推理正确。

10. 反三段论推理。$(p \wedge q \wedge r \to s) \wedge (\neg s \wedge q \wedge r) \to \neg p$。推理正确。

六、

1. 不能。必要条件假言推理，由肯定前件不能必然推出结论。

2. 能。结论为：我班同学家中的电脑都不是新出品的个人电脑。

3. 能。结论为：小陈乐于上网是迷恋游戏。

4. 能。结论为：李刚没去参加联欢会。

5. 能。结论为：午夜天上最亮的星星不是牛郎星，也不是织女星。

6. 不能。充分条件假言连锁推理，肯定后件不能必然推出结论。

7. 能。结论为：我们还没有按照经济规律办事。

8. 能。结论为：并非所有的鸟都会飞。（或者：有些鸟不会飞。）

七.

1—5：ABDBC；6—10：CDCAA；11—15：ABAAC；16—20：DBDBD

第五章

一、

1. 某甲的推断犯了"混淆概念"的逻辑错误，违反了同一律的要求。

2. 丁说的话真，是甲捐的。

3. 不正确。"谁人能当南阳县令"，与"解狐是你的仇人"是两码事，不能用其中的任何一个判断去代替另一个判断。

4. 齐宣王的最后应答采取的"闪烁其词"的岔开话题方法。但违反了排中律的逻辑要求：在是非面前，对问题要作出明确的回答。

5. 断章取义。

6. 诉诸感情。

7. 题干是"诉诸公众"的谬误，要想反驳，就必须指出名言并非都是真理，不能由名言简单证明上述结论。

8. 从甲乙两方的对话看，甲方在提问中包含有"稻草人"的逻辑错误，乙方发现了这一点，并作出了正确的应对。以反问句的形式，指出甲方在谈判中无中生有，故意指责乙方，以便在本次谈判中讨价还价。

二、

1. 前两个"变"是指哲学意义上的一般的"变"，"保持不变"的"变"则指"不向坏的方面变"而"向好的方面变"。因此，在这段话中"变"的概念内涵不相同，如不加限制，就会违反同一律的逻辑要求，混淆了概念。

2. 甲所说的"影响别人"这一概念包括了甲本人在内，而乙所说的"影响别人"这一概念把甲排除在外。因此，乙在这里偷换了概念，违反了同一律的逻辑要求。

3. 乙的回答者是偷换论题的诡辩。

4. 乙的回答转移了论题，违反了同一律的逻辑要求。

5. "天刚发亮"和"万道霞光"包含矛盾，违反了矛盾律的逻辑要求。

6. 王阳明偷换了论题。

7. 这段话违反了排中律的逻辑要求，是非此非彼的"两不可"诡辩。

8. 违反排中律要求，犯有"非此非彼"的逻辑错误。

三、

1—7：CDBAABB

第六章

一、

1. 是枚举归纳推理，其结构是：

　　　　硫酸中含有氧元素，

　　　　硝酸中含有氧元素，

　　　　硼酸中含有氧元素，

　　　　硫酸、硝酸、硼酸等都是酸，

　　　　所以，一切酸中都含有氧元素。

2. 是枚举归纳推理，其结构是：

　　　　带鱼只用鳃呼吸，

　　　　鲤鱼只用鳃呼吸，

　　　　鲫鱼只用鳃呼吸，

　　　　带鱼、鲤鱼、鲫鱼等都是鱼，

　　　　所以，所有鱼都只用鳃呼吸。

3. 是完全归纳推理，其结构为：

　　　　直角三角形内角之和是180°，

　　　　锐角三角形内角之和是180°，

钝角三角形内角之和是 $180°$ ，

三角形被分为直角三角形、锐角三角形、钝角三角形，共
有三种，

所以，所有三角形内角之和都等于 $180°$ 。

4. 是枚举归纳推理，其结构为：

音乐指挥甲工作到 90 岁，

音乐指挥乙工作到 85 岁，

音乐指挥丙工作到 86 岁，

所以，音乐指挥可能比较长寿。

5. 是科学归纳推理，其结构为：

元素的排列有固定不移的基本秩序，

四季的交替有固定不移的基本秩序，

生物的进化有固定不移的基本秩序，

社会的发展有固定不移的基本秩序，

大体的运行有固定不移的基本秩序，

没有任何规律的物质运动是不存在的，

所以，一切物质的运动形态都有其固有规律。

6. 是枚举归纳推理，其结构是：

$7^2 - 1 = 48$ ，

$11^2 - 1 = 120$ ，

$5^2 - 1 = 24$ ，

$9^2 - 1 = 80$ ，

$15^2 - 1 = 224$ ，

$7^2 - 1$ 、 $11^2 - 1$ 、 $5^2 - 1$ 、 $9^2 - 1$ 、 $15^2 - 1$ 是大于 1 的奇数的平方减 1 的部分对
象，它们的得数均是 8 的倍数，从未发现反例，

所以，一切大于 1 的奇数的平方减 1 的得数是 8 的倍数。

二、

1. 这里所运用的是求同法。

2. 这里所运用的是差异法。

3. 这里所运用的是共变法。

4. 这里所运用的是剩余法。

5. 这里所运用的是求同法。

三、

1—4：CCCD 5—8：BDBB

四、

1. 抽出黑桃"A"的概率为 1/52。

2. 抽出红桃"Q"的概率为 1/52。

3. 抽出头像牌的概率为 12/52，即 3/13。

4. 抽出没有头像的纸牌的概率为 40/52，即 10/13。

五、

1. $\dfrac{1}{8}$

2. 两次正面和一次反面的组合有三种情况，它们是互斥的：正正反，正反正，反正正。每种情况下都有 $\dfrac{1}{8}=\dfrac{1}{2}\times\dfrac{1}{2}\times\dfrac{1}{2}$（按照规则 8）。于是根据规则 4：Pr（正正反∨正反正∨反正正）$=\dfrac{1}{8}+\dfrac{1}{8}+\dfrac{1}{8}=\dfrac{3}{8}$

3. 同理，Pr（一次露正面且两次露反面）$=\dfrac{3}{8}$

4. 按照规则 8，Pr（正反正）$=\dfrac{1}{2}\times\dfrac{1}{2}\times\dfrac{1}{2}=\dfrac{1}{8}$

5. $\dfrac{7}{8}$

6. 没有任何正面也就等同于全是反面露出。根据规则 8，Pr（反反反）$=\dfrac{1}{2}\times\dfrac{1}{2}\times\dfrac{1}{2}=\dfrac{1}{8}$

7. $\dfrac{1}{4}$

六、

1. $\dfrac{4}{52}=\dfrac{2}{26}=\dfrac{1}{13}$

2. 如果第一次摸出"A"且不返还，就剩下 51 张牌，包括 4 张 10。所以 Pr（第二次摸出 10/第一次摸出"A"）$=\dfrac{4}{51}$

3. $\dfrac{4}{52} \times \dfrac{4}{51}$

4. Pr（第一次摸出 10 且第二次摸出 "A"）=Pr（第一次摸出 10）×Pr（第二次摸出 10/第一次摸出 "A"）$= \dfrac{4}{52} \times \dfrac{4}{51}$

5. $\left(\dfrac{4}{52} \times \dfrac{4}{51} \right) + \left(\dfrac{4}{52} \times \dfrac{4}{51} \right)$

6. Pr（两张 "A"）=Pr（第一次摸出 "A"）×Pr（第二次摸出 "A" /第一次摸出 "A"）$= \dfrac{4}{52} \times \dfrac{3}{51}$

七、

Pr（通过）

=Pr（通过/学习）×Pr（学习）+Pr（通过/不学习）×Pr（不学习）

=Pr（通过/学习）×Pr（学习）+Pr（通过/不学习）×（1−Pr（学习））

$= \dfrac{4}{5} \times \dfrac{3}{5} + \dfrac{1}{5} \times \dfrac{1}{10} = \dfrac{1}{2}$

八、

Pr（学习/通过）

$= \dfrac{\text{Pr（学习）×Pr（通过 /学习）}}{\text{Pr（学习）×Pr（通过 /学习）+Pr（不学）×Pr（通过 /不学）}}$

$= \dfrac{\text{Pr（学习）×Pr（通过 /学习）}}{\text{Pr（学习）×Pr（通过 /学习）+[1−Pr（学习）]×Pr（不学）}}$

$= \dfrac{\dfrac{4}{10} \times \dfrac{9}{10}}{\dfrac{4}{10} \times \dfrac{9}{10} + \dfrac{6}{10} \times \dfrac{3}{10}} = \dfrac{2}{3}$

第七章

一、

1. 类比推理，形式为：

　　　肉汤因细菌而腐败，要不腐败则需要消毒灭菌；

　　　<u>伤口因细菌感染而溃烂，</u>

　　　所以，要不感染就需要消毒灭菌。

推理正确。理由有二，一是对两类对象的本质属性的类比，二是已知属性与推出属性之间有一定联系。

2. 类比推理，形式为：

苍蝇的平衡棒具有导航作用，苍蝇借助它实现自动驾驶；

火箭和高速飞机也需要实现自动驾驶；

所以，火箭和高速飞机可以采用类似平衡棒的导航仪。

推理正确。理由：一是二者有联系；二是两类对象本质属性的类推。

3. 类比推理，形式为：

人类就餐需要庄重的仪式、优美的音乐伴奏；

鸟类与人类一样也要吃食；

所以，鸟类吃食也要有庄重的仪式、优美的音乐伴奏。

推理不正确。犯了"机械类比"错误。

二、

1. 运用了假说演绎法，其推理形式为：

如果蝙蝠有特别强的视力，那么要是蒙上它的眼睛，它就会撞到障碍物；

事实上，蒙上眼睛的蝙蝠仍然不会撞到障碍物，

所以，蝙蝠在黑暗中能避开障碍不是由于视力强。

这是假说演绎法的证伪形式（否定后件式）。

2. 本题的第一个检验，有以下推理形式：

如果树木的信息传递是通过地下的树根进行的，

那么，截断其根系联系则信息传递将中断；

事实上，截断其根系联系后，信息传递没有中断，

所以，树木的信息传递不是通过地下的树根进行的。

这是假说演绎法的证伪形式（否定后件式）。

本题的第二个检验，有以下推理形式：

如果树木的信息传递是通过空中进行的；

那么把它们分隔在不同空间，则信息传递会中断，

事实上，它们一旦分隔在不同空间，联系立即中断，

所以，树木的信息传递是通过空中进行的。

这是假说演绎法的确证形式（肯定后件式）。

第八章

一、

1. 有。把烈士家属要求经济补偿与"不崇高"硬扯到一起的"崇高论"，是"论据与论题不相干"的"推不出"谬误。

2. 犯有"以人为据"的"推不出"错误。

3. 说明仅仅以一些人的言行为根据，对某一论点或者肯定或者否定，却并没有考虑他们的言行是否符合客观实际，就将犯"以人为据"的"推不出"的逻辑错误。

4. 首先，庄子把惠子说的异类不可以相知、相比的"子"与"鱼"偷换成了"子"与"我"，从而把同类可以相知、相比的"子"与"我"说成是不可以相知。偷换了论题。其次，惠子的反驳一方面肯定"子固非鱼也，子之不知鱼之乐，全矣"，表明自己对庄子已经有所知；另一方面却又说"我非子，固不知子矣"，又承认了自己不知道庄子。这样也使自己陷入了自相矛盾。再次，庄子利用"安"字的歧义性，将惠子所说的"你怎么知道鱼乐呢"偷换成"你从哪里知道鱼乐呢"，从而偷换了概念，歪曲了惠施的原意。

5. 各格第一特殊规则用反证法；在此基础上，用顺推法证明第二个规则。（略）。

二、

1—5：CADBC　　　6—10：BDDAD　　　11—15：BCABD

第十章　命题演算

四、$p * q$: $p \vee \neg q$　　　$p * q$: $\neg(\neg p \wedge q)$

九、$Hpqr$: $(p \vee \neg q \vee \neg r) \wedge (\neg p \vee q \vee \neg r) \wedge (\neg p \vee \neg q \vee r)$

十、$\triangle pqr$: $(p \wedge \neg q \wedge \neg r) \vee (\neg p \wedge q \wedge \neg r) \vee (\neg p \wedge \neg q \wedge r) \vee (\neg p \wedge \neg q \wedge \neg r)$

第十一章

二、

1. 3. 5. 6. 是一阶谓词逻辑的公式。

三、

画线部分表示量词的辖域。

1. $(\forall x)$ <u>$(P(x) \rightarrow (\exists y)(R(x,y) \wedge Q(y)))$</u>　　　$(\forall x)$ $(P(x) \rightarrow (\exists y)(R(x,y) \wedge Q(y)))$
这里的 x 和 y 都是约束出现。

2. $(\forall x)$<u>$(R(x,y) \wedge Q(y))$</u> $\vee$ $(\forall x)$<u>$P(x)$</u>

这里的 x 是约束出现，y 是自由出现。

3. $(\forall x)(\exists y)\underline{R(x,y)} \to (\exists y)R(z,y)$

这里的 x 和 y 都是约束出现，z 是自由出现。

4. $(\forall x)(\exists y)\underline{R(x,y)}\land(\exists z)\underline{R(z,y,x)}$

公式中最后出现的 y 和 x 是自由出现，其余的出现都是约束出现。

5. $R(x,y) \to R(y,x)\land(\forall y)\underline{Q(y)}$

公式中 y 的最后两次出现是约束出现的，其余的 x 和 y 的出现是自由的。

6. $(\exists x)\underline{(P(x)\to Q(x))} \to (P(y)\to Q(y))$

x 的出现是约束的，y 的出现是自由的。

7. $(\exists x)(\forall y)\underline{R(y,x,z)} \to (\exists z)\underline{R(y,x,z)}$

蕴涵式前件中的 x 和 y 的出现都是约束，z 的出现都是自由的；后件中的 x 和 y 的出现都是自由的，z 的出现都是约束。

8. $(\forall x)\underline{P(x)} \lor (\exists x)\underline{R(x,y)} \to P(y) \lor (\forall x)\underline{P(x,y)}$

蕴涵式中 x 的出现都是约束的，y 的出现都是自由的。

四、

1. sub（α）={（$\forall x$）(P(x)→($\exists y$)(R(x,y) $\land$Q(y))), P(x)→ ($\exists y$)(R(x,y) $\land$Q(y)), P(x)，($\exists y$)(R(x,y) $\land$Q(y))，R(x,y) $\land$Q(y)，R(x,y)，Q(y)}

2. sub（α）={($\forall x$)(R(x,y)$\land$Q(y)) $\lor$ ($\forall x$)P(x), ($\forall x$)(R(x,y) $\land$Q(y)), ($\forall x$)P(x)，R(x,y) $\land$Q(y)，R(x,y)，Q(y)，P(x)}

3—8 的 sub（α）略去。

五、

($\forall x$) $\alpha \leftrightarrow \neg(\exists x) \neg\alpha$，（$\exists x$) $\alpha \leftrightarrow \neg (\forall x) \neg\alpha$。

六、

1. ($\forall z$) ($\exists y_1$) ($\exists x$) ($\neg\neg\neg P(y_1,z) \lor \neg\neg Q(x,y,z)$)

2. ($\forall y$) ($\forall x$) ($\exists z$) ($\neg P(y) \lor (\neg\neg Q(x,y) \land \neg\neg P(z))$)

3. ($\exists y$) (P(x) $\lor \neg$P(y))

4. ($\forall x$) ($\forall y$) ($\exists y_1$) ($\exists x_1$) (($\neg P(x,y,z) \lor Q(x,y,z)) \land (\neg Q(x_1,y_1,z) \lor P(x_1,y_1,z))$)

第十二章

一、1. 是　2. 否　3. 是　4. 否

二、

1. 证明：

①$\Box\Box\Box\alpha \to \Box\Box\alpha$　　　　　　　Th$_{PC}$

②□α→¬¬□¬¬□¬¬α　　　　　　　①等值置换

③□□p→¬◇◇¬p　　　　　　　　②Def(◇)

三、

1. 证明：

① □α→◇α　　　　　　　　　　D-公理

② ¬□α∨◇α　　　　　　　　　　Def(→)

③ ¬□¬p∨◇¬p　　　　　　　　　③α/¬p、

④ ◇p∨◇¬p　　　　　　　　　　Def(◇)

七、

1. 证明：

①α→β　　　　　　　　　　　　假设

②（α→β）→(□α→□β)　　　　　公理

③□α→□β　　　　　　　　　　①②MP

④□(□α→□β)　　　　　　　　　③N

八、按照要求构造模型

1. 构造模型 M，使 M ⊨ □α→◇α 且 M ⊭ □α→α

解：□α→◇α 是 D-公理，□α→α 是 T 公理。D-框架具有持续性，而 T 框架具有自返性。构造一个具有持续性，但不具有自返性的框架，再给出适当的赋值，即可得出符合要求的模型。

令 W={w_1, w_2, w_3}, R={⟨w_1, w_2⟩,⟨w_2, w_3⟩,⟨w_3, w_1⟩}

V(p,w_1)=1，V(p,w_2)=0，V(p,w_3)=1

则 M={W, R, V}即为所求。

九、

1. 证明公式□α→α 是 T-有效的，但不是 K-有效的。

证明：所谓某一公式 α 是 S-有效的是指 α 对于 S 的框架类是有效的，即 $F_S \models α$。

由于 $F_T=F_{re}$，容易证明□α→α 对于 F_{re} 是有效的，所以，□α→α 是 T-有效的。

因为任一框架都是 K 框架，所以只需找出一个框架 F，使得 $F \not\models$ □α→α，即可证明□α→α 不是 K-有效的。

第十三章

一、

1. Fp∧F(q∧r∧s)

2. Op∧Oq

3. Pp∧Oq

4. P(p∧q)

5. Fp∨Fq→F(p∨q)

二、

1. 如果必须 p，那么允许 p

2. 如果不允许 p，那么不必须 p

3. 允许非 p，当且仅当，不必须 p

4. 允许 p 或允许非 p

5. 并非（必须 p 和必须非 p）。